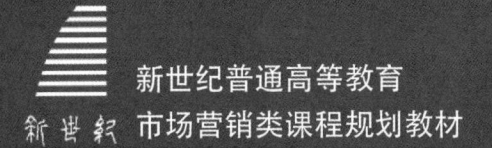

新世纪普通高等教育
市场营销类课程规划教材

微课版

现代企业管理
（第三版）

XIANDAI QIYE GUANLI

总主编 郭国庆
主　编 郑锐洪　刘建准
副主编 侯家麟　王宏达
　　　 田　力

大连理工大学出版社

图书在版编目(CIP)数据

现代企业管理 / 郑锐洪，刘建准主编. -- 3 版. -- 大连：大连理工大学出版社，2022.4（2024.8重印）
新世纪普通高等教育市场营销类课程规划教材
ISBN 978-7-5685-3591-5

Ⅰ. ①现… Ⅱ. ①郑… ②刘… Ⅲ. ①企业管理－高等学校－教材 Ⅳ. ①F272

中国版本图书馆 CIP 数据核字(2022)第 020143 号

大连理工大学出版社出版

地址：大连市软件园路 80 号　邮政编码：116023
发行：0411-84708842　邮购：0411-84708943　传真：0411-84701466
E-mail：dutp@dutp.cn　URL：http://www.dutp.cn
大连日升印刷有限公司印刷　　　　　大连理工大学出版社发行

幅面尺寸：185mm×260mm　　印张：17.75　　字数：432 千字
2014 年 8 月第 1 版　　　　　　　　　　　　2022 年 4 月第 3 版
2024 年 8 月第 3 次印刷

责任编辑：王晓历　　　　　　　　　　　责任校对：孙兴乐
封面设计：对岸书影

ISBN 978-7-5685-3591-5　　　　　　　　　　　　　定　价：55.80 元

本书如有印装质量问题，请与我社发行部联系更换。

新世纪普通高等教育市场营销系列规划教材编审委员会

主任委员：
郭国庆　中国人民大学

副主任委员（按拼音排序）：
安贺新　中央财经大学
杜　岩　山东财经大学
王天春　东北财经大学
张泉馨　山东大学
周志民　深圳大学

委员（按拼音排序）：
常相全　济南大学
陈转青　河南科技大学
戴　勇　江苏大学
邓　镝　渤海大学
杜海玲　辽宁对外经贸学院
高　贺　大连交通大学
关　辉　大连大学
郝胜宇　大连海事大学
何　丹　东北财经大学津桥商学院
姜　岩　大连交通大学
金依明　辽宁对外经贸学院
李　丹　大连艺术学院
李　莉　大连工业大学
李玉峰　上海海洋大学
廖佳丽　山东工商学院
刘国防　武汉工程大学
刘世雄　深圳大学
吕洪兵　大连交通大学
牟莉莉　辽宁对外经贸学院
乔　辉　武汉工程大学

申文青	广州大学松田学院
史保金	河南科技大学
孙晓红	渤海大学
陶化冶	山东工商学院
王　鹏	山东财经大学
王素梅	长江师范学院
王伟芳	北京石油化工学院
王伟娅	东北财经大学
吴国庆	河南科技学院
姚　飞	天津工业大学
伊　铭	上海商学院
于国庆	大连艺术学院
于　宁	东北财经大学
张德南	大连交通大学
赵瑞琴	河北农业大学
郑　红	北京第二外国语学院
郑锐洪	天津工业大学
朱德明	三峡大学
朱捍华	上海金融学院

前 言

科技和管理是驱动社会前进的"两个轮子",科技体现硬实力,而管理代表着软实力。企业管理是当代大学生综合素质培养的基础理论课程,很多理工科院校都开设了这门课程,目的是弥补理工科学生的知识结构短板,增强他们的管理意识和经营能力,提升其就业竞争力和社会适应力。对于理工科学生来说,掌握了一定的科技技能,如能再学习一点管理知识,定能如虎添翼。科技技能让他们成为有一技之长的工程师,而管理知识助他们成为懂技术的管理者,成为社会需要的复合型人才。不少省市高校开设"卓越管理者"培养项目就是出于这个初衷。然而,近几年编者发现,学生学习企业管理的热情不高,其中除了学生的主观因素、老师的授课水平外,教材内容陈旧、结构古板而缺乏魅力也是重要的原因。

教材是教学活动的重要武器,对学生专业价值观的树立、学科知识的建构以及知识点的理解掌握都具有非常重要的意义。因此,编写一本好的现代企业管理教材无疑是提高学生综合素质和培养学生管理能力的重要举措。目前国内企业管理方面的教材虽然很多,但总是给人一种良莠不齐的感觉,真正教师好用、学生好学的体现企业管理前沿创新理论与实践技术的好教材着实不多。考虑到理工科学生的专业特点,编者在编写过程中刻意加入了"企业经营决策"和"技术经济分析"两章以计算为主的内容,以及我国先进制造业与现代服务业的生产、经营案例,以突出本教材的理工科特色。

从学科发展看,我国管理学从引进、消化、吸收到创新发展,走过了一条"西为中用"的中国化发展道路,学界在借鉴西方先进企业管理理论的基础上,创造出了许多具有中国特色的企业管理理论和方法,取得了非凡的成就。但随着全球科技的迅猛发展,我国市场经济逐步走向深入,产业经济在升级,消费者的需求在变化,我国企业管理实践中也出现了一些新问题、新挑战,特别是网络技术的发展,催生了企业管理的一些新理论、新技术、新方法,因此,把这些新的本土化创新理论和方法吸收到现代企业管理教材中就显得尤为重要和迫切,这也是编者编写本教材的主要动因和社会责任所在。

学校的主要职责是培养社会所需要的人才。中国经济的发展特别需要具有国际视野、掌握先进专业技术,并具有现代管理意识和能力的专业人才,以服务于地方经济的发展。本教材采用差异化的定位,主要为理工科院校非经济管理类专业的本科生、专科生,以及选修经济管理作为第二学位的学生编写,作为其企业管理课程的教材,也可作为企业管理人员的枕边工具书。因此,本教材在编写和修订过程中力求言简意赅、突出重点,多应用现代数理工具解决企业管理中的实际问题,显示理工科技术特色。

本教材力争在以下几个方面创特色:

一、追求理论的前沿性和可读性

将新经济和新技术环境下企业管理的新理论、新技术、新方法融入教材,以形成现代企业管理的知识体系、逻辑体系,力争全面提升学生的综合素质与能力,提高学生的管理意识与就业竞争力。同时,在编写语言和体例上尽量做到简明扼要、深入浅出,使教师和学生便于理解并乐于使用。

二、强调案例的本土化和贴切性

案例使用的目的是帮助学生在理解、掌握知识的基础上融会贯通,因此,案例的选择必须具有说服性和适应性。因此,本教材尽可能使用最近几年发生在我们身边的企业案例,特别是一些有特色的本土化案例,或者是一些很有启发性的小案例,以加强案例的说服力,便于开展案例教学。

三、突出理工科特色与应用性特征

立足于理工科院校的企业管理原理课程设计知识体系与方法能力体系,依据企业管理的实践逻辑,强调理论知识与应用技术的结合,在传授专业知识的同时注重能力训练,培养学生应用专业知识解决企业实际问题的能力,并与相关职业资格认证机构的相关知识模块相衔接,以适应当今应用型人才培养与考证的要求。

四、融入二十大报告精神体现时代特色

企业管理是中国式现代化建设的重要内容,科学高效的企业管理既有利于满足人民群众美好的生活需要,又有利于创建企业竞争优势和增强国家竞争力。教材肩负传道授业和育人的使命,本教材与时俱进融入了诸多习近平新时代中国特色社会主义思想和二十大报告精神。二十大报告提出科学发展、高质量发展是当前我国经济、社会发展的主要目标和任务,教材中加强了量化管理以及绿色、创新、协调、可持续发展的管理内容;二十大报告强调文化自信和中国式现代化建设,本教材注重了中华优秀传统文化在企业管理中的应用以及社会主义核心价值观的贯彻。此外,本教材修订还注重体现企业管理过程中的人民性与社会性、科学性与艺术性、绿色发展与创新发展、社会营销与企业社会责任等。

此外,为了加强教材规划和建设,便于教师教学和学生学习,除了编写纸质教材外,还丰富了本教材相关配套资料,包括微课、电子教案、教学案例库、试题库等教学资源库的建设。同时借助现代学习理论,充分利用网络、多媒体和其他现代教育技术,追求教学手段的网络化、数字化。

本教材由天津工业大学郑锐洪、刘建准任主编,天津工业大学侯家麟、王宏达、田力任副主编。具体修订分工为:刘建准负责第一章,郑锐洪负责第二、第五章,侯家麟负责第三、第四章,田力负责第六章,王宏达负责第七章。此外,天津工业大学经济与管理学院多名长期从事"企业管理与技术经济分析"课程教学的教师也为本教材的修订提出了诸多宝贵的意见。本次修订得到了天津工业大学经济与管理学院领导和同事的大力支持,在此表示诚挚的谢意。

在编写本教材的过程中,编者参考、引用和改编了国内外出版物中的相关资料以及网络资源,在此表示深深的谢意!相关著作权人看到本教材后,请与出版社联系,出版社将按照相关法律的规定支付稿酬。

限于水平,书中仍有疏漏和不妥之处,敬请专家和读者批评指正,以使教材日臻完善。

编 者

2023 年 5 月

所有意见和建议请发往:dutpbk@163.com
欢迎访问高教数字化服务平台:http://www.dutp.cn/hep/
联系电话:0411-84708445 84708462

目 录

第一章 管理与企业管理 ………………………………………………… 1
- 第一节 管理概述 ………………………………………………… 2
- 第二节 管理理论的演变 ………………………………………… 13
- 第三节 企业管理概述 …………………………………………… 22
- 第四节 现代企业管理的新发展 ………………………………… 35

第二章 企业战略管理 …………………………………………………… 43
- 第一节 战略与企业战略 ………………………………………… 44
- 第二节 企业竞争环境分析 ……………………………………… 49
- 第三节 企业竞争战略 …………………………………………… 55
- 第四节 公司经营战略 …………………………………………… 63

第三章 企业经营决策 …………………………………………………… 79
- 第一节 企业经营决策的内涵 …………………………………… 80
- 第二节 企业经营决策的方法 …………………………………… 85
- 第三节 确定型决策方法 ………………………………………… 87
- 第四节 风险型决策方法 ………………………………………… 95
- 第五节 不确定型决策方法 ……………………………………… 99
- 第六节 库存决策 ………………………………………………… 103

第四章 生产运作管理 …………………………………………………… 109
- 第一节 生产运作管理概述 ……………………………………… 110
- 第二节 企业生产过程组织 ……………………………………… 113
- 第三节 网络计划技术 …………………………………………… 117
- 第四节 设备与技术管理 ………………………………………… 126
- 第五节 生产质量控制 …………………………………………… 135
- 第六节 新型生产运作方式和管理模式 ………………………… 141

第五章 市场营销管理 …………………………………………………… 150
- 第一节 市场与市场营销 ………………………………………… 151
- 第二节 市场营销观念 …………………………………………… 153
- 第三节 目标市场营销战略 ……………………………………… 158
- 第四节 市场营销组合策略 ……………………………………… 166

第六章 人力资源管理 193
第一节 职位分析与人力资源规划 195
第二节 员工招聘与培训 205
第三节 绩效管理 212
第四节 薪酬管理 219

第七章 技术经济分析 226
第一节 技术经济学概述 227
第二节 资金时间价值计算 230
第三节 技术经济评价指标 242
第四节 投资项目可行性研究 258

参考文献 270
附　录　复利系数表 271

第一章 管理与企业管理

思政目标

管理具有自然属性也具有社会属性,管理理论与实践的发展推动着一个国家或地区经济、社会的发展与科学、文明的进步。企业管理的实质是促进企业资源的有效配置,提高生产、经营效率,提升企业竞争力。新时期企业管理应该关注全球企业管理新理论、新范式,应该关注我国企业管理新情况、新问题,形成中国特色的管理范式与解决方案,以助力于新时代社会主义现代化强国建设。

学习目标

1. 了解管理与企业管理的基本内涵
2. 了解企业管理理论的演变与发展过程
3. 认识企业的内涵与特征
4. 认识企业管理的职能、二重性等
5. 把握现代企业管理的新趋势

案例导入

"管理"究竟是什么

李叶和王斌是大学同学,学的都是管理科学与工程专业,毕业后,李叶去了深圳一家著名的外资企业从事管理工作,王斌被学校免试推荐为该校的硕士研究生。一晃3年过去了,王斌又以优异的成绩考入北京某名牌大学攻读管理科学与工程博士学位。李叶在当上部门经理后也来到该校攻读MBA。

王斌在办理报到手续时与李叶不期而遇,他们就关于"什么是管理"的话题聊开了。

王斌非常谦虚地问:"李兄,我虽然读了许多有关管理方面的著作,但对于什么是管理还是心存疑惑,管理学家西蒙说'管理就是决策',有的管理学家却说'管理是协调他人的活动',如此等等,你是从事管理工作的,那你认为到底什么是管理?"

李叶略微思索了一会儿,说道:"你读的书比我多,思考的问题也比我深,对于什么是管理,过去我从来没有认真去想过,不过从我的工作经验来看,管理其实就是管人,人管好了,什么都好。"

"那么依你看,善于交际、会拍'马屁'的人就是最好的管理者了?"王斌追问道。

"那也不能这么说。"李叶连忙回答:"虽然管人非常重要,但管理也不仅仅是管人,正如你所说的,管理者还必须做决策,组织和协调各部门的工作等。"

"你说得对,管理不仅要管人,还要从事做计划、定目标、选人才、做决策、组织实施和控制等活动。"王斌继续发表自己的见解。

"可以这么说,我们搞管理的差不多啥都得做,今天开会,明天制定规则,后天拟定方案等,所以说,搞好管理可真不容易。"李叶深有感触。

"那你怎么解释'管理就是通过其他人来完成工作',难道在现实中这种说法本身就是虚假的吗?"王斌显得有点激动。

李叶想了一会才回答道:"我个人认为,'管理就是通过其他人来完成工作'这句话有失偏颇,管理的确需要协调和控制其他人的活动,使之符合企业制定的目标和发展方向。但管理者绝不是我们有些人所理解的单纯的发号施令者,其实管理者的工作量非常大,在很多方面,他们还必须起到带头和表率作用。"

"我同意你的观点,管理者不是发号施令者,管理也并不就是叫别人帮你做事。管理者是'舵手',是'领航员',他必须带领其他人一起为组织目标的实现而奋斗。不过,听说在一些企业,只要你能吃、能喝、会拍'马屁',你就是一个好管理者,就会受到上级的器重,对此你有何高见?"

"在一些企业,的确存在着一些官僚主义、拉关系的现象,这恐怕是一些传统体制留下的弊端,但这不是说管理就是陪人吃饭、喝酒、拍领导'马屁',在某些企业,这种现象几乎不存在,只要你有本事,能干出成绩,用不着你去拍马屁送礼,上级也一样器重你,你就能获得提拔,得到加薪。因此,从某种意义上来说,管理就是管理者带领组织成员一起去实现组织的目标。"两人聊得很投机,意犹未尽。

资料来源:陈嘉莉.管理学原理与实务.北京:北京大学出版社,2016.

问题思考:管理究竟是什么?管理就是做领导吗?

第一节 管理概述

一、管理的概念

(一)管理与企业管理

1. 管理的含义

自从有人类历史以来,就有了管理。随着生产力的发展,人类生产日趋社会化和专业化,社会化大生产提出了分工合作的要求,劳动者之间如何分工合作才能提高效率、取得最佳的效果,这就需要管理。世界人口的增加,科学技术的进步,使人类日益认识到资源的有限性和人类欲望的无限性及目标多样性之间存在着矛盾。解决这个矛盾,需要对人类要达到的目标和资源的利用进行控制和协调,以实现资源最有效的配置和目标的优化,这也需要管理。

从这些意义上来说,社会的各个层次、各个领域,甚至每个人都存在管理问题。管理作为一种人类的实践活动虽然古已有之，但形成一门科学却是在工业革命以后的事。遗憾的是，到目前为止，管理一词还没有一个统一的为大多数人所接受的定义，原因是，不同的人在研究管理时的出发点不同、角度不同，因而他们对管理所下的定义也不同。

强调工作任务的人认为"管理就是由一个或多个人来协调其他人的活动，以便收到个人单独活动所不能收到的'1+1＞2'的效果"；强调个人管理艺术的人认为"管理就是领导，就是指挥他人用最好的方法工作"；强调决策作用的人认为"管理就是决策，决策的难点在于选择，选择的难点在于标准，标准的难点在于排序"；强调管理过程的人认为"管理就是为了达到一定的组织目标所进行的计划、组织、协调、控制等过程"；强调管理中人的因素的人认为"管理就是调动人的积极性，通过他人的努力达到组织目标"。以上这些都从不同角度、侧面反映了管理的性质和内容。

为了对管理进行比较广泛的研究，本教材综合了各种对管理的理解，给管理做出如下定义：管理是通过计划、组织、领导、控制等环节，有效地争取和使用人力、物力、财力、信息、时间等资源，以期达到组织目标的过程。"管"侧重于控制，"理"侧重于疏导和思考。"管"是基础，"理"是飞跃。因此，管理本身就是一种生产力，有效的管理能够释放出"软实力"。在当今管理实践过程中，往往重"管"轻"理"、重"硬"轻"软"、重控制轻激励、重效率轻价值。

2. 企业管理的内涵

企业管理是社会化大生产的客观要求和直接产物。企业管理是根据企业的特性及生产经营规律，按照市场反映出来的社会需求，对企业生产经营活动进行计划、组织、领导、控制，充分利用各种资源，实现企业不同时期的经营目标，不断适应市场变化，满足社会需求，同时求得企业自身的发展和满足职工利益的一系列活动。这个概念包括以下几方面的内涵。

（1）企业管理的对象

企业的再生产活动是生产过程和流通过程的统一，因此，企业的主要活动是内部的管理活动和外部的经营活动，企业管理的对象：一是人，管理的要点是如何管住、管活；二是物和钱，要静态管物、动态管钱；三是事，做事的原则是"做正确的事"比"正确做事"更重要。

（2）企业管理的主体

企业是由管理者来管理的。凡是参与管理的人，包括企业的高层领导、中层领导、基层领导在内，都是企业管理的主体。企业的总体发展，一般是由企业的厂长、经理及以他们为中心组成的企业管理系统来进行的。

（3）企业管理的目的

管理是一种有意识、有组织的动态活动过程。企业管理的目的是实现组织的目标，合理利用资源，在满足社会需求中获得更多的利润。

（4）企业管理的依据

企业管理是管理者的主观行为。要使主观行为变成可行的客观活动并取得客观效果，就必须使管理的行为符合客观规律。所以企业管理的依据是企业的特性及由此表现出来的生产经营规律。可以说，企业管理的成效如何取决于管理者认识和利用生产经营规律的程度以及主观能动性的发挥程度。

（二）企业管理的要素与本质

1. 企业管理的七大要素

企业管理活动过程中涉及的一些重要因素称为企业管理要素。它们既是企业管理活动的对象,也是开展生产经营活动的基础;既对管理过程及管理效果产生影响,也是认识和掌握企业管理内在联系和机制的关键所在。企业管理到底包括哪些要素,对此目前还没有完全统一的认识,有三要素说、五要素说、七要素说等不同的说法,产生不同说法的原因是人们评价重要性的尺度不同。其中比较全面、完整的是七要素说(7M)。

(1) 人员(Men)

人员是企业的主体,企业管理应重视人员的巨大内在潜力,通过科学的方法调动企业内所有人员的积极性,使企业中每一名职工都能尽其所能、尽其所长,自觉努力地工作。人员又是企业管理的首要对象,在这方面的工作主要包括员工招募、教育培训、考核奖惩、升降任免等。

(2) 资金(Money)

资金是企业生产经营活动的核心,提高资金效益是企业管理的重要目标之一。企业的生产经营过程实质上是资金不断运动的过程,随着资金不断运动和增值,最终实现企业的生存与发展。因此,加强资金的运营管理,实现较高的资金回报率,是现代企业管理必须高度重视的主要问题。

(3) 设备(Machines)

设备是固定资金的实物形态,也是生产经营活动的主要物质基础之一。它反映企业机械化、自动化的程度,标志企业现代化程度和科学技术水平。抓好设备要素,对于提高企业经营管理水平,提高企业经济效益有重要意义。这方面工作主要包括生产经营活动中使用的各类机械、运输设备、仪器、仪表、装置、房屋建筑物等的现场管理和使用管理。

(4) 物料(Materials)

这里所说的物料是指工业企业生产过程中的原、辅材料和商业企业经营活动中的商品,它们既是流动资金的实物形态,也是生产经营活动的主要物质基础之一。这方面的工作主要包括工业企业的原、辅材料的采购、包装、储运、检测、收发管理,商业企业的商品进货、储运、质检、保管、发货管理等。

(5) 方法(Methods)

企业的生产经营过程包括产品的生产过程和产品的销售过程。对产品的生产过程而言,方法主要是指对具体过程的动态管理,主要包括生产计划的制订、操作过程的监督、产品质量的控制、工艺流程的保证、技术革新和技术改造等。对产品的销售过程而言,方法则是指对销售过程的动态管理,主要包括售前、售中、售后服务的方法、措施和过程的监督管理,促销手段的运用管理等。

(6) 市场(Markets)

市场是实现企业目标的关键,是企业管理的重要环节。这方面的主要工作包括信息的收集、整理、分析、使用过程的管理,市场预测和开拓管理,新产品开发、研制和推广管理,企业形象、公共关系和营销策划管理等。

(7) 精神(Morale)

精神是企业一切活动的灵魂,它需要靠企业有目的的培育、相关机制的促进和各种制度的保证,因此也属于企业管理的范围。这方面的工作主要包括敬业精神的培养、工作效率的提高、企业文化的培育、激励机制的形成等。

2. 企业管理的本质

企业管理的本质简单来讲可以归纳为以下几个方面:

(1) 企业管理是分工协作的产物

自古以来,人类在与严酷的自然环境做斗争的过程中,通过共同劳动得到所需要的物质资料,同时又联合起来抵御外部的侵害(这也是一种共同劳动)。有共同劳动就要有分工协作,从而产生组织、指挥和协调问题,解决这些问题的方法和过程就是管理。如果不对生产要素和劳动过程进行组织、指挥和协调,就不可能开展分工和协作,也就不会有协作劳动。由此得出管理既是分工协作的产物,又是协作劳动的基础。

(2)企业管理是一种生产力

长期以来,物质形态的生产要素对推动人类社会发展起了巨大的作用,特别是在物质财富贫乏的时代显得更为突出,由此而形成一种思维定式,即认为只有物质东西才是生产力。随着社会财富的增加和人类认识能力的提高,人们越来越意识到精神形态的东西更为重要。因此邓小平提出"科学技术是第一生产力"。在这里,科学不仅是指自然科学,也包括社会科学,因此科学的管理同样是生产力,而且处于十分重要的地位。企业管理的作用是把生产经营过程中的物质资料、劳动力、资金和技术组织在一起,使它们协调运转,产生应有的效益。离开企业管理,即使有再多的人力、再先进的技术、再精良的设备和再丰厚的资金,也难以得到较好的经济效益。低水平的企业管理虽然可以把各种要素组织在一起进行运作,但由于它们的结合状态差,资源浪费也多,效益就比较差。只有把企业管理水平提高了,才能实现各要素间结合状态的改善,减少资源消耗,才能提升企业软实力,产生更高的经济效益。

(3)企业管理是一门科学

在生产过程中,管理不是一个独立的要素,它与科学技术一样,离开了其他物质形态的要素就不能存在。但是在协作劳动中如果离开了管理,那么其他要素也就无法科学合理地结合在一起,也就不会有生产过程的发生。这一本质说明管理属于方法范围,它依据生产过程中各个环节的内在联系,遵循"以尽可能少的人获得尽可能多的产出"这一基本原则,确定企业活动的目标、方法和过程,设计组织机构的层次和岗位,以及相互联系和运行的环节、渠道与规则,并赋予每个环节、层次和岗位以一定的职能、责任及相应的权力,通过监督和控制以保证管理目标的实现。同时采用行政和经济的奖惩措施,来提高管理过程的有序性和有效性。

(4)企业管理是一门艺术

古人云:"善道者,一线藕丝牵大象;盲修者,千钧铁棒打苍蝇";"尽己之力为下策,尽人之力为中策,尽人之智为上策"。因此可以说,管理是一门有效用人和以理服人的艺术。有人说,企业管理是一项灵活性、技巧性、创造性很强的工作,需要因地制宜、智慧变通,因为管理的对象是人,人是极其复杂的生产要素,往往具有多样化的心理需求,对人的激励、管理要运用心理学、社会学原理,因此极具微妙性和艺术性。

(三)企业管理的基本原理

企业管理的基本原理是对管理活动基本运动规律的概括,它是管理实践的总结,客观地反映了管理这一现象的内在本质。企业管理的基本原理主要包括人本管理原理、系统管理原理、能级管理原理、激励管理原理、责任原理、效益原理和可持续发展原理等。

1. 人本管理原理

人是企业最重要的资源,也是管理的主体、对象和核心。企业管理的本质就是依靠、引导、激励员工,发挥他们最大的潜能,为实现企业预定目标而努力工作。

2. 系统管理原理

企业是一个系统,对企业生产经营活动的管理也就形成了一个系统,由此形成了企业系统管理的原理。其基本原理包括:整体性原则、联系性原则、动态性原则、层次性原则、综合性原则。

3. 能级管理原理

管理系统的最佳结构不能是单一和均衡的,应该建成能级结构式的系统。能级管理原理是企业组织管理的基本原理,按照这一原理,合理的企业组织结构应呈下大上小的三角形或梯形。

4. 激励管理原理

激励的关键是诱发动机。动机就是欲望,通常表现为一种念头或想法,它对人的行为起着引发、维持、推动和导向的作用。激励包括精神激励和物质激励两种手段。

5. 责任原理

管理是追求效率与效益的过程。在此过程中,要挖掘人的潜能,就必须在合理分工的基础上明确规定这些部门和个人必须完成的工作任务和必须承担的相应责任。

6. 效益原理

效益是管理的永恒主题。任何组织的管理都是为了获得某种效益,效益的高低直接影响着组织的生存与发展。

7. 可持续发展原理

企业在其生命周期内,需要随时注意调整自己的经营战略和策略,以适应不断变化的经营环境,从而促进企业的长期健康发展,追求近期效益的同时要兼顾长远发展目标。

(四)企业管理的基本方法

现代企业管理是复杂的社会实践活动,它受企业内部和外部多种因素的制约,包括经济的和政治的、社会的和心理的、上层建筑和经济基础等因素的相互作用。因此,只有按照管理实践的特点和要求,善于运用多种管理方法,才能实现管理的职能,并达到预期管理的目的。

1. 行政方法

行政方法是指依靠企业各级行政组织的法定权力,通过命令、指示、规则、制度、标准以及具有约束性的计划等行政手段来管理企业的方法。行政方法具有强制性,企业所有成员对上级所采用的行政手段,都必须服从和执行。行政方法是企业必不可少的方法,是实现管理职能的一种基本手段。

2. 经济方法

经济方法是指按照客观经济规律的要求,正确运用经济手段和经济责任制来管理企业的方法。经济手段是指工资、奖金、津贴、罚款、价格、税收、利息等价值工具和经济杠杆。经济责任制是指以提高经济效益为目的,实行责、权、利相结合的经营管理制度。在企业生产经营过程中,运用经济方法正确处理国家、企业、劳动者个人之间的经济关系,以便把劳动者个人的利益同企业对国家的贡献联系起来,同企业的经济效益挂钩,最大限度地调动全体劳动者的主动性、积极性和创造性,促进企业的发展。同时,还必须注意创造必要条件,如对完成任务的数量要有完善的计量检测手段,要有合理的定额与标准,要有可行的检查与考核制度等。

3. 法律方法

法律方法是指根据国家法律和各级管理部门及企业制定的具有法律效力的各种规范、依法维护企业利益和管理企业的方法。法律方法能有效确保企业的正当利益不受侵害或管理方案的实施,但不如经济方法那样利于调动和发挥企业和职工的积极性和创造性,所以需与其他管理方法相结合。

4. 教育方法

教育方法是指通过一定方式，按照一定目的，从政治思想、科学文化、业务技能等方面对职工进行教育，提高职工素质，从而增强企业的生存和发展能力的企业管理方法。

5. 数学方法

数学方法是指将管理目标和有关因素之间的关系，用字母、数字及数学符号建立起管理数学模型，然后再求出最优解，为企业管理提供依据的方法。数学方法是进行定量分析的优化方法。在企业管理中，运用数学方法确定最优投资方案、制订最优生产计划或选择最短运输路线等，有利于经济分析的优化。

6. 系统方法

系统方法是按照事物本身的系统性，把研究的对象放在系统的形式中加以考察的方法。运用系统方法管理企业，要把企业作为一个系统来管理，分析解决问题要着眼于整个企业系统，了解企业系统的历史和现状，分析企业系统的组成结构，把握其功能，研究它与环境的相互关系及可能发生的变化，以便采取不同的对策和措施，使企业整体功能最优，实现企业的整体目标。

二、管理的二重性

(一) 管理的自然属性和社会属性

管理是组织共同劳动的必然要求，贯穿于生产全过程的始终。由于生产过程是由生产力和生产关系组成的统一体，这样管理就具有了组织生产力和协调生产关系的两重功能，从而决定了管理既具有同生产力和社会化生产相联系的自然属性（管理的一般性），又具有同生产关系、社会制度相关联的社会属性（管理的特殊性），这就是管理的二重性。

1. 管理的自然属性

管理的自然属性主要体现在以下两个方面。

(1) 管理之所以具有自然属性，是由劳动的社会化决定的。它是共同劳动得以顺利进行的必要条件。共同劳动的规模越大，劳动的社会化程度越高，管理也就越重要，其自然属性也就越显而易见。

(2) 管理在社会化劳动过程中具有特殊的作用，只有通过管理才能实现将劳动过程所必要的各种要素组合起来，使各种要素发挥各自的作用。

2. 管理的社会属性

管理又体现着生产资料所有者发挥劳动作用、监督劳动效果的意志，因此又具有同生产关系和社会制度相联系的社会属性。

管理的社会属性体现在管理作为一种社会活动，它只能在一定的社会历史条件下和一定的社会关系中进行，管理具有维护和巩固生产关系、实现特定生产目的的功能，管理的社会属性与生产关系、社会制度紧密相连。

(二) 管理二重性的关系

管理的二重性之间是相互联系、相互制约、辩证统一的。一方面，管理的自然属性总是在一定的社会形势、社会生产关系条件下发挥作用，同时，管理的社会属性也不可能脱离管理的自然属性而存在,否则管理的社会属性也就成为没有内容的形式。另一方面,二者又是相互制约的,管理的自然属性要求具有一定的社会属性的组织和生产关系与其相适应,同样,管理的社会属性必然对管理的科学技术等方面产生积极影响或制约作用。管理二重性之间的关系如图1-1所示。

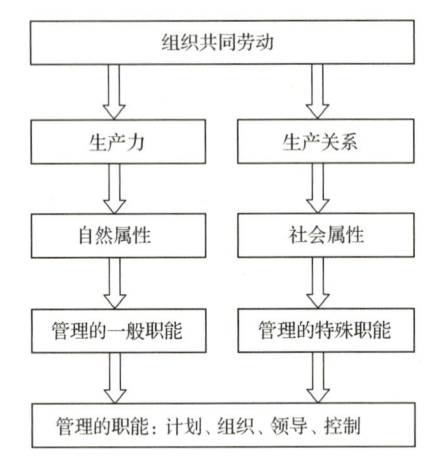

图1-1 管理二重性之间的关系

三、管理的职能

企业管理的一般职能源于企业管理的性质——二重性,即合理组织生产力和维护生产关系的职能。企业管理职能循序完成,并形成周而复始的循环往复,这就是企业管理的基本过程,其中每项职能之间是相互联系、相互影响的,以构成统一的有机整体。早期比较系统地提出企业管理具体职能的是古典管理理论奠基人之一的法约尔,他提出"五职能论",认为企业管理活动就是由计划、组织、指挥、协调、控制这五种职能所组成的。之后,西方不同学派的管理学者又对企业管理职能进行了不同的划分,有"三职能论""四职能论""六职能论""七职能论"等。本书出于自身内部一体化和整体性考虑,界定为四项基本职能:计划、组织、领导、控制。

(一)计划

计划就是通过调查研究,预测未来,确定生产经营活动的目标和方针,制订和选择方案,综合平衡,做出决策。计划正确与否,对企业的成败具有决定作用。从这个意义上说,计划是企业管理的首要职能,它是管理活动的基础。

计划是为实现组织既定目标而对未来的行动进行规划和安排的工作过程。在具体内容上,它包括组织目标的选择和确立、实现组织目标方法的确定和抉择、计划原则的确立、计划的编制以及计划的实施。计划是全部管理职能中最基本的职能,也是实施其他管理职能的条件。计划是一项科学性极强的管理活动。

(二)组织

为实现管理目标和计划,必须设计和维持一种职务结构,在这一结构里,把为达到目标所必需的各种业务活动进行组合分类,把管理每一类业务活动所必需的职权授予主管这类工作的人员，并规定上下左右的协调关系，为有效实现目标，还必须不断对这个结构进行调整，这一过程即组织。组织的核心功能是资源的有效配备与处置，是为管理工作提供了结构保证，它是进行领导、控制的前提。

（三）领 导

领导就是对组织内每名成员和全体成员的行为进行引导和施加影响的活动过程，其目的在于使个体和群体能够自觉自愿而有信心地为实现组织既定目标而努力。领导所涉及的是主管人员与下属之间的相互关系。领导是一种行为活动，目前已形成了专门的领导科学，成为管理科学的一个新分支。领导者主要为完成既定目标进行指挥、协调以及激励等，因此有人认为，领导的要义一是"领"，即带领，要走在队伍前面起先锋模范带头作用；二是"导"，即指导，要有思想、有策略兼具教练的功能。

（四）控 制

控制是按既定目标和标准对组织的活动进行监督、检查，发现偏差，采取纠正措施，使工作能按原计划进行，或适当调整计划以达预期目的的过程。控制工作是一个延续不断的、反复发生的过程，其目的在于保证组织实际的活动及其成果同预期目标相一致。因此，控制的核心是调整与纠偏，控制的依据就是先前制订的计划。

各项职能之间存在着逻辑上先后关系，即每一项管理工作都是从计划开始，继而组织、领导，到控制结束，但现实中由于管理工作过程的复杂性，管理并不是严格地按照计划、组织、领导和控制的顺序来进行。从不断持续进行的实际管理过程来看，在进行控制工作的同时，往往就开始编制新的计划或修改原计划，并进入新一轮的管理活动，这意味着管理过程是一个各职能活动周而复始的循环过程。管理的这四种职能的运用，归根结底是为了实现组织的目标。组织管理过程与资源配置和管理职能之间的关系如图1-2所示。

管理的四大职能

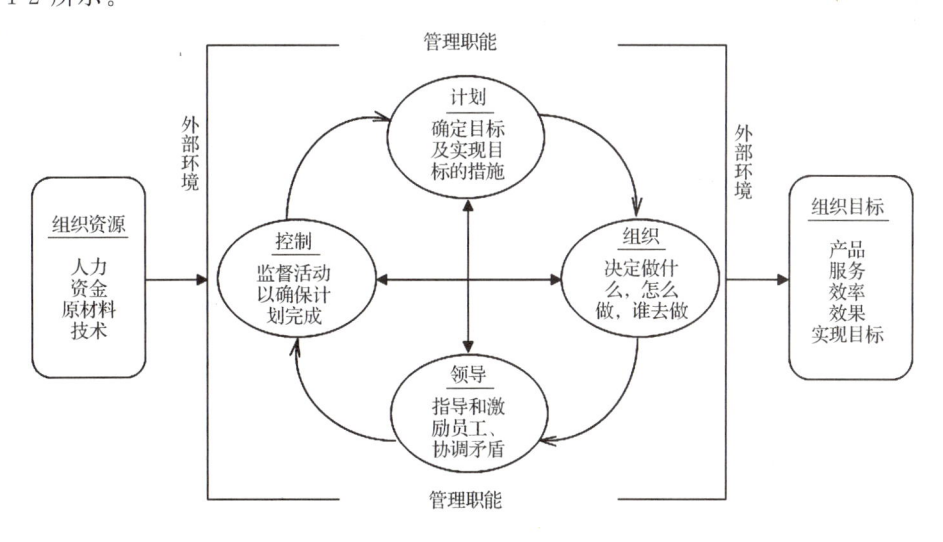

图1-2 组织管理过程

案例分析

分粥的学问

有一个7个人的小团体,其中每个人都是平凡而平等的,但都不免自私自利,因此,他们想通过制定一项制度来解决每天的吃饭问题。要分食一锅粥,但并没有称量用具,于是,大家想出了各种办法。

第一种办法:指定一个人负责分粥事宜。但很快大家发现,这个人为自己分的粥最多。于是又换了一个人,结果却总是主持分粥的人碗里的粥最多、最好。

第二种办法:大家轮流主持分粥,每人一天。虽然看起来平等了,但是每个人在一周中只有一天吃得饱而且有剩余,其余6天都得忍饥挨饿。大家都认为这种办法造成了资源浪费。

第三种办法:大家选出一个信得过的人主持分粥。一开始这个人还能公平分粥,但不久他就开始为自己和溜须拍马的人多分了。

第四种办法:选举一个分粥委员会和一个监督委员会,形成监督制约。公平基本上是能做到了,但由于监督委员会经常提出种种议案,而分粥委员会又据理力争,等分粥完毕时,粥早就凉了。

在上述种种办法都没有有效解决这一简单的分粥问题后,他们不得不求助于管理大师。

大师给了他们一个最简单的方案:每个人轮流值班分粥,但是分粥的那个人必须最后一个领粥。于是,令人惊奇的结果出现了:7只碗里的粥每次都是一样多。因为每一个主持分粥的人都认识到,如果7只碗里的粥不相同的话,那他确定无疑将享用那份最少的。所以,著名管理大师德鲁克说:"管理,从根本上讲,意味着用智慧代替鲁莽,用知识代替习惯与传统,用合作代替强制。"

从这一案例我们看到,哪怕是简单的分粥工作,没有管理技术,也难以做到公平公正,难以实现最初设想的目标。

资料来源:赵继新,等.管理学.北京:清华大学出版社、北京交通大学出版社,2006.

四、管理者的角色和技能

(一)管理者的角色

亨利·明茨伯格(Henry Mintzberg)一项广为引用的研究认为,管理者扮演着十种角色,这十种角色又可进一步归纳为三大类:人际角色、信息角色和决策角色。

1. 人际角色

人际角色直接产自管理者的正式权力基础,管理者在处理与组织成员和其他利益相关者的关系时,就在扮演人际角色。人际角色又包括代表人、领导者和联络者三种角色。

2. 信息角色

在信息角色中,管理者负责确保和其一起工作的人员具有足够的信息,从而能够顺利完成工作。管理者既是所在单位信息传递的中心,也是组织内其他工作小组信息传递的渠道。

整个组织的人依赖于管理结构和管理者,以便获取或传递必要的信息来完成工作。管理者必须扮演的信息角色具体包括监督者、传播者、发言人三种角色。

3. 决策角色

在决策角色中,管理者处理信息并得出结论。如果信息不用于组织的决策,这种信息就失去其应有的价值。决策角色具体包括企业家、干扰对付者、资源分配者、谈判者四种角色。

亨利·明茨伯格的管理者角色理论可通过表1-1直观地予以概括和表述。

表 1-1　　　　　　　　亨利·明茨伯格的管理者角色理论

角色		描述	特征活动
人际角色	代表人	象征性的首脑,必须履行许多法律性或者社会性的例行义务	迎接来访者,签署法律文件
	领导者	负责激励和动员下属,负责人员配备、培训和交往	实际上从事所有的有下级参与的活动
	联络者	维护自行发展起来的外部接触和联系网络,向人们提供信息	发感谢信,从事外部委员会工作,从事其他有关外部人员参加的活动
信息角色	监督者	寻求和获取各种特定的信息(其中很多是即时的),以便透彻地了解组织环境;作为组织内部和外部信息的神经中枢	阅读期刊和报告,保持私人接触
	传播者	将从外部人员和下级那里获得的信息传递给组织的其他成员——有些是关于事实的信息,有些是解释和综合组织中有影响的人特定的各种价值观点	举行信息交流会,用打电话的方式传达信息
	发言人	向外界发布有关组织的计划、政策、行动和结果等信息;作为组织所在的产业方面的专家	举行董事会议,向媒体发布信息
决策角色	企业家	寻求组织和环境中的机会,制订"改进方案"以发起变革,监督某些方案的策划	制定决策,检查会议决议执行情况,开发新项目
	干扰对付者	当组织面临重大的、意外的动乱时,负责采取补救行动	制定战略,检查陷入混乱和危机时补救措施的落实情况
	资源分配者	负责分配组织的各种资源,事实上是批准所有重要的组织决策	计划、咨询、授权、从事涉及预算的各种活动和安排下级的工作
	谈判者	在主要的谈判中作为组织的代表	参与工会进行合同谈判

(二)管理者的技能

不管什么类型的组织中的管理者,也不管处于哪一管理层次的管理者,所有的管理者都需要有一定的管理技能。罗伯特·L.卡茨(Robert L. Katz)列举了管理者所需的三种素质或技能,海因茨·韦里克(Heinz Weihrich)对此进行了补充。综合来说,管理者需要具备的技能主要有:

1. 技术技能

技术技能是指对某一特殊活动(特别是包含方法、过程、程序或技术的活动)的理解和熟练掌握。它包括专门知识、在专业范围内的分析能力以及灵活地运用该专业的工具和技巧的能力。技术技能主要是涉及"物"(过程或有形的物体)的工作。

2. 人际技能

人际技能是指一个人能够以小组成员的身份有效工作的行政能力,并能够在他所领导的小组中建立起合作的能力,即协作精神和团队精神,创造一种良好的氛围,以使员工能够自由地表达个人观点的能力。管理者的人际技能是指管理者为完成组织目标应具备的领导、激励和沟通能力。

3. 思维技能

思维技能包含"把企业看成一个整体的能力,包括识别一个组织中的彼此互相依赖的各种职能,一部分的改变如何能影响其他各部分,并进而影响个别企业与工人、社团之间,以及与国家的政治和经济力量这一总体之间的关系",即能够总揽全局,判断出重要因素并了解这些因素之间关系的能力。

这些技能对于不同管理层次的管理者的相对重要性是不同的。技术技能、人际技能的重要性依据管理者所处的组织层次从低到高逐渐下降,而思维技能则相反。对基层管理者来说,具备技术技能是最为重要的,具备人际技能在同下层的频繁交往中也非常有帮助。当管理者在组织中的组织层次从基层往中层、高层发展时,随着他同下级直接接触的次数和频率的减少,人际技能的重要性也逐渐降低。也就是说,对于中层管理者来说,对技术技能的要求下降,而对思维技能的要求上升,同时具备人际技能仍然很重要。但对于高层管理者而言,思维技能特别重要,而对技术技能、人际技能的要求相对来说则较低。当然,这种管理技能和组织层次的联系并不是绝对的,组织规模大小等一些因素对此也会产生一定的影响。

管理者的层级和相应技能的关系如图1-3所示。

高层管理者	概	人	技
中层管理者	念技能	际技能	术技能
基层管理			

图1-3 管理者的层级和相应技能的关系

案例分析

杨总经理的一天

胜利电子公司是一家拥有200多名员工的小型电子器件制造企业。除了3个生产车间之外,企业还设有生产技术科、购销科、财务科和办公室4个部门。总经理杨兴华现任职已有4年。此外,还有两个副总经理张光和江波,分别负责生产技术、经营及人事。几年来,公司的经营呈稳定增长的势头,职工收入在当地属于遥遥领先的水平。

今天已是年底,杨总经理一上班就平息了两起"火情"。首先是关于张平辞职的问题。张平是一车间热处理组组长,也是公司的技术骨干,工作积极性一向挺高,但今天一上班就气呼呼地来到总经理办公室递上了一份辞呈。经过了解,张平并非真的想辞职,而是觉得受了委屈。原因是头一天因车间主任让他去参加展览中心的热处理新设备展销会而未能完成张副总交办的一批活,受到了张副总的批评。经过杨总说服后,张平解开了心中的疙瘩,撤回了辞呈。

张平刚走又来了技术科的刘工。刘工是厂里的技术"大拿",也是技术人员中工资最高的一位。刘工向杨总抱怨自己不受重视,声称如果继续如此,自己将考虑另谋出路。经过了解,刘工是不满技术科的奖金分配方案。虽然技术科在各科室中奖金总额是最高的,但科长老许为了省事,决定平均分配,从而使得自认为为企业立下汗马功劳的刘工与刚出校门的小李、小马等人所得一样。结果是小李、小马等人欢天喜地,而刘工却感觉受到了冷落。杨总对刘工进行了安抚,并告诉刘工明年公司将进一步开展和完善目标管理活动,"大锅饭"现象很快就会消失。事实上,由于年初定计划时,目标制定得比较模糊和笼统,各车间在年终总结时均出现了一些问题。

送走了张平和刘工后,杨总经理开始翻阅秘书送来的报告和报表,结果上个月的质量情况令他感到不安,不合格率上升了0~6个百分点。车间和生产技术科在质量问题上的相互推诿也令人恼火。他准备在第二天生产质量例会上重点解决这个问题。此外,用户的几起投诉也需要格外重视。

处理完报告和报表后,杨总经理决定到车间巡视一下。在二车间的数控机床旁,他发现员工小王在操作时不合要求,当即给予纠正。之后又到由各单位人员协作组成的技术攻关小组,鼓励他们加把劲,争取早日攻克几个影响产品质量问题和生产进度的难关,并顺便告知技术人员小谭,公司将会尽量帮助解决他妻子的就业问题。此外,杨总又透露了公司已做出一项决定:今后无论是工人还是技术人员,只要有论文发表,公司将承担其参加学术会议的全部费用。大家备受鼓舞。

根据预先的安排,中午杨总与一个重要客户共进了午餐。下午2点,杨总主持了公司领导和各部门主管参加的年终总结会,会上除了生产技术科科长与购销科科长为"先进科室"的称号而又一次争得面红耳赤之外,其他基本顺利。会后,他与一个外商进行了谈判,签订了一份金额颇大却让两位副总忐忑不安的订单,因为其中的一些产品本公司并没有生产过,短时期内也没有能力生产。但杨总心中自有主意,因为他知道,有一家生产这类产品的大型企业正在四处"找米下锅",而这份订单不仅会使这家大企业愁眉轻展,也将使胜利电子公司轻轻松松稳赚一笔。

下班时间到了,但杨总丝毫没有回家的意思。他应邀第二天上午去行业的一个联谊会做主题演讲,多少需要打个腹稿。下周还要开董事会,有不少的细节需要考虑。望着窗外不知何时飘起的雪花,他陷入了沉思。

结合前面内容,请思考:从管理职能和管理角色的角度分析杨总经理的工作。

资料来源:王欣荣.管理学教程——理论、应用和案例.长沙:湖南师范大学出版社,2015.

第二节 管理理论的演变

现代管理理论出现至今已有一百多年的历史,在这一发展过程中经历了许多阶段,引发了大量的理论和观点。目前来看,有些理论已经过时,有些理论正在指导现实的管理活动,还有些理论的正确性有待于实践的进一步检验。学习这些管理理论,对全面了解管理的内容,深刻认识管理的本质,掌握管理的内在规律,从而更自觉地运用理论来指导管理实践都具有非常重要的意义。

一、古典管理理论

19世纪末到20世纪20年代被视为管理理论体系正式形成的时期,是管理科学发展的第一阶段,也称为古典管理理论阶段,主要代表人物有泰罗、法约尔和韦伯。

(一)泰罗的科学管理理论

美国工程师泰罗(1856—1915)是科学管理理论的创始人。他根据自己多年研究的成果,于1911年出版了《科学管理原理》一书,这是科学管理最早的代表性著作。书中提倡要用科学思想、科学方法来处理和解决企业管理问题;提出"要用科学方法来代替单凭粗暴估计行事""科学管理是用精确的科学调查研究和科学知识来代替个人的判断或意见"。在企业管理史上,泰罗被称为"科学管理之父"。泰罗提出的科学管理理论的要点如下:

1. 运用观测分析方法制定工作定额

泰罗首创了工时研究和操作方法研究。他选择最强壮、最熟练的工人,对每一个操作的动作,每一工序的时间消耗,用秒表进行观测、记录和分析研究,消除其中多余的和不合理的动作,把各种最经济、效率最高的动作集中起来,制定出标准的操作方法和工时定额,并且用这种标准的操作方法训练工人,要求工人执行工时定额。

2. 把工人使用的工具、设备、材料及作业环境标准化

泰罗认为,为了使工人完成较高的工时定额,不仅要使工人掌握标准的操作方法,还要适应标准操作方法的要求,把工人使用的工具、设备、材料及作业环境标准化。

3. 实行有差别的计件工资制

为了鼓励工人完成工时定额,泰罗提倡实行有差别的、有刺激性的计件工资制,对于完成工时定额的人,按较高的工资率计发工资;如果完不成工时定额,则按较低的工资率计发工资。

4. 把计划职能和执行(作业)职能分开,以便用科学方法代替原来的经验工作法

泰罗认为,要改变原来那种经验工作法,必须把计划职能和执行职能分开。计划职能归企业管理当局,并设立专门的计划部门来承担。他认为,工人的职责就是服从管理当局的命令,就是从事执行职能,并根据执行的情况领取工资。

5. 管理组织问题

对于管理组织问题,泰罗有两项主张:一是实行"职能制",即要使每一个管理者只承担一两种管理职能,同时每一个管理者对工人都有指挥监督权。后来的实践证明,这种多头领导的"职能制"是不恰当的。但是泰罗的这种职能管理思想,对职能部门的建立和促使管理人员专业化是有重要意义的。二是主张实行"例外原则"。所谓"例外原则",就是企业领导者把管理工作中经常发生的一些事,拟就处理意见,使之规范化,然后授权给下级管理人员处理,而自己主要去处理那些没有规范化的例外工作,并保留监督下属人员工作的权力。这种"例外原则"对实行分权制有重要意义。泰罗通过实验和研究所提出的科学管理原理和方法,是企业管理的重大突破,它开创了科学管理的新阶段。这些理论至今仍被许多国家的企业所采用,它也是后来许多新的管理理论发展的基础。

(二)法约尔的组织管理理论

法约尔(1841—1925)是与泰罗同时代的人,在科学管理理论上也做出了贡献。法约尔主要是在经营管理的活动、职能、原则方面进行研究,他认为经营和管理是两个不同的概念。他认为企业的经营有六种活动是不可缺少的,而管理只是其中的一项活动。经营的六种活动是:技术活动、商业活动、财务活动、安全活动、会计活动、管理活动。

法约尔还根据自己长期的管理实践,总结出了管理的14项一般原则。

(1)劳动分工。分工可以提高效率,因而有普遍意义。

(2)权力和责任。权力是指发布命令要求别人服从。权力有职权和个人权力之分。权力与责任应当对等。

(3)纪律。纪律的实质是遵守公司各方达成的协议。纪律松懈是领导不力的结果,严明的纪律产生于良好的领导。

(4)统一指挥。如果是双重或多重指挥,纪律就无法保证,秩序就紊乱,权力和纪律就要受到影响。

(5)统一领导。它是保证行动统一、力量协调和集中努力的关键。下属只执行来自一个上级的指挥和决策,并只和这个上级联系。

(6)个人利益服从整体利益。整体大于各部分之和,要克服一切企图将个人或小集团置于整体利益之上的个人情绪。

(7)报酬。报酬必须公正,对有贡献的职工进行奖励。报酬的方式取决于多种因素,然而目的都是激发职工的热情。

(8)集中。企业的集权和分权不是固定不变的,要根据企业的规模、条件、管理的习惯、管理人员的素质、性格等因素决定。

(9)等级制度。从最高领导层到基层之间存在着一条等级链,它是执行权力的路线和信息传递的渠道。法约尔设计出一种"联系板"(法约尔桥),可加强横向联系。

(10)秩序。在企业中,人和物都要有自己的位置,职位要适合于职工的才能水平,有秩序地活动和排列。

(11)公平。公平即亲切、友好和公正。用这种态度对待职工,可以鼓励职工热情地履行他们的职责。

(12)人员的稳定。成功的企业中管理人员应相对稳定。如果人员不断变动,则不利于工作的完成。领导人要有秩序地安排人员,并补充人力资源。

(13)首创精神。企业职工的主动性和创造性是企业力量的源泉,必须鼓励职工发挥主动性和创造性。

(14)人员的团结。分裂队伍是对企业的严重犯罪,应鼓励职工发扬团结合作精神,保持队伍的融洽与和谐。法约尔在管理过程和管理组织方面的开创性研究成果,特别是关于管理职能的划分和管理原则的论述,对管理理论的发展产生了深远的影响。

(三)韦伯的理想行政组织理论

韦伯(1864—1920)是德国著名的社会学家。他在管理理论方面的主要贡献是提出了理想的行政组织模式,即"韦伯模式",成为古典管理理论的又一重要支柱。韦伯的理想行政组织理论的主要内容可以分为两大部分:一是关于组织形成的社会基础;二是关于"理想的行政组织模式"。

韦伯认为,任何组织的形成和建立,都有赖于某种形式的权威性。权威能带来秩序,有秩序的人群就有组织,因此权威是行政组织形成的社会基础。权威有三种形式:第一种是"传统权威",第二种是"超人权威",第三种是"法理权威"。韦伯认为,在现代社会里人们要做出有意义的行为,就必须加入一个组织,在组织中他们被分配做具体的工作,还必须牺牲个人的兴趣,按组织规定的程序去工作。这实际上表明了韦伯主张现代组织应建立在"法理权威"而不是其他两种权威的基础上。

韦伯提出的"理想的行政组织模式"具有如下特点:

(1)有明确的分工。组织按照需要设置各种职位,每个职位都有明确规定的权利和义务以及固定的办事程序。

(2)有等级系统。组织中各个职位按照自上而下的原则构成等级系统,每个下级要接受其上级的指挥与监督。各级管理人员不仅要对自己的行为负责,还要对直接领导的下级的行为负责。

(3)人员的任用。除了某些按法规必须通过选举产生的公职外,其他管理人员的任用完全按职位的要求来选配、培训、考核、录用。

(4)最高领导者。组织的最高领导者并不是所有者,而是和其他人一样,是组织中的一名员工。他拥有行使权力的法定手段,须按法规进行管理,不得利用职位谋取私利。

(5)人员之间的关系。组织是非人格化的,因此成员之间只是一种职业关系,不应受到个人情感的影响和控制,而应把理性作为指导相互往来关系的准则。

(6)管理人员职业化。组织中的管理人员是专职的,领取固定的薪金,并明文规定升迁制度,工作中的功过由上级主管评判。

(7)规则和纪律。管理人员必须严格遵守组织的各项纪律,正确履行组织规定的职责、权利、协作形式和办事程序,以消除摩擦和冲突。

韦伯提倡以法管理,使组织机构内的关系理性化、规范化和合理化,能明显提高组织活动的效率,因而他的理论至今仍有意义。但这一理论没有探讨组织与环境之间的关系,又过分强调规范、程序和非人格化关系,有可能助长某种形式的独裁领导,因而也具有较大的局限性。

综合分析古典管理理论的基本特性,都是强调提高效率,但是在具体的对象方面,有一定的差异,它们之间的关系如图1-4所示。

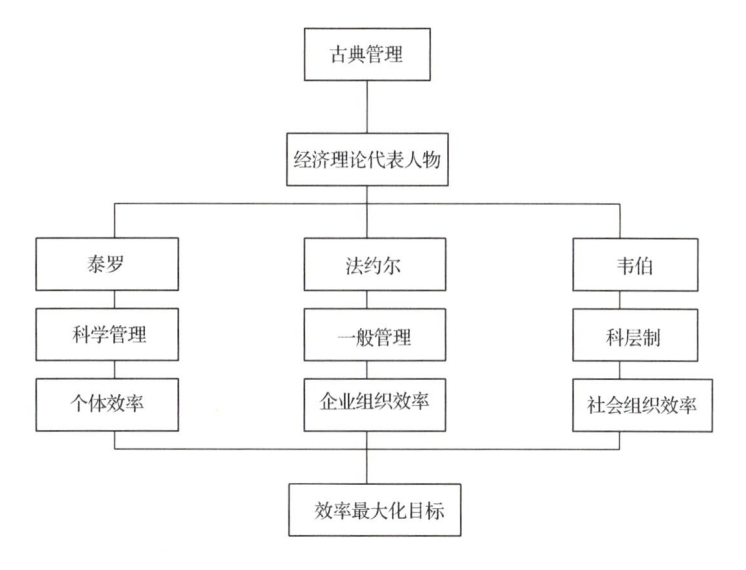

```
                        ┌──────────┐
                        │ 古典管理 │
                        └────┬─────┘
                        ┌────┴─────────┐
                        │经济理论代表人物│
                        └────┬─────────┘
            ┌────────────────┼────────────────┐
         ┌──┴──┐          ┌──┴──┐          ┌──┴──┐
         │泰罗 │          │法约尔│          │韦伯 │
         └──┬──┘          └──┬──┘          └──┬──┘
         ┌──┴────┐       ┌───┴──┐          ┌──┴──┐
         │科学管理│       │一般管理│         │科层制│
         └──┬────┘       └───┬──┘          └──┬──┘
         ┌──┴────┐    ┌─────┴─────┐     ┌────┴──────┐
         │个体效率│    │企业组织效率│     │社会组织效率│
         └──┬────┘    └─────┬─────┘     └────┬──────┘
            └────────────────┼────────────────┘
                       ┌─────┴──────┐
                       │效率最大化目标│
                       └────────────┘
```

图 1-4　古典管理理论内部之间的比较

二、行为科学理论

古典管理理论存在着"见物不见人"的不足之处,即认为管理中的人只是一种"生产工具",是只追求经济利益的"经济人"。而行为科学理论在人性方面进行探索,使管理理论进入了"社会人"的新阶段。

(一)梅奥的人际关系理论

梅奥(1880—1949)是美国哈佛大学教授、著名行为科学家,他的人际关系理论为管理科学做出了重要贡献。1924 年 11 月,美国全国科学技术研究委员会在芝加哥郊外的霍桑工厂开始了一项为期 8 年的实验,即在管理科学上颇为著名的"霍桑实验"。通过实验,梅奥得出了一系列重要的结论。他的主要结论包括以下三点。

(1)人是"社会人",而不是单纯追求金钱的"经济人",因此影响工作效率的因素除了经济利益外,更重要的还有社会的和心理的因素。

(2)企业内部存在着非正式组织,它是工人在共同劳动中形成的非正式团体,有自己的规范、感情和倾向,并且左右着团体内每个成员的行为。在正式组织中,是以"效率的逻辑"作为行为的标准,人们为了提高效率而保持形式上的合作;而在非正式组织中,则以"感情的逻辑"作为行为的标准,人们出于感情上的需要而进行实质上的合作,对非正式组织保持忠诚。因此在管理活动中,不仅要重视正式组织的作用,也要重视非正式组织的作用,注意保持"效率的逻辑"与"感情的逻辑"之间的平衡。

(3)工作条件和工资报酬不是影响工作效率的首要因素。工作效率的高低主要取决于工人的"士气",工作条件和工资报酬只有通过"士气"才能对工作效率产生影响;而"士气"则取决于社会因素,特别是人际关系的满足程度,即个人的工作是否被上级、同伴和社会所承认。

梅奥的成果开创了行为科学研究的新时代,使管理科学从重视对物的研究转向重视对人的研究。他提出的观点至今仍在企业管理活动中发挥着积极的作用。

(二)激励理论

激励理论是行为科学理论的核心,主要是通过探索对人的需要的满足以达到调动人的积极性的目的。这一理论主要包括马斯洛的需要层次理论、赫茨伯格的双因素理论、弗隆的期望理论、亚当斯的公平理论、麦格雷戈的"X-Y"理论和威廉·大内的 Z 理论。

1. 马斯洛的需要层次理论

马斯洛(1908—1970)是美国心理学家和行为科学家,他提出了著名的需要层次理论。马斯洛的需要层次理论如图 1-5 所示。

(1)生理需要。其包括维持生活所必需的各种物质需要,如衣、食、住、行等,这些是人们最基本的需要,因而也是推动力最大的需要。

(2)安全需要。它是指心理上的、物质上的安全保证。如职业有保证,有社会保险及养老金等。

(3)社交需要。其包括与周围同事、朋友保持良好的关系,相互间的友爱和群体的归属感,彼此同情、互助和赞许。

图 1-5 马斯洛的需要层次理论

(4)尊重需要。每个人都有自尊的需要和希望他人尊重自己的需要,满足这些后,会给人带来自信和声誉。

(5)自我实现需要,即自我成就的需要。这是最高一级的需要,是通过自己的努力,实现对生活的期望,从而真正感受到工作和生活的意义。

马斯洛的需要层次理论认为,人们的需要是依次要求、依次满足、逐级上升的。满足了的需要就不再是激励因素。但当低一级的需要受到威胁时,则会牺牲高一级的需要去追求低一级的需要。需要层次理论应用到企业管理实践中,就必须细致地了解下属的种种需要,并把下属的合理需要和企业的目标结合起来,做到在满足下属合理需要的同时,实现企业最终目标。

2. 赫茨伯格的双因素理论

赫茨伯格是美国著名的心理学家,他提出了著名的双因素理论。他通过对 200 名工程师、会计师的调查,把企业中的有关因素分为满意因素和不满意因素。

满意因素指的是可以使人得到满足和激励的因素,又称激励因素。其内容是:

(1)工作上的成就感;

(2)得到认可;

(3)提升;

(4)工作的性质;

(5)职务上的责任感;

(6)个人发展的可能性。

不满意因素指的是如果缺少它便容易产生意见和消极情绪的因素,又称保健因素。其内容是:

(1) 公司的政策与行政管理;
(2) 技术监督系统;
(3) 与监督者个人间的关系;
(4) 与上级之间的关系;
(5) 与下属之间的关系;
(6) 薪金;
(7) 工作安全性;
(8) 个人的生活;
(9) 工作环境;
(10) 地位。

这两类因素会影响职工的工作情绪。经过调查分析发现,使职工感到不满的都是工作条件、工作关系方面的问题。如果能解决这些问题,就能消除不满情绪,维持原来的工作效率,但不能提高生产率。使职工感到满意的都是属于工作本身和工作内容方面的问题,如果使这些问题得到解决,则可以使职工工作能力增强,生产率得到提高。

3. 弗隆的期望理论

期望理论由美国心理学家弗隆提出。这种理论认为,激励人们从事某种活动的内动力的大小,取决于活动目标对他的效价和目标实现的期望概率,即

$$激励力(M) = 效价(V) \times 期望概率(E)$$

在这个公式中,"激励力"是指调动个人积极性、激发内在潜力的强度,"激励力"越大,参与活动的积极性就越高;"效价"是指活动目标实现后对满足个人需要的意义和给个人带来的好处,这是动机产生的主要诱因;"期望概率"则是指根据经验判断目标达到的可能性有多大。目标实现的可能性太小,会挫伤个人的积极性;目标实现太容易,也不能激起个人的热情。

弗隆还提出了期望模式,说明激励形成的过程,弗隆的期望模式如图 1-6 所示。

努力 —取得→ 成绩 —受到→ 奖励 —满足→ 需要

图 1-6 弗隆的期望模式

这个模式表示,人们由于自己的努力取得了成绩,如果这种成绩受到应有的奖励,就能满足个人的心理需要,从而产生激励的作用。

4. 亚当斯的公平理论

1967 年美国心理学家亚当斯提出的公平理论,又称社会比较理论,中心是研究工资报酬的合理性、公平性与工作情绪的关系。这种理论认为,人们被激励的程度不仅与所得报酬的绝对量有关,而且与报酬的相对量有关。

亚当斯认为,如果人们觉得自己的报酬投入比率与他人相等,或现时的报酬投入比率与过去相等,就认为得到了公平待遇,因而心情舒畅,努力工作。否则就会产生不公平感,内心不满,工作积极性降低。

5. 麦格雷戈的"X-Y"理论

美国社会心理学家麦格雷戈(1906—1964)于 1960 年在《企业的人性问题》一书中提出了"X-Y"理论。

麦格雷戈认为,传统的管理理论之所以对人的行为管理存在着不正确的看法,根本原因是对人的看法不正确,把人当作消极因素对待,对人的本性做了错误的假设,他把这种错误的假设称为X理论。依据X理论的假设,管理者必然要采取"命令与统一""权威与服从"的管理方式,管理者把人看作物体,忽视人的自身特征和精神需要,只注意人的生理需要和安全需要。

随着社会科学的发展,麦格雷戈对人的需要、行为的动机进行了重新研究后又提出了相反的假设,即Y理论。他认为以这种理论指导管理实践能充分利用企业的人、财、物等生产要素,实现企业的经营目标;应发挥人的主动性和创造性,重视人的自身特征,把责任最大限度地交给工作者,相信他们能自觉完成任务。

6 威廉·大内的Z理论

威廉·大内是日裔美国管理学家,1973年开始研究日本企业管理,然后提出了Z理论。Z理论的核心思想是:

(1)企业对职工实行长期或终身雇用制度,使职工与企业同甘共苦,并对职工实行长期考核和逐级晋升制度,这样使职工看到企业对他有好处,因而会积极关心企业的利益和发展。

(2)经营者有权让职工完成生产任务,而且注意对他们的培训,以使他们能适应各种工作环境。对职工的考核要兼顾生产技术能力和社会活动能力等多方面能力。

(3)管理过程既要运用统计报表、数字信息等控制手段,又要注意对人的经验和潜在能力进行诱导。

(4)企业决策采取集体研究和个人负责的方式,由有关部门职工提出建议,然后由经营者做出决策并承担责任。

(5)上下级关系要融洽,管理者对职工要多方面关心,并让职工参与管理。Z理论重视人的因素,强调民主和职工参与管理。

三、现代管理理论

随着现代科学技术的飞跃发展,社会生产力的迅速提高,生产的社会化程度也日益加强,西方企业管理理论的发展也随之活跃起来。现代管理理论十分丰富,归纳起来大致可以分为六大学派:社会系统学派、决策理论学派、系统管理学派、经验主义学派、权变理论学派和管理科学学派。

1. 社会系统学派

社会系统学派以美国的巴纳德为首。它是一种以协作系统为核心来论述企业内外条件的西方企业管理理论。这一学派的首创者巴纳德认为:社会的各级组织都是一个由相互协作的个人组成的系统。正式组织协作系统包括协作的意愿、共同的目标、信息的联系三个基本要素。非正式组织虽然没有正式组织机构和明文规定的共同目标,但非正式组织又和正式组织常常互相创造条件并互相影响。这个影响可能是积极的,也可能是消极的。这就要求各级经理人员在系统中作为相互联系的中心,对协作的努力进行协调,达到企业内部的平衡。同时,要使这个协作适应于外部的环境,使之正常地维持和发展。

2. 决策理论学派

决策理论学派其代表人物有美国卡内基·梅隆大学的西蒙、马奇等人。决策理论学派是以社会系统理论为基础,吸收行为科学理论、系统论、运筹学和计算机程序等学科的内容发展起来的一种西方企业管理理论。这种理论十分强调决策和决策者在管理中的重要作用。其代表人物西蒙认为决策贯穿着管理的全过程,决策的程序就是全部的管理过程。全部决策过程是从确定企业目标开始,随后选择方案、评价方案、决策方案,然后执行选定方案,进行检查和控制,以保证最后实现预定的目标。现代决策理论的核心是用令人满意的行为代替古典决策理论的最优化准则。这一理论对程序化和非程序化的决策技术、组织机构的建立以及决策过程的联系等做了分析,强化了决策的作用。

3. 系统管理学派

系统管理学派其代表人物有卡斯特、罗森茨威克等。系统管理学派是从社会系统学派中衍生出来的,但它主要侧重于对工商企业的组织结构和模式进行分析,并从系统的角度考察、计划、组织、控制等企业的基本职能。系统管理学派认为,企业是一个人造的开放系统,企业组织是一个完整的系统,只有从系统的观点来考察和管理企业,才有助于提高企业的效率。系统管理理论中的许多内容有助于自动化、控制论、管理信息系统和权变理论的发展。

4. 经验主义学派

经验主义学派其主要代表人物有德鲁克、戴尔等人。经验主义学派认为,以往的科学管理理论和行为科学理论已经不能适应现代企业管理的需要和多方面的期望。他们认为管理只与生产商品和提供各种经济服务的工商企业有关,管理学则由管理一个工商企业的理论和实际的各种原理、原则组成。他们强调,要注意当今的企业管理现状和实际需要,主张注重大企业的管理经验,并加以概括和理论化,以此作为当代经济管理理论的基点。

5. 权变理论学派

这是一种因西方国家科学技术、经济、政治上的剧烈变动,企业的职工队伍构成及文化技术水平的改变而应运而生的一种西方企业管理理论,它于 20 世纪 70 年代在美国等地风行一时。权变理论学派强调管理行为、方法是和其所处环境的特点密切相关的。在企业管理中要根据企业所处的内外条件随机应变,不存在什么一成不变的、普遍适用的"最好的"管理理论和方法。这一学派通过大量事例的研究和概括,把各种各样的企业归纳为几个基本类型,并给每一类型的企业找出一种管理模式,但对于基本类型,不同学者有不同的划分方法,这使得权变理论有一定的实用价值。

6. 管理科学学派

管理科学学派也称数理学派,代表人物有美国的伯法等人。它以运筹学、系统工程、电子技术等科学技术为手段,从操作方法、作业水平的研究向科学组织的研究扩展,同时吸取了现代自然科学的新成果,形成了一种现代的组织管理科学。这一学派认为,管理就是用数学模式与程序来表示决策、计划、组织、控制等合乎逻辑的程序,求出最优解,以达到企业的目标。他们又认为可以用数学符号和关系式来表示管理问题,数学模式与程序是一个实际系统或过程的有关方面的简化表现;可以借助数学模型求得最优化的决策,从而解决管理问题。由于这一学派注重于定量研究,注重数学上的探讨,因此他们十分重视电子计算机在企业管理中的应用。

除了以上这些现代西方企业管理理论的主要学派以外,还有社会技术系统学派、经理角色学派、经营管理理论学派等,各种管理学派相互促进,使企业管理理论出现了前所未有的繁荣。不过各个学派又有不可避免的局限性,这就为探索和发展管理理论提供了新的课题。

四、现代管理方法

现代管理理论在不断与时俱进、推陈出新的同时,现代企业管理在方法和技术层面也在持续不断的推进,主要沿着现代管理"人本化倾向"和"技术导向"两个发展方向展开和拓展。近期主要的管理方法创新包括高情感管理、危机管理、FMS管理、ERP管理技术等。

1. 高情感管理

20世纪80年代以来,国际市场竞争日益加剧,西方企业大多推行了超负荷工作制,尤其是在高新技术领域。员工长期处于超负荷工作状态,身心疲惫,压力倍增,身体健康受到伤害,甚至还出现了心理扭曲现象。为不给员工本人及其家庭造成痛苦,又不给企业带来损失,西方许多企业都采取了"高情感"管理模式,提倡关心人、尊重人、爱护人、安抚人、培养人、提高人,注重感情投资,目的是为员工创造一个和谐、轻松的工作环境。"高情感"管理方式能够有效保护员工的工作积极性,激励员工的斗志,能够提高企业的凝聚力,在企业管理实践中收效显著。

2. 危机管理

企业在实现其经营目标的过程中,难免会遇到各种意料不到的困难甚至危及企业的生存。"人无远虑必有近忧",企业经营也是一样。为了适应各种危机情境,特别是当危机降临时能够处变不惊,果断采取对策,企业必须模拟危机情境,进行规划决策、运作调整和化解处理等行动设计和演练,以期降低可能危机带来的威胁。

3. FMS管理

自20世纪60年代以来,国际市场的竞争越来越激烈,顾客需求趋于多样化和个性化,企业的竞争优势不仅来源于产品的品质、品牌和价格等因素,很大程度上还取决于企业自身是否具有多品种、小批量的定制化生产能力,是否具有快速市场反应能力,即是否具有足够的生产环节的柔性。于是,柔性制造系统(FMS)的思想和技术应运而生,并且成为当今企业生产模式创新发展的未来方向。

4. ERP管理技术

ERP即企业资源计划,是将顾客需求与企业内部的制造活动以及供应商的制造相关资源整合在一起,并对供应链上所有环节进行有效管理的管理信息系统。ERP管理技术是现代企业管理多年来的理论和经验的凝聚,它是由20世纪40年代的"订货点法"、60年代的物料需求计划(MRP)、70年代的闭环MRP以及80年代的制造资源计划(MRPⅡ)发展而来的。ERP管理技术的核心思想在于:充分调配和整合企业各方面的资源,使企业在激烈的市场竞争中能充分发挥自身的优势及潜力,从而获得最佳的经济效益。

第三节 企业管理概述

一、企业的概念

所谓企业,是指从事生产、流通和服务等活动,为满足社会需要和盈利,实行自主经营、自负盈亏、自我发展、自我约束,具有法人资格(或自然人)的经济组织。企业的概念大致包括以下四个方面的含义。

(一)企业是经济实体

企业不同于事业单位、政府部门,它必须追求经济效益和盈利。盈利是企业创造附加价值的重要组成部分,也是社会对企业所生产的产品和服务能否满足社会需要的认可和报酬。在市场价格体系理顺的情况下,一般来说,为社会做出贡献与企业取得合理利润,两者应当是一致的。企业供应的产品和服务越能满足社会需求,所得到的利润应越多;反之,利润小的企业则对社会贡献小。亏损的企业不仅没有为社会创造财富,而且是在消耗和浪费社会资源。企业没有盈利,不仅企业自身不能扩大再生产,职工生活水平难以提高,而且会导致国家和地方财政收入减少,从而使国家和地方的经济建设发展受到限制,甚至停滞或倒退。从这个角度来看,确保获得合理的利润,不仅是企业的目标,而且也是企业对社会承担的重大责任。

(二)企业必须自主经营和自负盈亏

企业要获取利润,就必须保证自己的产品和服务在品种、质量、成本和供应时间上能随时适应社会和消费者的需求。为此,企业除了加强内部管理外,还必须能对市场和社会环境的变动及时主动地做出反应,也就是要具有经营上的自主权。权利和义务是对等的,企业要有经营自主权就必须进行独立核算,承担其行使经营自主权所带来的全部后果,也必须自负盈亏。如果企业只负盈不负亏,不可能有负责任的经营行为和正确地行使自主权。

(三)企业必须承担社会责任

企业是一个向社会全面开放的系统,其基本功能和职责是通过生产经营活动向社会提供产品和服务并盈利。然而,随着经济社会的迅速发展和企业主体地位的加强,社会对企业提出了更高的要求,企业在行使自身功能的同时,应承担起更多的社会责任。企业的社会责任是企业在遵守、维护和改善社会秩序,保护和增加社会福利方面承担的职责、义务,如提供就业机会、资助社会公益事业、保护生态环境、支持社会保障体系等。

(四)企业必须能以自己的名义进行民事活动、享有民事权利和承担民事义务

企业一般应具备以下几个条件:
(1)必须正式在政府有关部门注册备案,完成登记手续;
(2)应有专门的名称、固定的工作地点和组织章程;
(3)具有独立的资产,实行独立核算;
(4)能独立对外开展经营活动。

二、企业的一般特征

企业是以盈利为目的,运用各种生产要素(土地、劳动力、资本和技术),向市场输出产品和服务的合法的社会经济组织。企业有以下几点特征。

（一）企业是以盈利为目的的经济组织

盈利是企业设立的出发点，是企业得以生存的条件，也是与其他社会组织最本质的区别。

（二）企业应该依法设立，独立享有民事权利，承担民事义务

根据企业制度的不同，如个人业主制、合伙制和公司制，企业应符合相关法律所规定的设立条件和程序。同时，企业作为独立的商品生产者和经营者，必须依法向国家纳税。

（三）企业应该实行独立核算、自负盈亏

企业在利润动机驱使下，实行独立核算，以尽可能少的人、财、物和时间投入，获得尽可能多的利润。如果企业盈利，企业就将得到发展；如果亏损严重，以至于资不抵债，则将导致企业倒闭、破产。

（四）企业是从事生产经营活动的社会经济单位

企业是国民经济的基本经济单位和微观经济基础，从事生产经营活动是其天然的使命和社会职责，同时企业又是一个自主经营的经济实体。

（五）企业的生产和经营活动具有风险性

市场竞争激烈、残酷，优胜劣汰，适者生存。市场瞬息万变，不可控因素很多，经营者稍有不慎，就有可能使企业陷入困境。这种极高的风险性给企业的经营者以很大的压力，同时也给他们以极大的刺激和挑战，使他们不断努力进取，改善经营管理，改进技术，降低成本，提高产品和企业竞争能力。

三、企业的类型

企业的类型有多种分法，划分的目的是便于管理者针对不同的企业采取相适应的管理模式和方法。各种类型的企业除了具有企业的一般特征以外，都有各自的特点和运行规律。对此进行科学分类，掌握其科学内涵和外延，能为研究企业管理奠定必要的前提和基础。

（一）按照企业提供产品和服务的内容分类

按照企业提供产品和服务的内容分类，可将企业划分为农业企业、工业企业、商业企业、运输企业、物资企业、邮电企业、旅游企业及金融企业等不同类型。

比如，工业企业是运用物理、化学、生物等技术对自然或农产品及其中间产品从事采掘、加工制造或维持其功能等活动的企业，而农业企业则是直接生产和提供农、林、牧、副、渔产品的企业。

（二）按照企业所有制形式分类

按照企业所有制形式分类，可将企业划分为全民所有制企业（国有企业）、集体所有制企业、独资企业、合资企业、股份合作制企业等。

全民所有制企业是由国家出资兴办，并由国家代表全体劳动人民共同占有生产资料的

企业,是我国公有制的主要形式。集体所有制企业是由部分劳动者共同出资、共同占有生产资料和劳动产品的企业形式。独资企业,即个人出资经营、归个人所有和控制、由个人承担经营风险和享有全部经营收益的企业。合资企业是由两个以上的自然人或法人共同出资兴办的企业。股份合作制企业是指劳动者依照法定程序,以资金、实物、技术、劳动力等方式投资入股,全部资产由参与合作并投资入股的全体劳动者共有的企业。

(三) 按照企业不同生产力要素的比重分类

按照企业不同生产力要素的比重,可将企业划分为劳动密集型企业、资金密集型企业和知识密集型企业。

劳动密集型企业是指劳动力所占比重较大、资本有机构成低的企业,如一些生产技术水平较低的中小型企业和农业企业。资金密集型企业(或技术密集型企业)是指投资大、技术装备程度较高、劳动力比重小的企业,如机械工业企业、化工企业等。知识密集型企业指综合运用先进科学技术成就,所用人员中,中、高级技术和科研人员比重较大,所投入的科研时间和产品开发费用较高,能生产高、精、尖产品的企业,如高新技术企业、软件开发生产企业等。

(四) 按照企业规模大小分类

按照企业规模大小分类,可将企业划分为大型企业、中型企业和小型企业。

企业规模一般指企业生产能力、机器设备数量或装机容量、固定资产原值和职工人数等方面的规模和能力。衡量企业规模大小的具体数值和内容重点无固定指标,随着科学技术水平和生产社会化程度的不断提高以及行业的不同而有所不同。

(五) 按照企业组织形式分类

按照企业组织形式分类,可将企业划分为单厂企业、多厂企业、公司制企业、企业集团、跨国企业等。

单厂企业即一个企业只有一个工厂或公司,没有分厂或分公司。多厂企业即一个工厂下面往往有两个或两个以上的分厂或分公司。公司制企业是由两个以上的投资者出资、按照一定的法律程序组建、以盈利为目的的组织,是企业的高级组织形式。企业集团是一种在经济联合基础上建立密切联系的企业群体组织,其形式和规模随经营范围不同而多种多样,有的是以工业生产为主,有的是生产和科研相结合,有的是产学研贸相结合,有的是工贸结合等。企业集团是公司制企业的进一步高级化发展,它具有多种多样的功能,实行多样化经营。由于其规模大、实力强,一般都会发展成为跨地区、跨国界的跨国企业。

四、企业组织结构

企业组织结构是企业组织的空间表现形式,是一个复杂的系统,其内部既有自上而下的纵向管理层次结构,也有在各管理层次基础上建立的横向职能部门结构,还有反映纵向管理层次之间、横向职能部门之间和纵横两套结构之间权责关系的权力关系结构。这些结构的建立,既要符合企业发展的需要,也要符合组织结构内在运作规律的要求。

（一）组织结构设计

企业组织结构设计工作具有涉及面广、内容繁杂的特点,其对企业组织未来运行的效率和效果有着重要的影响。为保证组织结构设计的成功,其工作必须要科学地、有步骤地进行。组织结构设计的一般工作内容包括以下几点。

1. 明确目标,确定组织结构设计的基本原则

企业组织结构设计的首要环节是明确企业的目标和总体发展战略的要求,认清企业所在的外部环境及自身条件,明确组织结构设计要解决的问题及要达到的目的,确定组织结构设计的基本思路、原则和主要参数。

2. 进行职能分析,确定职能结构

分析企业为实现目标和任务所需要的各项管理业务职能,在分解和合并的基础上,确定企业的职能业务工作体系。

3. 进行部门结构设计,确定组织结构框架

根据实现企业目标的要求以及相应的职能业务工作体系的要求,确定企业自上而下的纵向管理层次结构、横向职能部门结构,以及反映纵向管理层次之间、横向职能部门之间和纵横两套结构之间权责关系的权力关系结构。

4. 进行联系方式设计,确定组织结构内部的协调方式和控制手段

根据组织结构系统性的要求,为保证组织结构整体效能的发挥,确定组织内部上下管理层次之间、左右职能部门之间的相互关系、联系方式和协调控制手段。

5. 进行管理规范设计,确定组织运行的标准

根据组织结构正常运转的要求,制定组织结构内各项管理业务的工作程序、工作标准和工作方法,用以规范组织成员的工作行为。

6. 进行人员配备,确定组织的人员结构

组织结构内不同性质的工作,需要不同才能的人来承担,为了使各部门的人员能够协调一致地工作,必须根据需要合理配置组织成员,并附有岗位职务说明书。

7. 组织的运行、反馈与修正

组织结构设计是一个动态的工作过程,其应保证组织结构的正常运转,并在运转过程中能及时反馈信息,根据组织结构内外条件的变化,及时做出修正与调整。

组织设计是否成功,一般要分析以下问题：

(1) 企业内部人员对组织现状是否满意；

(2) 每个管理者的权利分配是否合理；

(3) 组织气氛是否正常；

(4) 组织内部沟通是否顺畅；

(5) 管理幅度是否恰当；

(6) 企业中高层管理者的看法。

（二）纵向管理层次结构

管理层次是指企业管理组织在纵向分级管理的基础上形成的组织层次。一个企业聚集了众多的员工,企业的最高领导者不可能面对每一个员工进行指挥和管理,这就需要设置管理层次,在各管理层次上进行逐级的指挥和管理。

1. 管理层次的划分

一个企业往往有多个管理层次,它既存在于企业的生产指挥系统中,如工厂、车间、工段、班组等组织层次的划分,也存在于企业的职能参谋系统中,如厂部、专业职能部、职能科室等组织层次的划分。一般而言,企业组织的管理层次可分为高层管理层、中层管理层和基层管理层。管理层次从表面上看,只是组织结构的层次数量,但其实质乃是组织内部纵向分工的表现形式,不同管理层次在企业中的地位不同,其职能和权限也不同。

高层管理层的主要职能是对整个企业的管理负有全面责任,负责制定企业的大政方针,沟通企业与外界的交往联系,对企业生产经营活动实行统一指挥和综合管理等。高层管理层对企业的发展战略、计划、目标、资源安排拥有充分的权力,高层决策正确与否,直接关系到企业的成败。

中层管理层的主要职能是贯彻高层管理层所制定的大政方针,拟订和选择计划的实施方案、步骤和程序,对计划的实施进行控制,并指挥基层管理层的活动。中层管理层在管理组织中起承上启下的作用。

基层管理层的主要职能是按照制订的计划和程序,协调基层组织的各项工作和实施生产作业,直接指挥和监督现场作业人员,保证完成上级下达的各项计划和指令。基层管理者直接与具体作业人员打交道,是整个管理系统的基础。

不同层次的管理者所从事的管理工作量是不同的,越是层次高的管理者,管理性工作就越多;越是层次低的管理者,其相应的管理性工作越少。

2. 管理幅度与管理层次

管理幅度是指一个上级管理人员直接指挥的下级人员的人数。例如,一个科长下属有5个科员,其管理幅度即为5;一个生产班长下属有10个工人,其管理幅度即为10。

管理幅度对组织结构的最终形成有着重要的影响。一般来说,在一定的组织规模条件下,管理者管理幅度的大小,在很大程度上制约着管理层次的多少。管理幅度与管理层次的关系是反比,即在组织成员数量一定的条件下,管理幅度越大,管理层次就会越少;反之,管理幅度越小,管理层次就越多。

对一个组织而言,管理幅度过大和过小都是不好的。

一方面,若管理幅度过小,则会导致管理层次过多,这会有明显的缺点:

(1)大量增加管理人员,导致管理费用的增加;

(2)导致上下级关系的复杂化,致使信息沟通迟缓,易失误;

(3)导致计划工作和控制工作的复杂化;

(4)不利于下属人员积极性的发挥。

管理幅度大、管理层次少的组织,一般能够克服上述缺陷,具有减少管理人员和费用、信息沟通迅速、易于管理的特点。

另一方面,若管理幅度过大,也有其不利之处:

(1)管理人员管理的下属越多,则对下属提供的具体指导就会越少;

(2)可能由于管不过来,而导致对下属管理的失控。

一个企业组织的管理层次设置多少个为好,各个层次的管理幅度究竟以多大为宜,要受多种因素的综合影响。一般的影响因素有:领导者的能力、下属人员的素质、上级对下级授权的明确程度、计划的完整程度、组织政策的稳定程度、考核标准的明确程度、信息沟通的效率、组织的凝聚力等。

(三) 横向职能部门结构

横向职能部门结构是同纵向管理层次结构相对应的,它按照水平专业化分工的原则,将每个管理层次划分为若干个管理单位。部门划分是建立组织结构的基本途径,其在组织管理中具有重要意义。

1. 部门划分的方法

(1) 职能部门化

职能部门化是指按管理职能划分管理单位,即将具有相同管理职能的人集中在一个部门工作,如将企业组织结构划分为开发、生产、销售、财务等部门。这是部门划分中最为广泛采用的一种方法。它的优点在于能充分反映专业化分工的原则,有利于提高各职能部门的工作效率,有利于提高管理人员的专业化水平。它的缺点在于部门的局部利益有可能导致部门间的协调困难,从而降低企业组织整体效能的发挥。

(2) 产品部门化

产品部门化是指按行业或产品划分管理单位,即根据一个产品或一类产品建立部门,把涉及该产品的所有生产经营活动组织在一起,并给以相应的责权。它的优点是符合专业化生产的原则,有利于发挥各类专业技术力量的特长,提高产品专业化生产的工作效率和效益。其缺点是,需要较多的具有全面管理能力的人才,总公司与产品部门的职能机构设置重叠,加大管理成本。

(3) 地区部门化

地区部门化是指按照地理位置划分管理单位,即当企业的生产经营活动涉及的地区范围较大时,按地理位置划分若干个部门,以便于各部门能够根据本地区的特点,有针对性地开展生产经营活动。它的优点在于可以谋求地方化经营的效果,使企业更好地了解市场,接近顾客,适应市场。它的缺点在于企业的管理难度大,管理人员与费用增加。

(4) 人数部门化

人数部门化是指按人数多少划分管理单位,即在一个组织中由于人数较多,不易管理,而将人们划分为几个部分,各部分大小均以人数多少为标志。此种划分方法主要见于一些企业的基层组织。

(5) 服务对象部门化

服务对象部门化是指按企业不同的服务对象划分管理单位,即针对具有不同性质要求的服务对象,分别设置部门,以便于各个部门能更好地满足服务对象的要求。例如,按不同的顾客类别划分,可以有效地迎合不同顾客的要求,为不同的顾客提供分门别类的服务。

(6) 工艺过程部门化

工艺过程部门化是指按照生产技术工艺特点划分管理单位,即将具有相同工艺特点的人员、设备、工作业务集中在一个部门内,以便于提高工艺专业化水平,提高工作效率。

部门划分的各种方法,最终都是为了实现企业的目标,每种方法都有其优缺点,每个企业的横向部门结构都可能是多种方法的综合。企业进行组织结构设计时,应综合考虑,慎重选择。

2. 部门之间的协调

部门的划分在于将企业组织各级管理层次的生产经营活动分解成为若干个组成部分,

从而实现科学合理的专业化分工。但是企业管理作为一个整体系统,各个组成部分之间必然有着相互联系和相互制约的关系,各部分之间只有在相互协调的基础上,才能发挥各自的效能以及企业的整体效能。因此,搞好部门间的协调,是组织结构设计的重要内容。部门间横向协调的内容及其方式主要涉及组织结构、组织运行和人际关系等方面。

(1) 涉及组织结构的协调

这是指由于企业的静态组织结构不合理,造成部门之间横向联系困难,而需要进行的协调活动。在企业的生产经营活动中,常常出现由于企业组织结构不完善、缺少保证横向联系的部门和人员,从而无人解决因部门分工产生的矛盾,或者由于机构设置和职权关系存在自身缺陷,妨碍了横向关系的协调,此时就需要进行调整。

涉及组织结构的协调方式,一般需要对企业组织结构做出调整,需增加管理层次或部门,负责承担协调任务。常见的方式有:设置联络员、临时性或永久性的任务小组或委员会,主管部门之间的横向联系和协调任务;建立职能部门,将工作联系较为密切的职能科室划归职能部领导;建立事业部门,把与某类产品生产经营有关的所有部门集中统一领导;建立矩阵结构,围绕某项任务的完成,将企业的职能部门进行纵横交错的组织等。

(2) 涉及组织运行的协调

这是指由于企业组织的动态工作过程出现缺陷,造成部门工作混乱,从而导致横向联系出现困难而需要进行的协调活动。例如,在企业的生产经营活动中,由于工作流程不科学、管理标准不合理或者管理规范不全,常常导致工作人员的业务活动得不到必要的指导和约束,工作的主观随意性强,从而造成工作的混乱,此时就要做出调整。

涉及组织运行的协调,目的在于调整和改善组织的动态工作过程,并不涉及组织结构的调整。一般常见方式有:制定科学的管理工作规范,以利于各部门统一标准,协调配合;定期召开工作例会,提出和研究解决工作中存在的矛盾和问题;跨部门直接沟通,部门之间直接联系解决问题;联合办公和现场调度等。

(3) 涉及人际关系的协调

这是指由于人际关系不合,导致横向联系困难,而需要做出的协调活动。在企业的生产经营活动中,管理人员是组织结构和组织运行的主体,如果部门人员之间的人际关系不合,如互相抱有成见,彼此存在误解等,就会使部门之间的横向联系受阻。因此良好的部门之间的协调,还有赖于良好的人际关系的支持。

(四) 权力关系结构

权力关系结构是与企业的纵向管理层次结构和横向职能部门结构相对应的。权力关系结构将不同类型的职权合理地分配到各个层次和部门,明确规定企业上下级之间和同级之间的职权关系,形成集中统一、上下左右协调配合的职权结构,为企业各部门认真履行职责、实现企业目标提供保证。

1. 权力类型

企业组织内部的各种权力按其性质划分,主要有参谋权力、直线权力和职能权力,三种权力由不同类型的人所拥有,并在管理中有着不同的作用。

(1) 参谋权力

参谋权力是指在组织活动中的顾问性、服务性、咨询性、建议性的权力。参谋权力一般是组织的职能部门及组织其他成员所普遍拥有的权力。应当认识到,企业组织中的任何成员都具有参谋权力,他们可以就企业发展中存在的问题发表自己的意见。而企业职能参谋系统的成员则是专职的参谋人员。参谋权力的行使旨在协助直线权力有效地完成企业组织目标。

(2) 直线权力

直线权力是指上级指挥下级表现出的权力,表现为上下级之间的命令权力关系。直线权力主要存在于企业组织内的各个层次及各个部门中有着上下级领导与被领导之间关系的场合,是指由上级领导者为实现目标而负有直接责任的权力。直线权力主要表现为命令和指挥的职权。

直线权力与参谋权力的关系可概括为"参谋建议、直线命令"的关系。确定这一关系主要是为了在组织的活动中贯彻命令统一性的原则。在组织活动中,若是所有的职能部门都拥有直线命令的权力,就会出现政出多门、多头领导的局面,从而导致管理上的混乱。因此在组织中只有各层次的直线人员才应拥有直线权力,掌握命令和指挥的职权。而参谋人员所拥有的参谋权力,只是建议权而不是指挥权,参谋人员提出的建议只有被直线人员采纳后,做出决定,并由直线人员向下发布命令后才能有效。

(3) 职能权力

职能权力是指企业的职能参谋机构和人员在高层管理的授权下,允许其在一定的职能工作范围内,向下一级直线部门或其他部门和人员发布命令、提出要求的权力。例如,生产计划调度部门对企业各生产单位下达生产计划指令,财务部门要求企业各部门遵守财务管理规定等。企业的职能参谋机构和人员执行的职能权力有两种形式:一是直接向下一级组织的主管人员发布指示,由该主管人员组织执行;二是向下一级组织的职能参谋机构和人员发布指示,并进行监督。

职能权力的实质是企业的直线主管人员将本属于自己的一部分直线权力分离出来,授予职能参谋机构和人员。这种授权适应了现代企业管理复杂化、专业性强、领导工作负担重、部门和层次增加等对管理工作提出的要求,有利于发挥专业管理职能的作用、减轻直线领导人员的工作负担,有利于加快信息传递的速度,提高管理工作效率。

但是职能权力的授予应注意把握一定的限度。高层管理人员将一些职能权力授予一些部门和个人,使这些部门和个人拥有了对下级直线组织的指挥权力,当这些职能权力扩大到一定程度时,就可能使下级管理人员失去对本部门工作的控制。因此,从维护权力的统一性而言,在企业组织中应限定职能权力的职能和作用的层次范围。

2. 集权和分权

不同企业组织在管理层次之间的权力分配上有着不同的要求和表现,从而构成了企业组织权力系统的不同类型。企业组织的权力系统可以根据决策权的集中与分散程度划分为集权型的企业组织与分权型的企业组织两种。

(1) 集权型的企业组织

这是把企业的生产经营管理权限较多地集中在企业最高领导层的一种组织形式。此类组织经营决策权一般由高层领导掌握,中下层管理人员只有一般业务决策权,上级对下级的控制较严,一切行动听上级指挥;企业组织具有统一对外经营、统一核算的特点。其优点是利于集中领导、统一指挥,可提高职能部门的管理专业化水平和工作效率。其缺点在于限制了中下层人员积极性的发挥,延长了信息沟通的渠道,使企业组织缺乏适应环境的灵活性。

(2)分权型的企业组织

这是把企业经营管理权限适当分散在企业中下层的一种组织形式。此类组织的重大经营决策权仍由高层领导掌握,但中下层可有一般的经营决策权,上级对下级的控制较少,以考核目标为主,不干预其日常生产经营过程,使下级能够在一定的权限范围内,自主地决定问题,自行履行工作职责;中下层在一定程度上有对外独立经营、独立核算的权力。分权的依据主要以职能、地区或产品划分。其优点在于可充分调动中下层人员的积极性,使高层领导免于陷入日常事务,企业对市场环境的适应性强。其缺点在于不利于部门间的协调,管理难度大。

集权与分权反映了企业领导层在权力分配上的两种不同做法,在相同的组织技术条件下,集权与分权往往产生出不同的管理效果。因此正确地认识和把握好集权与分权的关系,是每一个领导者都应重视的问题。

正确处理集权与分权的关系应注意把握好以下几个问题。

首先,应认识到集权与分权都是开展企业管理活动所必不可少的手段。一方面,集权是组织行动统一性的要求。企业作为人们共同劳动的集体,有着统一的目标,要使组织成员的行动达到协调一致,则集权下的统一命令和指挥是必不可少的。例如,一个企业长远发展规划的确立,涉及企业全局的发展战略以及政策和策略的制定,涉及组织整体活动的协调工作等,都应在企业集中统一的权限指导下进行。另一方面,也应看到分权是组织分工的必然要求。企业成员的共同劳动是以分工为基础的,要为企业成员创造履行分工职责的条件,则赋予一定的权限是必需的。

其次,应认识到集权与分权是相对的,而不是绝对的。在组织中若是集权过度,剥夺了下级应行使的权力,叫上级"擅权"。在实际管理活动中,一些领导者各种权力集于一身,独断专行,越权指挥,听不得下级的意见,其结果常常会妨碍组织成员工作的正常开展,制约人们积极性的发挥。另外也应看到,分权过度,把上级应掌握的权力分散给下级,叫上级"失职"。在实际管理活动中,一些领导者不负责任,乱派权力,其结果则会导致管理失控,造成组织的混乱。因此,正确处理好集权与分权的关系,应注意把握好集权与分权的程度。集权的程度应以不妨碍下级履行职责、有利于调动积极性为准,分权的程度则应以下级能够正常履行职责、上级对下级的管理不至失控为准。

最后,还要考虑多种因素对集权与分权的制约。集权与分权程度的确定要受多种因素的影响,其中主观方面要受企业领导者的个性特征的影响,但更重要的是客观因素的影响,如决策的风险程度、下级人员的素质、组织政策的统一性要求、控制系统的健全程度以及企业环境的不同特点、企业规模的大小、各管理职能的不同要求等因素。

五、现代企业制度

(一)现代企业制度的含义

现代企业制度是以公司制度为主体的市场经济体制的基本成分,它包括两个方面的含义:第一,现代企业制度是市场经济体制的一个最基本的成分,也就是说,现代企业制度是市场经济体制的基本制度。第二,现代企业制度主要是指现代公司制度,即公司制度是现代企业制度最典型的组织形式。

1. 现代企业制度是市场经济体制的基础

企业和消费者是市场经济的基本单位,也称交易者。参与市场的基本经济单位有两类:一类是进行消费活动的单位,称为家庭或消费者。消费者用其收入来换取消费品,以满足个人的需要。同时,消费者至少是一种生产要素的所有者,表现为他向企业提供劳动、土地、物资或货币资本,以此赚取收入购买消费品。另一类是从事生产活动的单位,即企业。企业是商品的基本卖者和生产要素的基本买者。市场经济的循环过程就是发生在消费者和企业两个微观经济主体之间的。

企业、市场机制、宏观调控是市场经济体制的三大基本要素。其中,企业是生产力的载体,是市场经济体制中的微观基础,无论是市场机制还是宏观调控,最终都看企业对此做出何种反应。只有当企业成为产权明晰的市场主体,才会在利润目标驱使下,及时对市场信号做出反应。如何使企业成为产权明确的市场主体,正是现代企业制度所要解决的问题。

2. 公司制度是现代企业制度的主体

现代企业制度的主体是公司制度,它的表现形式主要是股份有限公司和有限责任公司。公司制度是现代经济社会中最重要的企业形式,是现代企业制度产权组织形式的发展趋势。在市场经济发达的美国,公司制企业在数量上仅占企业总数的16%,但资本额却占85%。可见公司制企业在现代经济中有着举足轻重的地位。

(二)现代企业制度的特征

现代企业制度既不同于高度集中的计划经济体制下的企业制度,也不同于早期的原始的以自然人为主体的企业制度,是"产权明晰,权责明确;政企分开,自主经营;机制健全,行为合理;管理科学,注重效率"的所有权与经营权相分离的法人制度。

1. 产权明晰,权责明确

在现代企业制度下,所有者与企业的关系演变成了投资者与企业法人的关系,即股东与公司的关系。这种关系与其他企业制度下的所有者与企业的关系主要区别在于以下几点。

(1)投资者投入企业的财产与他们的其他财产严格分开,边界十分清楚。投资者将财产投入企业后,成为企业的股东,对企业拥有相应的股东权利,包括参加股东大会和行使股东大会赋予的权利,按照股本取得相应收益的权利、转让股权的权利等。企业依法成立之后,对股东投入企业的资产及其增值拥有法人财产权,即对财产拥有占有、使用和处置的权利。

(2)投资者仅以投入企业的那部分资产对企业的经营承担有限的责任,企业以其全部资产对债权人承担有限的责任。

(3)在企业内部存在一定程度的所有权和经营权的分离。所有者将资本交给具有经营管理专门知识和技能的专家经营,这些专家不一定是企业的股东,或者不是企业的主要股东,他们受股东委托,作为股东的代表经营管理企业。

2. 政企分开,自主经营

在现代企业制度下,政府与企业是两种不同性质的组织。政府是政权机关,虽然对国家的经济具有宏观管理的职能,但是这种管理不是对企业生产经营活动的直接干预,而是实行间接调控,即主要通过经济手段、法律手段及发挥中介组织的作用,对企业的活动和行为进行调节、引导、服务和监督,以保持宏观经济总量的大体平衡和促进经济结构的优化;保证公平竞争,使市场机制发挥正常的作用;健全社会保障体系,保持社会稳定,维护社会公平;保护生活环境,提高生活质量。企业是以盈利为目的的经济组织,是市场活动的主体,它必须按照价值规律办事,按市场要求组织生产和经营。因此,政府和企业在组织上和职能上都是严格分开的。

3. 机制健全,行为合理

机制原指机器的构造和动作原理,将其引入生物学和医学领域后,认为机制是生命系统的内在工作方式,包括其结构和结合方式、内在的相互联系。机制概念后来被引入经济领域和企业领域,是指一个经济生命体的结构和运作原理。在经济领域,大量使用着机制的概念,如按系统划分,有投入机制、转换机制、产出机制、反馈机制;按组织划分,有权力机制、责任(压力)机制、利益机制;按功能划分,有动力机制、激励机制、竞争机制、约束机制、决策机制、应变机制等。

4. 管理科学,注重效率

在现代企业制度下,管理科学主要体现在管理者的素质高,管理组织结构合理,管理制度健全,管理方法科学,管理手段先进,能最大限度地调动企业全体职工的积极性,提高工作效率和生产效率,使企业能取得较好的经济效益。

(三)现代企业制度的形式

公司制是现代企业制度最主要的形式。公司是指由若干自然人或法人自愿组合而成的一种法人企业组织形式。公司是法人,在法律上具有独立人格,这是公司与属于自然人的个人业主制企业和合伙制企业的重要区别,公司与个人业主制企业和合伙制企业相比较,具有许多明显的优势:由于公司以其财产对债务等只负有限责任,所以出资者最大的风险是投入的资本额,故出资者的风险要比个人业主、合伙人小得多;筹集资金的范围大,可以满足企业扩大经营规模的需要,有利于增强企业竞争实力;出资者一经投资,就不能抽回资本,只能转让股份或出卖股票,使企业有了稳定的法人财产;所有权与经营权易于分离,使得企业的经营管理职能可由各方面专家担任,经营能力不受出资者素质的影响,有利于企业的发展和出资者的利益。

因此,公司制是最适合于现代企业的一种企业制度,也是现代企业制度的核心和主要的企业组织形式。

各国都颁布《公司法》对公司组织加以规范,以此规定公司的设立、组织、经营、解散、清算以及其他对内、对外关系。各国《公司法》的内容均有许多差异,我国《公司法》只规定了"有限责任公司"和"股份有限公司"两种主要形式。另外,根据我国社会主义市场经济的特点,作为"有限责任公司"中的一个重要的特殊形式,规范了"国有独资公司"的设立、组织、经营以及与国家授权投资机构的关系。

1. 有限责任公司

有限责任公司是指由两个以上股东共同出资,每个股东以其认缴的出资额对公司行为承担有限责任,公司以其全部资产对其债务承担责任的企业法人。有限责任公司有以下几个特点。

(1)股东对公司债务承担有限责任,即把股东投入公司的财产与个人的其他财产脱钩,一旦公司破产,资不抵债时,股东没有用个人其他财产清偿债务的责任与义务。

(2)有限责任公司的资本不划分为等额股份,不公开发行股票,各股东的出资额一般通过协商确定。股东的权益凭证不同于股票,不能自由流通,只有在其他股东同意的条件下才可以转让或出卖,并要优先让给公司原有股东。

(3)公司的股东人数有严格的数量限制。我国《公司法》规定,有限责任公司必须有2个以上50个以下的股东方能设立。

(4)与股份有限公司相比,有限责任公司设立程序简便,公司内部组织机构精干灵活,公司不必公开账目,因而保密性能好。

2. 国有独资公司

国有独资公司是指国家授权投资的机构或者国家授权的部门单独设立的有限责任公司。国有独资公司除具有一般有限责任公司的共同特点以外,还有其特殊的规定。国有独资公司与有限责任公司的主要区别有以下几点。

(1)国有独资公司的出资人只有一个,即国家为唯一的投资主体。这和一般《公司法》规定的2个以上出资人不同。

(2)国有独资公司不设股东会,而由国家授权的投资机构或部门,授权公司董事会行使股东会部分职能。而公司的合并、分立、解散、增减资本和发行公司债券,必须由国家授权的投资机构或部门决定。并规定经营管理制度健全、经营状况较好的大型国有独资公司,可以由国务院授权行使资产所有者的权利。

(3)公司董事会成员由国家授权的投资机构或部门委派或更换。

(4)董事会成员中应当有公司职工代表,并由公司职工民主选举产生。

3. 股份有限公司

股份有限公司是指把全部资本分为等额股份,股东以其所持股份为限对公司承担责任,公司以其全部资产对公司的债务承担责任的企业组织。股份有限公司具有以下特点。

(1)股份有限公司不论出资额大小,只以认购的股份对公司的债务承担责任。

(2)股份有限公司的资本总额均分为每股金额相等的股份,以便于根据股票数量计算每个股东所拥有的权益。在交易所上市的股份有限公司,其股票可在社会上公开发行,并可以自由转让,但不能退股,以保持公司资本的稳定。

(3)公司股东人数有法律上的最低限额,我国《公司法》规定,设立股份有限公司,应当有5人以上的发起人。

(4)股份有限公司的账目必须公开。为了保护股东和债权人的利益,各国《公司法》一般都规定,股份有限公司必须在每个财务年度终了时公布公司的年度报告,以供众多的股东和债权人查询。

股份有限公司作为现代市场经济中最适合大中型企业的组织形式,主要是其较之其他公司形式有许多优点。

(1)它是一种筹集大规模资本的有效组织形式,为企业提供筹资渠道也为众多投资者提供了简便、灵活的投资场所。

(2)它有一套科学的管理组织系统,建立起有利于大规模企业经营的机制,使所有者、经营者和生产者之间建立起互相激励、互相制约的机制。

(3)它把企业的经营置于社会的监督之下,有利于资本产权的社会化和公众化。当股东认为公司经营不善时,会抛售手中的股票,把资本转向其他公司,即所谓的"用脚投票"。这便能对公司经营者形成强大的压力,鞭策他们努力提高企业的经济效益。

股份有限公司也有其缺点。

(1)开设和歇业的法律程序复杂,花费时间多,费用高;

(2)所有权与经营权的分离程度大,会产生复杂的授权和控制关系;

(3)公司营业情况和财务状况必须定期向社会公开,难于保守经营秘密。

在市场经济国家中,大中型企业通常都采用股份有限公司的形式。这些公司在企业总数中比例并不大,但是在销售收入、利润和员工人数上却占很大比例,从而在国民经济中占据主导地位。

第四节 现代企业管理的新发展

现代企业管理的基本目标是要在不断急剧变化的社会中,保持一个充满活力的机构,使之能够持续地低消耗、高产出,完成组织的使命,履行其社会责任。自 20 世纪 90 年代以来,经济全球化、信息化和知识化迅猛发展,使现代企业所面临的经营环境日益复杂多变,竞争越发激烈。众多管理者不断探索,提出了许多新的管理观念、原则和方法。

一、知识管理

自从 20 世纪 90 年代以来,美国经济的高速发展引发了对知识推动经济增长作用的新认识。利用知识资本获得真正的竞争优势正在成为一种全新的管理理念。因此,对知识的管理变得日益重要。

知识管理是使信息转化为可被人们掌握的知识,并以此来提高特定组织的应变能力和创新能力的一种新型管理形式。知识管理重在培养集体的创造力,并推动组织的创新。而创新是知识经济的核心内容,是企业活力之源。技术创新、制度创新、管理创新、观念创新以及各种创新的相互结合、相互推动,将成为企业经济增长的引擎。

从国内外知识管理的实践来看,知识管理的内容可分为三类。

(1)内部知识的交流和共享,这是知识管理最普遍的应用。

(2)企业的外部知识管理,这主要包括供应商、用户和竞争对手等利益相关者的动态报告,专家、顾客意见的采集,员工情报报告系统,行业领先者的最佳实践调查等。

(3)管理企业的知识资产,这也是知识管理的重要方面,它主要包括市场资产(来自客户关系的知识资产)、知识产权资产(纳入法律保护的知识资产)、人力资产(知识资产的主要载体)和基础结构资产(组织的潜在价值)等方面。

二、学习型组织

彼得·圣吉(Peter Senge)于 1990 年出版了名为《第五项修炼——学习型组织的艺术与实务》的著作,这本著作一出版立即引起了轰动。彼得·圣吉用全新的视角来考察人类群体危机最根本的症结所在,认为人们片面和局部的思考方式及由此所产生的行动,造成了目前切割而破碎的世界,为此需要突破线性思考的局限,排除个人及群体的学习障碍,重新就管理的价值观念、管理的方式方法进行革新。

彼得·圣吉提出了学习型组织的五项修炼,认为这五项修炼是学习型组织的技能。

第一项修炼:自我超越。自我超越的修炼是指学习不断深入,并加深个人的真正愿望,集中精力,培养耐心,客观地观察现实。它是学习型组织的精神基础。自我超越需要不断认识自己,认识外界的变化,不断地赋予自己新的奋斗目标,并由此超越过去,超越自己,迎接未来。

第二项修炼:改善心智模式。心智模式是指根深蒂固于每个人或组织之中的思想方式和行为模式,它影响个人或组织如何了解这个世界以及如何采取行动的许多假设、成见或者是印象。个人或组织往往不了解自己的心智模式,故而对自己的一些行为无法认识和把握。这项修炼就是要把镜子转向自己,先修炼自己的心智模式。

第三项修炼:建立共同愿景。如果有任何一项理念能够一直在组织中鼓舞人心,凝聚一群人,那么这个组织就有了一个共同的愿景,就能够长久不衰。如宝丽来公司的"立即摄影"、福特汽车公司的"提供大众公共运输"、苹果电脑公司的"提供大众强大的计算能力"等,都是为组织确立共同努力的愿景。

第四项修炼:团体学习。团体学习的有效性不仅在于团体整体会产生出色的成果,而且其个别成员学习的速度也比其他人的学习速度快。团体学习的修炼是"深度会谈"。"深度会谈"是指一个团体的所有成员提出心中的假设,从而实现真正一起思考的能力。"深度会谈"的修炼也包括学习找出有碍学习的互动模式。

第五项修炼:系统思考。组织与人类其他活动一样是一个系统,受到各种细微且息息相关的行动的牵连而彼此影响着,这种影响往往要经年累月才完全展现出来。我们作为群体的一部分,置身其中而想要看清整体的变化非常困难。因此第五项修炼,是要让人与组织形成系统观察、系统思考的能力,并以此来观察世界,从而决定我们正确的行动。

三、企业再造

20世纪80年代,西方发达国家(包括日本),一方面经济发展经过短暂复苏后又纷纷跌进衰退和滞胀的泥潭,国际竞争已达白热化程度;另一方面企业规模越来越大,组织结构臃肿,生产经营过程复杂,最终导致"大企业病"产生并日益严重。1993年美国的迈克尔·汉默和詹姆斯·钱皮为了改变这种状况,提出了企业再造理论,并于1994年出版了《企业再造》一书,该书一出版立刻引起管理学界和企业界的高度重视,迅速流传开来。所谓企业再造,指"重新思考,彻底翻新作业流程,以便在现今衡量表现的关键上,如成本、品质、服务和速度等,获得戏剧化的改善"。企业再造理论认为,由英国经济学家亚当·斯密在其著作《国富论》中创立的劳动分工论是建立在大量生产基础上的,而现在是"后工商业"时代,市场需求多变,企业不能再以量求胜,而是以质、以品种求胜。按劳动分工论组建起来的公司无法发挥高度的弹性和灵活性以及市场应变能力,因为社会大生产的发展,使劳动分工越来越精细、协作越来越紧密,相应地,企业行政管理结构和生产经营组织结构也越来越复杂,管理及生产经营成本不断上升,管理效率不断下降,企业应付市场挑战的能力越来越呆滞。所以要彻底抛弃亚当·斯密的劳动分工论,面对市场需要,在拥有科技力量的前提下,去重新组织工作流程和组织机构。在重组中,强调将过去分割开的工作按工作流程的内在规律,在良好的企业文化基础上重新整合和恢复起来,通过水平和垂直压缩,合并工作、扁平组织、简化流程、提高效率并节约开支,从而达到企业"减肥"和增强竞争能力的目的。

四、虚拟组织

所谓虚拟组织,是指两个以上的独立的实体,为迅速向市场提供产品和服务,在一定时间内结成的动态联盟。它不具有法人资格,也没有固定的组织层次和内部命令系统,而是一种开放式的组织结构。因此可以在拥有充分信息的条件下,从众多的组织中通过竞争招标或自由选择等方式精选出合作伙伴,迅速形成各专业领域中的独特优势,实现对外部资源地整合利用,从而以强大的结构成本优势和机动性,完成单个企业难以承担的市场功能,如产品开发、生产和销售。

虚拟组织中的成员可以遍布在世界各地,彼此也许并不存在产权上的联系,不同于一般的跨国公司,相互之间的合作关系是动态的,完全突破了以内部组织制度为基础的传统的管理方法。虚拟组织的特征表现为以下几个方面。

(1)虚拟组织具有较强的适应性,在内部组织结构与规章制度方面具有灵活性和便捷性。

(2)虚拟组织共享各成员的核心能力。

(3)虚拟组织中的成员必须以相互信任的方式行动。

随着信息技术的发展、竞争的加剧和全球化市场的形成,没有一家企业可以单枪匹马地面对全球竞争,所以由常规组织向虚拟组织过渡是必然的,虚拟组织日益成为公司竞争战"武器库"中的核心工具。这种组织形式有着强大的生命力和适应性,它可以使企业准确有效地把握住稍纵即逝的市场机会。对于小型企业来说尤为重要。例如,一家名字为Tekpad的小公司,最初生产手写电脑输入设备,后来扩展到多媒体输入系统。这家小公司使用著名设计公司的设计,让IBM公司生产,仅仅使用28名临时工、4名长期雇员,在12个月内就成功地推出了四种新产品。当Tekpad说IBM公司加工他们的产品,并且他们与其他大公司有业务联系时,他们就在业务融资、展示实力及实现承诺的能力上获得了重要的信誉。

五、商业生态系统理论

长期以来,人们形成了一种商场如战场的观念。在这个没有硝烟的战场上,企业与企业之间、企业内部的部门之间,乃至顾客及销售商之间都存在着一系列的冲突。

美国学者穆尔1996年出版的《竞争的衰亡》一书,标志着竞争战略理论的指导思想发生了重大突破。作者以生物学中的生态系统这一独特的视角来描述当今市场中的企业活动,但又不同于将生物学的原理运用于商业研究的狭隘观念。后者认为,在市场经济中,达尔文的自然选择似乎仅仅表现为最合适的公司或产品才能生存,经济运行的过程就是驱逐弱者。而穆尔提出的商业生态系统理论,打破了传统的以行业划分为前提的竞争战略理论的限制,力求"共同进化"。穆尔站在企业生态系统均衡演化的层面上,把商业活动分为开拓、扩展、领导和更新四个阶段,他建议高层经理人员经常从顾客、市场、产品、过程、组织、风险承担者、政府与社会等七个方面来考虑商业生态系统和自身所处的位置。系统内的公司通过竞争可以将毫不相关的贡献者联系起来,创造一种崭新的商业模式。在这种全新的模式下,作者认为制定战略应着眼于创造新的微观经济和财富,即以发展新的循环来代替狭隘的以行业为基础的战略设计。

商业生态系统能有效地利用生态观念制定企业的策略。这些策略包括以下三种。

(1)鼓励多样化。具有多种生命形态的生态系统是最坚强的生态系统。同样的,多样化的公司是最有创造力的公司。这种多样化不仅表现在公司业务内容与业务模式上,而且表现在用人政策上。

(2)推出新产品。在生态系统中,生命靠复制来繁衍,每一代生产下一代,以确保物种生存。产品寿命有限,不论今天多么成功,终将被下一代产品取代,因此需要不断地推出新产品。

(3)建立共生关系。共生是指两种或多种生物互相合作,以提高生存能力。传统企业视商业为零和竞争,从不考虑互利或共生关系,主张"绝对别把钱留在桌面上"。新型企业总是寻求双赢的共生关系,既在合作中竞争,又在竞争中合作。由此产生了一个新词汇——竞合。例如,"苹果"公司与"微软"公司的关系就是一种竞合关系。

六、企业整体策略理论

美国耶鲁大学企业管理学教授威维·科利斯与哈佛大学企业管理学教授辛西姬·蒙哥马利在《哈佛商业评论》双月刊上撰文指出,有些企业在多元化的发展上一帆风顺,而有些企业则惨遭失败,其成败关键就在于企业整体策略。他们在三年前提出的"资源竞争论"的基础上,进一步提出"以资源为核心的企业整体策略",指导企业创造更大的整体竞争优势。卓越的企业整体策略能够通过协调多元事业来创造整体的价值,让"1+1>2",而不仅仅是零散的事业集合。企业要制定卓越的整体策略,首先要有整合观念。制定卓越的策略,是许多企业经理人努力的目标。有些从核心能力着手,有些重整事业组合,有些则努力建立学习型组织。但是,这些做法都只是在单一要素上着力,而没有将资源、事业与组织三项因素合为一个整体。以策略创造企业整体优势的精髓,就是将资源、事业与组织这三项构成"策略金三角"的要素合为整体。

在卓越的整体策略中,资源是串联事业与组织结构的线,是决定其他要素的要素。企业的特殊资产、技术、能力都是企业的资源。不同的资源需要不同的分配方式(转移或是共享),也需要配合不同的控制系统(财务表现控制或是营运过程控制)。卓越的企业整体策略不是随意的组合,而是精心设计的整体系统,指挥企业要发展什么资源,要在什么事业上竞争,以及要以什么组织形态实行策略。

七、模糊经营理论

模糊与数学、控制等名词连为一体,产生出许多新鲜的概念。如今,随着网络技术和虚拟一体化的发展,模糊经营的新观念在电脑等行业中日趋流行。

美国《纽约时报》载文指出,制造商、零售商和经销商之间的界线正在变得模糊:制造商仅仅承担设计产品和品牌宣传而委托别人装配;零售商面临种种新的竞争者,比如,因特网销售商成为直接向客户出售产品的制造商;而原本已被认为将要随市场机制变化而淘汰的经销商,现在正以崭新的姿态异常活跃起来,他们往往从制造商和零售商那里把储存和搬运商品的种种后勤工作包揽过来。

随着因特网的发展,制造商逐渐走到台前,直接面对用户。例如,美国戴尔计算机公司,它通过电话和因特网得到客户的直接订货并在七个工作日之内交付产品的做法,开创了电脑业一种新的经营模式。这种经营模式没有制造商、零售商与经销商的区别,然而,该公司却表现出比电脑业界平均水平高3~4倍的发展速度。

纵观经营方式的演变历程,可以发现,日本人20世纪70年代开创的"准时生产"方法,使人们感到无库存经营成为可能;今天,新的模糊方法则使人们的视线转向"利用别人时间"的方法。利用这种新方法,库存的负担就落在生产链条中的其他参与者身上。正如一些未来学家所设想的,到21世纪70年代,产品开发商、制造商和经销商将通过数据网络紧密联系在一起,以至库存的必要性大大减小。

测试题

一、选择题

1. 当计划由于受到外部干扰因素而偏离原来方向时,为了保证目标的实现而采取的管理职能是(　　)。
   A. 计划　　　　　B. 组织　　　　　C. 协调　　　　　D. 控制

2. 根据麦格雷戈的理论,(　　)认为人的本性是坏的,一般都有好逸恶劳、尽可能逃避工作的特性,因此必须进行强制、监督、惩罚等才能使他们努力完成给定的工作。
   A. X 理论　　　　B. Y 理论　　　　C. Z 理论　　　　D. 超 Y 理论

3. 管理的首要责任是(　　)。
   A. 管理一个组织　　　　　　　　　　B. 管理管理者
   C. 管理工作和工人　　　　　　　　　D. 制订计划

4. 下列叙述正确的是(　　)。
   A. 管理是市场经济的产物　　　　　　B. 管理萌芽于商品经济
   C. 经营是经济法人独有的概念　　　　D. 经营是解决效率的问题

5. 泰罗的科学管理理论出现在(　　)。
   A. 19 世纪末、20 世纪初　　　　　　 B. 20 世纪 30 年代
   C. 20 世纪 40 年代　　　　　　　　　D. 20 世纪 60 年代

6. 泰罗认为工人和雇主双方都必须来一次(　　)。
   A. 管理培训　　　B. 管理实践　　　C. 劳动竞赛　　　D. 心理革命

7. 有"经营管理之父"称号的古典管理学家是(　　)。
   A. 泰罗　　　　　B. 法约尔　　　　C. 韦伯　　　　　D. 梅奥

8. 现代管理理论中,决策理论学派的代表人物是(　　)。
   A. 泰罗　　　　　B. 法约尔　　　　C. 西蒙　　　　　D. 巴纳德

9. 管理的首要职能是(　　)。
   A. 计划　　　　　B. 组织　　　　　C. 领导　　　　　D. 控制

10. 马斯洛认为每个人都有五个层次的需要,依次是(　　)。
    A. 生理需要、安全需要、社交需要、尊重需要、自我实现需要
    B. 生理需要、安全需要、尊重需要、社交需要、自我实现需要
    C. 自我实现需要、尊重需要、社交需要、生理需要、安全需要

D. 社交需要、尊重需要、自我实现需要、安全需要、生理需要

11. 认为"管理就是决策"的学者是（　　）。
   A. 赫伯特·A.西蒙　　　　　　　　B. 小詹姆斯·H.唐纳利
   C. 弗里蒙特·E.卡斯特　　　　　　D. 托尼·布洛克特

12. 管理的载体是（　　）。
   A. 管理者　　　B. 技术　　　C. 工作　　　D. 组织

13. 管理的主体是（　　）。
   A. 企业家　　　B. 全体员工　　　C. 高层管理者　　　D. 管理者

14. 管理的任务就是设计和维持使人们能够用尽可能少的支出去实现既定目标的（　　）。
   A. 氛围　　　B. 环境　　　C. 制度　　　D. 体制

15. 管理是一种艺术，这是强调管理的（　　）。
   A. 复杂性　　　B. 有效性　　　C. 实践性　　　D. 精确性

16. 技术技能对于（　　）最为重要。
   A. 中层管理者　　　B. 执行者　　　C. 基层管理者　　　D. 高层管理者

17. 珍妮的上司要求她解释其所属部门的实际开支与公司预算数额不符之处。在这里，上司执行的是（　　）职能。
   A. 计划　　　B. 组织　　　C. 领导　　　D. 控制

18. 霍桑实验考察的是（　　）。
   A. 员工的安全需求
   B. 被替代的家庭工作人员的心理需求
   C. 各种照明水平对工人生产率的影响
   D. 公司的高层管理者对下属尊重的需求

19. 目标管理有四个要素，不属于这四项的是（　　）。
   A. 确定目标　　　B. 参与决策　　　C. 绩效反馈　　　D. 非明确的期限

20. Tom根据财务信息将上个季度的实际工作绩效与预期绩效进行比较,他所运用的是（　　）。
   A. 前馈控制　　　B. 现场控制　　　C. 反馈控制　　　D. 积极控制

二、名词解释

管理　企业　企业管理　管理者　现代企业制度　知识管理　虚拟组织

三、简答题

1. 不同层次的管理者在发挥管理职能的重点上存在着哪些差别？
2. 简述管理者的层次划分以及管理者应具有哪些基本技能。
3. 管理的二重性原理及其现实意义是什么？
4. 一个有效的管理者需要扮演哪些角色？
5. 管理活动具有哪些基本职能？它们之间的关系是什么？
6. 一个现代企业管理者应具备什么样的管理技能？

综合案例

忙碌的王厂长

王厂长是光明食品公司江南分厂的厂长。早晨7点,当王厂长驱车上班时,他的心情特别好,因为最近的生产率报告表明,由于他的精心经营,他管辖的江南分厂超过了公司其他两个分厂,成为公司人均劳动生产率最高的分厂。昨天,王厂长在与其上司的通话中得知,他的半年绩效奖金比去年整整翻了两倍!王厂长决定今天要把手头的许多工作清理一下,像往常一样,他总是尽量做到当日事当日毕。除了下午3点30分有一个会议外,今天的其他时间都是空着的,因此,他可以解决许多重要的问题。他打算仔细审阅最近的审计报告并签署他的意见,并仔细检查工厂TQM计划的进展情况。他还打算计划下一年度的资本设备预算,离申报截止日期只有10天时间了,他一直抽不出时间来做这件事。王厂长还有许多重要的事项记在他的"待办"日程表上:他要与副厂长讨论几个员工的投诉;写一份10分钟的演讲稿,准备在后天应邀的商务会议上致辞;审查他的助手草拟的贯彻食品行业安全健康的情况报告。

王厂长到达工厂的时间是7点15分,还在走廊上,就被会计小赵给拦住了。王厂长的第一个反应是:她这么早在这里干什么。小赵告诉他,负责工资表制作的小张昨天没有将工资表交上来,昨天晚上她等到9点,也没有拿到工资表,今天实在没办法按时向总部上报这个月的工资表了。王厂长做了记录,打算与工厂的总会计师交换一下意见,并将情况报告他的上司——公司副总裁。王厂长总是随时向上司报告任何问题,他从不想让自己的上司对发生的事情感到突然。最后,王厂长来到办公室里,打开计算机,查看了有关信息,他发现只有一项需要立即处理。他的助手已经草拟了下一年度工厂全部管理者和专业人员的假期时间表,它必须经王厂长审阅和批准。处理这件事只需10分钟,但实际上占用了他20分钟的时间。接下来要办的事是资本设备预算。王厂长在他的电脑工作表程序上,开始计算工厂需要什么设备以及每项的成本是多少。这项工作刚进行了1/3,王厂长便接到工厂副厂长打来的电话。电话中说在夜班期间,三台主要的输送机有一台坏了,维修工要修好它得花费5万元,这些钱没有列入支出预算,而要更换这个系统大约要花费12万元,王厂长知道,他已经用完了本年度的资本预算。于是他在10点安排了一个会议,与工厂副厂长和总会计师研究这个问题。王厂长又回到他的工作表程序上,这时工厂运输主任突然闯入他的办公室,他在铁路货车调度计划方面遇到了困难,经过20分钟的讨论,两个人找到了解决办法。王厂长把这件事记下来,要找公司的运输部长谈一次,好好向他反映一下工厂的铁路货运问题,什么时候公司的铁路合同到期及重新招标看来打断王厂长今天日程的事情还没有完,他又接到公司总部负责法律事务的职员打来的电话,他们需要数据来为公司的一桩诉讼辩护,因为原江南分厂的一位员工由于债务问题向法院起诉公司。王厂长把电话转接给人力资源部。这时,王厂长的秘书又送来一大沓信件要他签署。下午1点45分,陈厂长返回他的办公室,工厂工长已经在那里等着他。两个人仔细检查了工厂布置的调整方案以及周边环境的绿化等工作要求。

会议的时间持续得较长,因为中间被三个电话打断。到3点35分时,王厂长和工厂副厂长穿过大厅来到会议厅。例行会议通常只需要1个小时,不过讨论工人工资和利益分配以及输送系统问题的时间拖得很长。这次会议持续了3个多小时,当王厂长回到他的办公室时,他已经精疲力竭了。12个小时以前,他还焦急地盼望着一个富有成效的工作日,现在一天过去了,王厂长不明白:"我完成了哪件事"当然,他知道他干完了一些事,但是本来有更多的事他想要完成的。是不是今天有点特殊王厂长承认不是的,每天开始时他都有着良好的打算,而回家时却不免感到有些沮丧。他整日就像置身于琐事的洪流中,中间被经常不断地打断。他是不是没有做好每天的计划他说不准。他有意使每天的日程不要排得过紧,以使他能够与人们交流,使得人们需要他时,他能抽得出时间来。但是,他不明白是不是所有管理者的工作都经常被打断和忙于救火,他能有时间用于计划和防止意外事件发生吗?

问题讨论:

1. 王厂长在该分厂属于什么层次的管理者?应当承担怎样的管理任务和具备什么样的管理素养和管理技能?

2. 根据明茨伯格的管理者角色理论,王厂长打算计划下年度的资本设备预算时应当扮演什么样的管理者角色?为什么?

第二章 企业战略管理

思政目标

战略是一个组织机构对其未来发展的某种定位、规划或选择,它是一种方向性的东西,具有显著的全局性、长远性和前瞻性。战略规划指导策略制定,企业生产、经营亦需要坚定、明确的"顶层设计"。企业的战略选择不但要考虑政治、经济、文化、科技、产业、竞争者等外部环境要素,要权衡企业资源、能力禀赋与企业家个性、风险偏好等内部环境条件,新时期企业战略选择还要顺应国家发展战略需要,如互联网+、战略性新兴产业、内涵发展、供给侧结构性改革、品牌强国、高质量发展战略,服务于中华民族伟大复兴。

学习目标

1. 了解战略与企业战略的内涵、特点
2. 掌握企业竞争环境分析方法与工具
3. 认识基本的企业竞争战略思想
4. 把握主要的公司经营战略与策略

案例导入

民营医院靠什么竞争制胜?

蓝哥智洋国际行销顾问机构CEO于斐认为,民营医院在技术、设备、人才上不占优势,民营医院要发展,要壮大,要盈利,关键要从"以治疗为本"转型到"以病人为本"的服务上来。医院上下应转变观念,面向社会,面向社区,树立人本意识,通过打服务牌,想患者所想,急病人所急,以树立良好口碑,打造民营医院的竞争力。

比如山东某医院开展"同样的医德比医风,同样的技术比效率,同样的质量比信誉,同样的效果比费用,同样的条件比便捷,同样的优质比满意"的"六比"活动,就对同行很有启发。他们对每月前来就诊住院的患者实行免费接送,加强医后、术后跟踪回访服务,将对病人的关心延伸到院外,从而在全院创造出"关爱关心病人,全心全意为病人服务"的氛围,有效改善了医患关系,使病人满意率持续上升,业绩得到了保证。同样,还有像南京某医院创造性提出魅力"5S"服务标准,即 Smile(微笑)、Speed(速度)、Sincerity(诚信)、Security(安全)、Sostenuto(持续追踪),自该标准推广以来也得到了患者的好评,效益逐渐提升。

> 随着医疗行业管理日趋规范化,医疗行业广告的限制政策力度加大,民营医院更多的是依靠服务质量和专业特色积攒口碑,而不能靠广告来吸引病人。因此,就民营医院来说,向患者提供更加实惠的优质服务已成为同行业竞争的焦点。
>
> **问题思考**:你认为民营医院应该靠什么打造竞争力?

第一节 战略与企业战略

一、战略

(一)战略的概念

战略一词来源于军事术语,主要指对战争全局的筹划和谋略。中国系统的战略思想最早可追溯到 2500 多年前的《孙子兵法》。英语中 Strategy(战略)一词来源于希腊语 Strategos 和 Strategicon,其含义是"将军"和"将军指挥军队的艺术"。随着人类社会实践的发展,特别是经济生活的发展,战略一词被逐渐应用到经济和社会领域,应用到企业经营实践当中。

第二次世界大战以后,企业的外部环境发生了巨大变化,公司的长期发展面临挑战。为了谋求在多变的环境中生存和发展,在企业家、咨询公司、管理学家的共同努力下,战略管理的内涵得到不断丰富,进而产生了企业战略管理这一门年轻的学科。1965 年,安索夫根据其在美国洛克希德飞机公司多年的管理经验和在大学里从事教学、咨询的亲身经历出版了《公司战略》一书,奠定了战略管理的理论基础,其后,企业战略在美国等西方发达国家开始得到了广泛的应用。

在经历了 20 世纪 60 年代的兴起、20 世纪 70 年代的热潮、20 世纪 80 年代的回落和 20 世纪 90 年代的复兴后,战略管理在全球理论界和企业界蓬勃兴起,并形成了很多思想学派。企业实践表明,战略管理越来越显示出它在企业管理中的重要地位,战略管理理论成为企业最高层次的管理理论,战略管理也成为企业高层管理人员最重要的工作和技能。我国的企业管理也正在实现从注重职能管理的经营型管理到注重各职能整合的战略型管理的转变和发展。

(二)战略的内涵

美国著名管理学家亨利·明茨伯格认为,人们在生产经营活动中的不同场合以不同的方式赋予企业战略不同的内涵,人们可以根据需要对战略进行多样化的定义。在这种观点的基础上,亨利·明茨伯格借鉴营销学中的 4P 理论,提出了企业战略的 5P,即计划(Plan)、计策(Ploy)、模式(Pattern)、定位(Position)和观念(Perspective),从不同角度表明了对企业战略这一概念的丰富的和多样化的理解。企业战略的 5P 如图 2-1 所示。

图 2-1 企业战略的 5P

1. 战略是一种计划

战略是一种有意识、有计划、有组织的行动程序,是解决一个企业如何从现在的状态达到将来位置的问题。战略主要为企业提供发展方向和途径,包括一系列处理某种特定情况的方针政策,属于企业"行动之前的概念"。

2. 战略是一种计策

战略不仅仅是行动之前的计划,还可以在特定的环境下成为行动过程中的手段和策略,一种在竞争博弈中威胁和战胜竞争对手的工具。

3. 战略是一种模式

战略可以体现为企业一系列的具体行动和现实结果的方案,而不仅仅是行动前的计划或手段。也就是说,无论企业是否事先制定了战略,只要有具体的经营行为规划,就有事实上的战略。如安利的直销模式、沃尔玛的连锁经营等。

4. 战略是一种定位

战略是一个组织在其所处环境中的位置,对企业而言就是确定自己在市场中的位置。迈克尔·波特也认为,战略就是寻找一种对自己有利的定位。把战略看成一种定位,就是要通过正确地配置企业资源,形成有力的竞争优势。

战略5P的内涵

5. 战略是一种观念

战略表达了企业对客观世界的认知方式、价值观和行为方式,体现了企业对环境的价值取向和组织中人们对客观世界固有的看法,进而反映了企业战略决策者的价值观念。战略观念主要着眼于企业的长期、持续的发展。

(三)战略的主要特征

1. 战略是要做正确的事情

做正确的事情就是强调努力的方向,强调追求的效果。从战略的角度看,"做正确的事情"要比"把事情做正确"更为重要。比如,企业要投资某一个项目、要进入某一个行业、要兼并某一个企业,都意味着要进行正确的选择。

2. 战略要"有所为,有所不为"

"鱼和熊掌不可兼得",战略具有排他性。战略意味着要做出某种选择,同时意味着要放弃某些东西。因为一个企业的资源是有限的,有所选择有所放弃才能将有限资源集中使用到一定项目和领域,以赢得竞争优势。

3. 战略应关注事关全局的某些事情

战略的另一个重要特征是战略决策者应该从企业的整体利益出发,关注全局性重大问题,而不是小问题。

4. 战略应保证营利性、成长性和风险之间的平衡

企业价值最大化是企业的终极目标,战略的制定与实施必须能够增进企业价值。战略的制定要考虑能够有利于企业的成长,同时还要控制战略实施的风险程度。战略要对公司发展有利,不能为战略而战略。

二、企业战略

有人认为企业战略应包括企业的目的与目标(广义的企业战略),战略就是目标、意图和目的以及为达到这些目的而制定的主要方针和计划的一种模式。有人以为企业战略不应该包括这一内容,企业战略就是决定企业将从事什么事业以及是否从事这一事业(即狭义的企业战略)。尽管对企业战略存在着不同认识,但随着经济全球化和一体化的发展,确定竞争范围已经成为企业战略研究的首要议题。

因此,企业战略实质上是一个企业在认清其外部环境和内部资源的基础上,为求得企业生存和长期发展而做出的一系列根本的、全局性的、长远性的、指导性的谋划。

(一)企业战略的构成要素

企业战略的构成要素主要包括:经营范围、资源配置、竞争优势和协同作用。

1. 经营范围

经营范围指企业从事生产经营活动的领域,它反映出企业目前与其外部环境相互作用的程度,也可以反映出企业计划与外部环境发生作用的要求。

2. 资源配置

资源配置指企业过去和目前资源和技能配置的水平和模式,资源配置的好坏会极大地影响企业实现自己目标的程度,是企业现实生产经营活动的支撑点。

3. 竞争优势

竞争优势指企业通过其资源配置的模式与经营范围的决策,在市场上所形成的与其竞争对手不同的竞争地位。

4. 协同作用

协同作用指企业从经营范围和资源配置的决策中所能获得的各种共同努力的效果,就是说分力之和大于各分力简单相加的结果。

(二)企业战略的分类

一个完整的企业战略一般分为三个层次:企业总体战略、企业经营战略和职能战略。

1. 企业总体战略

企业总体战略决定和揭示企业的愿景、使命和目标,确定企业重大方针与计划,企业经营业务类型与企业组织类型以及企业应对用户、职工和社会做出的贡献。企业总体战略包括发展战略、稳定战略和紧缩战略。

2. 企业经营战略

企业经营战略在企业总体战略的指导下,主要解决企业如何选择经营行业和如何选择在一个行业中的竞争地位的问题。这一战略主要涉及企业在某一经营领域中如何竞争、竞争中扮演什么样的角色、各经营单位如何有效地利用分配给的资源等问题。

3. 职能战略

职能战略是为实现企业总体战略和企业经营战略,对企业内部的各项关键的职能活动做出的具体化统筹安排。职能战略包括财务战略、营销战略、人力资源战略、组织结构战略、研究开发战略、生产战略等。

(三)企业战略的内容

1. 战略目标

战略目标包括定性目标和量化目标。定性目标主要反映发展思路,比如,某培训机构提出的总体战略目标是"通过 20 年的努力,建成设施齐备、师资精良、体制畅顺、勇于创新并富有时代气息和鲜明特色的培训机构"。量化目标包括销售目标、利润目标、硬件建设、客户开发、人才引进等可以用数量明确表示的发展目标。

2. 企业愿景

企业愿景是指企业对未来的憧憬和展望,是企业的追求和抱负。比如,微软公司的愿景是"让全世界每一个家庭、每一个办公室桌上都有它的计算机并使用它的软件"。企业愿景包括企业的核心文化意识和预见的未来,是企业不断成长的驱动力。

3. 企业使命

企业使命即对企业经营领域的选择和承担的责任的表示。比如,华为公司的使命是"追求在电子信息领域实现顾客的梦想,成为世界级领先企业";高露洁公司的使命是"做人类口腔清洁用品专家,为人类的口腔清洁和健康做贡献"。

4. 实现条件、路径

实现条件、路径即为实现战略目标、企业愿景、企业使命而提出的系统的解决方案,主要包括选择成长空间(行业背景分析)、优化价值关系(与顾客和竞争对手的关系)、开发组织能力,构建企业能力平台(核心竞争能力、制造能力、营销能力、人力资源管理能力、企业凝聚能力、战略管理能力)等。

(四)企业战略的特点

企业战略规定了战略规划期内的总任务和完成总任务的基本方针、重大措施以及主要步骤,因而它具有全局性、长远性、挑战性、相对稳定性、纲领性等特征。

1. 全局性

所谓全局性,是指企业的经营战略是以企业的全局为对象,根据企业总体发展的需要而制定的,它所规定的是企业的总体行动,具有综合性和系统性,同时,还要与国家的经济、技术、社会发展战略相协调,与国家发展的总目标相适应。

2. 长远性

所谓长远性,指企业的经营战略是对未来较长一个时期内(五年以上)如何生存和发展的通盘筹划。从企业发展角度看,企业今天的行动是为了执行昨天的战略,企业今天制定的战略正是为了明天更好地行动。未来要以当前为出发点,未来发展趋势的预测也要以企业的过去和现在为依据。

3. 挑战性

所谓挑战性,是指企业在激烈竞争中如何与竞争对手博弈,同时,也面临来自企业内部各方面的冲击和压力。企业经营战略是在激烈的竞争与严峻的挑战中产生并发展起来的,因此,企业必须使自己的经营战略具有挑战性特征,以保证自己战胜竞争对手。因此,为了迎接挑战,企业经营战略必须创新并具有竞争性。

4. 相对稳定性

所谓相对稳定性,是指战略必须在一定时期内不变,这样才能在一定时期内稳步推进,这对于企业经营实践具有指导意义。换句话说,企业战略不能朝令夕改,否则就会给企业经营带来混乱。但相对稳定性也不意味着一成不变。

5. 纲领性

所谓纲领性,是指企业经营战略的内容都是属于原则性的、方向性的,具有行动纲领的指导意义。或者说,企业的一切经营策略都应该围绕企业战略目标的实现,都应该在遵循企业战略的基础上来制定和执行。

三、战略管理理论的发展

战略管理是对企业的战略进行全面和动态管理的过程,在这个过程中,企业从整体和长远利益出发,科学分析环境变化,及时把握有利机会,整合内外资源,谋求企业的长远发展并加以实施。当前,复杂多变的外部环境使得企业将管理的重点由提高生产效率转向适应环境变化。作为研究企业与环境之间相互关系、为企业生存和发展指明方向的重要手段的战略管理,已被越来越多的企业所共同关注和研究。

对战略管理的研究和实践成为当代管理领域的重要话题。根据邬适融等人的研究,战略管理理论萌发于20世纪30年代,形成于20世纪60年代,中间经历了繁荣、衰落和重振的阶段。20世纪80年代,企业战略体系的重心逐步从外部环境分析转移到注重能力分析的竞争主题,并置于学术研究和企业实践的前沿地位,从而大大推动了企业竞争战略理论的发展和创新,呈现名家辈出、学派并起的风起云涌之势。

其中,20世纪80年代以日本大前研一和美国迈克尔·波特(Michael E. Porter)等人为代表的定位学派最为突出。他们认为,行业结构分析是确定企业竞争战略的基石。波特为此创造性地建立、提供了各种方法和技巧,用于分析企业所处行业的情况和企业在行业中的竞争优势,如著名的五力模型、价值分析模型、公司地位和行业吸引力矩阵等,并在此基础上提出了三个基本竞争战略。

1990年,普拉哈拉德的"企业核心能力"一文的发表,开启了企业核心能力的研究。由此形成的核心能力理论,是对战略理论的又一创新。它随着管理实践提出的要求而不断发展和创新。其代表人物有美国的企业战略管理学家安索夫、企业经营史学家钱德勒(Alfred Chandler)、波特、W. H. 纽曼和日本的大前研一等人。

战略管理理论的发展演进经历了几个显著的发展阶段:

(1) 以环境为基点的经典战略理论。1962年,钱德勒出版了《战略与结构》一书,揭开了企业战略问题研究的序幕,钱德勒在这部著作中首次分析了环境—战略—结构之间的相互关系。他认为企业战略应当适应环境变化并满足市场需求,而组织结构又必须适应企业战略,随着战略变化而变化。

(2) 以产业(市场)结构分析为基础的竞争战略理论。20世纪80年代波特的竞争战略理论在一定程度上弥补了经典战略理论在企业竞争环境分析和选择上的不足。他在产业组织理论的结构—行为—绩效分析范式的基础上,提出了以产业(市场)结构分析为基础的竞争战略理论。竞争战略理论强调产业(市场)竞争环境的分析对于制定竞争战略的重要性,并系统提出了相应的分析工具,如五力模型、价值链等。

(3) 以资源、能力、知识为基础的资源基础理论与核心竞争力理论。塞斯内克(Selznick) 1957年在其《行政管理中的领导行为》一书中提出"独特能力"的概念,研究者们将探索企业竞争优势的着眼点逐渐从外部转移到企业内部,资源基础观念、资源基础理论以及以资源、知识为基础的核心竞争力理论应运而生,并发展成为目前战略管理领域中的主要理论前沿之一。

核心竞争力理论认为,企业战略管理的关键在于培养和发展企业的核心竞争力。

战略管理理论的新发展。随后,战略管理领域发展出一系列新的理论和学派,包括顾客价值理论、商业生态系统理论、边缘竞争理论以及信息论、控制论、ERP、SCM等。

根据亨利·明茨伯格等在《战略历程——纵览战略管理学派》一书中的观点,全球战略管理基本上形成了设计学派、计划学派、定位学派、企业家学派、认识学派、学习学派、权力学派、文化学派、环境学派、构造学派共十个学派,形成一种繁荣发展的态势。

第二节 企业竞争环境分析

企业总是在一种竞争环境中运行,企业竞争环境分析主要包括宏观环境、微观环境、行业竞争环境、产品/市场投入环境和企业投资环境的分析。

一、宏观环境——PEST分析

宏观环境是指影响企业生存和发展的间接环境,主要包括政治法律环境(Political & Legal Environment)、经济环境(Economic Environment)、社会文化环境(Socio-cultural Environment)、科学技术环境(Technological Environment)等,因此一般采用PEST分析。

(一)政治法律环境

政治法律环境主要包括政治环境和法律环境两个方面。

1. 政治环境

政治环境包括政治制度、政企关系、党和国家的方针政策、职工与企业关系等要素和内容。一般情况下,党和国家的大政方针政策对企业活动往往具有控制和调节作用。政治环境的影响在政权更迭期、政府改革期和出现内乱期更加显著。

政治环境对企业经营的影响具有以下特点:

(1)间接性。政治环境通过政策等因素间接影响企业的经营状况。

(2)难以预测性。对于企业来讲,政治环境的变化是难以预测的,如战争等。

(3)不可逆转性。政治环境的变化一旦波及企业经营,就会使企业发生十分迅速和显著的变化,而且这一变化是企业面临的巨大挑战。

2. 法律环境

法律环境是指与企业运行相关的社会法律系统及法规,主要包括以下几点:

(1)国家相关法律法规。国家相关法律法规主要包括宪法、基本法律、行政法规、地方性法规等。其中与企业相关的法律法规构成企业法律环境中最基本的内容。

(2)国家司法、执法部门。国家司法、执法部门主要包括法院、检察院、公安部(局)及各种行政执法部门。与企业经营关系密切的行政执法部门包括工商行政管理部门、税务管理部门、物价管理部门、计量管理部门、技术质量监督部门、专利管理部门、环境保护管理部门、政府审计管理部门等。此外,还有一些临时性行政执法部门,如各级政府的财政、税收、物价检查部门等。

(3)企业的法律意识。法律意识是法律观和法律思想的总称,是企业对法律制度的认识和评价。企业的法律意识,最终都物化为一定的法律行为,并造成一定的行为后果,从而构成每个企业不得不面对的法律环境。

法律环境对企业的影响力具有刚性约束的特征,同时也影响企业的发展方向。良好的法律环境对企业的成长、发展有积极促进作用,而不良的法律环境不利于企业的经营和发展。

(二)经济环境

经济环境一般是指构成企业生存和发展的社会经济状况及国家经济政策。从国内情况看,主要由经济体制、经济政策、经济结构、经济形势、经济发展水平、自然环境、人口环境等构成。

1. 经济体制

经济体制即国家组织经济的形式。经济体制规定了国家与企业、企业与企业、企业与各经济部门的关系,并通过相应的管理手段和方法,调整或影响社会经济流动的范围、内容与方式。由此,经济体制对企业的生存与发展的形式、内容、途径都提出了系统的规则与条件。在我国,经济体制主要指国有、集体、个人、合资等多种体制。

2. 经济政策

经济政策是一定时期内国家、政党制定的促进国家经济发展目标实现的战略与策略,包括综合性的全国经济发展战略和产业政策、国民收入分配政策、物价政策、物资流通政策、金融货币政策、劳动工资政策、对外贸易政策等,它对企业的经营影响很大。经济政策是国家经济发展的指挥棒,它规定了企业活动的范围、原则,引导和规范企业的经营方向,保证了社会经济的正常运转以及国民经济发展目标与任务的实现。

3. 经济结构

经济结构又称国民经济结构,主要包括产业结构、交换结构、分配结构、消费结构、技术结构等内容,其中最重要的是产业结构。经济结构合理搭配,才能保证国家经济的健康发展,否则会出现产能过剩、经济发展不平衡、恶性竞争等情况,造成国家或企业的经济危机。所以,企业必须随时关注经济结构的变化,根据国家的产业政策及时妥善地调整企业的经营活动方向,把握时机,开拓创新,推动企业持续、健康发展。

4. 经济形势

改革开放以来,中国经济持续增长,成为全球极富魅力的投资热土。随着中国产业结构的转型,中国经济的发展从追求数量的增长到追求质量的提升,进入一个新的阶段。同时,中国经济的发展环境也发生了很大的变化:一是经济体制转型;二是所有制结构调整;三是买方市场的形成;四是消费热点变化;五是开放格局形成。这些都有利于中国经济向更高的阶段发展。

5. 经济发展水平

经济发展水平指一个国家经济发展的规模、速度和所达到的水准。反映一个国家经济发展水平的主要指标有国民生产总值、国民收入、人均国民收入、经济发展速度、经济增长率等。对企业而言,要善于从这些指标中找准自己的位置,寻求发展的契机。

6. 自然环境

自然环境主要是指地理位置、地形、地质、气候、资源等。自然环境对企业厂址选择、原材料供应、设备和生产技术的采用等都有密切的关系。因为在不同的地域环境中，人口构成、收入、消费水平和传统习惯等差异较大，对产品的需求也不同，因此企业必须认真分析各地域环境要素的特点，有针对性地开展经营活动。

7. 人口环境

人口环境包括人口状况（包括数量、构成、分布、增长率等）、家庭结构、社会心理、人口素质等。人是管理要素中最具有弹性的要素，而且，任何管理行为都需要人去实施，现代企业的竞争最重要的是人才的竞争，人口环境是企业需要面对的重要环境要素。

（三）社会文化环境

企业的社会文化环境主要是指一个国家或地区的文化教育程度、宗教信仰、社会价值观、风俗习惯、行为方式等。社会文化环境是企业生产或经营活动赖以进行的"空气"和"土壤"，企业的生产与经营行为必须与其文化环境相适应，才能如鱼得水、左右逢源，否则就会遇到不适和障碍。社会文化要素必然反映到企业的生产经营活动中，进而影响到社会对企业产品及劳务的需求，如不重视教育，教育投资不足，会使企业职工素质受到影响。坚信社会主义核心价值观的文化环境会促使企业遵纪守法、诚信经营、开拓创新和履行社会责任，不注重企业文化和价值观的培育则会对企业行为和业绩产生不利影响。

（四）科学技术环境

科学技术环境是指企业所处的社会环境中的科技要素及其相关的各种社会现象的总和。企业的科学技术环境大体包括社会科技水平、社会科技支持、国家科技体制、国家科技政策和科技立法等要素。科学技术环境是企业进行产品创新和管理创新的基础和依托，因此，科技要素会对企业的生产、经营、管理活动产生重要影响。

二、微观环境——SWOT 分析

微观环境是指影响企业生存和发展的直接环境，主要包括企业的资源、能力、环境条件等要素，针对企业的优势、劣势、机会和威胁进行分析，因此一般采用 SWOT 分析。SWOT 分析中：S(Strength)代表优势分析；W(Weakness)代表劣势分析；O(Opportunity)代表机会分析；T(Threat)代表威胁分析。

SWOT 分析是一种将企业的战略与企业内部条件、外部环境有机结合的分析方法，是一种总结企业近期特征非常实用的方法。从整体上看，SWOT 分析可以分为两部分。第一部分为优势、劣势(SW)分析，主要用来分析内部条件；第二部分为机会、威胁(OT)分析，主要用来分析外部环境。

通过分析外部环境，企业确定它们可能会选择做什么；通过分析内部条件，企业确定它们能做什么。值得重视的是，优势、劣势分析应该尽可能从竞争能力的角度出发，该项分析不是得知企业在什么地方做得最好，而是与竞争对手相比，在哪些方面存在着优势，在哪些地方存在着不足，以便制定策略，发挥优势、避开劣势。

SWOT 分析的核心思想是企业的优势能力与行业竞争情况的匹配与整合。SWOT 分析清楚地确定了企业的资源优势和缺陷，帮助了解企业所面临的机会和挑战，对于制定企业未来的发展战略有着至关重要的意义。SWOT 分析矩阵见表 2-1。

表 2-1　　　　　　　　　　　　　SWOT 分析矩阵

外部环境＼内部条件	优势	劣势
机会	SO 战略（增长型战略） ● 依靠内部优势 ● 利用外部机会	WO 战略（扭转型战略） ● 利用外部机会 ● 克服内部劣势
威胁	ST 战略（多种经营型战略） ● 依靠内部优势 ● 回避外部威胁	WT 战略（防御型战略） ● 克服内部劣势 ● 回避外部威胁

SWOT 分析的主要步骤如下：

(1) 罗列企业现有的优势和劣势以及可能的机会与威胁；

(2) 优势、劣势与机会、威胁相组合，形成 SO 战略、ST 战略、WO 战略、WT 战略；

(3) 对 SO 战略、ST 战略、WO 战略、WT 战略进行甄别和选择，制定企业目前应该采取的具体战略与策略，以求这些策略与企业的内部资源及能力和外部机遇有效地匹配。

三、行业竞争环境——"五力模型"分析

波特在其《竞争战略》一书中曾提到，一个产业内部的竞争状况，取决于五种竞争力量，这五种竞争力量共同决定了产业的竞争强度和营利性。这五种竞争力量分别是：同行业竞争者间的竞争、潜在竞争对手的威胁、替代产品（或服务）的威胁、供应商讨价还价的威胁、顾客讨价还价的威胁。这就是人们常说的产业竞争力的"五种力量模型"，简称"五力模型"。因此，对于行业竞争环境，学界主要采用波特的"五力模型"进行分析，用于判断公司是否可以进入该行业。波特的"五力模型"如图 2-2 所示。

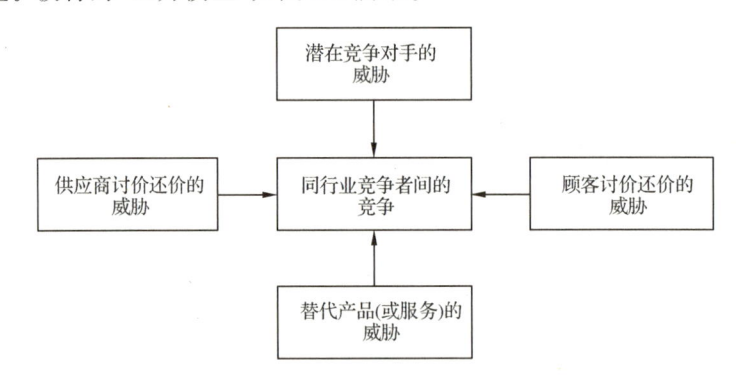

图 2-2　波特的"五力模型"

（一）同行业竞争者间的竞争

如果行业内现有竞争者间的竞争激烈的话，他们会采取各种手段来争夺市场份额和地位。一方面，有些竞争手段如价格竞争等会使产品价格降低，从而使行业利润降低；另一方面，有些竞争手段如广告战、产品创新、顾客服务引进等有可能扩大需求或提高产品差异化水平，从而使整个行业受益。一般来讲，企业应该尽量采用"避免竞争"的策略，如果同行业竞争者间的竞争异常激烈，则不宜进入。

（二）潜在竞争对手的威胁

行业竞争必须针对潜在竞争对手做出竞争性的反应，这就会不可避免地消耗自身的部分资源，由此会降低经营利润率。对于一个行业来讲，潜在竞争对手威胁的大小取决于所表现的进入壁垒，因为潜在竞争对手可能遇到现有企业的反击。如果进入壁垒高或潜在竞争对手认为严阵以待的现有企业会坚决地报复，则这种威胁就会较小。因此，进入壁垒低、潜在竞争对手威胁大的行业不宜进入。

（三）替代产品（或服务）的威胁

广义来讲，一个行业的所有企业都在与生产替代产品（或服务）行业的企业竞争。替代产品（或服务）设置了行业中可谋取利润的定价上限，从而限制了一个行业的潜在收益。如果行业的产品（或服务）在市场上有可行的替代产品（或服务），那么产品（或服务）的价格就会没有保障，行业利润率就会降低。因此，替代产品（或服务）的威胁越大越不宜进入。

（四）供应商讨价还价的威胁

供应商可通过提价或降低所购产品（或服务）的质量来向某个行业中的企业施加压力。供应商施加的压力可以迫使一个行业因无法使其销售价格跟上成本的增长而失去行业利润。如果供应商的实力强的话，它就会提高原材料供应价格，并降低其产品（或服务）的质量，从而使行业利润降低，使制造商处于被动地位。因此，供应商讨价还价的威胁越大，这个行业越不宜进入。

（五）顾客讨价还价的威胁

顾客往往是压低价格、要求较高的产品质量（或索取更多的服务项目，但希望付更少的价钱），从竞争者彼此对立的状态中获利，所有这些都是以行业利润下降为代价的。如果顾客讨价还价的能力较强的话，他就会不断压低价格，并要求高质量的产品（或服务），从而提高了顾客满意的难度，并使得行业的盈利水平降低，使制造商处于被动地位。因此，顾客讨价还价的威胁越大，这个行业越不宜进入。

由此，企业管理者在准备进入某行业之前需要对这五种力量进行相应评估，结合对其他环境因素，如工会、政府的力量等的分析，确定行业存在的威胁和机会，以此为基础决定是否进入和选择适合的竞争战略。运用"五力模型"进行行业竞争情况分析的目的，就是指导管理者正确选择能够给企业带来竞争优势的进入战略。其中的竞争优势包括：比竞争对手的成本更低，与竞争对手有着显著的不同等。

四、产品/市场投入环境——波士顿矩阵分析

波士顿矩阵又称波士顿咨询集团法、四象限分析法、产品系列结构管理法等，是由美国波士顿咨询集团公司在20世纪70年代初开发出来的，主要用于产品与市场投入环境的分析。波士顿矩阵认为，如果一个企业拥有多种业务或产品，就要考虑如何管理多种业务或产品，也就是要考虑企业拥有的有限资源如何在各种业务或产品中进行有效分配或投入的问题。波士顿矩阵的前提是企业的资源是有限的，必须进行选择性投入。企业有若干产品，哪

些产品需要淘汰,哪些产品需要加大投入,哪些产品只需要维持性投入,波士顿矩阵可以帮助企业管理者很直观地进行正确的选择,以追求最为有效的投入产出效果。

波士顿矩阵中的"市场增长率"表示该业务的销售量或销售额的年增长率,用数字5%~20%表示。这里需要说明的是,该矩阵是美国人以美国市场为背景提出来的,他们认为市场增长率超过10%就是高速增长,这对于中国市场显然不太匹配。波士顿矩阵中的"相对市场占有率"表示该业务相对于主要竞争对手的市场份额,用于衡量企业在相关市场上的相对实力。

波士顿矩阵可以将企业的全部业务或产品区分为四种类型,波士顿矩阵如图2-3所示。

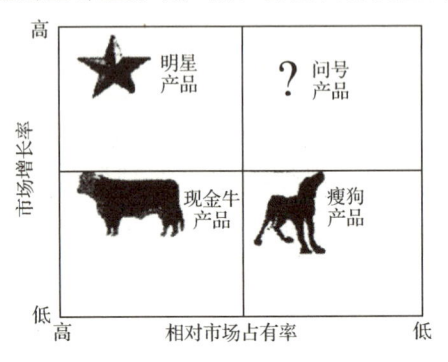

图2-3 波士顿矩阵

(一)问号产品

问号产品是相对市场占有率低、市场增长率高的产品。问号产品前途不定,主要看来年是否有足够的资金来进行投资。如果有市场资金投入,问号产品可成长为明星产品,它有这个潜力;如果没有相应市场资金投入,问号产品就可能逐渐失去竞争力直至变成瘦狗产品。因此管理当局应该仔细考虑,是否有足够的资金投入来提高问号产品的相对市场占有率,以便开创更美好的明天。如果问号产品不止一个,则需要企业做出取舍,重点培养其中一个。

(二)明星产品

明星产品是指相对市场占有率高、市场增长率也高的产品。对于明星产品是否需要继续加大市场资金投入以支持其迅速发展,观点不一。有人认为既然已经是明星产品了,不需要再加大市场资金投入,将资金用于培养问号产品更好;也有人认为,资金允许的话,明星产品仍然需要再加大市场资金投入,以巩固和强化其市场份额和垄断地位,进一步打击竞争对手。

(三)现金牛产品

现金牛产品是相对市场占有率高,但市场增长率低的产品,可以为企业带来大量的现金流,以供企业发展新产品和投资于其他产品。现金牛产品是企业的"金库",但鉴于其市场增长率低的特点,只做维持性投入即可。

(四)瘦狗产品

瘦狗产品,也称衰退类产品。它是相对市场占有率低、市场增长率也低的产品。瘦狗产品账面上虽然也能产生利润,但没有培养前途。企业必须认清真相,不要因为感情因素,而将有限的市场资金继续浪费在没有明天的瘦狗产品上,除非产品本身仍有提升空间,否则,砍掉才是上策。

综上所述,企业对现金牛产品只需维持性投入,应尽可能从现金牛产品上获得现金,对明星产品和问号产品进行推广支持。对明星产品的支持有助于明星产品的继续增长和保持较高的市场地位,但问号产品的发展方向不确定,具有风险性,而瘦狗产品则是应该被果断出售或者停止生产的。

五、企业投资环境——通用矩阵分析

通用矩阵又叫通用电气公司模型,是 20 世纪 70 年代麦肯锡公司在为美国通用电气公司的多元化战略所做的咨询项目中提出来的,该模型用"多因素投资组合矩阵"来对企业的战略业务单位加以分类和评价,主要用于企业进行投资决策前的风险分析。

通用矩阵对每项投资业务的判定,主要根据两个变量。

(一)市场吸引力

市场吸引力的影响因素有市场大小、年增长率、历史利润率、竞争强度、技术要求、通货膨胀、能源要求、环境影响、社会、政治、法律等。

(二)公司业务优势

公司业务优势的影响因素有市场占有率、产品质量、品牌知名度、分销网、促销能力、生产能力、生产效率、单位成本、原料供应、研究与开发成绩、管理人员素质等。

根据通用矩阵,企业的决策层对上述两大变量中的各个因素都要评分,而且各个因素都要加权,求出各个变量的加权平均。根据评分可以把业务分为 A、B、C 三个区域,并分别制定不同的战略,见表2-2。其中 A 区域是风险小、企业或行业有优势、成功率高、可以大胆选择的;B 区域具有很大的不确定性,企业或行业无显著优劣势、需要谨慎选择的;C 区域是风险大、企业或行业处于劣势、成功率低、不能选择的。

表 2-2　　　　通用矩阵

市场吸引力＼公司业务优势	强	中	弱
高	A	A	B
中	A	B	C
低	B	C	C

第三节　企业竞争战略

一、三种基本竞争战略

迈克尔·波特的经典著作,被誉为"竞争三部曲"的《竞争战略》(1980)、《竞争优势》(1985)、《国家竞争优势》(1990),对世界管理学界产生了深远的影响,主要贡献在于他所提出的"三种基本竞争战略""五力模型""价值链""钻石模型""产业集群理论"理论。三种基本竞争战略的提出是世界战略管理大师波特的主要贡献,这一思想为全世界广泛接受和运用,并对全球企业管理产生了深远影响。

战略是要创造一个唯一的、有价值的市场定位。波特在其《竞争战略》一书中提出了三种基本竞争战略:成本领先战略、差别化战略、集中性(聚焦)战略,如图 2-4 所示。

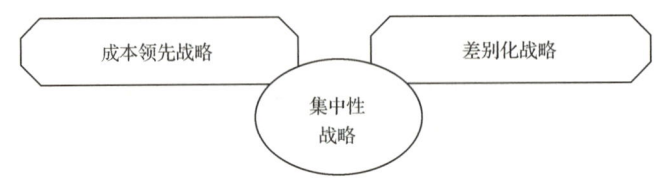

图 2-4 三种基本竞争战略

(一)成本领先战略

成本领先战略是指企业采取一系列的措施在产业中建立起成本领先优势的一种竞争战略。要实现成本领先的战略目标,使其产品的成本低于其他竞争对手,就必然要走规模化生产的道路。

企业采用成本领先战略,就必须尽可能地降低成本,包括严格控制各项开支和管理费用,削减研发、服务、推销、广告等方面的支出。如果企业能够获得并保持成本领先优势,只要能使其产品的售价等于或接近行业的平均价格水平,这种低成本的优势就会转化为企业的高收益,因而能够获得高于行业平均利润率的收益。如目前国内航空业中春秋航空、西部航空采用的就是成本领先战略,天津航空等也减少了机上餐食、免费托运等服务项目,走向了节约成本、减低价格的经营道路。

从"五力模型"的视角分析,具有成本优势的企业均处在有利的竞争地位。成本优势可以使企业在与对手的竞争中受到保护,因为当其他对手丧失利润时,企业仍然是有利可图的。在应对顾客要求降价的压力时,也比其他竞争对手具有更强的承受力。面对供应商的涨价要求,同样具有较强的消化能力。在应对替代产品(或服务)的竞争时,也比其他企业更有利。

奉行成本领先战略的企业有以下特点:
(1)往往占有较高的市场份额;
(2)具有良好、通畅的融资渠道,以保证持续的资金投入;
(3)购买先进的设备和技术,以提高生产效率和扩大生产规模;
(4)有良好的原材料供应体系;
(5)要求产品设计易于制造,工艺过程精简;
(6)严格的成本控制系统和责任管理规章;
(7)较宽的产品线以分散成本;
(8)加强培训以造就熟练的员工;
(9)建立有效且低成本的分销渠道和客户服务体系。

在消费者对价格敏感、产品本身标准化较强、品牌效应不显著的情况下,成本领先战略是有效的。但如果有竞争企业能够获得更低的成本,将削弱企业竞争优势的基础。

总体来讲,企业实施成本领先战略可以获得规模效益和价格优势,可以有效增加市场份额,但在满足顾客个性化需求方面和企业创新方面处于劣势,且容易卷入价格战,不利于企业自身和行业的可持续发展。鉴于此,成本领先战略往往成为企业发展前期阶段性的战略选择,待企业获得一定的发展规模和效益之后再进行战略的调整或转型。

(二)差别化战略

差别化战略是指企业为其产品或服务创造出与行业内其他竞争对手的产品或服务所不同的显著独特性,从而获得竞争优势的一种战略。这种独特性可以通过产品研发与设计、技术性能创新、产品特征或新功能、品牌形象、广告、推广与销售渠道选择、顾客服务、不同营销模式等多种方式来建立。

成功实施差别化战略的企业,其产品或服务能够与行业内其他企业的产品或服务形成显著的区别,切实满足顾客个性化的需求偏好,有效降低价格敏感度,从而可以避开过度的价格竞争。如果目标市场上的顾客对品牌具有较高忠诚度,并能够接受较高的价格,那么这种溢价足以弥补企业在创造独特性方面所花费的额外成本。所以,成功实行差别化战略的公司能够获取行业超值溢价,并能够有效避开价格战。

从"五力模型"的视角分析,差别化战略能够利用顾客获得的超值感受,形成对品牌的忠诚以及偏好从而有效避开价格竞争。顾客的忠诚以及某一竞争对手要战胜这种"独特性"需要付出的努力就构成了行业进入壁垒。同时,差别化带来的高收益能够用以应对供应商要求提价的压力,同时也可应对顾客要求降价的压力。对于替代产品(或服务)的竞争,奉行差别化战略而赢得顾客忠诚的公司也有更多的回旋余地。可以说,差别化战略是企业在激烈竞争中赢得优势的重要利器,也是当代企业竞争制胜的主流战略选择。

总体来讲,企业实施差别化战略可以获得比较优势,避免价格战,可以获得高溢价和满足个性化需求,但也存在成本压力,以及管理和专业人才方面的挑战。这里需要补充的是,差别化战略并不回避成本控制,只是成本不是企业首要的战略目标而已。

案例分析

西部假期:做西部线路旅游专家

广州有一家知名的旅行社叫南湖国旅——西部假期,很受当地旅游者青睐。南湖国旅——西部假期是一家集旅行社、航空服务公司、旅游风景区、度假村、酒店、车队为一体的大型综合旅游集团。凭借着专业、专注、大胆创新,打造旅游精品"西部假期"品牌,专营云南、贵州、四川、陕西、甘肃、宁夏、青海、新疆等西部地区旅游线路,成为广东市场上最早专注于西部线路并运营最成功的旅游企业和品牌。南湖国旅用短短十年时间,就从一个只有十几人的小旅行社发展成为中国旅游企业前三十强,其差别化战略选择居功至伟。

我国更多的旅游资源在西部,该公司专注西部线路旅游产品的营销战略,抓住了重量级旅游产品市场,能够提供更专业的西部旅行指导和导游,能够拿到更低的西部旅游项目消费折扣,名副其实的西部旅游专家。一句话,因为她更专业,因而更有吸引力和竞争力。

资料来源:郑锐洪. 服务营销(第2版). 北京:机械工业出版社,2019.

(三)聚焦战略

集中性战略又叫聚焦(focus)战略,是指企业将其主要力量和资源集中于某一特定的相对狭小的目标细分市场,为其提供产品或服务的一种战略模式。它的特点是把经营战略重点放到一个特定的目标市场上,为特定地区或特定人群提供特殊的产品或服务。

如果说,成本领先战略和差别化战略是着眼于在全行业范围或整体市场上谋求竞争优势,聚焦战略则可以在特定的目标市场上建立相对的竞争优势。原因在于,目标集中,资源集中,能够以更高的效率、更好的效果为某一狭窄的目标市场服务,从而在满意度、忠诚度等方面获得更高的评价。

集中性战略可以和差别化战略、成本领先战略进行组合运用。企业可以通过提供具有独特性的产品或服务,来满足目标顾客的特定需求,即差别化聚焦战略;也可以在为目标顾客提供产品或服务时,追求低成本,即成本聚焦战略;或者两者兼而有之。

集中性战略有三种战略形式:
(1)为某个特定的顾客群提供产品或服务;
(2)专业化生产某个产品系列的一个细分领域;
(3)专门为某一地区市场提供其产品或服务。

总体来讲,企业实施集中性战略可以获得局部竞争优势,但同时存在失去范围经济性的劣势。在企业资源、能力有限的情况下,这种战略有利于避开强敌,集中成长,因此,这种战略主要适用于处于创业或成长状态的中小企业。

案例分析

万科从做"加法"到做"减法"

万科是我国大名鼎鼎的房地产企业。20世纪80年代在深圳发展的时候,其业务遍及进出口、零售、投资、房地产、影视、科技、文化、饮料、印刷、电器工程等十三大类,基本上是什么赚钱做什么,用万科创始人王石的话讲,除了黄、赌、毒、军火不做外,当时什么都涉及。但王石发现这样下去不是办法,于是从1993年开始调整企业发展战略,逐渐卖掉了其他业务,专心做房地产,企业也从多元化逐渐走向了专业化的发展道路。可以说,万科从一个万金油式的企业转型为专注的房地产企业,完成了其从做"加法"到做"减法"的战略调整,也成就了中国最成功的房地产企业。后来,万科又制定了从专门从事房地产再到只为社会白领提供物美价廉的大型居住小区和高阶层住宅产品的战略,其战略实现了现代的升级,将"减法"做到了极致,而企业的规模和效益实现了乘数的增长。

一个没有明确战略选择和战略定位的企业,前途是渺茫的,或者说是没有前途的。而那些幻想要集所有战略优势于一身的公司,其结果可能也是毫无建树,因为往往鱼和熊掌不可兼得,战略意味着有所选择也有所放弃。企业可以在三种基本竞争战略中进行选择,其中成本领先战略和差别化战略往往是相互排斥的,一个企业选择了前者一般就不能选择后者,而聚焦战略是适合中小企业的经营和发展战略,可以选择差别化聚焦战略或成本聚焦战略。

二、核心竞争力

核心竞争力是企业在其长期生产、经营活动过程中逐渐培育或形成的一种能够使其获得竞争优势地位的能力。核心竞争力扎根于企业组织内部,是企业的一种战略资源,它能够帮助企业获得市场地位和利益回报。各个企业在业绩上的差异主要不是因为行业差异,而是其所拥有的资源和能力上的差异。一个企业能够获得超额利润往往是它拥有同行业企业没有的核心竞争力。一种能力要想成为企业的核心竞争力,必须是从客户的角度出发,是有价值并不可替代的;从竞争者的角度出发,是独特并不可模仿的。

(一)核心竞争力的特征

1. 价值性

核心竞争力应该是一种有市场价值的能力,这种能力能够为消费者带来价值创造,为企业带来价值回报。

2. 稀缺性

稀缺性指那些同行业中极少数现有或潜在竞争对手能拥有的能力。

3. 难于模仿性

难于模仿性也称不可复制性,是其他企业不能轻易建立的能力。

4. 不可替代性

不可替代性核心竞争力为企业特有,不具有战略资源对等特性。

(二)核心竞争力的评估

1. 技术方面

企业是否拥有核心技术或创造核心技术的能力。其指标主要有:企业是否有明确的优势技术或专长;优势技术或专长具有多大的独特性、难于模仿性和先进性;企业能否不断吸取新技术和新信息,以巩固和发展其优势技术或专长;其优势技术或专长能否为企业带来明显的竞争优势;其优势技术或专长是否得到了充分的发挥;企业能否基于核心技术不断提高产品质量和推出新产品。

2. 市场方面

企业是否拥有核心业务和核心产品的领导地位。

(1)衡量核心业务的指标包括:企业是否有明确的主营业务;其主营业务是否能为企业带来主要收益;其主营业务是否具有稳定的市场前景;企业在主营业务中是否具有稳固的市场地位。

(2)衡量核心产品的指标包括:企业是否有明确的主要产品;其主要产品是否有很高的市场占有率;其主要产品是否有很强的差异性和品牌忠诚度;其主要产品是否有很好的市场前景;其主要产品延伸至其他市场领域的能力。

3. 管理方面

企业是否拥有培育与发展核心竞争力的能力。其指标主要包括:企业高层领导是否关注核心竞争力的培育和发展;企业的技术开发与创新能力如何;企业是否有充足的各类技术和管理人才;企业对技术人才队伍的激励机制是否完善和有效;企业是否有追踪和处理新技术及相关信息的系统和网络;企业是否具有围绕强化核心竞争力的各层次培训机制;企业高层领导是否关注市场及其变化趋势;企业高层领导是否有不断学习与进取的精神;企业是否有明确的愿景;企业是否拥有创新和控制系统。

三、蓝海战略

(一) 蓝海战略的提出

蓝海战略是金伟灿与莫博涅在研究了30多个产业150次战略行动的基础上提出来的。他们认为,市场可分为红海和蓝海:红海代表已知的市场空间,蓝海代表未知的市场空间。企业如果要赢得明天,是不能仅靠与对手竞争的,还要开创新的蓝海(隐含庞大需求与机会的新市场空间),以走上获利性增长之路。换句话说,所谓的蓝海战略,就是企业从关注并超越竞争对手,转为向买方提供价值飞跃,从而挖掘巨大的潜在需求,重建市场和产业边界,目的是摆脱红海和开创蓝海。红海战略和蓝海战略的比较见表2-3。

表 2-3　　　　　　　　　红海战略和蓝海战略的比较

红海战略	蓝海战略
在已经存在的市场内竞争	拓展非竞争性市场空间
参与竞争	规避竞争
争夺现有需求	创造并攫取新需求
遵循价值与成本互替规律	打破价值与成本互替规律
根据差异化或低成本的战略选择,把企业行为整合为一个体系	同时追求差异化和低成本,把企业行为整合为一个体系

价值创新是蓝海战略的基石。价值创新理论挑战了基于竞争的价值和成本的权衡取舍关系。不是瞄准现有市场高端或低端顾客,而是面向未来潜在需求的买方大众;不是一味细分市场、满足顾客偏好,而是合并细分市场、整合各种需求。其实,这里所说的蓝海并不是一个完全没有竞争的领域,而是一个通过差异化手段得到的崭新的市场领域,在这里企业可以凭借其创新能力获得更快的增长和更高的利润。

蓝海战略就是尽可能避开竞争,创造新的市场空间。但蓝海和红海的分别不是静态的,而是动态变化的和连续的。因为随着时间的推移和产业的发展,蓝海也会向红海转化,这时企业就需要再去寻找新的蓝海。

(二) 蓝海战略的主要内容

1. 蓝海战略的市场价值

随着市场竞争日益激烈,市场空间变得越来越狭窄,利润增长的前景也变得越来越黯淡。创新企业要在红海中求生存发展,就必须有超过竞争对手的资源(包括人、财、物、信息、关系)和实力,以攫取已知需求下的更大市场份额。而蓝海战略则与之相反,未开发的市场空间和潜在需求的创造,意味着利润可以高速增长,这是企业发展的大好机会。

一般蓝海是通过扩展已经存在的产业边界而形成的,也有一些是在现有的红海领域之外创造出来的。蓝海战略的价值创新是以开创更广阔的新市场来保持企业的获利性增长,而不是挑战竞争对手所创造的新纪录或通过瓜分现有本已日趋萎缩的市场需求来扩大企业的市场份额。蓝海战略需要企业突破原有思维局限,开发出增长型业务,将战略创新纳入科学严谨的战略管理系统,以保证创新的成功概率,使创新行为获得系统支撑。蓝海战略理论的出发点是高利润增长,战略业务创新为其主要思路。

2. 蓝海战略的战略布局

蓝海战略的战略布局需要回答以下四个问题:

(1)哪些被产业认定为理所当然的元素需要剔除?剔除产业中企业竞争攀比的元素,这些元素已不再具有价值。

(2)哪些元素的含量应该被降低到产业标准之下?现有产品或服务是否在功能上设计过头,企业所给超过顾客所需且增加了成本。

(3)哪些元素的含量应该被提高到产业标准之上?发掘产业中消费者不得不做出的妥协。

(4)需要重新创造哪些产业从未有过的元素?寻找、发现买方价值的全新源泉,以创造新需求和改变产业战略定价标准。

3. 蓝海战略的管理方法

蓝海战略提供了一套结构化的分析框架。蓝海战略首先聚焦于客户价值,再通过一系列规定动作完成对客户价值的排列组合,最终形成全新的业务战略体系。该体系的主要管理方法为"四步操作框架",它构成了一个比较完整的战略制定与实施系统,体现内在统一的、以客户价值为核心的思维逻辑。

"四步操作框架"运用"剔除""减少""增加""创造"四步运作分析工具,打破了差异化和低成本之间的权衡取舍关系,实现既增加价值,又降低成本的经营目标。蓝海战略的"四步操作框架"如图 2-5 所示。

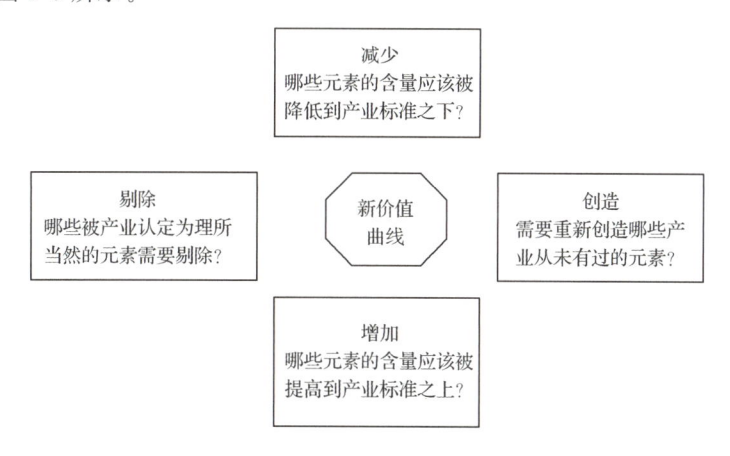

图 2-5 蓝海战略的"四步操作框架"

(三)蓝海战略的特点

蓝海战略与差别化战略看起来相似,但其实有很大的分别。蓝海战略主张创造一个新的品类和新的市场,这样就可以避免竞争并且赢得优势。一个成功的蓝海战略必须具备以下三个特点。

1. 另辟蹊径

主要是指独特性,例如,美国西南航空公司把传统的枢纽辐射航线改为中型城市之间的直飞航线。

2. 重点突出
具备价值的经营重点，例如，美国西南航空公司友好的服务、速度和频繁的点对点直航。
3. 主题令人信服
例如，美国西南航空公司突出物美价廉、超值服务，追求飞机的速度和驾车旅行的价格，增加服务而不增加价格。

知识链接

长尾理论

安德森是美国《连线》杂志的主编，他喜欢从数字中发现趋势。在一次跟 eCast 首席执行官阿迪布的会面中，阿迪布提出了一个让安德森耳目一新的"98法则"，改变了安德森的研究方向。阿迪布从数字音乐点唱统计中发现了一个秘密：听众对98%的非热门音乐有着无限的需求，非热门音乐的市场无比巨大，无边无际。他把这称为"98法则"。安德森意识到阿迪布这个有悖常识的"98法则"隐含着一个惊人的真相。于是，他系统地研究了亚马逊、狂想曲、Bfog、Google、eBay、Netflix 等互联网零售商的销售数据，并与沃尔玛等传统零售商的销售数据进行了对比，观察到一种符合统计规律（大数定律）的现象。这种现象恰似一条以数量、品种为坐标的需求曲线，拖着长长的尾巴，向代表"品种"的横轴尽头延伸，长尾由此得名。长尾理论模型如图2-6所示。

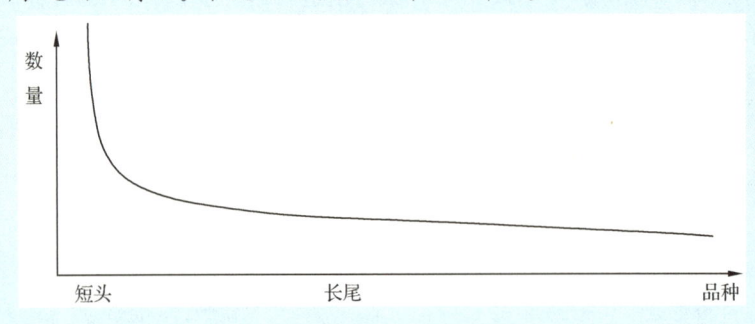

图 2-6 长尾理论模型

1. 长尾理论的核心思想

长尾理论阐述的是在商品供给极大丰富的富饶经济和消费者需求日益个性化条件下，随着新经济出现带来的商品制造、传播和选择成本的降低，供需瓶颈逐渐消失，一些非热门的利基产品聚合起来可以形成一个与热门产品相匹敌的巨大市场。如果把传统商店里销售的热门主流产品看作"短头"，那聚合起来的利基产品就形成了一条"长尾"，而且是有巨大利润源的"美丽长尾"。

"短头"产品靠品种少、销量大获取收益，而"长尾"产品靠品种多、销量小获取收益。由于某单个长尾产品的销售量很低，甚至短期内无人问津，致使传统的实体批发或零售商不屑于经营。但是，一旦把这些非主流的产品汇总起来，远比人们想象得要大，而且会越来越大。根据数学集合论的原理，一个极大的数（"长尾"中的产品种类）乘以一个相对较小的数（每一种"长尾"产品的销量）仍等于一个极大的数。"长尾"产品获取收益的奥秘就在于此。例如，淘宝网、京东商城等就是巨大的"长尾"平台。

2. 长尾理论颠覆了二八定律

1897年，意大利经济学家帕累托归纳出了二八定律，即20%的人口享有80%的财富。当然，这并不是一个准确的比例，但表现了一种不平衡关系，即少数主流的人（或事物）可以造成主要的、重大的影响。在市场营销中，为了提高效率，企业习惯于把精力放在那些20%的主流商品，因为有80%的客户去购买，会为企业创造80%的利润；而80%的非主流产品，由于只有20%的客户，常被企业忽略。在二八定律中被忽略不计的80%非主流产品就是上文所说的"长尾"。

在互联网经济时代，被奉为传统商业圣经的二八定律开始被颠覆，因为越来越多的人通过网络渠道购物，他们的需求千差万别，甚至千奇百怪，他们个性化购物的结果必然形成各种小类产品构成的"长尾"。这一点在媒体和娱乐业尤为明显，经济驱动模式呈现从主流市场向非主流市场转变的趋势。一句话，互联网正在深入和改变人们的生活，也正在改变着传统的管理规则。

资料来源：克里斯·安德森.长尾理论.北京：中信出版社，2011.

第四节　公司经营战略

一、产品/市场战略

产品/市场战略是指公司在现有业务领域里寻找未来发展机会的战略选择。产品/市场战略主要包括市场渗透、市场开发、产品开发与多元化四种战略选择。产品/市场战略矩阵如图2-7所示。

	现有产品	新产品
现有市场	市场渗透	产品开发
新市场	市场开发	多元化

图2-7　产品/市场战略矩阵

（一）市场渗透

市场渗透是指通过努力提高现有产品或服务在现有市场上的销售量和市场份额。相应的措施包括：促使现有客户增加购买次数和购买数量，如宣传每天刷牙两次的好处，鼓励人们多使用牙膏；争取竞争对手的客户，如中国联通以价格和服务吸引中国移动的客户；吸引新客户，促使从未使用过该产品的潜在客户购买，如某品牌推出不足3000元的笔记本电脑，吸引更多新客户购买。

企业在以下情况下可以考虑采用市场渗透战略：企业特定产品与服务在当前市场中尚未饱和；现有用户对该产品的使用率还可以明显提高；整个产业的销售额在增长而主要竞争

对手的市场份额在下降;历史销售额与营销费用曾经高度相关;行业规模的扩大可以带来很大的竞争优势。

(二)市场开发

市场开发是指将现有产品或服务推向新的市场。相应的策略包括:在现有销售区域寻找潜在客户、新客户,如激发电脑潜在客户的购买欲望;开发新的销售区域,如三星进入更多的大中城市建立连锁专营店等。

在经济全球化和全球产业结构一体化的背景下,市场开发战略为更多的企业所重视。

企业在以下情况下可以考虑采用市场开发战略:可得到新的、经济的、可靠的和高质量的分销渠道。企业在所经营的业务领域和区域已经非常成功。存在未开发或未饱和的新市场。企业拥有扩大经营所需的资金和人力资源。企业存在过剩的生产能力空间。企业的主业属于能够迅速全球化的产业。

(三)产品开发

产品开发是指通过开发新产品或新服务来满足现有市场的新需求。产品是企业生产、经营的基石,新产品的开发是提高企业的市场地位和竞争力的主要途径,也是市场战略当中的一种主要战略。如微软公司通过对其 Windows 产品的不断升级满足人们对高性能操作系统的需求,奠定了霸业。

企业在以下情况下可以考虑采用产品开发战略:企业已经拥有成熟产品;所在产业属于快速增长的高新技术产业;有可能提供比主要竞争对手更高质量的产品;企业拥有很强的研发队伍和能力。

(四)多元化

多元化是指以新产品开拓新市场。多元化战略也称作协同业务开发战略,其准则只有一个,即对公司现有主业能够提供强大支持。如海尔除了在家电领域实施相关多元化,拓展白色家电、黑色家电产品以外,还进入医药行业,介入家电与房地产交叉的整体厨房领域,实施不相关多元化拓展。

企业在以下情况下可以考虑采用多元化战略:企业在所在行业已经具有优势;企业所在产业已经比较饱和;企业希望进入其他行业获取范围经济;企业拥有很强的经济实力和较高的管理水平;企业拥有多元化需要的人才。

二、一体化战略

一体化战略俗称"一条龙"战略,即尽可能控制整体产业链的战略。公司选择一体化战略大多基于两个主要原因:一是看好该产业的长期发展前景,希望在该产业链上获取更多的利润;二是希望通过一体化战略提高对该产业链的控制力并提升企业竞争力。一体化战略分为横向一体化和纵向一体化。

(一)横向一体化

横向一体化又称水平一体化,是指同行业企业间的兼并与业务拓展。如希望集团通过合资、兼并,在四川、辽宁、内蒙古、江西等省建立了若干个加工基地,以辐射和控制全国饲料市场。横向一体化战略适用于:具有部分规模优势的企业;想要获取垄断地位的企业;处于成长型产业中的企业;具有扩大经营规模能力的企业等。

(二)纵向一体化

纵向一体化又称垂直一体化,是指同行业的上、下游企业间的兼并与业务拓展。纵向一体化包括前向一体化和后向一体化。

1. 前向一体化

前向一体化是指公司业务向产业链的下游(客户端)延伸的经营行为。如联想集团作为电脑产品的生产商、供应商,在全国大量建立联想连锁专卖店,其业务向零售业发展,不但获得了零售利润,还控制了分销渠道,取得了市场的主动权。

前向一体化战略适用于:分销渠道成本高昂、不可靠、不能满足发展需要的企业;产业快速增长或将会快速增长的企业;前向产业具有较高进入壁垒的企业;前向产业收益预期较高的企业;具备进入前向产业条件的企业;有稳定的生产保障的企业。

2. 后向一体化

后向一体化是指公司业务向产业链的上游(供应链)延伸的经营行为。如双汇集团为了保障生猪的供应,在全国五大片区建立20多个现代化全封闭的养殖场,每年出产生猪50多万头,并建立配套的饲料厂和屠宰场,这一战略不但保障了企业对高质量猪肉的需求,控制了上游供应链,还降低了成本,提高了效益。

后向一体化战略适用于:供应环节成本过高、不可靠或不能满足对供应品的需求的企业;供应商数量少、需方竞购对手多、供应商议价能力强的企业;产业增长速度快、供应链吃紧的企业;供应商环节的利润丰厚的企业;具备控制供应链能力的企业。

总之,纵向一体化战略通过上、下游产业的整合,保证了供销的稳定性,扩大了经营规模,有利于企业降低总的经营成本,提高对产业链的掌控能力,增强盈利能力和提高企业的产业竞争力。

三、多元化战略

(一)相关多元化和不相关多元化

多元化战略即企业同时进入多个经营领域和开展多种经营业务的战略。按照企业经营的多种业务之间关联程度的差异,可区分为相关多元化和不相关多元化。

1. 相关多元化

相关多元化是指企业经营的各业务单元之间存在较多联系,表现为能够共享其产品、服务、技术、人力资源或分销渠道资源等。例如,步步高企业同时经营DVD、手机、复读机、小家电等业务领域,能够资源共享,有利于市场拓展和建立产业优势。当然,该战略也有局限性,就是失去了范围经济性。

2. 不相关多元化

不相关多元化是指企业经营的各业务单元之间没有直接联系,表现为其产品、服务、技术、人力资源及分销渠道资源等不能够共享。例如,春兰公司曾经是空调市场上的佼佼者,在实施了不相关多元化战略之后,先后进入了与主营业务无关的摩托车和汽车制造业,获得了这些产业的业务增长和行业利润,企业总体也实现了增长,但失去了空调行业的领导地位。可以说,该战略能够获得范围经济性,但却存在进入壁垒和行业风险性。

(二)集中多元化、横向多元化和混合多元化

按照与现有主营业务的相关程度,由强到弱,多元化战略又可依次分为集中多元化、横向多元化和混合多元化三种。

1. 集中多元化

集中多元化也称同心多元化,是指进入一个与现有主营业务在技术和市场上都密切相关的新的业务领域。这种战略选择能够发挥现有主营业务在技术上和市场上的优势以及与新业务的协同作用。

在以下情况下,企业可以考虑采取集中多元化战略:所属行业处于零增长期;增加新的相关业务会显著促进现有产品的销售;有足够能力提供相关产品;新的相关产品的季节性特征正好能够弥补现有产品生产经营周期的波动;企业拥有强有力的生产、经营团队;现有产品正好处于衰退期。

2. 横向多元化

横向多元化是指企业进入市场相关而技术不相关的业务领域,即向现有客户提供新的不相关的产品。这一战略主要是利用与现有业务的市场协同作用。

以下情况企业可考虑横向多元化战略:现有产业属于高竞争、低增长的行业;增加新的不相关产品可以获得显著的收益;可利用现有销售渠道营销新产品;新产品的波动周期与现有产品的波动周期互补。

3. 混合多元化

混合多元化也称跨行业多元化,是指企业进入一个与现有主营业务完全无关的业务领域。这种战略主要基于对现有业务增长极限的应对,希望分散业务风险,有效利用企业富余资金等多个方面的考虑。

以下情况企业可考虑混合多元化战略:企业主营业务销售和盈利水平下降;企业拥有在新产业中成功竞争的资源条件;有机会收购不相关但极具投资价值的其他企业;企业现有产品已饱和;集中经营可能受到垄断的指控。

总之,实施多元化战略的企业,其多种业务会涉及多个不同的产业领域和不同的市场环境,这将使企业面临错综复杂的行业经营环境,因而要求企业具有独特的组织结构、强有力的人力资源条件和管理能力,还需要具备强有力的组织文化。当企业拥有的额外资源、能力与核心竞争力无法在复杂的行业环境中应对多点竞争时,多元化战略就会面临失败的风险,因此,企业在选择多元化战略,特别是混合多元化战略时需要审慎决策。

四、国际化战略

国际化战略又称全球化经营,是指企业在所在国之外,拥有或控制着生产、营销或服务的设施,进行跨国生产、销售、服务等国际性经营活动。

(一)实施国际化战略的条件

企业开展国际化经营,有利于广泛利用国外资源;有利于扩大对外贸易,克服贸易保护

主义障碍,提高企业在国际市场的地位和竞争力;有利于消化和转移国内过剩的加工能力和传统技术,加快产业结构调整和产品结构调整;有利于造就一批具有战略眼光和国际经营意识的企业管理人才,从而增强企业活力。但企业实行国际化经营,必须具备一定的条件:

(1)必须具有较强的实力和较大的规模;

(2)要拥有具有国际竞争力的拳头产品;

(3)要有足够的外汇;

(4)要有能够适应国际经济环境变化的运行机制和管理体制,能抓住国际市场机会及时调整产品结构,并及时调整对外政策;

(5)要有国际化视野并以国际价值作为其生产和交换的价值评价标准。

(二)国际化战略方式选择

采用国际化战略时主要面临以下两种选择:

1.国际市场的选择

企业要进行国际化经营,必须选择有利的国际市场。换句话说,应该选择销售额和收益最大而进入困难最小的市场。大多数企业一般选择同本国环境差不多的市场,这些国家的生产条件、产品分销渠道同本国差不多,因此,企业产品不需要做很大的改动。

另外,选择国际市场,其范围不能太小,在进入一个国家之前必须进行市场研究。如果选择的市场很小,市场研究费用却很大,就很不合算,但也不要一下子就进入潜力很大的市场,因为市场太大,研究费用较多,失败风险也很大。因此,要进入一个大市场,一定要把风险降到最小。一是可以在这个国家找一个对市场很了解的合伙人;二是对这个大市场一个地区接着一个地区循序渐进地进入。

2.进入国际市场方式的选择

从商品出口的方式看:一是间接出口;二是直接出口。从资金流动的方式看:一是国外客户来华订货并销往国外;二是跨国经营。

(1)间接出口

间接出口指企业将生产出来的产品先卖给国内的中间商或委托国内代理机构,再由它们负责企业产品的出口业务。这是一种开拓海外市场、增加产品销售量的最简单的方式,大部分公司或厂商在开始涉足国际营销业务时,通常都是先从事几年间接出口业务。间接出口的方式包括:出口贸易收购、靠外贸企业代理出口业务、靠国际贸易公司代理出口业务、靠出口管理公司代理出口业务、出口合作等。

间接出口的优点:企业可以借用其他销售机构在国外的销售渠道和经验,迅速将产品销往国外。同时,企业可以减轻在交易中资金方面的负担,不必承担外汇风险及各种信贷风险,而且不必增设专门机构和专门人员负责该出口业务。

间接出口的缺点:企业对海外市场的控制程度较低,企业没有亲自参加海外经营与销售,无法取得国际化经营的经验,而且不能在国外市场上建立自己企业和品牌的声誉。因此,间接出口主要适用于中小企业。

(2)直接出口

直接出口是指企业把产品直接卖给国外的客户(中间机构或最终用户)。直接出口的特点在于企业要独立完成出口业务,进行海外市场调研、与国外客户进行直接的商务谈判、产品实体分销、出口产品定价及办理各种出口单证等。直接出口标志着企业真正开始了国际营销活动。直接出口的方式包括：直接将企业产品卖给最终用户、利用国外代理商或国外经销商进行销售、设立驻外办事处、建立国外营销子公司等。

直接出口的优点：直接参与国际市场竞争，企业能积累更多的经验，更直接地了解国际市场需求及动向，企业可以据此开发提供更适销对路的产品。

直接出口的缺点：企业要独立完成各种出口程序，承担更多的费用，占用更多的资金，还要增加外语、外贸、国际法律法规等方面的专门人才。因此，直接出口主要适用于大型企业集团或大型企业。

(3) 国外客户来华订货并销往国外

目前，我国采用较多的方式有展卖、定牌、来样制作、来料加工、来件装配、补偿贸易、合作生产、合资经营等。

(4) 跨国经营

如果说 20 世纪 80 年代吸引外资是我国对外开放的重要特征，那么 20 世纪 90 年代跨国经营已成为我国企业对外开放取得实质性进展的新标志。企业跨国经营的方式主要有：组装业务、合同制造、许可证贸易、海外独资企业、海外合资企业等。

(三) 跨国经营的战略选择

1. 区域选择战略

不同的国家采取不同的区域选择战略。美国企业的选择：美国—发达国家—发展中国家，这种区域选择战略是出于获取最大利润的动机。日本企业的选择：日本—发展中国家—发达国家，这种区域选择战略是出于要占领更多的海外市场的动机。我国企业跨国经营的区域选择战略应结合企业战略目标类型和本身优势进行选择。例如，市场导向型的企业可以选择中国—发展中国家—发达国家，资源导向型的企业可以到资源丰富、环境较好的国家和地区去投资；技术与管理导向型的企业可以选择到发达国家去投资；服务市场导向型的企业可以选择以发达国家和石油出口国为主，因为这些国家对服务业的需求较高。就我国企业国际化经营的实践而言，海尔、联想选择具有开放性的美国市场作为突破点取得了成功，TCL 选择存在封闭性文化特色的欧洲（法国、德国）以失败告终，创维选择在政治、文化上与我国较为融合的东欧地区国家作为其国家化经营的主要目的地也收到了显著成效，这些经验与教训值得国内企业思考：企业跨国经营目的地的选择不仅要考虑其经济与科技发展水平、消费购买力与地区经济政策，还要考虑其政治与文化的开放性与自身的适应度。

2. 行业选择战略

从目前国际直接投资的情况看，首先是贸易或制造业间的选择。实际上，我国制造业部门和行业的境外企业与国际上的制造业跨国公司一样，不可能不从事国际贸易，因此，贸易与制造业应作为今后相当一段时间内优先开发的对外直接投资的重点。对我国拥有经营经验和传统技术优势，又有国际声誉的行业，如承包工程、航运、餐馆、中医中药等，仍可继续发展。第三产业（如金融、保险、商业、房地产、旅游、咨询等）越来越成为发达国家跨国公司海外投资的重点，我国应积累经验，培养人才，逐步向外拓展。

3. 进入市场战略选择

该战略主要是考虑进入的时序、进入的速度、投入的类型是否恰当。

进入的时序包括：所有环节一次到位，适用于竞争优势突出并能承担较大风险的企业；按照市场的递进关系，渐次进入，适用于竞争实力较小、风险承受力有限的企业。

进入的速度包括：创建新企业；收购、兼并当地企业。收购、兼并当地企业能以最快的速度完成对目标国家的市场进入，并减少风险和障碍，获得公开市场不易获得的稀缺资源，但一次性投入资金极大，适用于一些实力雄厚的大型企业集团的跨国进入。

投入的类型包括：独资经营；股权合资经营；非股权方式；与国外跨国公司联盟。独资经营可避免外人染指企业的技术与经营秘密，保证国外子公司按母公司的经营战略行动，有利于利润最大化，但需突破进入壁垒；另外三种可以减少跨国进入障碍，发挥企业的部分优势，但需与人分享利益。

4. 跨国经营的人才战略选择

跨国企业的经理人才，除具有一般经理人才的素质外，还需具有某些特殊要求和条件。如掌握进入国语言，具备国际贸易和财务、金融知识，了解东道国的政治、经济、社会文化等环境，掌握公司的业务程序、技术和经验，具有良好的适应能力、非凡的耐心和不屈不挠的精神等。一些可以通过进修培训来掌握，另一些则必须通过长期的工作实践来积累。为此，实施跨国经营的人才战略的重点在于，一方面要抓紧培养本国的经营人才，另一方面还要适当任用当地的经营人才，发挥他们的本地化优势。

五、并购

企业在决定实施增长型战略以后，管理者还需要决定是通过内部挖潜还是通过新增投资来实现增长。如果是采取新增投资的方式，无论这种外部增长是扩大原有主业的规模，还是进入一个新的行业或者市场，企业管理者都需要进一步在自建和并购这两种方式中做出选择。

（一）并购的概念

并购包括兼并与收购两种行为。兼并指两个或两个以上的经济实体，以基本平等的方式组合成一个经济实体的交易行为。收购是指一个企业购买了另一个企业从而获取其控制权的交易行为，被收购企业有可能独立存在，也有可能被整合进入收购企业之中。

兼并与收购的概念存在细微的区别，前者是指两个以上的企业在股权或资产发生交易后形成了新的企业，原来的企业都消失了，而后者则是指两个以上的企业在交易后只有一家存留下来成为新企业的主体，其他企业不复存在。但由于很少有被收购方进入后，原有公司不发生重大结构变化的情况，所以人们往往把收购也看作一种兼并。

（二）并购的类型

1. 横向并购

横向并购指在同一产业链中，处于价值链相同环节上的企业间的并购，例如，2003年联想收购IBM的PC事业部，2007年微软试图以446亿美元收购雅虎，以及2011年吉利收购沃尔沃等，都属于横向并购。一般来说，某个行业内出现大量的横向并购，往往会引发该行业结构的调整。

横向并购的主要益处在于：有利于突破区域市场的进入障碍；有利于迅速提高市场占有

率;有利于在改善行业结构的同时提高自己的企业水平。

所以,在中国企业努力提升国际竞争力的过程中,推动横向并购具有非常重要的现实意义。

2. 纵向并购

纵向并购是指产业价值链不同环节的企业之间所发生的并购行为。例如,中国石化近年来多次在海外收购石油公司、油田、油砂及油气开采等的权益,来稳定原材料的供应和掌控原料价格,同时在国内收购了大量的加油站,建成了庞大的油料销售网络,保证企业产品的销售通路;以及中粮并购鲁花和蒙牛,进而收购一系列农场、牧场,构建整体产业链和供应链的行为,都属于纵向并购行为。

纵向并购的主要益处在于:有利于突破行业进入的政策障碍;有效地降低行业进入的成本和风险。

随着自然资源和分销渠道成为市场战略性资源,以及跨国企业在全球范围内实施纵向整合战略,中国企业非常有必要实施更多的纵向并购以应对竞争。

3. 混合并购

混合并购是指处于不同产业企业之间的并购,包括相关和不相关的并购。在现实中,混合并购的现象很常见,企业往往为了分散风险或实现投资收益最大化而进行跨行业并购。例如,新希望集团主业是饲料行业,但新希望旗下的东方希望集团收购信发热电集团51%的股份,随后收购多家氧化铝矿石公司的股份,从而进入铝电一体化行业,打造了另一个铝制品加工生产的完整的产业链,另外,新希望集团还入股民生银行成为大股东,由此进入金融业,此类企业并购行为就属于混合并购。

混合并购的主要益处在于:企业可以突破行业进入的政策障碍;加快行业进入的速度;减少跨行业经营的学习成本。

但混合并购的风险也是显著的,如学习成本高、管理模式差异大、可能的文化融合困难等,这些因素往往会导致混合并购后企业整合的失败。因此,混合并购风险大,企业选择混合并购战略需要有充分的思想准备。

六、战略联盟

当企业确定战略方向、决定进入新行业或开发某种新业务之后,就面临如何进入新的市场、新的行业以及如何获取所需要的资源和能力等一系列决策,出于客观环境存在的约束和主观上对风险与成本的考虑,战略联盟通常会成为企业的有效选择。

(一)战略联盟的概念

战略联盟是企业合作战略的基本形式。合作战略是通过企业间长期和稳定的合作以实现共同目标的一种战略方式。通过与其他公司的联合,企业可以实现建立和发挥自身优势的战略目标。在与其他企业合作的方式上,有些合作安排发生于相对次要的领域(主要出于策略性或者是短期性的考虑),还有一些合作安排则发生在相对重要的领域(出于战略性或者是长期性的考虑),后者即称为战略联盟。

战略联盟是两个以上的企业在保持自己法人地位的前提下将各自的一部分资源、能力和核心专长进行某种形式的整合,以实现各自的战略目标的合作方式。例如,2001年,联想宣布进入IT服务行业,开始提供ERP、CRM等大型软件的咨询及实施服务,但这时联想本身还没有储备足够的相关专业人才,于是联想寻求与SAP、IBM、Microsoft等公司进行合作。当这些公司获得订单而人手不足时,联想会派员工加入相关团队合作完成该订单。通过这样的合作,SAP等公司获得了更低成本的人力,而联想则通过合作培训出专业而且高水平的IT服务员工,实现了双赢。另外,企业也可以通过与一家或更多的企业之间签订合作协议来获得战略性资源,从而实现企业的战略目标。

(二)战略联盟的形式

虽然企业合作的方式很多,但是符合战略联盟要求的形式只有三种:合资企业、相互持股和非产权战略联盟。

1. 合资企业

合资企业是两家企业对等出资建立一家新的企业,战略联盟的投资双方共享收益,同担风险。投资者将各方的优势资源投入合资企业中,从而实现单独一方无法实现的效益,双方都能够从对方资源的投入中受益。

2. 相互持股

相互持股是两个或者两个以上的企业通过共同参股建立企业,或者相互持股而形成的战略联盟,这种战略联盟属于关系紧密的稳定型战略联盟。

3. 非产权战略联盟

非产权战略联盟也称为协议式联盟或契约式联盟。两个或两个以上的企业通过签订合同或协议,以实现双方共享资源或能力为目的,从而提升双方的市场竞争优势。一般非产权战略联盟有三种形式:战略性外购、特许经营和合作开发。

其中,战略性外购一般是通过外包的形式进行,公司通过与其他企业签订购买协议而获得有价值的资源、产品或服务,从而使自己能更专注于核心能力与核心竞争优势的创造与建立。通过战略性外购,企业更专注于做自己最擅长和最具优势的业务,而把其他业务外包给市场上的其他专业组织。无论是制造企业还是服务企业,绝大多数价值创造活动都可以实施战略性外购。目前,战略性外购还有从制造环节向服务与管理环节扩大的趋势。例如,欧派购买了神州在线的IT服务,海尔则与东软签订了IT服务的外包协议等。

案例分析

宝洁与沃尔玛的战略联盟

宝洁与沃尔玛是两家众所周知的实力强大的公司,彼此之间斗争了几十年,最终从竞争走向了合作,获得了双赢的结果。一方面,宝洁以其强大的实力控制了与其零售商之间的大部分贸易关系,在零售商采用能收集客户信息的POS系统之前,他们对宝洁的客户数据分配和交易控制不敢有任何的争议。另一方面,沃尔玛开始执行向制造商直接订货的政策,取消了所有销售中介的协议,沃尔玛仅与愿意投资于其专用的电子数据交易系统并在产品包装上使用条形码的生产企业进行交易活动。沃尔玛凭借其强大的实力,使制造商不得不服从其条件。

宝洁和沃尔玛这两大巨人却建立了牢固的伙伴关系,他们相互持股,利益共享,风险共担,成为制造商与零售商关系的标准,成为战略联盟的典范。这一关系基于双方的依赖度:沃尔玛需要宝洁的品牌,而宝洁需要沃尔玛的客户通路。

现在,宝洁和沃尔玛通过电子数据交换系统连接起来。这一系统使宝洁能够监控沃尔玛的存货管理。通过卫星传送,宝洁连续收到来自众多独立的沃尔玛商场销售其各种不同规格产品的即时销量、存货数量和价格信息。这一信息使得宝洁公司可以预测产品的销量,决定货架的空间、需求量并自动传送订单。整个交易循环使用电子信息传输和电子货物传送,由于订单处理周期缩短,沃尔玛在产品卖给最终消费者之后的结算非常迅速。

这种伙伴关系为客户创造了巨大的价值,客户可以非常容易地以最低的价格得到他们所喜欢的宝洁公司的产品。通过双方的合作,诸如订单的处理、结账等过程中的多余活动得到了简化;销售代表也不再需要经常对商店进行访问;文书工作和出错的概率也大大地减小。即时订货系统使得宝洁公司得以按需生产,也减少了存货。此外,沃尔玛也成功地减少了存货和空货架,为双方避免了销售的损失。

为了分享双方良好的关系所带来的利益,沃尔玛必须充分信任宝洁,让宝洁分享销售和价格信息,并将一部分订单处理和存货管理的控制权授予宝洁;而宝洁也必须充分信任沃尔玛,认同其天天低价的经营哲学,并投资于专门的信息网络。除了关注沃尔玛的订货量,宝洁的销售队伍开始集中力量去寻求如何提高沃尔玛的销售业绩,使双方的利益最大化。

七、企业文化

(一)企业文化的内涵

企业文化虽然不是一项管理职能,但它在企业管理中的作用越来越重要,有人把企业文化形象地比方为企业经营环境的"空气",它无处不在、无时不有,看不见摸不着但你会感受到它的存在。好的企业文化赋予企业正能量,差的企业文化会对企业经营产生负面影响。对那些成功的企业来说,往往都有强有力的企业文化特征,员工对企业的核心准则、企业的价值观遵循始终如一,对企业的发展抱有坚定的信念。

关于企业文化

企业文化是指企业在长期的生存和发展中所形成的为企业多数成员所共同遵循的基本信念、价值标准和行为规范。企业文化一旦形成很难改变,具有潜移默化的影响和作用,能有效地激励员工实现企业目标。企业文化确定了企业行为的标准和方式,影响并决定了为全体成员所接受的行为规范,渗透于企业各项职能活动中,使得企业具有区别于其他企业的一系列特征。企业文化包含物质层、制度层、精神层三个层次。企业文化的结构如图2-8所示。

(二)企业文化的作用

企业文化作为一种软的生产力,对企业的生产或经营具有导向作用、约束作用、凝聚作用、激励作用和辐射作用。

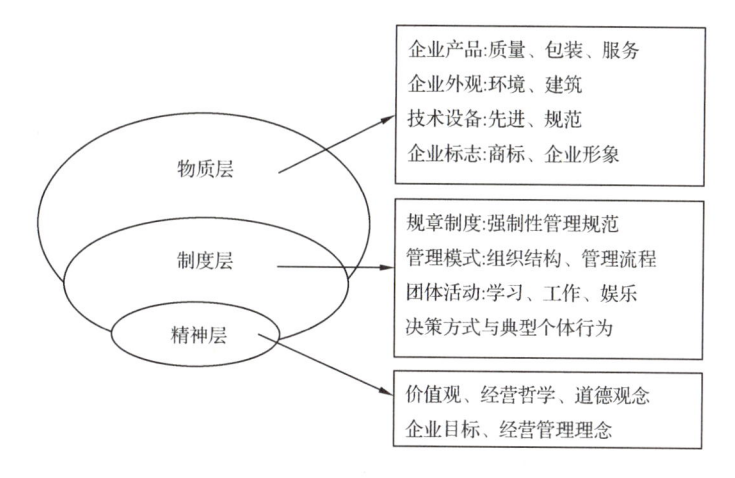

```
物质层 → 企业产品:质量、包装、服务
         企业外观:环境、建筑
         技术设备:先进、规范
         企业标志:商标、企业形象

制度层 → 规章制度:强制性管理规范
         管理模式:组织结构、管理流程
         团体活动:学习、工作、娱乐
         决策方式与典型个体行为

精神层 → 价值观、经营哲学、道德观念
         企业目标、经营管理理念
```

图 2-8　企业文化的结构

1. 导向作用

导向作用是指把企业员工个人目标引导到企业所确定的总体目标上来。在激烈的市场竞争中,企业如果没有一个统一的目标,很难参与市场的竞争,更难于战胜竞争对手。如果有了正向的企业文化,员工就会潜移默化地接受企业的价值观念,形成一股向上的力量。所以,优秀的企业文化是企业发展的内在动力,对员工心理和行为具有重要的导向作用。

2. 约束作用

企业文化的核心内容是企业价值观,即企业的正面主张,也就是表明了企业支持做什么和不支持做什么的一种软性力量。企业文化外化形成一种行为规范,制约员工的行为,在员工的心灵深处形成一种定式,构造一种响应机制。如果说企业组织制定的各种规章制度对员工行为的约束属于硬约束的话,企业文化这种无形的力量对员工行为的约束则属于软约束。在企业管理过程中,有时软约束比硬约束更有效。

3. 凝聚作用

优秀的企业文化具有极强的凝聚作用,是一种"黏合剂",对于企业团队建设具有非常积极的意义。好的企业文化使员工工作愉快,心情舒畅,对自己的组织具有很强的认同感、自豪感,进而产生强烈的归属感,因此形成一股强大的凝聚力,有利于提高员工的工作积极性和挖掘员工潜力。如西门子的企业文化:以最好的产品和服务来确立自己的优越地位;尽可能使技术进步通过集体管理取得,增强员工的集体成就感。正是这种责任亲近感,增强了企业的凝聚力。

4. 激励作用

一个企业成功与否,关键看企业员工是否有积极的创造和创新精神。优良的文化氛围,能产生一种激励机制,即所谓正能量。好的企业文化能使企业产生积极振奋、朝气蓬勃、开拓进取的精神,诱发每个员工的创造热情和上进心,从而形成一种创新环境和激励机制,这种环境和机制胜过任何强制的行政命令。

5. 辐射作用

企业文化的辐射作用主要体现在企业形象的品牌效应上。优秀的企业文化有助于形成优良的企业形象,包括产品形象、品牌形象、企业家形象,而优良的企业形象对于外部顾客、内部员工以及这个利益相关者群体和全社会都具有重要的影响作用。良好的企业形象就如同名牌产品、名牌企业,有利于吸引外部和内部资源,有利于形成企业竞争优势,产生品牌效应,因此,企业文化的辐射作用不可忽视。比如,说到海尔公司,大家立刻想到其"真诚到永远"的价值主张;说到IBM公司,大家立刻想到其"IBM就是服务"的文化理念;说到沃尔玛,大家立刻想到其"天天平价、顾客满意、一站式购物"的经营哲学,由此产生高度的价值认同,形成顾客忠诚。

(三)企业文化的主要内容

1. 制度文化

制度文化是指在企业文化精神指导下的制度完善、健全和革新。只有把文化外化为相关制度才有意义,才便于管理和执行;也只有在文化指导下的制度建设,才能够通过不断完善,追求制度文化影响的持续性和长期性。管理好的公司大多是制度文化的典范,管理制度不仅合理健全、关怀人性,而且走在时代的前列。反观一些落后的企业,有的缺乏制度文化建设,管理随波逐流,不善于"以静制动";有的缺乏文化底蕴,制度形同虚设,只是写在墙上、挂在嘴上。制度文化包括企业的经济责任制度、激励考核制度等,如麦当劳的QSCV文化(Quality、Service、Clean、Value),具体落实到了其操作手册当中。为此,企业家一方面要身体力行,起表率作用;另一方面要坚决采取有效措施,抓制度文化建设。

2. 价值观文化

价值观文化是企业文化的核心,它潜移默化地影响着全体员工的价值判断和经营行为。应该说,一个企业在发展中,不仅仅要追求效率、利润等经济责任,更要为顾客、为社会、为国家带来价值上的回报。企业文化在价值上的追求表现在两方面:一是对顾客的优质服务,即顾客至上的意识;二是对民族国家的责任,即社会责任意识。关于顾客至上的价值理念,沃尔玛的创始人山姆·沃尔顿曾说:"我们的员工要永远记住两条原则:第一条,顾客永远是对的;第二条,如果顾客错了,请参照第一条。"以经营推广麦当劳闻名世界的美国企业家克罗克则从另一角度说:"收入可以以其他形式出现,其中最令人愉快的是顾客脸上有满意的微笑,这比什么都值得,因为这意味着他会再次光顾,甚至可能带来更多顾客。"

案例分析

惠普之道的核心价值观

惠普文化常常被称为"HP Way"(惠普之道)。惠普的创始人休莱特有一段名言:"相信每一个人都愿意尽心尽力把工作做好,并不断追求创新,只要我们能提供一个适宜的环境,他们就一定成功。"这段话至今仍镌刻在惠普公司总部的门口。惠普之道有五个核心价值观,它们像是五个连体的孪生兄弟,谁也离不开谁,它们是:相信、尊重个人,尊重员工;追求最高的成就,追求最好;做事情一定要非常正直,不可以欺骗用户,也不可以欺骗员工,不能做不道德的事;公司的成功是靠大家的力量来完成的,并不是靠某个人的力量来完成的;不断地创新,做事情要有一定的灵活性。惠普文化的核心是相信每个员工都有他的重要性,因此一定要尊重每个员工,只有这样,公司员工才能齐心协力为公司的发展而努力。

3. 人本主义

所谓人本主义，就是看重人在企业生产经营中无法替代的作用，尊重人，关怀人，重视人。人本主义表现为企业把每个员工都作为有思想情感的人来对待，尊重其人格，充分发挥他们的积极性、创造性，让他们感受到存在的价值。通过人文关怀，企业员工会形成一种归属感，从而更加乐意为企业的发展付出更大的努力，贡献自己的才智和力量。人本主义主要表现在三个方面：一是破除等级观念，发扬民主精神；二是激励员工发挥潜能，实行人性化管理；三是学会识人用人。人本主义的企业文化体现为人性化的管理制度和方法。

案例分析

沃尔玛的企业文化

零售业巨头沃尔玛的企业文化："为顾客提供最好的服务，超越顾客的期望。"

首先，沃尔玛提出了"帮顾客节省每一分钱"的宗旨，而且实现了价格最便宜的承诺。在早期经营中，山姆·沃顿亲自去寻找便宜的商品，然后用车拉到店里来卖。在他的商店里，每天都有大量"超低价"的商品零散地堆放于店面，这种极度简单的构置给了顾客最直接的冲击，超低的价格使这些商品得以在最短时间内自货架上一扫而空。

其次，走进沃尔玛，顾客便可以亲身感受到宾至如归的周到服务。走进任何一间沃尔玛店，店员都会立刻出现在你面前，笑脸相迎。店内贴有这样的标语："我们争取做到每件产品都保证让您满意！"顾客对在这里购买的任何产品如果觉得不满意，都可以在一个月内将其退还商店并获得全部货款。沃尔玛把超一流的服务看成是自己至高无上的职责，源于沃顿的成功经营法则之——超越顾客的期望。沃尔玛还推行"一站式"购物概念——顾客可以在最短的时间内以最快的速度购齐所有需要的商品，正是这种便捷理念吸引了现代顾客。

最后，沃尔玛还有许多"超值服务"理念，包括"日落原则""比满意还满意原则""三米微笑原则"等。"日落原则"是指当天的工作必须在当天日落之前完成，对于顾客的要求要在当天予以解决。"比满意还满意的原则"，公司创始人沃顿对此的解释是"让我们成为顾客最好的朋友，微笑着迎接光顾本店的所有顾客，不断改进服务，甚至超过顾客原来的期望"。"三米微笑原则"是指只要顾客出现在沃尔玛，到了3米距离员工就必须面带微笑并主动上前打招呼，并询问顾客是否需要什么帮助，以营造友好、热情的气氛。

资料来源： 改编自苏朝晖. 服务营销与管理. 北京：人民邮电出版社，2019.

4. 创新文化

不创新则死亡，这是人类社会一条永恒的真理。创新文化也应该成为企业文化建设的主旋律，因为创新代表着一种上进的精神，不断创新的企业才具有活力，才可能形成竞争力。而企业创新是全方位的，包括制度创新、技术创新、管理创新和市场创新等，但起统帅作用的是文化创新、观念创新。创新文化最重要的是思路观念创新和相关的机制创新。思路观念创新最重要的是要突破思维定式，即在积极寻求某种设想时，要有意识地抛开头脑中已形成的思考同类问题的程序和模式，警惕这种思维定式对新的思路产生的束缚作用。突破思维定式，进行创造性思考，这是企业打破僵局，走出困境的法宝。但企业创新也有一个适度的问题，要掌握创新的节奏和速度，循序渐进，一步一个脚印。

知识链接

标杆管理

标杆管理的概念可概括为：不断寻找和研究同行一流企业的最佳实践，以此为基准与本企业进行比较、分析、判断，不断改进，从而进入赶超一流企业、创造优秀业绩的良性循环过程。其核心是向业内或业外的最优企业学习。通过学习，企业重新思考和改进经营实践，创造最佳实践，这实际上是模仿创新的过程。

标杆管理起源于20世纪70年代美国企业学习日本企业的运动中，首开标杆管理先河的是施乐公司。1976年以后，一直保持着世界复印机市场实际垄断地位的施乐公司遇到了来自国内外特别是日本竞争者的全方位挑战，如佳能公司、NEC公司等以施乐公司的成本价销售产品且能够获利，产品开发周期、开发人员分别比施乐公司少50%，施乐公司的市场份额从82%直线下降到35%。面对着竞争威胁，施乐公司最先发起向日本企业学习的运动，开展了广泛、深入的标杆管理。施乐公司使用了"竞争标杆方法"，这个方法是指从生产成本、产品开发周期、营销成本、零售价格等领域中，找出一些明确的衡量标准或项目，然后将施乐公司在这些项目中的表现与佳能公司等主要竞争对手进行比较，找出其中的差距，弄清这些公司的运作机理，全面调整经营战略、战术，改进业务流程，把失去的市场份额重新夺回来。在提高交付订货的工作水平和处理低值货品浪费大的问题上，施乐公司同样应用标杆管理方法，以交付速度比施乐公司快3倍的比恩公司为标杆，并选择14个经营同类产品的公司逐一考察，找出了问题的症结并采取措施，使仓储成本下降了10%，年节省低值货品费用数千万美元。于是，西方企业群起学习借鉴，把标杆管理作为战略竞争的最佳指导，优化企业实践，提高企业经营管理水平和市场竞争力，取得了显著的改进成效，因此为业界津津乐道。

测试题

一、选择题

1. 管理学家（　　）提出的企业战略的5P包括：计划（Plan）、计策（Ploy）、模式（Pattern）、定位（Position）和观念（Perspective）。

　　A. 明茨伯格　　　　B. 德鲁克　　　　C. 钱德勒　　　　D. 安索夫

2. 企业战略规定了战略规划期内的总任务和完成总任务的基本方针、重大措施以及主要步骤，因而它具有全局性、长远性、挑战性、（　　）、纲领性等特征。

　　A. 相对稳定性　　　B. 动态性　　　　C. 效益性　　　　D. 平衡性

3. 著名战略管理学家（　　）提出了五力模型、价值分析模型、公司地位和行业吸引力矩阵等，并在此基础上提出了三个基本竞争战略。

　　A. 迈克尔·波特　　B. 安索夫　　　　C. 大前研一　　　D. W. H. 纽曼

4. 迈克尔·波特"五力模型"中五种力量是指：同行业竞争者间的竞争、潜在竞争对手的威胁、替代产品（或服务）的威胁、（　　）讨价还价的威胁、顾客讨价还价的威胁。

　　A. 供应商　　　　　B. 管理机构　　　C. 服务机构　　　D. 企业员工

5.虽然企业合作的方式很多,但是符合战略联盟要求的基本形式只有三种:合资企业、(　　)和非产权战略联盟。
  A.相互持股　　　　B.项目开发　　　　C.技术合作　　　　D.特许经营
6.企业文化的主要内容包括(　　)、价值观文化、人本文化和创新文化。
  A.制度文化　　　　B.娱乐文化　　　　C.团队文化　　　　D.质量文化

二、名词解释
企业战略　差别化战略　核心竞争力　蓝海战略　企业文化

三、简答题
1.战略有哪些主要特征?
2.什么是集中性战略?它有哪些优势和劣势?
3.企业核心竞争力有哪些主要特征?
4.简述企业文化的作用。

四、论述题
1.怎样培育和评估企业的核心竞争力?
2.对企业并购战略进行优势和劣势分析。

综合案例

小米的模式创新与战略转型

小米是一家战略驱动型新兴互联网企业,曾经创造了只用不到六年实现从零到一百亿的商业传奇。小米的成长并非一帆风顺,而可谓是坎坷曲折的,其商业模式与经营战略也在不断创新、调整。雷军通过不断调整战略布局,以变革、创新的商业模式保持竞争优势。

第一次战略制定:雷军最早的战略布局是"流量分发,服务增值"。在这个战略体系中,MIUI、米聊两款软件是雷军最为倚重的支撑点。然而天有不测风云,微信横空出世,并且在一年内注册用户量突破3亿,而米聊还不足其十分之一,结果不甚理想。

第二次战略转型:随后雷军被迫调整战略,学习苹果走单品扩张之路,一年内陆续推出电视盒子、路由器、智能电视、平板电脑。与此同时,小米先后布局新加坡、马来西亚、印度等国际市场。结果单品扩张并不成功,路由器、智能电视、平板电脑都没有获得"期待中的成功",在海外市场也举步维艰,小米陷入暂时混乱与麻烦之中。

第三次战略转型:收缩战线,转而打造"生态链":2014年年底,小米入股优酷、爱奇艺等平台公司。至此,小米决定只做手机、电视、路由器三大产品,掌控小米网、MIUI、供应链等核心环节,形成软件、硬件、服务、内容联动的"生态链"系统。

第四次战略布局:2014年12月3日,金山、小米联合向世纪互联注资近2.3亿美元,这意味着小米已瞄准未来的战略方向:云服务和大数据。小米通过"生态链"系统连接一切可以连接的智能设备。小米汇聚大量终端数据,最终建成一个数据采集、服务中心。未来的小米将成为一家数据公司。

第五次战略转型:小米的第五次战略转型更像是一次战略聚焦。2015年,小米巩固融合三大生态圈。第一个是移动互联生态圈,MIUI在小米设备上创建生态圈,作为一个入口整合其他应用软件。第二个是智能终端生态圈,以智能手机、路由器、智能电视乃至笔记本电脑作为核心,整合智能家居、办公室等各种生活场景,继续打通"生态链"。第三个是小米互联网平台,以小米官网为核心,与阿里巴巴、京东、苏宁等电商平台合作拓宽渠道。鲜为人知的是,小米网不知不觉已成为中国第三大电商公司。

第六次战略转型:由于2015年小米业绩增长缓慢,2016年雷军启动第六次战略转型,发布全新品牌"米家",打造小米生态链产品,以接近成本价销售,最终构建一个移动互联网平台,靠增值服务赚钱。小米的生态链产品包括小米手机、电视、净水器、米家扫地机器人、小米手环、90分旅行箱、小米移动电源等,这些单品多次在天猫、京东、苏宁易购等平台上创造了单品销售冠军的好成绩。

第七次战略转型:随着小米生态链产品的不断丰富和完善,小米拓展销售渠道,转而走线上与线下相结合的营销道路。小米是典型的互联网企业,是通过线上推广与销售起家的。但近年来,小米看到了线下门店的展示、推广与销售作用,在保持线上营销优势的同时,转向投资线下门店的开设与体验。小米作为中低端的互联网智能家电产品,其线下门店"小米之家"的开设采取主要瞄准中小城市的战略,其中三线及以下城市门店占比将近六成,说明小米之家已在下沉渠道为自己赢得足够的增长空间。

第八次战略转型:尚在酝酿之中。

通过雷军数年间大刀阔斧的战略调整与转型我们不难看出,小米的商业模式和战略布局始终在调整、创新,作为新时代一家"现象级"互联网公司,雷军希望以小米"生态链"为支点,撬动并改变中国制造业的现状,从而推动中国产业转型升级和商业模式的创新发展,成为新时期我国先进制造业发展的标杆。

资料来源:改编自李东进,等. 现代企业管理. 北京:人民邮电出版社,2020.

问题讨论:1. 你认为小米可能的第八次战略转型方向在哪里?
2. 怎样评价小米雷军频繁的战略调整与转型行为?

第三章 企业经营决策

思政目标

管理首先是一门科学,然后才成为一种艺术。管理既具有微妙性,同时也具有科学性。胡景涛同志提出"科学发展观",习近平同志提出"新发展理念",强调发展必须是科学发展,必须坚定不移地贯彻创新、协调、绿色、开放、共享的发展理念,因此,企业经营决策也要遵循系统、经济、科学、民主、创新的原则,不但要做定性的判断,必要时还需做定量考量,才能实现科学决策、满意决策,避免决策的盲目性,降低决策风险。

学习目标

1. 掌握企业经营决策的概念、分类与原则
2. 了解企业经营决策的程序
3. 掌握确定型和风险型决策方法
4. 理解、掌握不确定型决策方法

案例导入

优品电器处在十字路口

优品电器是一家小家电生产企业,凭着过硬的产品质量,在市场上享有一定知名度。公司董事长尤一峰坚持走实业道路,可现在,优品电器正被动地陷在竞争越来越激烈的行业里。面对各种纷至袭来的压力,尤一峰对专注于做实业的想法产生了疑问。

就在尤一峰忧心忡忡、苦苦思索未来发展的途径时,他接到了老同学周励的电话。周励正在研制生物燃料项目,简单地说,就是用红薯制造乙醇,作为汽车的燃料。这一项目的核心技术已经研制成功,目前周励急需新的风险投资人。因此,他希望尤一峰能参与该项目的投资。尤一峰认为,这正是自己心中一直寻觅的朝阳产业投资项目。

考察回来之后,尤一峰召开了股东会,讨论是否投资新项目。尽管大部分人对进入新项目持怀疑态度,但是尤一峰以自己55%的股权,用慷慨激昂的发言说服了大家。会议结束之后,尤一峰冷静下来,他再一次问自己,优品究竟是进入新行业、发展新业务,还是坚持小家电业务、走专业化发展之路?尤一峰处在十字路口。

资料来源:王海杰. 公司战略·中国特稿. 北京:华章出版社,2017.

案例思考:

1. 你认为优品电器应如何做出经营决策?
2. 从本案例中我们能得到什么启示?

第一节　企业经营决策的内涵

一、企业经营决策的含义

(一)决策的概念

思考与决策是人类普遍存在的行为,人们在政治、经济、军事活动中,都自觉或不自觉地在各种方案中进行抉择,处理生存与发展中的各种问题。但是人类以往历史的决策活动,主要是依赖于个人的聪明才智和经验做出的判断,往往存在着一定的局限性。第二次世界大战以后,由于科学技术的迅速发展,企业规模逐渐扩大,垄断与竞争加剧,企业逐渐认识到如何及时根据环境变化做出科学的决策,是企业成败的关键。至此,决策科学理论逐渐形成,并且得到了广泛的传播。

狭义的决策是在几种行动方案中进行选择,也就是说,决策就是人们为了达到一定目标,在掌握充分的信息和对有关情况进行深刻分析的基础上,用科学的方法制订并评估各种方案,从中选出合理方案的过程。

广义的决策是一个系统分析的动态过程,它不是一个瞬间的决定,而是一个提出问题、分析问题、解决问题的过程。它包括确定目标、收集资料、制订方案、评价方案、方案择优、采取行动、付诸实施、信息反馈、追踪检查等活动。

决策理论学派的代表人物西蒙(1916—2001)认为,广义的决策是一个过程,可以划分为四个主要阶段:找出制定决策的理由;找出可能的行动方案;对各个行动方案进行评价和抉择;对于付诸实施的方案进行评价。决策过程的前三个阶段与人类解决问题的思维过程紧密联系,主要关心的是:问题是什么？备选方案是什么？哪个备选方案最好？显然,前三个阶段是决策过程的核心,然后经过执行过程中的评价阶段,又进入一轮新的决策循环,因此决策实际上是一个"决策—实施—再决策—再实施"的连续不断的循环过程,贯穿于全部管理活动的始终,即贯穿于计划、组织、人员配备、指导与领导和控制活动之中。西蒙认为:"为了理解决策的含义,就得将决策一词从广义上予以理解,这样,它和管理一词几乎同义。"可见,广义的决策实际上指的就是管理的全过程。著名的管理学家彼得·德鲁克也认为,在一个组织中,管理人员最终做出有效的决策比什么都重要。决策是管理活动的核心,贯穿于管理过程的始终。

(二)企业经营决策的概念

企业经营决策是指企业为实现某一特定目标,在获得和分析市场信息的基础上,根据客观条件,制订几种备选方案,从中选出一个满意的方案加以实施,并对实施情况进行控制的过程。决策是否正确,对企业经营的成败有着决定性的影响。决策正确,企业就会欣欣向荣;决策失误,企业就要遭受很大损失,甚至要倒闭。在一个组织的管理岗位上,管理人员要做出许多决策——有大的、有小的,而且一旦决策错误,就会导致严重的后果。

二、企业经营决策的分类

在企业生产经营活动中，企业经营决策贯穿于生产经营活动的各个方面和全过程。在企业生产经营活动中出现大量的决策问题，这些决策问题各具特点，可以从不同角度加以分类归纳。企业经营决策的分类见表 3-1。

表 3-1　　　　　　　　　　　　　　企业经营决策的分类

分类标准	类别	特点
决策者所处管理层	高层决策	企业高层领导负责的决策，即经营决策
	中层决策	企业中层领导负责的决策，即管理决策
	基层决策	企业基层领导负责的决策，即执行决策
决策在企业经营中的地位	战略决策	对直接关系企业生存发展的全局性、长远性问题的决策。一般考虑的是企业如何适应外部环境的问题，属于企业高层管理者的职责范围
	管理决策	企业为实现战略决策对企业资源做出合理安排的策略性决策。一般属于企业各职能管理部门的职责范围
	业务决策	在管理决策的指导下，为了提高企业各种业务工作的质量或效率的决策。业务决策属于常规性、技术性的决策，一般属于基层管理人员的职责范围
决策问题发生的重复程度	程序性决策	解决经常出现的问题，并已有处理的经验。程序性决策一般是中下级企业管理人员经常要解决的问题
	非程序性决策	解决新出现的或不常出现的偶然性问题，无处理经验，完全依靠决策者个人的判断和信念来进行的决策。非程序性决策虽然所占比重较小，但通常是关系到企业全局和长远发展的重要问题，因而一般属于企业高层管理者的决策范畴
决策目标或方法的性质	定量决策	决策目标有明确的数量标准，可采用数学方法进行决策
	定性决策	难以用准确的数量表示目标，依靠决策者的分析或判断进行决策
决策问题所具备的条件	确定性决策	决策问题及各种可行方案的后果已知，能用一定方法计算及预测结果
	风险性决策	每个方案有两个以上的自然状态，发生的可能性可用概率来确定，各方案结果可用概率计算出来
	不确定性决策	决策者对未来的情况知道很少，每个方案的结果是不确定的

企业经营决策还可以根据决策目标的多少分为单目标决策和多目标决策；根据所涉及的时间长短而分为中长期决策和短期决策；根据决策的起点分为初始决策和追踪决策等。

三、企业经营决策的程序

决策是一个提出问题、分析问题、解决问题的系统分析过程。在企业经营决策过程中，不仅要注意决策方案的合理性，还应重视决策过程本身的合理性。科学的企业经营决策程序，是有效决策的可靠保证，它一般包括以下四个基本步骤。

（一）确定企业经营决策目标

确定企业经营决策目标是企业经营决策的前提，也是经营决策的首要步骤。没有目标，决策就没有方向和标准。企业经营决策目标的制定步骤是：对企业面临的外部环境和内部条件进行调查和综合分析，认清外部环境中的机会和威胁以及自身的优势和劣势；找出企业理想与现实状况之间的差距,并对产生偏差的原因进行分析;确定企业经营决策目标。企业经营决策目标应当客观、具体、主次分明。

(二)制订可行方案

可行方案是指能够保证企业经营目标的实现且具备实施条件的方案。所以制订企业经营决策的可行方案一般是根据经营目标的要求,提出改进设想,在对初步设想方案概略评价后,选择出几个可行方案,以供综合评价与选择。可行方案必须具有可比性,且各方案之间又存在相互排斥性,以便对比择优。

(三)对各种可行方案进行评价和选择

对可行方案的评价和选择是企业经营决策的关键,决策的成败往往取决于所选方案是不是最满意的可行方案。为此,必须对制订的可行方案进行认真分析,充分论证比较,在论证的基础上做出综合评价。论证要从社会影响、经济效益、技术先进性和实现的可能性等方面进行。评价方案时要制定正确的评价标准,一般是以经营目标及其具体化的指标作为评价标准,按照这个标准并采用合理的评价方法,从众多的可行方案中选取一个最为满意的方案,作为决策的行动方案。

(四)方案的实施及信息反馈

经营方案选定以后,即应付诸实施。在实施过程中,要落实有关责任部门和人员,制定实施决策的规划和期限要求。同时要建立信息反馈,将每一局部过程的实施结果与预期目标进行比较,发现差异,查明原因并及时解决,以保证经营目标的实现。

四、企业经营决策的原则

企业经营决策涉及的问题多种多样,决策过程又是复杂的认识与实践过程,要取得理想的效果,除遵循企业科学的决策程序外,遵循经营决策的原则同样十分重要。企业经营决策的原则概括了决策过程的基本要求,遵循这些原则在决策工作中就能少走弯路,减少决策失误,提高决策效果。企业经营决策的基本原则如下。

(一)系统性原则

企业经营决策要坚持系统地分析观点,从整体出发,全面地对问题进行分析比较,确定目标和找出对策。贯彻系统性原则具体来说必须考虑三点:内部条件与外部条件相结合;局部利益与整体利益相结合;当前利益与长远利益相结合。

(二)经济性原则

决策本身要讲究效果和代价的关系,也就是要研究决策的收益和所花的代价问题。如果决策所花的代价很大,而取得效益甚微,则应该考虑进行该项决策有无必要。贯彻企业经营决策的经济性原则应该从两个方面考虑。

1. 决策的必要性

决策来自问题,无论是解决现实与要求之间的差距,还是利用新的市场机会问题,只有决策者认为值得付出代价去解决的才有必要进行决策。认识问题的本质是决策必要性的前提,同时还要认识人、财、物和时间的代价与可能的经济成果之间的关系,即研究决策效果与代价的关系。当决策者确认其必要性后,再考虑决策的形式、方法和手段。

2. 决策的形式、方法和手段

要根据决策的重要性、数量化程度、计算与逻辑过程的复杂性以及时间来选择决策的形式、方法和手段,要以最少的人、财、物和时间耗费取得最大的效益或争取最小的损失。

(三)科学化原则

决策科学化是科学技术和社会生产力高度发展的产物,也是现代企业经济活动取得预期效果的重要条件。只有坚持科学性原则,才能在错综复杂的市场环境中避免或减少决策失误。决策过程中贯彻科学性原则,要做到:确定决策目标具有科学依据和客观可能性,重视信息,切忌脱离实际;遵循科学的程序,开展决策活动,服从决策组织,避免决策过程的混乱;充分运用科学的决策方法,既不能只做质的分析不做量的分析,也不能单纯依靠数学模型,应将质的分析和量的分析相结合,坚持实事求是的态度,在决策实施执行中根据客观情况的变化适时调整和修改决策目标与方案,使决策方案符合生产经营的客观实际。

(四)民主化原则

现代企业决策问题涉及范围广泛,具有高度复杂性,单凭决策者个人的知识和能力很难做出有效的决策。决策者必须充分发扬民主精神,善于集中和依靠集体的智慧与力量进行决策,以弥补决策者知识、能力方面的不足,避免主观武断、独断专行可能造成的失误,保证决策的正确性、有效性。贯彻决策的民主性原则要做到以下几点:

(1)合理划分企业各管理层的权限和决策范围,调动各级决策者和各类人员参与决策的积极性和主动性;

(2)充分尊重每一个参与决策的决策者的地位和权力,尽力做到协同合作;

(3)悉心听取广大群众的意见和建议,在群众的参与或监督下完成决策工作;

(4)重视发挥智囊参谋人员的作用,吸收各有关方面的专家参与决策;

(5)加强企业决策领导机构的建设,健全决策工作的民主程序,对重大问题要坚持集体领导、集体决策。

(五)创新性原则

企业经营管理活动处于不断运动和发展变化之中,企业经营决策作为对未来经营目标、行动方案的抉择活动,其形式和内容要不断创新。企业经营决策遵循创新性原则的基本要求有两点:

(1)企业经营决策的制定要立足现实,更要着眼未来,要在市场调查和预测的基础上把握经济活动内在变化过程的规律。

(2)企业经营决策机制不能停留在现有水平上,要不断发展变化,积极吸取当代科学技术发展的最新成果,不断更新决策观念,充实决策理论,改革决策组织,提高决策者的自身素质。

知识延伸

决策的满意原则

决策的满意原则也就是决策有限理性的满意原则,由管理学家、决策学派代表人物西蒙(Simon)提出。在西蒙看来,决策就是全部的管理过程,但现实生活并不具备最优化决策的苛刻要求。因为决策者很难获得决策需要的全部信息,很难准确地预测出方案将来的结果,能够拟订的方案数量有限,评估并选择最优方案的难度较大,一句话,可选项目有限、方案结果不确定、人的理性有限、信息不可能完全,此种情况下决策者不可能做出"最优"选择,只能根据全部已知的条件,运用个人的经验加以判断,以相对满意的选择来代替最优选择。

"满意原则"是针对"最优原则"提出来的,即最优是不存在的,存在的只有相对满意。"最优"的理论假设是把决策者看作完全理性的人,以"绝对的理性"为指导,按最优化准则行事。但是,处于复杂多变环境中的企业和决策者,要对未来做出"绝对理性"的判断是不可能的。从管理学意义讲,所谓最优,就是最好的资源、最好的组合和利用,获得最好的效益,毫无疑问这是不可能的;所谓满意,就是满意的资源、通过满意的组合和利用、获得满意的效果,这才是企业决策应该遵循的现实、可行的原则。

资料来源: 百度文库

案例分析

任天堂的决策

任天堂于1889年在日本京都成立。第二次世界大战后,公司进入了玩具和游戏行业。20世纪80年代,任天堂发布了自己的家庭游戏机,并一炮而红。此后,任天堂主导了整个视频游戏市场。到1992年,任天堂已经占据了视频游戏行业80%的市场份额,营业收入超过43亿美元,实现利润12.5亿美元。但这一成功并未一直延续。1995年,任天堂遭遇经营困境。

作为NES游戏的主要零部件供应商,索尼十分了解电子游戏市场。此时的任天堂却并未因索尼推出的PS游戏机认识到威胁所在。索尼抓住机会推出了自己的游戏机。尽管每部PS游戏机299美元的价格是任天堂游戏机的两倍多,但却迅速赢得了市场。2000年,随着索尼公司PS2游戏机的发布,任天堂的情况进一步恶化。虽然任天堂试图通过Gamecube来挽救失掉的市场,但PS2在市场中的地位已经牢不可破,销量超过500万部。到2003年,任天堂的市场份额已降至16%,公司不得不减产Gamecube游戏机,以便把500万部的积压库存清理出去。

为突破这一艰难境况,任天堂没有继续跟索尼和微软争夺核心玩家这一日益有限的市场,而是通过开发不太复杂、功能更多的游戏系统来扩大自己的市场份额。任天堂推出了 DS 掌机游戏系统,搭载了任天狗狗和脑年龄这两部游戏来吸引年长的玩家。到 2006 年年底,这两部游戏的销售量已经分别达到 1300 万套和 800 万套。

视频游戏上,任天堂的管理层认识到,依靠速度更快的处理器和更逼真的游戏画面来夺回市场份额是不可行的。因此,公司决定将产品的设计中心放在价格最便宜的游戏机配件——游戏控制器上。现有游戏机手柄过于复杂,如果任天堂能够设计出一款看上去更像电视遥控器那样的控制器,可能就会吸引从未玩过视频游戏的新顾客来玩游戏。岩田聪指出:我们决定让任天堂走另外一条路——游戏扩张。我们不与索尼或微软直接竞争,我们要战胜那些对视频游戏毫无兴趣的人。

于是,任天堂推出了 Nintendo Wii。在 Wii 的宣传上任天堂没有采用传统的印刷和电视广告,而是采用体验式营销。公司在购物广场等地点设置了游戏机,鼓励人们进行试玩。任天堂还参加了美国退休人员协会的年会,在年会上宣传游戏的减肥和健身功能。

在定价方面,Wii 的售价为 249 美元,是这一代游戏机中最便宜的。尽管 Wii 的售价低于竞争对手,但每部游戏机还是能为任天堂带来约 50 美元的利润。凭借这一系列成功的新产品开发与营销决策,2007 年,任天堂获得了 82 亿美元的营业收入,其中超过 99% 的收入来自电子娱乐产品,共实现利润 15 亿美元,成功渡过了公司的阶段经营危机。

资料来源: 龚艳萍.企业管理.北京:清华大学出版社,2016.

问题思考: 任天堂是如何通过灵活的经营决策渡过经营危机的?

第二节　企业经营决策的方法

随着决策理论和实践的不断发展,人们在决策中所采用的方法也在不断得到充实和完善。当前,经常使用的决策方法一般可分为两大类:一类是定性决策方法;另一类是定量决策方法。前者注重于决策者本人的直觉,后者则是注重于决策问题各因素之间客观的数量关系。

一、定性决策方法

定性决策方法是指依靠有丰富经验的专业人员,利用对直观材料的分析和逻辑推理,对备选方案做出评价和选择的方法,适用于缺乏完整历史资料的项目。定性决策方法主要有头脑风暴法、德尔菲法、名义群体法等。

(一)头脑风暴法

头脑风暴法是由被称为"风暴式思考之父"的 A. F. 奥斯本(A. F. Osborn)提出的,是通过专家们的互相交流,在头脑中进行智力碰撞,产生新的智力火花,使专家的讨论不断集中和精细化,其原则如下:

(1)严格限制问题范围,明确具体要求以便使注意力集中。

(2)不能对别人的意见提出怀疑和批评,要研究任何一种设想,而不管这种设想是否适当和可行。

(3)发言要精练,不要详细论述。冗长的发言将有碍产生富有成效的创造性气氛。

(4)不允许参加者用先准备好的发言稿,提倡即席发言。

(5)鼓励参加者对已经提出的设想进行改进和综合,为准备修改自己设想的人提供优先发言的机会。

(6)支持和鼓励参加者解除思想顾虑,创造一种自由的气氛,激发参加者的积极性。

头脑风暴法强调的是集体思维。研究表明:当信息分散在不同类型的人员当中时,集体决策虽然不好,但是更能为人们所接受,而个人决策尽管更好,却可能会遭到那些实施的人的反对。另外,当决策是由负责实施的集体做出时,新思想就更容易为人们所接受。

(二)德尔菲法

德尔菲法是美国兰德公司于20世纪50年代初发明的,最早用于预测,后来广泛应用于决策中。德尔菲是古希腊传说中的神谕之地,城中有座阿波罗神殿可以预测未来,因而借用其名。

德尔菲法是有关专家对企业组织某一方面的发展的观点达到一致的结构性方法,通过专家们各自的意见对方案做出评估和选择。其基本程序如下:

1. 预测筹划

预测筹划包括确定预测的课题及各个预测项目、设立负责预测组织工作的临时机构、选择若干名熟悉所预测课题的专家。

2. 专家进行预测

将预测项目的相关资料分发给各位专家,专家以匿名方式独自对问题做出判断和预测。

3. 统计与反馈

专家意见汇总后,将各专家意见进行统计分析,综合成新的预测方案,并再次分发给各位专家,由专家们对新的预测方案做出第二轮判断或预测。如此反复,直至专家的意见趋于一致。

4. 表述预测结果

由专门机构把经过几轮专家预测而形成的结果以文字或图表的形式表现出来。

由此可见,德尔菲法也可称为有控制的反馈法。采用这种方法时要求征求意见的问题明确具体,问题不可过多,须如实地反映专家意见,问题不能带有编拟者的主观倾向性。这种方法的好处在于:一方面,被调查者彼此不见面,不了解真名实姓,避免相互之间产生消极影响;另一方面,经过几次反馈,意见比较集中,便于决策者做决定。

(三)名义群体法

名义群体是社会心理学的一个术语,指成员之间不允许进行任何口头语言交流的群体,该群体的交流方法是纸和笔。名义群体法的基本程序如下:在安静的环境中,群体成员之间传递书面反馈意见,在一张简单的图表上,用简洁的语言记下每一种想法,对每一种想法进行书面讨论,

定性决策方法

最后小组成员对各种想法进行投票,通过数学方法,用等级排列和先后次序得出决策。真实群体中由于言语交流抑制了个体的创造力,而名义群体成员思路的流畅性和独创性更高一筹,可以产生更多的想法和建议。该方法耗时较少、成本较低,但对决策的执行不一定有利。

二、定量决策方法

定量决策方法是指运用现代数学方法和管理科学原理,将决策涉及的变量和决策目标之间的关系通过建立数学模型加以分析决策的方法。这种方法适用于具备完整历史资料的项目。运用定量决策方法,可以把企业管理经常出现的常规问题编成处理的程序,供下次处理类似的问题时调用。因此,这种方法经常在程序化决策中被广泛应用。同时,它科学地把决策者从常规管理事务中解放出来,使其把主要精力集中在非程序化决策问题上。

第三节　确定型决策方法

确定型决策方法是指决策条件明确,方案的结果是确定的,只要经过直接比较即可做出方案选择的决策方法。由于未来的结果是肯定的,因此决策较为容易。

确定型决策方法的应用应具备以下四个条件:

(1)存在决策者期望达到的一个确定型目标。

(2)只存在一个确定的自然状态。

(3)存在可供决策者选择的两个或两个以上的经营方案。

(4)不同经营方案在确定状态下的损益值可计算出来。

决策的关键环节是计算出什么样的行动方案能产生最优的经济效果。在比较和选择活动方案时,如果未来情况只有一种并为管理者所知,则应采用确定型决策方法。常用的确定型决策方法有直观判断法、线性规划法、盈亏分析法和敏感性分析法。

一、直观判断法

直观判断法是指决策的因素很简明,无须复杂的计算,可以直接选择出最优方案的决策方法。

【例 3-1】　某企业生产所需的原材料可从 A、B、C 三地购得,如果 A、B、C 三地距该企业的距离相等、运费相同,A、B、C 三地同种原材料价格见表 3-2。问:该企业应从何地购进原材料?

表 3-2　　　　　　　　　A、B、C 三地同种原材料价格

产地	A	B	C
价格(元/吨)	10000	11000	12000

解:在其他条件相同的情况下选择价格最低的,即选择从 A 地购进原材料为最佳方案。

二、线性规划法

(一)线性规划数学模型的建立

线性规划法是在一些线性等式或不等式的约束条件下,求解线性目标函数的最大值或最小值的方法。线性规划法应用于企业经营决策中,可以通过建立和求解数学模型使方案优化,即在原材料供应量、设备能力等的条件限制下,求得既满足社会需要,又能使企业获得良好经济效益的指标方案。

运用线性规划法建立数学模型的步骤是:根据影响所需达到目的的因素找到决策变量;由决策变量和所需达到目的之间的函数关系确定目标函数;由决策变量所受的限制条件确定决策变量所要满足的约束条件;找出使目标函数达到最优的可行解,即为该线性规划的最优解。

线性规划法是研究在线性约束条件下,使一个线性目标函数最优化的理论和方法。线性规划法在经营决策中常用于解决利润最大、成本最低、时间最省、资源调配最合理等问题。

在企业的各项管理活动中,如计划、生产、运输、技术等问题,线性规划可以从各种限制条件的组合中,选择出最为合理的计算方法,建立线性规划模型,从而求得最佳结果。

线性规划问题的数学模型包括决策变量、约束条件和目标函数三个要素。其一般形式是:

求一组变量 $x_j(j=1,2,\cdots,n)$ 的值,使其满足约束条件

$$\begin{cases} \sum_{j=1}^{n} a_{ij}x_j \leqslant b_i(或 \geqslant b_i,或 = b_i)(i=1,2,\cdots,m) \\ x_j \geqslant 0(j=1,2,\cdots,n) \end{cases}$$

并使目标函数 $s=\sum_{j=1}^{n}c_ix_j$ 的值最小(或最大)。

为了建立求得最优方案的线性规划数学模型,要确定目标函数并了解对企业指标起影响作用的限制条件。例如,可以将获得最大利润或使总产值最大作为目标函数,而起影响作用的限制条件可以是关键设备的计划期有效工作时间,关键物资供应限额,市场对某种产品需要量的最大值或最小值等。现以简例说明数学模型的建立及求解结果。

【例 3-2】 某企业经市场调查研究,决定生产甲、乙两种产品,其利润分别为甲每台 60 元,乙每台 30 元。两种产品对材料 P 的消耗量为甲每台 2 千克,乙每台 4 千克;在关键设备 S 上加工的工时消耗甲每台为 3 小时,乙每台为 1 小时。现知材料 P 每月的供应限额为 600 千克;设备 S 每月的有效工作时间为 400 小时;另外每台甲产品需用配套元件 2 件,其供应量受协作单位的能力限制,不超过 250 件。根据以上条件,并以企业获利最大为目标函数,求甲、乙两种产品的产量和。建立线性规划数学模型如下:

目标函数: $\text{Max} Z = 60x_1 + 30x_2$

约束条件:
$$\begin{cases} 2x_1 + 4x_2 \leqslant 600 & (1) \\ 3x_1 + x_2 \leqslant 400 & (2) \\ 2x_1 \leqslant 250 & (3) \\ x_1, x_2 \geqslant 0 & (4) \end{cases}$$

(二)数学模型求解

线性规划数学模型可以用单纯形法和图解法两种方法求解。

在企业中,用线性规划法求最优生产指标方案,当产品品种很多,影响产品产量的限制条件也很多时,数学模型一般比较复杂,必须用单纯形法并借助计算机来求解。

图解法可以解含有两个变量的线性规划问题,现用图解法解上例。

首先,在平面上画出约束条件所限定的区域,如图3-1(a)所示。

约束条件(4)表示在 x_1 轴以上和 x_2 轴右面的部分,即第一象限。

按方程 $2x_1+4x_2=600$,$3x_1+x_2=400$ 和 $2x_1=250$ 分别在图3-1(a)上做三条直线。由约束条件(1)、(2)、(3)、(4)知,限定的区域为一多边形[图 3-1(a)中的阴影部分],因为该区域内的点均满足约束条件,故称可行解,整个区域称为可行域。

直线的交点是多边形的顶点,本例中为 A、B、C、D 四点。目标函数达到极值的最优解将在顶点上实现。

目标函数也是一条直线,其方程为

$$Z=60x_1+30x_2$$

改变 Z,直线斜率不变,截距将发生改变,得到一簇斜率为 -2 的平行线,如图3-1(b)所示。目标函数与可行域相交,则得可行解。由图3-1(a)可看出目标函数通过B点时,与可行域相切,此点即为最优解,目标函数在此点达到最大值。对应于B点的甲、乙两种产品产量为:甲产品 $x_1=100$ 台,乙产品 $x_2=100$ 台。企业获得的最大利润为 $Z=60\times100+30\times100=9000$(元)。

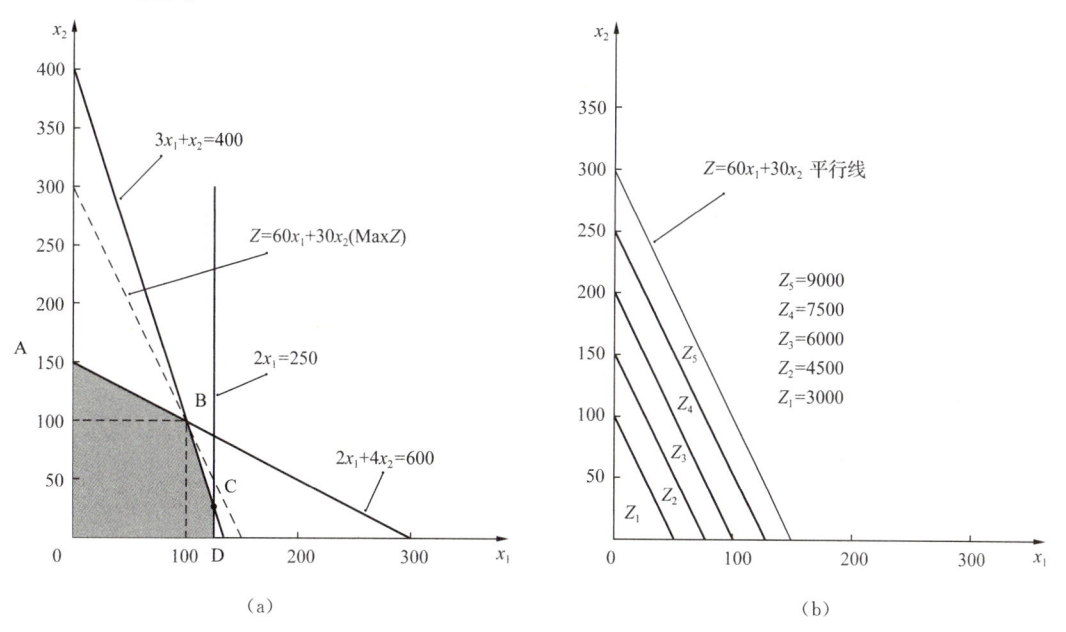

图 3-1 线性规划法的数学模型

【例3-3】 某企业生产四种产品,其产品型号、生产能力、利润以及生产各种产品所需要的设备台时数见表3-3。问:如何组织生产才能使企业的利润最大?

表 3-3　　　　　　　　　　　　　设备台时数

车间＼产品型号	A	B	C	D	生产能力（小时）
Ⅰ	8	18	14	20	3600
Ⅱ	2	2	6	80	2400
利润（元/台）	24	40	36	80	—

解：用线性规划求解。

①设置决策变量。设 x_1、x_2、x_3、x_4 分别为 A、B、C、D 四种产品的计划产量，Z 表示利润。

②建立目标函数。$\text{Max} Z = 24x_1 + 40x_2 + 36x_3 + 80x_4$

③列约束方程。

$$\begin{cases} 8x_1 + 18x_2 + 14x_3 + 20x_4 \leqslant 3600 \\ 2x_1 + 2x_2 + 6x_3 + 80x_4 \leqslant 2400 \\ x_j \geqslant 0 (j=1,2,3,4) \end{cases}$$

④求解。求解过程略，解得 $x_1=400$ 台，$x_2=0$ 台，$x_3=0$ 台，$x_4=20$ 台。

这时目标函数的最佳值为

$$\text{Max} Z = 24 \times 400 + 80 \times 20 = 11200（元）$$

即 A 产品生产 400 台，B 产品、C 产品不生产，D 产品生产 20 台，可获得的最佳利润为 11200 元。

【例 3-4】 某企业生产 A、B 两种桌子。它们都要经过制造和装配两道工序，生产情况见表 3-4。假设市场状况良好，企业生产的桌子都能卖出去，试问何种组合的产品使企业利润最大？

表 3-4　　　　　　　　　　　　　生产情况

工序＼产品	A	B	工序可利用时间（小时）
在制造工序上的时间（小时/张）	2	4	48
在装配工序上的时间（小时/张）	4	2	60
产品利润（元/张）	8	6	—

解：这是一个典型的线性规划问题。

① 确定影响目标大小的变量。在本例中，目标是利润，影响利润的变量是产品 A 的数量 x_1 和产品 B 的数量 x_2。

② 列出目标函数方程。

$$\pi = 8x_1 + 6x_2$$

③ 找出约束条件。两种产品在一道工序上的总时间不能超过该道工序的可利用时间，即

制造工序：　　　　　　　$2x_1 + 4x_2 \leqslant 48$

装配工序：　　　　　　　$4x_1 + 2x_2 \leqslant 60$

除此之外还有两个约束条件,即非负约束:$x_1 \geq 0, x_2 \geq 0$。

因此,线性规划问题成为如何选取 x_1 和 x_2,使 π 在上述四个约束条件下达到最大。

④ 求出最优解。求出上述线性规划问题的解为 $x_1 = 12$ 张和 $x_2 = 6$ 张,即生产 12 张产品 A 和 6 张产品 B 能使企业利润最大。

三、盈亏分析法

要管理好企业,关键是要有正确的决策做保证,在科技迅速发展的今天,单凭个人的丰富经验对现代化大生产做出决策已远远不够,还必须有大量的科学依据。盈亏分析就是依据之一。

要进行盈亏分析,首先必须按产品费用的不同性质,根据成本和产量的关系,将其划分为固定费用和变动费用。盈亏分析中所说的费用是指企业从事生产经营活动所消耗的人力和物力的货币表现。企业的销售收入可以分为两部分:一种是用以补偿生产和销售产品所发生的一切费用,另一种是企业的盈利。费用又可按其组成项目与产量的关系划分为变动费用和固定费用。

盈亏分析的中心内容是盈亏平衡点的确定,找出这一点所对应的产量或销售量,其确定方法有以下几种。

(一)图解法

设 F 代表固定费用;V 代表变动费用;C_V 代表单位产品变动费用;Q 代表产量(或销售量);Y 代表总费用,$Y = F + V = F + C_V Q$;P 代表单价;S 代表销售收入;Z 代表盈利。

盈亏平衡分析的原理可以用图 3-2 说明。在直角坐标内,横轴表示产量(或销售量),纵轴表示总费用(或销售收入)。根据费用与产量的关系,固定费用不随产量变化而变化,在图 3-2 上是一条与横坐标平行的线;变动费用是随产量变化而变化的,而且是成正比例变化,在图 3-2 上是一条斜线。由于随着产量(或销售量)变化而变化的销售收入和总费用的变动不同,就使两者有一个交点 A,这一点就是盈亏平衡点(又称保本点)。它所对应的产量(Q_0)叫盈亏平衡点产量。当产量等于 Q_0 时,企业的销售收入等于总费用;当产量大于 Q_0 时,企业盈利;当产量小于 Q_0 时,企业亏损。

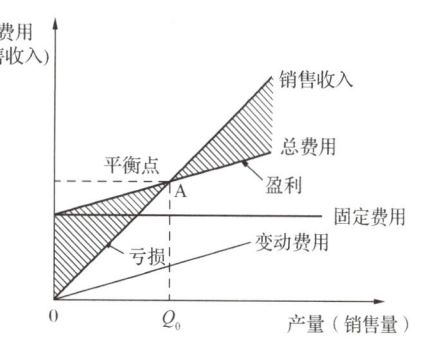

图 3-2 盈亏平衡分析的原理

【例 3-5】 某企业固定费用为 20000 万元,单位变动费用为 3000 元/台,单价为 5000 元/台,求在上述条件下的盈亏平衡点。

步骤:

第一步,画一根反映固定费用的水平线。

第二步,在横轴上选一整数产量,计算其销售收入,求出此点。再与原点画一直线,即为销售收入线。

第三步,在横轴上选一整数产量,计算其总费用,求出此点。再与固定费用在纵轴上的截点相连,即为总费用线。

总费用线与销售收入线相交处为盈亏平衡点。当产量为 10 万台时总费用为 50000 万元与销售收入 50000 万元相等,此点就是盈亏平衡点,如图 3-3 所示。

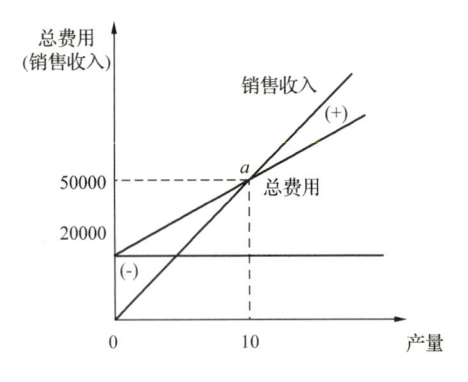

图 3-3 盈亏平衡点的求解

(二)产量法

产量法即以某一产品的变动费用与固定费用确定盈亏平衡点。此法适用于单一品种的决策分析,或虽属多品种生产,但各品种的固定费用可以划分清楚的情况。

因为盈亏平衡点的 $S=Y+Z$,即 $PQ=F+C_VQ+Z$

$$Q=\frac{F+Z}{P-C_V}$$

当盈亏平衡时,$Z=0$,所以 $PQ_0=F+C_VQ_0$

$$Q_0=\frac{F}{P-C_V}$$

则例 3-5 中 $Q_0=\dfrac{20000}{5000-3000}=10(万台)$

(三)临界收益法(边际贡献法)

临界收益用 M 表示,它是指销售收入与变动费用的差,即 $M=S-V$,临界收益与销售收入之比为临界收益率(m),即 $m=\dfrac{M}{S}$。此法是以某一产品的临界收益率与固定费用的关系来确定盈亏平衡点的,分为以下两种情况。

(1)单一品种生产时盈亏平衡点的计算:

当平衡时:$M=F$

即 $S_0 \times m=F$(S_0 表示盈亏平衡点对应的销售额)

所以 $S_0=\dfrac{F}{m}$

(2)多品种生产时,先求全部产品综合平均的临界收益率,然后再将它与总固定费用相除,即

$$S_0=\frac{F}{\dfrac{\sum\limits_{i=1}^{n}M_i}{\sum\limits_{i=1}^{n}S_i}}$$

式中 M_i——某一产品的临界收益;

S_i——某一产品的销售收入。

盈亏分析模型表明,只有当产品的临界收益(率)大于零时才存在盈亏平衡点,即当 $S>F+V$ 时盈利;当 $S=F+V$ 时平衡;当 $S<F+V$ 时亏损。有时,企业产品的销售额达不到盈亏平衡点但企业还会继续生产,这是因为继续生产虽然不能盈利,但可以减少亏损,条件仍然是临界收益(率)大于零。临界收益(率)大于零表示企业生产这种产品除了可以收回变动费用外,还有部分收入可以补偿已经支付的固定费用。因此,产品单价即使低于成本,但只要大于单位变动费用,企业生产该产品还是有意义的。

(四)安全余额与经营安全率

盈亏平衡分析除了可以判断企业目前的销售额对企业盈利和亏损的影响外,还可以用来判断企业的经营状况。企业的经营状况可以用安全余额和经营安全率来表示。

1. 安全余额

安全余额是实际(或预计)销售额与盈亏平衡点销售额的差额,安全余额越大,销售额紧缩的余地越大,经营越安全。若安全余额较小,实际销售额稍微降低,企业就可能亏损。

2. 经营安全率

经营安全率也是反映企业经营状况的一个指标(用 η 表示),它是安全余额与实际销售额的比值。其计算公式为

$$\eta = \frac{Q - Q_0}{Q} \times 100\%$$

η 值越大,说明企业对市场的适应能力越强,企业经营状况越好;η 值越小,说明企业经营的风险越大,企业经营状况越差。增加销售额而盈亏平衡点不变,可增大经营安全率。采取措施降低盈亏平衡点也可以增大经营安全率。经营安全率为 0~1,越接近 0,越不安全;越接近 1,越安全,盈利的可能性越大。判断企业经营状况的标准见表 3-5。

表 3-5　　　　　　　　　　判断企业经营状况的标准

经营安全率	30%≤η<1	25%≤η<30%	15%≤η<25%	10%≤η<15%	0≤η<10%
经营安全状况	安全	比较安全	不太好	要警惕	危险

(五)用盈亏分析法选择方案

【例 3-6】 有三种不同的方案生产同一产品,固定费用和单位变动费用见表 3-6,试分析各种方案适用的生产规模。

表 3-6　　　　　　　　　固定费用和单位变动费用

方案	固定费用(元)	单位变动费用(元/万件)
1	800	10
2	500	20
3	300	30

解: 各方案的总费用均可表示为产量 Q 的函数。

$$Y_1 = 800 + 10Q$$

$$Y_2 = 500 + 20Q$$
$$Y_3 = 300 + 30Q$$

各方案的总费用函数曲线如图 3-4 所示。

由图 3-4 可以看出，三个方案的总费用函数曲线两两相交于 L、M、N 三点，各个交点所对应的产量就是相应的两个方案的盈亏平衡点。Q_L 是方案 1 和方案 3 的盈亏平衡点，Q_M 是方案 2 和方案 3 的盈亏平衡点，Q_N 是方案 1 和方案 2 的盈亏平衡点。显然，当 $Q<Q_M$ 时，方案 3 的总费用最低；当 $Q_M<Q<Q_N$ 时，方案 2 的总费用最低；当 $Q>Q_N$ 时，方案 1 的总费用最低。

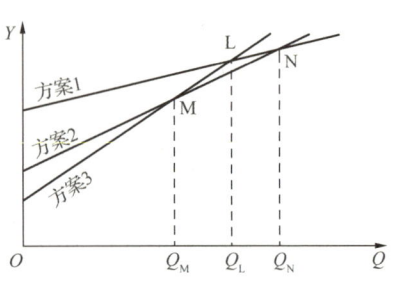

图 3-4 各方案的总费用函数曲线

当 $Q=Q_M$ 时，$Y_2=Y_3$，即 $500+20Q_M=300+30Q_M$

$$Q_M = \frac{500-300}{30-20} = 20（万件）$$

当 $Q=Q_N$ 时，$Y_1=Y_2$，即 $800+10Q_N=500+20Q_N$

$$Q_N = \frac{800-500}{20-10} = 30（万件）$$

用产量作为盈亏平衡分析的共有变量，然后根据总费用的高低判断方案的优劣。当预期产量低于 20 万件时，应采用方案 3；当预期产量在 20 万件~30 万件时，应采用方案 2；当预期产量高于 30 万件时，应采用方案 1。

四、敏感性分析法

敏感性分析法主要是针对影响项目的若干因素，在发生某一幅度的变化后，对盈亏平衡点和生产能力占用等产生的影响，以此判断出若干影响效益的因素中，哪些因素对效益影响大，进而提示决策者要慎重和加倍仔细地关注这些因素对未来将带来怎样的后果，使决策减少失误的方法。一般影响项目较大的因素有：销售量、单价、成本、投资总额、通货膨胀等。

现举一例，说明进行敏感性分析的方法及步骤。

【例 3-7】某厂设计生产能力为 30 万吨，产品每万吨价格为 650 万元，单位产品变动费用为 400 万元，固定费用为 3000 万元，其中折旧费为 250 万元，试分析价格、变动费用及固定费用变化对盈亏平衡点的影响。

根据公式 $Q_0 = \dfrac{F}{P-C_V}$

可得

$$\frac{Q_0}{Q} = \frac{F}{(P-C_V)Q} = \frac{F}{PQ - C_V Q}$$

$\dfrac{Q_0}{Q}$ 为以生产能力利用率（利用程度）形式表示的盈亏点。

PQ 为达到设计生产能力的销售收入。
$C_V Q$ 为达到设计生产能力时的变动费用总额。
带入数字得：$PQ = 650 \times 30 = 19500$（万元）
$C_V Q = 400 \times 30 = 12000$（万元）

$$\frac{Q_0}{Q}=\frac{3000}{19500-12000}=40\%$$

说明该企业产量达到设计能力 40% 方可保本。

(1) 当价格(P)增减 10%,其他条件不变时,平衡点变化情况:

P 增加 10%,$650+650\times10\%=715$(万元/万吨)

则 $\frac{Q_0}{Q}=\frac{3000}{(715\times30-12000)}\approx31.7\%$

P 减少 10%,$650-650\times10\%=585$(万元/万吨)

则 $\frac{Q_0}{Q}=\frac{3000}{(585\times30-12000)}\approx54.1\%$

(2) 当变动费用(V)增减 10%,其他条件不变时,平衡点变化情况:

V 增加 10%,则 $\frac{Q_0}{Q}=\frac{3000}{19500-(12000+1200)}\approx47.6\%$

V 减少 10%,则 $\frac{Q_0}{Q}=\frac{3000}{19500-(12000-1200)}\approx34.5\%$

(3) 当固定费用(F)增减 10%,折旧费和其他条件不变时,平衡点变化情况:

F 增加 10%,$(3000-250)\times10\%=275$(万元)

则 $\frac{Q_0}{Q}=\frac{3000+275}{19500-12000}\approx43.7\%$

F 减少 10%,则 $\frac{Q_0}{Q}=\frac{3000-275}{19500-12000}\approx36.3\%$

综上所述,敏感性分析见表 3-7。

表 3-7　　　　　　　　　　　敏感性分析

变化情况 影响 不确定因素	标准方案	价格		变动费用		固定费用	
	确定	+10%	−10%	+10%	−10%	+10%	−10%
对生产能力利用率的影响	40%	31.7%	54.1%	47.6%	34.5%	43.7%	36.3%
与标准平衡点的偏差	0	−8.3%	+14.1%	+7.6%	−5.5%	+3.7%	−3.7%
敏感性	—	强		次强		弱	

从表 3-7 可以看出,三个不确定性因素中,价格对平衡点的影响是非常敏感的,只要单价以同幅度变化(增加或减少),平衡点移动的幅度是较大的,也对经济效果影响较大。而固定费用在同幅度变动下,对经济效果影响较小。

第四节　风险型决策方法

在比较和选择活动方案时,如果未来的情况不止一种,管理者不知道到底哪种情况会发生,但知道每种情况发生的概率,则应采用风险型决策方法。风险型决策方法主要用于决策条件存在不可控因素,人们对于未来有一定程度认识而又不能肯定的情况,但每种自然状态可以根据以前的资料推断各种自然状态出现的概率。

风险型决策也称随机性决策或概率性决策,它需要具备以下条件:

(1)有一个明确的决策目标；
(2)存在着决策者可以选择的两个以上的可行方案；
(3)存在着决策者无法控制的两个以上的客观自然状态；
(4)不同方案在不同自然状态下的损益值可以计算出来。

由于风险型决策自然状态出现的概率不肯定，只能估计出一个概率，所以决策者要承担因估计失误而带来的风险。这种决策方法主要应用于有远期目标的战略决策或随机因素较多的非程序化决策，如投资决策、技术改造决策等。常用的风险型决策方法有期望值法和决策树法。

一、期望值法

期望值法是指通过比较和评价效益期望值，选择决策方案。效益期望值因为各种自然状态的不同而有所不同。具体步骤如下：

(1)根据不同自然状态下的效益值和各种自然状态出现的概率，求效益期望值EMV。效益期望值＝条件效益值×概率，即

$$EMV = \sum_{i=1}^{n} x_i p(x_i)$$

(2)比较效益期望值的大小，选择最大效益期望值所对应的方案为决策方案。

$$ENV_* = Max\{EMV_i\}$$

【例3-8】 某企业决定开发新产品，需要对产品品种做出决策，但有三种产品A、B、C可供生产开发。未来市场对产品需求情况有三种，即需求量较大、需求量中等、需求量较小，各种方案在各种自然状态下的效益值见表3-8。各种自然状态发生的概率分别为0.3、0.4、0.3。试问该企业应生产哪种产品才能使其收益最大？

表3-8　　　　　　　各种方案在各种自然状态下的效益值

效益＼方案	需求量较大 $p_1=0.3$	需求量中等 $p_2=0.4$	需求量较小 $p_3=0.3$
A	50	20	−20
B	30	25	−10
C	10	10	10

解：先求效益的期望值，即

$EMV_1 = 50 \times 0.3 + 20 \times 0.4 + (-20) \times 0.3 = 17$

$EMV_2 = 30 \times 0.3 + 25 \times 0.4 + (-10) \times 0.3 = 16$

$EMV_3 = 10 \times 0.3 + 10 \times 0.4 + 10 \times 0.3 = 10$

再求最大收益 $Max\{EMV_1, EMV_2, EMV_3\} = EMV_1 = 17$

即生产A产品收益最大。

二、决策树法

决策树法是风险型决策常用的一种决策方法，它利用了概率论的原理，并且利用一种树

形图作为分析工具,从左至右横向展开,然后进行计算选择。该法适用于未来可能有几种不同情况(自然状态),并且各种情况出现的概率可以根据资料来推断的情况。

基本原理是用决策点代表决策问题,用方案分枝代表可供选择的方案,用概率分枝代表方案可能出现的各种结果,经过对各种方案各种结果条件下损益值的计算比较,为决策者提供依据。决策点用□表示;状态点用○表示;结果点用△表示;方案分枝是由决策点引出的线段,连接决策点和状态点,每一线段代表一个方案;概率分枝是由状态点引出的线段,连接状态点和结果点,每一线段代表一种状态。决策树的基本图形如图 3-5 所示。

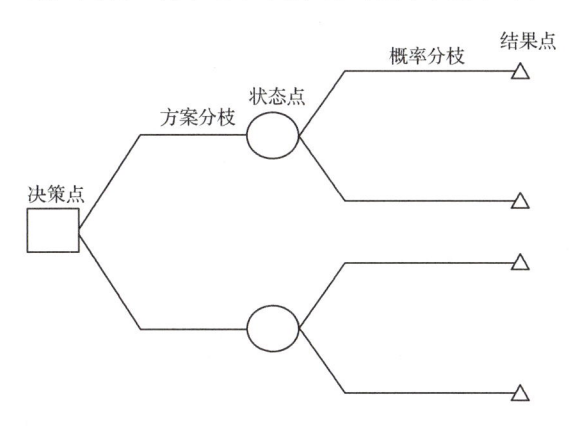

图 3-5 决策树的基本图形

用决策树法进行决策的基本步骤为:绘制决策树图形;计算期望值;剪枝。

【例 3-9】 为生产某种产品而设计了两个基本建设方案,一个是建大工厂,一个是建小工厂。大工厂需要投资 300 万元,小厂需投资 160 万元,两者的使用期都是 10 年,估计在此期间,产品销路好的可能性是 0.7,销路不好的可能性是 0.3,两个方案的年度损益值见表 3-9。

表 3-9　　　　　　两个方案的年度损益值

销路 \ 建设方案	建大工厂	建小工厂
销路好	100 万元/年	40 万元/年
销路不好	−20 万元/年	10 万元/年

问:哪个方案合理?

首先绘制决策树如图 3-6 所示,然后计算期望值。

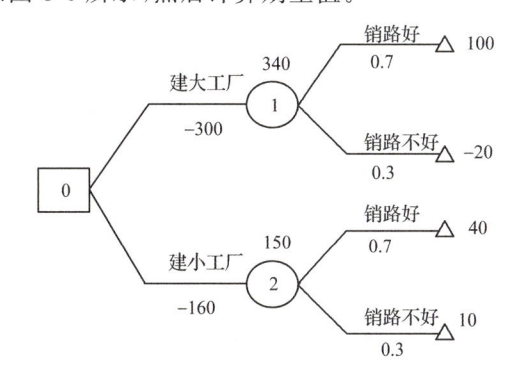

图 3-6 决策树(1)

状态点 1 为 $0.7 \times 100 \times 10 + 0.3 \times (-20) \times 10 - 300 = 340$(万元)

状态点 2 为 $0.7 \times 40 \times 10 + 0.3 \times 10 \times 10 - 160 = 150$(万元)

状态点 1 的期望值大,所以选建大工厂的方案。

假定对上述例子分为前 3 年和后 7 年两期考虑。根据市场预测,前 3 年销路好的概率为 0.7,而如果前 3 年销路好,则后 7 年销路好的概率为 0.9,如果前 3 年销路差,则后 7 年销路肯定差。在这种情况下,然后计算期望值哪个方案最好?

首先绘制决策树如图 3-7 所示,然后计算期望值。

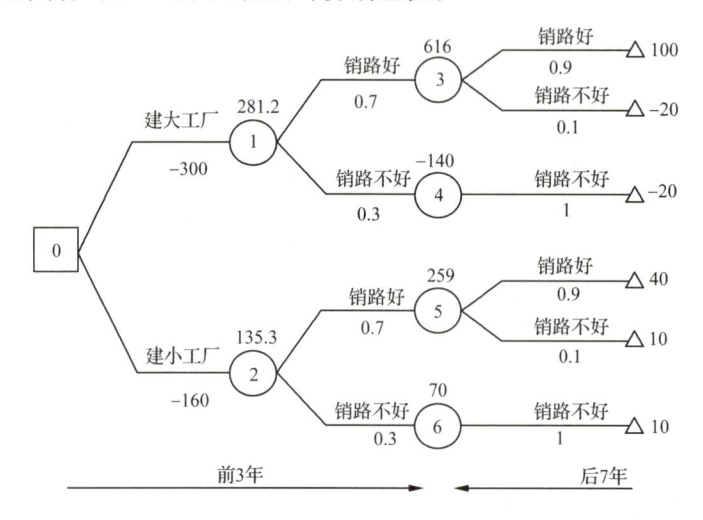

图 3-7 决策树(2)

状态点 3 为 $0.9 \times 100 \times 7 + 0.1 \times (-20) \times 7 = 616$(万元)

状态点 4 为 $1 \times (-20) \times 7 = -140$(万元)

则状态点 1 为 $0.7 \times 100 \times 3 + 0.7 \times 616 + 0.3 \times (-20) \times 3 + 0.3 \times (-140) - 300 = 281.2$(万元)

状态点 5 为 $0.9 \times 40 \times 7 + 0.1 \times 10 \times 7 = 259$(万元)

状态点 6 为 $1 \times 10 \times 7 = 70$(万元)

则状态点 2 为 $0.7 \times 40 \times 3 + 0.7 \times 259 + 0.3 \times 10 \times 3 + 0.3 \times 70 - 160 = 135.3$(万元)

状态点 1 的期望值大,所以选建大工厂方案。

假如对例 3-9 提出另一个方案,即先建小工厂,如销路好,则 3 年后考虑扩建。扩建投资需要 140 万元,扩建后可使用 7 年,每年的损益值与建大工厂相同。这时哪个方案最好?

首先绘制决策树如图 3-8 所示,然后计算期望值。

状态点 9 为 $0.9 \times 100 \times 7 + 0.1 \times (-20) \times 7 - 140 = 476$(万元)

状态点 10 为 $0.9 \times 40 \times 7 + 0.1 \times 10 \times 7 = 259$(万元)

状态点 7 为 $0.7 \times 40 \times 3 + 0.7 \times 476 + 0.3 \times 10 \times 3 + 0.3 \times 70 - 160 = 287.2$(万元)

状态点 7 的期望值最大,所以选择先建小工厂后扩建的方案。

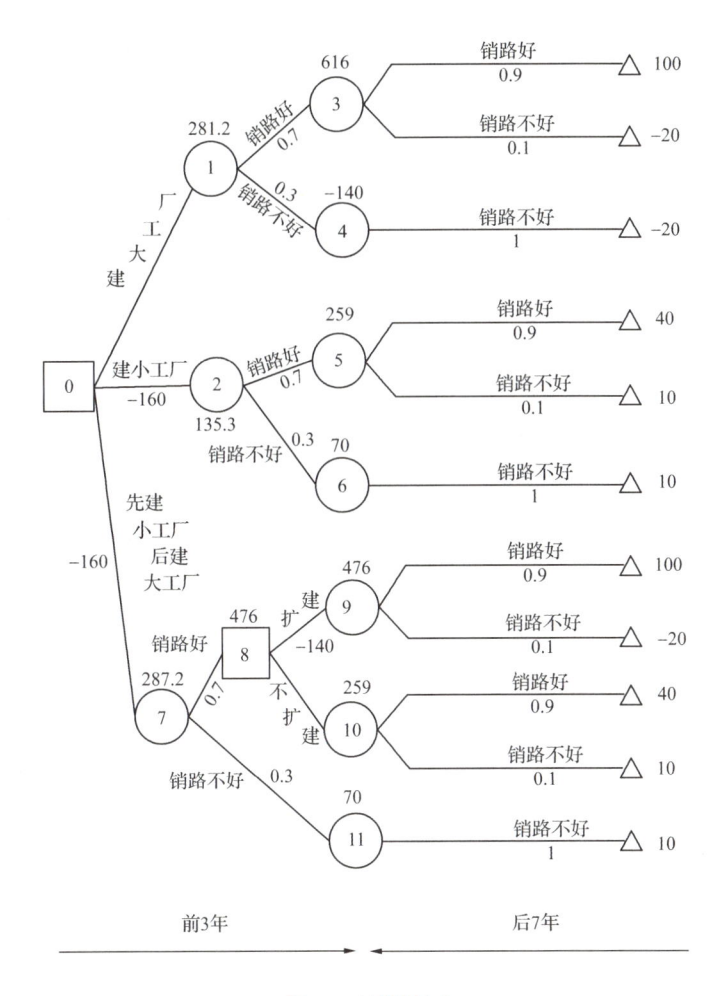

图 3-8　决策树(3)

第五节　不确定型决策方法

不确定型决策是在研究环境不确定,可能出现不同自然状态且每种自然状态出现的概率也无法估计的条件下所进行的决策。在不确定型决策中,由于方案实施后的结果无法做出估计,一般强制性地将不确定型转化为确定型,由经营预测人员集体估计出各种方案的期望获利值,从而做出决策。因此,这类问题的解决需要靠决策者的知识、经验、能力和思维判断力等来主观判断。不同学者、不同决策人对不确定型决策提出的决策标准不同,决策结果也可能完全不一样,大致有以下几种。

一、大中取大法

如果决策者对未来持乐观态度,可采用大中取大法,即在几种不确定的随机事件中,选择最有利的市场需求情况下收益值最大的方案作为中选方案。该方法的具体步骤是:先从各方案中选出收益最大者,然后再把各方案的最大收益加以比较,从大中再选大。

不确定型决策方法

【例 3-10】 某厂准备生产一种新产品,各种生产方案、市场销路的边际利润见表 3-10。

表 3-10　　　　　　　　各种生产方案、市场销路的边际利润

边际利润＼生产方案＼市场销路	销路好	销路较好	销路一般	销路差
大批生产	2000	1000	0	－1000
中批生产	1500	1500	500	－500
小批生产	1000	1000	1000	0
试验批生产	500	500	500	500

按大中取大法进行选择,见表 3-11。

表 3-11　　　　　　　　大中取大法

边际利润＼生产方案＼市场销路	销路好	销路较好	销路一般	销路差	各方案最大收益
大批生产	2000	1000	0	－1000	2000
中批生产	1500	1500	500	－500	1500
小批生产	1000	1000	1000	0	1000
试验批生产	500	500	500	500	500
大中取大法			2000		
相应方案			大批生产		

大中取大法是以乐观标准去选优的,故也称"乐观分析法",其缺点是风险程度较大。

二、小中取大法

如果决策者对未来持悲观态度,可采用小中取大法,即在几种不确定的随机事件中,选择最不利的市场需求情况下收益值最大的方案作为中选方案。其具体步骤是:先从各方案中选出收益最小者,然后再把各方案最小收益加以比较,从小中再选大。

按小中取大法对例 3-10 进行选择,见表 3-12。

表 3-12　　　　　　　　小中取大法

边际利润＼生产方案＼市场销路	销路好	销路较好	销路一般	销路差	各方案最小收益
大批生产	2000	1000	0	－1000	－1000
中批生产	1500	1500	500	－500	－500
小批生产	1000	1000	1000	0	0
试验批生产	500	500	500	500	500
小中取大法			500		
相应方案			试验批生产		

小中取大法是以悲观标准去选优的,故也称"悲观分析法"。这种方法比较保守和稳健,适应于资金非常拮据的企业。

三、折中法

决策者对未来情况比较乐观,同时也考虑到不利形势发生的影响,根据市场情况和个人经

验,预先确定一个乐观系数 a 作为主观概率,然后选出每一方案的最大和最小收益值,用 a 乘最大收益值,加上 $(1-a)$ 乘最小收益值,作为该方案的期望收益,再比较各方案的期望收益值,大者为最佳方案。此法也称乐观系数法,乐观系数 a 的取值范围是 $0<a<1$,如果 a 取值接近 1,则比较乐观;如果接近 0,则比较悲观。每个备选方案的期望收益值按照以下公式计算:

$$期望收益值 = a \times 最大收益值 + (1-a) \times 最小收益值$$

对例 3-10 采用折中法择优的过程如下:

该厂将乐观系数定为 0.6,则 $a=0.6$,$1-a=0.4$

大批生产期望收益 $=0.6 \times 2000 + 0.4 \times (-1000) = 800$

中批生产期望收益 $=0.6 \times 1500 + 0.4 \times (-500) = 700$

小批生产期望收益 $=0.6 \times 1000 + 0.4 \times 0 = 600$

试验批生产期望收益 $=0.6 \times 500 + 0.4 \times 500 = 500$

从以上计算结果看,大批生产的期望收益最高,故应选择该方案。

折中法比较接近实际,但确定乐观系数难度很大,而且往往带有决策人的主观性。

四、大中取小法

大中取小法,又称最小的最大后悔值法,是在几种不确定的随机事件中,选择最大后悔值中的最小值方案作为中选方案的一种方法。所谓后悔值,即损失额,是指各种不同方案下的最大收益值超过本方案收益值的差额。它表示如果选错方案将会受到的损失。其具体步骤是:首先计算出各方案的后悔值,然后从每一个方案中选出最大后悔值,最后再对各方案的最大后悔值加以比较,从中再选最小值。

按大中取小法对例 3-10 进行选择,见表 3-13。

表 3-13　　　　　　　　　　大中取小法

后悔值＼市场销路＼生产方案	销路好	销路较好	销路一般	销路差	各方案最大收益
大批生产	2000－2000＝0	1500－1000＝500	1000－0＝1000	500－(－1000)＝1500	1500
中批生产	2000－1500＝500	1500－1500＝0	1000－500＝500	500－(－500)＝1000	1000
小批生产	2000－1000＝1000	1500－1000＝500	1000－1000＝0	500－0＝500	1000
试验批生产	2000－500＝1500	1500－500＝1000	1000－500＝500	500－500＝0	1500
大中取小法	1000				
相应方案	中、小批生产				

大中取小法以损失最小作为择优标准,因此偏于保守。它对富有冒险精神的决策人有一定的约束力,但对把握不大的长期投资决策又具有一定的实用价值。

五、同等概率法

当决策者认为没有理由说明哪个事件有更多的发生机会时,只能认为它们发生的机会是均等的,这时各种自然状态的概率就是 $\dfrac{1}{n}$,以此概率去计算各方案的期望值,然后选择期望值最大的方案为最佳方案。

对例 3-10 采用同等概率法的择优过程如下:

市场销路有四种自然状态,故各种自然状态的概率为 $\frac{1}{4}$。首先计算各种方案的期望收益,即

大批生产期望收益 $= \frac{1}{4} \times [2000+1000+0+(-1000)] = 500$

中批生产期望收益 $= \frac{1}{4} \times [1500+1500+500+(-500)] = 750$

小批生产期望收益 $= \frac{1}{4} \times (1000+1000+1000+0) = 750$

试验批生产期望收益 $= \frac{1}{4} \times (500+500+500+500) = 500$

从以上计算结果看,中、小批生产的期望收益值最高,故应选择这两种方案。

同等概率法把决策标准建立在同等概率的基础上,而同等概率并不是事物分布的一般规律。在实践中,这种逻辑推理标准有时会造成决策的失误。

在不确定型决策中,由于没有大量资料,没有自然概率可依,决策标准也因人而异,因此会出现各种结果。例 3-10 中,按照大中取大法和折中法,选大批生产方案;按大中取小法和同等概率法选中、小批生产方案;按小中取大法,选试验批生产方案。结果如此不同,是因为决策方法各不相同。各种方法之所以同时存在,是由于各种方法都有一定理由但又不太充分。至于采用哪种方法,主要取决于决策人的气质、志向、经验及冒险精神。近些年来,随着决策技术的发展,对这五种决策方法的采用逐渐减少,而倾向于根据软资料估计出主观概率或结合硬资料计算出客观概率,将不确定型决策转化为风险型决策,按期望值标准进行评价择优。

案例分析

津锻公司的铸模备货管理

津锻公司是某品牌车驱动后桥的核心供应商,在经营过程中公司时不时会接到客户对某驱动后桥的紧急订单。为此,公司会对驱动后桥成品进行一定的备货,同时,还会储备一些铸造后桥用的铸模。但储备这些成品或铸模必然会占用一些资金,特别地,储备铸模还要发生一定的维护费用。为此,公司采购部的王经理在思考以下问题:公司应该如何应对客户的紧急订单,公司到底储备多少铸模才是最经济的。

为解决上述问题,不但要了解客户的正常需求,还要了解客户的紧急需求,掌握本公司供应商供货提前期的信息。同时,还要综合考虑因为多余的铸模储备所发生的费用以及因为安排紧急订单而发生的额外费用。最后,要在接受紧急订单所造成的损失和拒绝客户的临时订单所带来的间接损失之间做出权衡。

问题思考:尝试给出该公司解决客户紧急订单的思路以及公司铸模备货管理的方案

第六节　库存决策

一、库存概述

(一)库存的含义

库存(Inventory)有时被译为"存储"或"储备",它无论对制造业还是服务业都十分重要。从直观上理解,库存是指存放在仓库中以备后用的物品,这是对库存的狭义理解。现代意义上的库存不仅仅是指存放在仓库中的物品,还包括正处在转换系统中的所有资源,因为这些资源都处于资产状态,它们均占用了一定量的资金。从一般意义上来说,库存是为了满足未来需要而暂时闲置的资源。资源的闲置就是库存,与这种资源是否存放在仓库中没有关系,与资源是否处于运动状态也没有关系。汽车运输的货物处于运动状态,但这些货物是为了未来需要而暂时闲置的,就是库存,是一种在途库存。制造企业持有的原材料、部件、在制品、产成品,以及机器、工具的备用部件和其他物资,包括银行的现金,都是库存。百货公司持有的服装、家具、文具、礼品和玩具,医院储存的药品药剂、医疗器械和床位等,超级市场存储的新鲜食物、包装好的和冷冻的食品、家居用品、杂志及其他商品等,也都是库存。一般地说,人、财、物、信息各方面的资源都有库存问题。专门人才的储备是人力资源的库存,计算机硬盘储存的大量信息是信息的库存。

(二)库存的作用

库存既然是资源的闲置,就一定会造成浪费,增加企业的开支。那么,为什么还要维持一定量的库存呢?这是因为库存有其特定的作用。

1. 缩短订货提前期

当企业维持一定量的成品库存时,顾客就可以很快采购到他们所需的物品,这样缩短了顾客的订货提前期,加快了供货速度,也使供货商争取到了顾客。

2. 保证生产稳定性

在激烈的市场竞争中,外部需求的不稳定性是正常现象。生产的均衡性又是企业内部组织生产的客观要求。外部需求的不稳定性与内部生产的均衡性是矛盾的。既要保证满足需方的要求,又要使供方的生产均衡,就需要维持一定量的成品库存。库存将外部需求与内部生产分隔开,像水库一样起着均衡作用。

3. 分摊订货费用

如果需要一件就采购一件,可以不设库存,但这样不一定经济。订货需要一笔费用,这笔费用若摊在一件物品上,将是很高的。如果一次采购一批,分摊在每件物品上的订货费就少了,但这样会有一些物品暂时用不上,造成库存。同样,对生产过程采取批量加工,可以分摊调整准备费用,但批量生产又会造成在制品库存。

4. 防止短缺损失

维持一定量的库存可以防止短缺。为了应付自然灾害和战争,一个国家必须有储备。同样,为了防止因资源短缺而影响企业的生产经营活动,也需要一定的储备。

5.防止生产过程的中断

当某道工序的加工设备发生故障时,如果工序间有在制品库存,其后续工序就不会中断。同样,在运输途中维持一定量的库存,可以保证供应,使生产正常进行。例如,某企业每天需要100吨原料,供方到需方的运输时间为2天,则在途库存为200吨,才能保证生产不中断。

尽管库存有如此重要的作用,但经营管理的努力方向不是增加库存,而是不断减少库存。实际上,正如准时生产制所主张的,库存掩盖了生产经营过程中的各种矛盾,是应该消除的。库存控制的难点在于在充分发挥库存功能的同时,尽可能地降低库存成本。

案例分析

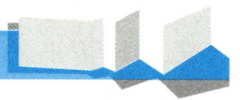

某面粉厂的原料库存决策失误

广州某面粉厂一贯非常重视原料采购管理,早年已引入了ERP管理,每个月都召开销—产—购联席会议,制定销售、生产和原料采购计划。采购部门则"照单抓药",努力满足生产部门的需要,并把库存控制在两个月的生产用量之下,明显地降低了原料占用成本。

但是谁也没想到,当年下半年,国内外的小麦价格大幅度上涨,一年内涨幅接近30%,而由于市场竞争激烈,面粉产品的价格不能够同步提高,为了维持经营和市场的占有率,该厂不得不一边买较高价的原料,另一边生产销售相对低价的产品,结果当年严重亏损。可见,库存管理有难度,库存决策也是一个动态的管理过程。

二、ABC分析法

企业中有少数品种的物资其消费金额占消费总额的比例很大,而多数品种的物资其消费金额占消费总额的比例很小。因此,可以根据各种物资的消费金额占消费总额的比例对物资进行ABC分类。分类的具体步骤是:计算每种物资的消费金额和全部物资的消费总额;按各种物资的消费金额从大到小顺序排列,制成表格;在同一表中计算累计品种数和累计品种百分数,累计消费金额及累计消费金额百分数。

如图3-9所示,品种约占15%,消费金额约占80%的为A类物资;品种约占25%,消费金额约占15%的为B类物资;品种约占60%,消费金额约占5%的为C类物资。

A类物资是物资管理的重点,由于其消费金额较大,为了减少物资储备占用的资金,首先要严格控制A类物资的储备天数,可通过计算其经济订购批量来确定订购次数及相应的供应间隔天数,使物资储备天数建立在科学计算的基础上;C类物资由于其消费金额不大,可适当增加储备天数,以减少订购次数和简化库存订购管理工作;B类物资的管理可根据其消费金额的大小,参照A、C两类物资进行管理。应注意,有些物资虽然消费金额不大,但在生产经营中却是关键物资,必须归入A类物资。利用ABC分析法,既能简化库存管理工作,又能促进资金的合理使用和提高经济效益。

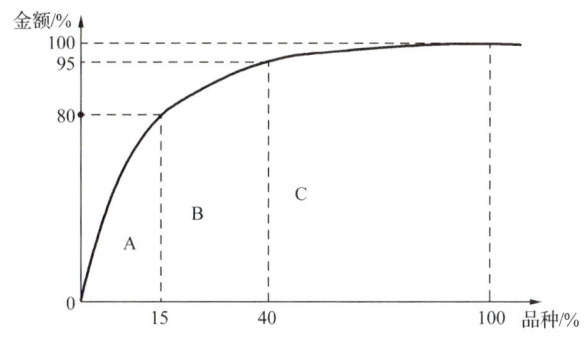

图 3-9　ABC 分析法

三、库存控制常用方法

储备定额是指在一定条件下,为保证生产经营顺利进行所必需的、经济合理的物资储备数量的标准。工业企业的物资储备定额,也是一项重要的基础工作。它是企业编制物资供应计划和组织采购订货、核定流动资金和控制物资库存水平的重要依据。企业的物资储备,一般包括经常储备和保险储备两个部分。对于某些物资,由于其供应有季节性,还包括季节性储备。

(一) 经常储备

经常储备定额是指在企业前后两批物资进厂的间隔时间(供应间隔天数)内,保证生产正常进行所必需的储备量。经常储备定额有最大值和最小值,如图 3-10 所示。图 3-10 中最大经常储备与最小经常储备之差,即为一次进货数量(订购批量),它可用两种方法确定。

1. 供应间隔期法

使用供应间隔期法的一次进货数量等于供应间隔期乘以平均日需要量。用此法确定一次进货数量时,最大经常储备的计算公式为

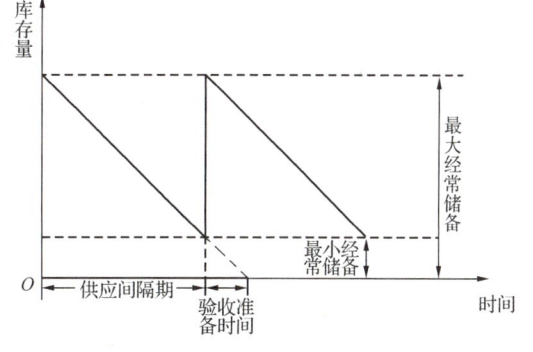

图 3-10　经常储备定额

$$最大经常储备 = (供应间隔期 + 验收准备天数) \times 平均日需要量$$

上式中验收准备天数与平均日需要量的乘积,即最小经常储备。验收准备时间是指某些物资在投产前,需要经过一定时间的准备,如破碎、干燥等。由于供应间隔期主要是根据供货单位的供应条件、运输要求等因素来确定的,因此,此法较多考虑了企业外部的条件,而较少考虑企业本身的经济效益。

2. 经济订购批量法

经济订购批量法是将某种物资的经济订购批量作为该种物资的一次进货数量。

经济订购批量(Economic Order Quantity,EOQ)模型最早是由 F. W. Harris 于 1915 年提出的,它是指某种物资的订购费用和保管费用之和(该物资的订储总费用)最小时的订购批量。订购费用是物资从订货到入库过程所需要的各种费用,如物资订货时的差旅费以及

仓库的验收、进库、搬运等费用,与物资订购的次数有关;保管费用是指物资储备占用资金的利息,如仓库管理费和物资存储消耗费,与仓库的平均存储量有关。

设 D 为物资年需用量,K 为一次订购费用,I 为物资单价,P 为年保管费用率,Q 为订购批量。则:

该物资的年保管费用为 $$E_1 = \frac{Q}{2}PI$$

年订购费用为 $$E_2 = \frac{D}{Q}K$$

年订储总费用为 $$E = \frac{Q}{2}PI + \frac{D}{Q}K$$

在以横轴代表订购批量,纵轴代表费用的坐标图上分别做出代表 E_1、E_2 及 E 的三条曲线,如图 3-11 所示。图 3-11 中曲线 E 的最低点所对应的订购批量,即为经济订购批量。曲线 E 的最低点,亦即该曲线方程对批量 Q 的一阶导数等于零时的点。由

$$\frac{dE}{dQ} = \frac{1}{2}PI - \frac{DK}{Q^2} = 0$$

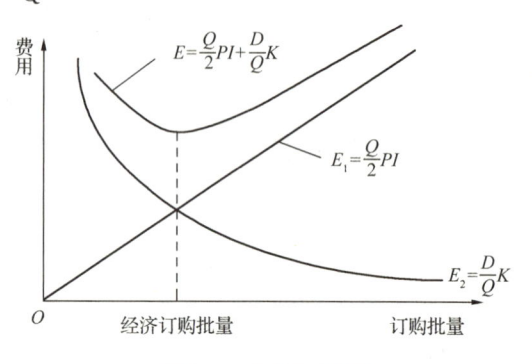

图 3-11 经济订购批量

得经济订购批量

$$Q = \sqrt{\frac{2DK}{PI}} = \sqrt{\frac{2 \times 物资年需用量 \times 一次订购费用}{年保管费用率 \times 物资单价}}$$

用计算经济订购批量来确定经常储备定额的方法,较多考虑企业本身的经济效益,而没有考虑供应单位的情况及运输条件,因此,对于直接由市场采购的物资,比较适用。

(二)保险储备

保险储备是为了预防在物资供应中可能发生的误期到货等不正常情况而建立的物资储备。保险储备的大小,主要取决于保险储备天数,其计算公式为

保险储备定额 = 保险储备天数 × 平均日需要量

保险储备天数,一般是按上期统计资料中实际到货平均误期天数来确定的。如果某种物资供应条件很好,且企业的物资供应组织管理也很好,保险储备可以减少到接近于零。

测试题

一、选择题

1. 在现代管理理论中,决策理论学派的代表人物是( )。
 A. 泰罗 B. 法约尔 C. 巴纳德 D. 西蒙

2. 某企业为推销甲产品,预计单位产品售价为 5 元,单位产品可变成本为 2 元,每年需固定费用为 3000 元,盈亏平衡时产品应为( )。
 A. 1000 台 B. 1300 台 C. 3400 台 D. 3200 台

3. 某产品单价 2 元,单位变动成本 1.8 元,固定成本 40000 元,销量 100000 件,当前亏

损达 20000 元,若企业拟采取提价的方法扭亏,在其他参数不变的情况下,单价的最小值应为( )元。

A. 1.2　　　　　B. 2.2　　　　　C. 3.2　　　　　D. 4.2

4. 对于研究环境不确定、可能出现不同自然状态,且每种自然状态出现的概率也无法估计的条件下所进行的决策属于( )。

A. 确定性决策　　B. 风险型决策　　C. 非确定性决策　　D. 多目标决策

二、名词解释

决策　战略决策　多目标决策　风险型决策

三、简答题

1. 什么是程序化决策和非程序化决策?
2. 如何理解决策的原则和要求?
3. 简述盈亏平衡分析法的原理。
4. 非确定型决策方法有哪些?

四、计算题

1. 某企业生产某种产品,销售价格为 500 元,固定成本为 3 万元。2013 年共销售 80 件,亏损 6000 元,求盈亏平衡点时的产量。

2. 某企业生产新产品,销售价格为 200 元,2012 年销售量为 1000 台,固定成本为 8 万元,变动成本为 10 万元,求:

(1) 盈亏平衡时的产量。
(2) 若 2013 年生产 1200 台,则盈利额为多少?
(3) 若上级要求完成利润额 5 万元,则应完成多少产量?
(4) 完成利润 5 万元时的经营安全率是多少?

综合案例

通常电器的"三圆圈"决策

1981 年 4 月,年仅 45 岁的杰克·韦尔奇成为通用电器公司(GE)历史上最年轻的董事长和首席执行官。此时,这家已经有 117 年历史的公司机构臃肿,等级森严,对市场反应迟钝,在全球竞争中正走下坡路。

按照韦尔奇的理念,在全球竞争激烈的市场中,只有在市场上领先对手的企业,才能立于不败之地。韦尔奇重整结构的衡量标准是:这个企业能否跻身于同行业的前两名,即任何事业部门存在的条件是在市场上"数一数二",否则就要被砍掉:整顿、关闭或出售。韦尔奇拿起铅笔和纸画了三个圈,第一个圈,代表通用的核心业务,第二个圈代表通用的高技术业务,第三个圈代表通用的服务业务。"这些就是我们的确想发展的业务,也是将把我们带入 21 世纪的事业部,它们都在圈子里,圈子外的事业部是我们不准备发展的事业部。"

韦尔奇就任董事长后的第二把火,就是对产业做出重新评价:不论新的或旧的事业,将公司内的人事、组织分成(a)事业部门,以及(b)有问题部门两种。无论哪一种部门,都要求其改革有成果,给公司充分的报偿。这种评价,实际上是以收益率和成长潜力为标准,将各事业部门予以分类:

(1)成长型产业部门(这是通用电器公司未来的中枢部门,当前需要增加巨额投资);

(2)成熟、利益收获期产业部门(这类产业已无发展的潜力,但因不需要再追加投资,营业额本身就代表利益);

(3)成熟、低收益产业部门(由于这类产业的前景和收益都没有潜在发展的可能,已没有必要再进行多少投资);

(4)衰退产业部门(这类产业不仅没有发展的可能,而且为维持其生存和经营,还需要大量投资)。

通用电器公司对其事业范畴地再检讨,并非利用单纯组织的改革和事业范畴的公司内调整以求活性化,而是为实现策略经营上所说的"经营企业的最佳分配"的连串过程。划在服务业的圈子里的企业有:信贷、信息服务、建筑与设计服务,以及核能服务;划在高科技圈子里的企业有:工业电子、医疗系统、工程材料、航空航天,以及飞机发动机;划在核心圈子里的企业有:照明、大型家电、汽车制造、交通、汽轮机制造,以及承包设备制造。划在圈子外面的企业有:微电子、广播、小型家电、开关齿轮、电缆电线、中央空调、拉德石油、移动通信、电视与音响、大型发动机和发电机,以及大型变压器。圈子里面的企业有15个,这是韦尔奇认定在下一个十年中最有可能在各自的领域中成为赢家的企业。处于圈子外面的企业并非从此进了炼狱。实际上,通用电器采用了一个办法作为对圈外企业的策略:"调整、关闭或出售。"三个圈子就是韦尔奇航行在20世纪80年代初期经营决策使用的指南针。

韦尔奇初掌通用时,通用电器的销售额为250亿美元,盈利15亿美元,市场价值在全美上市公司中仅排名第十,而到1999年,通用电器实现了1110亿美元的销售收入(世界第五)和107亿美元的盈利(全球第一),市值位居世界第二。韦尔奇初掌通用时,通用旗下仅有照明、发动机和电力3个事业部在市场上保持领先地位。而如今已有12个事业部在其各自的市场上数一数二,如果单独排名,通用电器有9个事业部能入选《财富》500强。

资料来源: 刘宁杰,杨海光.企业管理.北京:高等教育出版社,2016.

问题讨论:

1. 如何理解和评价韦尔奇对通用电器的"三圆圈"决策?
2. 如果你是该公司决策者,你将如何制定公司决策规划?

第四章 生产运作管理

思政目标

生产运作管理是企业管理基础而核心的工作,主要解决生产资料的有效配置与投入产出的效率问题。根据习近平新时代中国特色社会主义的新发展理念,要把我国建设成为现代化强国,企业在生产过程中首先要坚持绿色发展、低碳发展,维护生态文明;其次要坚持创新发展、科学发展,不断改进新工艺、引入新技术,增强企业活力;同时还要坚持内涵发展、高质量发展,推进我国制造业的转型升级,使我国从制造业大国走向制造业强国。

学习目标

1. 了解生产运作的基本概念及原则
2. 掌握制造业生产过程构成及组织方法
3. 熟悉网络计划技术与应用
4. 掌握设备综合管理的内容
5. 了解现代企业生产运作管理新趋势

案例导入

小米的生产运作模式

小米的生产运作模式是与传统手机厂商如中兴、华为、酷派、联想等完全不同的。

小米采取的轻资产运作模式,自己负责研发、设计、售后服务等,生产、物流配送环节全部是外包。小米采用外包的形式减少了固定成本的投入和摊销,甩开最重、最积压资金的部分。在产品研发和设计上,小米用户的参与度是非常高的,整个过程可以说是由小米研发人员未用户共同完成的,这也与传统手机厂商完全不同。在存货和供应链管理上,小米借鉴了"按需定制"的戴尔模式的供应链管理方式,力图实现零库存,按需定制。

每周二中午 12 点,小米官网都会放出一批手机产品,具体型号和数量提前在论坛发布,这个数量是由小米仓储中心反映的库存数据决定的。这个数量是小米制订生产计划的指标之一,基于这个指标以及当周销售额、百度指数、论坛帖子数量等,小米会计算出三个月之后的产量和开放购买的数量,并制作相应的生产计划表,之后就是根据生产计划表进行零部件的采购,如向夏普采购屏幕、向高通采购芯片、向索尼采购摄像头等,最后再由英华达和富士康代工生产。

资料来源:李东进,等. 现代企业管理. 北京:人民邮电出版社,2020

问题思考:1.怎样看待目前小米的生产运作模式?

2.这种模式的优势和劣势分别在哪?

第一节 生产运作管理概述

一、生产运作管理的概念

企业的生产活动是按照预定的经营目标和经营计划,有效利用企业各种资源,从产品品种、数量、质量、成本、交货期等要求出发,生产出社会需要和用户满意的产品的过程。企业的生产活动如图4-1所示。

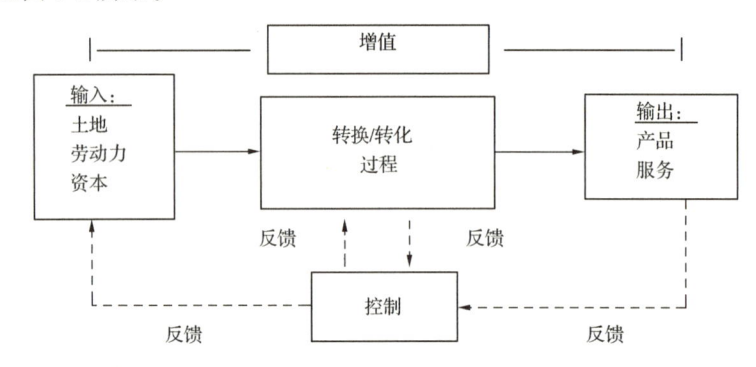

图4-1 企业的生产活动

所谓生产运作管理,是指为实现企业的经营目标,有效地利用生产资源,对生产过程进行组织、计划和控制,生产出满足社会需要、市场需求的产品或服务的管理活动的总称。生产运作管理有狭义和广义之分,狭义的生产运作管理仅局限于生产运作系统的运行管理,实际上是以生产运作系统中的生产运作过程为中心对象。而广义的生产运作管理不仅包括生产运作系统的运行管理,还包括生产运作系统的定位与设计管理,可以认为是选择、设计、运行、控制和更新生产运作系统的管理活动的总和。广义的生产运作管理以生产运作系统整体为对象,实际上是对生产运作系统的所有要素投入、生产运作过程、产出和反馈等环节的全方位综合管理。广义的生产运作管理符合现代生产运作管理的发展趋势。

二、生产运作管理的内容

随着时代的发展、生产规模的扩大和生产形式多样化,生产运作管理的内容也在不断地变宽、变广。同时,它与其他管理的界限正逐步淡化,相互的渗透与影响日趋明显。从管理职能的角度来分析,生产运作管理的内容可概括为以下三个方面。

(一)确定合理的生产组织形式

(1)对企业生产过程,从空间、时间等角度进行分析。

(2)研究工厂布置问题,对生产线的设置进行分析和确定,以适应生产的客观要求,保证生产的正常进行。

(3)从时间、动作角度对工作进行研究,制定合理、科学的劳动定额,从而使生产过程省力、高效。

(4)适应市场经济的需要,对市场需求有灵敏的嗅觉、快速的应变能力,营造一个良好的生产管理机制,促进生产发展。

如果组织生产的前期工作搞得不好,对后期的生产会产生很大影响。先天不足,后患无穷。

(二)制订科学的生产计划

(1)认真调查、分析市场需要和社会需求,进行生产预测。这与市场营销是重要接口,也体现出了市场决定生产的意识和思想。

(2)根据生产预测的结果,结合企业现实情况,认真、严肃地编制生产计划,这是企业的生产纲领。

(三)计划的实施和控制

1. 编制和实施生产作业计划

生产计划只规划了纲领性的东西,要组织日常生产活动还必须编制生产作业计划。它的编制和实施是一项严肃的活动,体现着企业管理水平的高低,对效益起着重要的作用。

2. 生产控制

企业要进行严格的生产控制,包括进度控制、质量控制、成本控制等。生产控制对生产过程的进行及经济效益影响很大。这个工作本身难度大、要求高、影响因素多,必须花大气力,做扎实、深入、细致的工作。

3. 生产现场管理

随着企业的发展和企业生产管理的逐步深入,生产现场管理的意义、作用显得格外重要。每一个管理者应当充分认识到生产现场对市场的保证作用。产品来自生产现场,忽视生产现场讲提高市场竞争能力就是一句空话。

生产运作管理的内容因每一种生产形式不同而不同,同时,它也在不断变化。科学技术的迅猛发展,会不断赋予其新的、更加丰富的内容。

三、生产运作管理的原则及目标

(一)生产运作管理的原则

生产运作管理所追逐的原则可以用一句话来概括:高效、低耗、灵活、准时地生产合格产品或提供满意服务。

(1)高效是对时间而言的,指能够迅速地满足用户的需要。在激烈的市场竞争条件下,谁的订货提前期短,谁就能争取用户。

(2)低耗是指生产同样数量和质量的产品,人力、物力和财力的消耗最少。低耗才能低成本,低成本才有低价格,低价格才能争取用户。

(3)灵活是指能很快地适应市场的变化,生产不同的品种和开发新品种或提供不同的服务和开发新的服务。

(4)准时是在用户需要的时间,按用户需要的数量,提供所需的产品和服务。

为了适应市场需求,生产运作管理要合理地使用资源,其中包括人力、物力、财力、信息、知识等各方面资源,生产或提供高质量的产品或服务,并不断降低成本,提高效益,使企业充满生机和活力。

(二)生产运作管理追求的目标

1. 效率

产出与投入的比例即效率,人力资源、原材料、机器、资金及方法等是生产的投入要素,产出则是企业所产出的产品或提供的服务。通常效率是在既定的产出下衡量所需投入的成本。企业的效率越高,在既定的产出下所需投入的成本越少。因此,效率的关键之一就是尽可能地以最高生产力的方式来利用投入。

2. 质量

高质量代表产出的产品及提供的服务是值得信赖的,能发挥顾客所想要的功能,并且做得令顾客满意。质量的层面可分为以下几种:

(1)功能。产品或服务的主要功能特性。

(2)特色。次要的或特殊的功能。

(3)服务。礼貌、速度和修护后的舒适感。

(4)寿命。产品或服务的寿命。

(5)美感。产品或服务的外观及给人的感觉。

(6)符合性。符合特定标准的程度。

(7)稳定、安全性。在特定期间内前后一致的性能。

(8)有口皆碑。经由营销及使用而得到的品牌名声。

3. 交货期准确

交货期是对顾客的回应时间,如运送货物或完成服务所需的时间。例如,对银行而言,交货期是顾客在柜台前排队等候的时间或是取得贷款的时间;对超级市场而言,交货期是顾客排队结账所花的时间,较长的等待或排队时间,是顾客不满意的一个主要原因。缩短交货期可以建立竞争优势。

四、生产运作管理的发展变化趋势

随着现代企业经营规模的不断扩大,产品的生产过程和各种服务提高过程的日趋复杂及市场环境的不断变化,使得企业的生产管理本身也在不断地变化。特别是近年来,现代信息技术的突飞猛进,更为生产管理增添了新的有力手段,使企业的生产管理进入了一个新阶段,出现了新的发展趋势,主要表现在以下几个方面。

(1)生产运作管理学的研究范围越来越大,已经从传统的制造业扩大到了非制造业。生产运作管理的内容已不再局限于传统的生产制造过程,而是扩展到生产战略的制定,生产系统的选择、设计,产品的研究、开发、制造和服务的全过程。生产管理不再局限于生产过程的计划、组织与控制,而是包括生产运作战略的制定、生产系统设计及生产系统运作等多个层次的内容,把生产战略、新产品开发、产品设计、采购供应、生产制造、产品配送直至售后服务看作一个完整的"价值链",对其进行综合管理。

(2)广泛应用数学方法、统计方法、计算机模拟等各种现代化管理方法。运用计算机集成系统,把生产运作、市场营销、财务管理等经济活动紧密地联系在一起,实现生产经营一体化,提高企业的整体效能。

(3)注重提高生产系统的柔性,以适应多品种中小批量生产的要求。为了适应这种要求,采用顾客化大量生产是实现这种个性化生产的重要途径。顾客化大量生产把大量生产与单件生产的优点集中在一起,在获得生产的高效率的同时也满足个性化的需求。按照市场需求,多品种、中小批量、个性化生产成为企业生产的主流。

(4)经济全球化趋势使跨国生产与全球供应链成为不可逆转的趋势,管理企业全球化生产,网络是未来生产管理面临的新挑战。资源的有限性使企业不得不进行全球化资源的优化,实现全球化生产,同时开始致力于整个供应链物流、信息流和资金流的合理化和优化,与供应链上的多个企业结成联盟,以应对日趋激烈的市场竞争。

(5)"绿色生产"成为生产管理面临的新的重要的课题,使企业把清洁生产与可重复使用资源的利用作为未来生产的方向。人类社会在得到飞速发展的同时,也带来了资源的枯竭、环境的污染和生态失衡的严重威胁。于是各国政府纷纷制定可持续发展战略,提高社会环境保护意识,使人们逐步认识到生产的职能必须包括对废弃物的处理,在生产有用物的同时应充分考虑资源的可再生性。

第二节　企业生产过程组织

一、生产过程的组成

工业产品的生产过程是指从准备生产这种产品开始,一直到产品生产出来为止的全部过程。它的基本内容是人们的劳动过程。有些工业产品的生产,还要借助自然力的作用,如铸件的自然时效、油漆干燥、酿酒发酵等。因此,生产过程是劳动过程和自然过程的结合。不同工业中由于产品结构和工艺特点不同,生产过程的形式也不完全一样。从制造工业看,基本上可分为两大类。一类是流程式生产过程,原材料投入生产后,经过连续的加工,最后成为成品。另一类是加工装配式生产,即先将原材料加工成零件,再将各种零件进行组装,变成成品。

不论是哪一类生产过程,一般由以下几个部分组成:

(一) 生产技术准备过程

生产技术准备过程是指在产品投产前所做的各项技术准备工作。如产品设计、工艺准备、调整劳动组织和设备布置等。

(二) 基本生产过程

基本生产过程是将劳动对象变成企业基本产品的生产过程。企业的基本产品是指企业直接提供给国家和社会的产品。基本生产过程如钢铁企业的炼铁、炼钢,纺织企业的纺纱、织布等。

基本生产过程是企业生产过程中最主要的组成部分。它按照工艺加工的性质,可划分为若干相互联系的工艺阶段。每一个工艺阶段又可进一步划分为许多相互联系的工序。工序是组成生产过程的基本环节。

(三) 辅助生产过程

这是保证基本生产过程正常进行所需的各种辅助产品的生产过程及辅助性生产活动。如机器制造企业中的工具、动力的生产,设备维修,备件制造等。

(四) 生产服务过程

生产服务过程是指为基本生产和辅助生产服务的各种生产活动。如原材料、半成品等物资的供应、运输和仓库管理等。

二、生产过程的空间组织

工业企业的生产过程是在一定的空间内,通过许多相互联系的生产单位来实现的,生产过程的空间组织要确定生产单位的组成和影响因素及生产单位的组织形式等问题。

(一) 生产单位的组成和影响因素

生产单位按其完成生产过程的不同组成部分而分为:基本生产部门、辅助生产部门和生产服务部门。每一部门根据其所承担的任务成立相应的车间(如加工车间、装配车间、工具车间等)、站(如热电站、压缩空气站等)、室(如中央实验室、中央计量室等)、库(如材料库、工具库等),并配备相应的机器设备及其他装备。

影响生产单位组成的因素有以下几种。

1. 产品方向及产品的结构、工艺特点

不同行业的企业,由于产品不同,其生产单位的组成,特别是基本生产部门有很大差别,如纺织行业和机械行业的基本生产车间完全不同;同一行业的企业由于产品结构工艺特点不同,生产单位的组成也不完全相同,如同为机械制造行业的汽车厂和仪器仪表厂设置的基本生产车间亦不同。

2. 生产专业化和协作化水平

企业按其专业化形式不同可分为产品专业化企业,如汽车厂、机床厂;零部件专业化企业,如齿轮厂、标准件厂;工艺阶段专业化企业,如铸造厂、电镀厂;辅助生产专业化企业,如工具厂、修理厂等。后三类专业化企业,其生产单位组成要比产品专业化企业简单,如齿轮厂、工具厂等无须建立装配车间。

企业协作化水平的提高,亦可以简化生产单位的组成。如机床厂所需的齿轮、标准紧固件等如果由协作厂提供,则不用建立此类车间。

3. 生产规模

生产规模的大小影响同类生产单位的数量及大小。

当影响生产单位的因素有重大变化时,企业生产单位也要做相应的调整。为了充分发挥已建成企业各生产单位的作用,应注意保持企业产品方向和生产规模等方面的相对稳定。

(二)生产单位的组织形式

企业内部生产单位有两种基本的组织形式。

1. 工艺专业化

工艺专业化就是按照不同的生产工艺来设置生产单位。在工艺专业化的生产单位内,集中着同种类型的设备和同工种的工人。如机器制造企业中的热处理车间、磨工车间、锻压车间、焊接车间等。

2. 对象专业化

对象专业化就是以产品(或零件、部件)为对象来设置生产单位。在对象专业化的生产单位内,集中着为制造某种产品全部工艺阶段或某几个工艺阶段所需的各种设备和各工种的工人。如汽车制造厂的发动机车间、底盘车间、齿轮车间等。

这两种专业化形式各有其优缺点。工艺专业化的优点是能较充分地利用设备和生产面积;便于进行工艺管理;能较好地适应品种变换的要求。其缺点是产品在加工过程中的运输路线长,产品生产周期(产品从原材料投入生产到完工为止所经历的时间)长,占用流动资金多;不容易保证产品的制造质量。对象专业化的优缺点则相反。采用何种专业化形式,决定于企业的具体条件,包括:企业的生产规模和生产类型;产品结构和工艺复杂程度以及企业专业方向是否稳定等。在企业的实际工作中,上述两种形式往往结合起来应用,即所谓的混合形式。它以某种专业化为主,但亦采用另一种专业化形式。如在机械加工车间中以零件为对象组织专业化工段的同时,单独成立磨床工段负责磨削加工,混合形式可以兼有两种专业化形式的优点,而尽量避免其缺点。

三、生产过程的时间组织

合理组织生产过程,不仅要求正确地建立生产单位及确定其专业化形式,而且要求劳动对象在生产单位(车间、工段、工作地)之间的运动,在时间上也互相配合和衔接,以提高生产过程的连续性,缩短生产周期,加速流动资金的周转,并按时完成订货合同。

缩短生产周期,首先要缩短产品中零件的生产周期,为此要正确确定零件在工序间的移动方式以及零件在设备上的加工顺序排列问题。所谓零件在工序间的移动方式,即零件从一道工序到另一道工序之间的传送方式。零件在工序间的移动方式同一次生产的数量有关,当一次生产的零件只有一个时,零件只能顺次地经过各道工序,所以它的移动方式只能是顺序移动方式,即在上道工序加工完毕后转入下道工序加工。当加工一批相同零件时,可以采用三种不同的移动方式。

（一）顺序移动方式

顺序移动方式是指一批零件在前道工序全部完工后，才整批地转送到后道工序上加工。顺序移动方式如图 4-2 所示。在这种移动方式下，设备在加工同一批零件时工作不停顿，便于组织，但零件加工周期最长。一批零件（批量为 n）在顺序移动方式下的加工周期（$T_顺$）为各道工序加工时间之和，即

$$T_顺 = n\sum_{i=1}^{m} t_i$$

式中　t_i——工序 i 的工序时间（分或小时）；
　　　m——工序数。

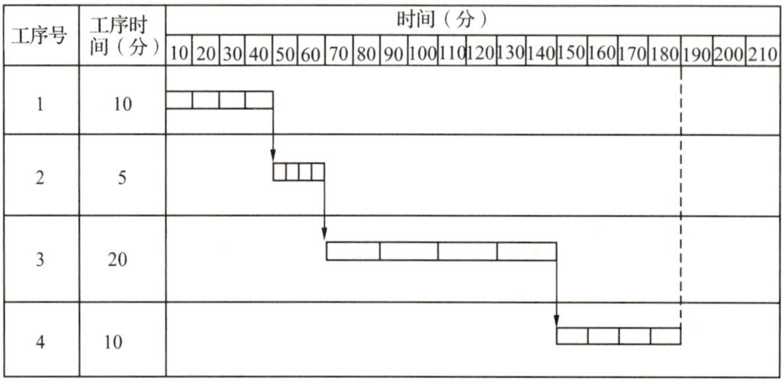

工序号	工序时间（分）	时间（分）
1	10	
2	5	
3	20	
4	10	

图 4-2　顺序移动方式

图 4-2 中，零件的批量为 4，工序数为 4，加工周期为

$$T_顺 = 4 \times (10+5+20+10) = 4 \times 45 = 180（分）$$

（二）平行移动方式

平行移动方式是指一批零件中每一个零件在前道工序加工完后，立即转入后道工序加工，即各道工序平行加工。平行移动方式如图 4-3 所示。在这种移动方式下，零件的加工周期最短，但当前后工序的工序时间不等时，设备有停歇时间。平行移动方式下的加工周期（$T_平$）为

$$T_平 = \sum_{i=1}^{m} t_i + (n-1)t_长$$

式中的 $t_长$ 为零件工序中最长的工序时间，本例中 $t_长 = 20$ 分。
$$T_平 = (10+5+20+10) + (4-1) \times 20 = 45 + 60 = 105（分）$$

（三）平行顺序移动方式

这种移动方式既考虑加工的平行性又考虑加工的连续性。各道工序在开始加工后，要使设备能连续加工完该批零件，按此要求来确定每道工序开始加工的时间。平行顺序移动方式如图 4-4 所示。在这种移动方式下，设备在加工一批零件时无停歇时间，但加工周期（$T_{平顺}$）大于使用平行移动方式时的加工周期，小于使用顺序移动方式时的加工周期，其计算公式为

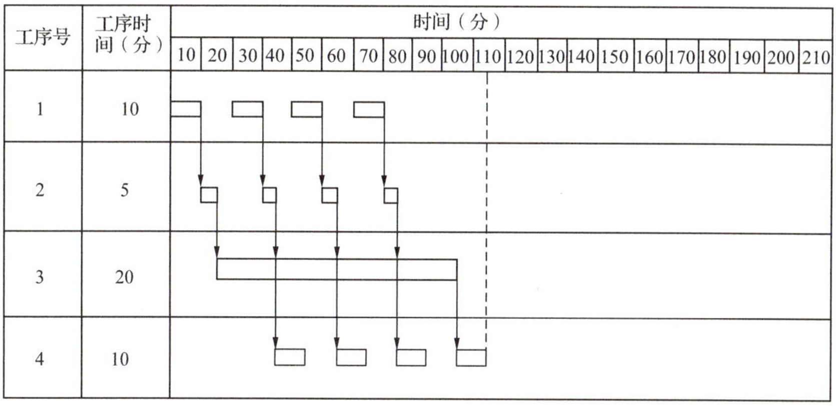

工序号	工序时间（分）	时间（分） 10 20 30 40 50 60 70 80 90 100 110 120 130 140 150 160 170 180 190 200 210
1	10	
2	5	
3	20	
4	10	

图 4-3　平行移动方式

$$T_{\text{平顺}} = n\sum_{i=1}^{m} t_i - (n-1)\sum t_{\text{较短}}$$

式中的 $t_{\text{较短}}$ 为每相邻两道工序中较短的工序时间，如本例中 1、2 两道工序中，较短的工序时间为 $t_2=5$ 分，2、3 两道工序之间亦为 t_2，以此类推。因此

$T_{\text{平顺}} = 4\times(10+5+20+10)-(4-1)\times(5+5+10)=180-60=120$（分）

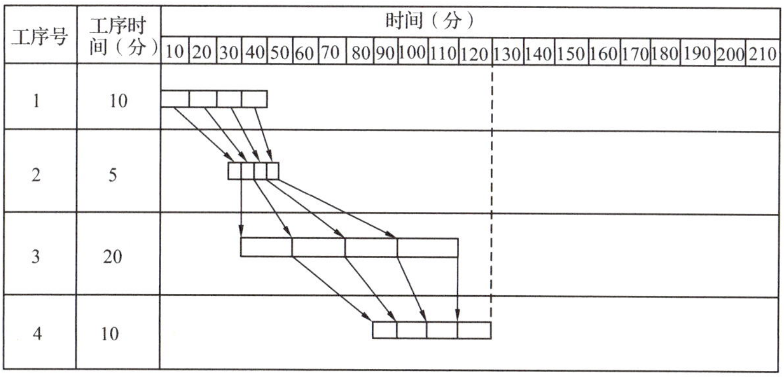

工序号	工序时间（分）	时间（分） 10 20 30 40 50 60 70 80 90 100 110 120 130 140 150 160 170 180 190 200 210
1	10	
2	5	
3	20	
4	10	

图 4-4　平行顺序移动方式

选择零件移动方式时，应当考虑的因素有：批量的大小，零件加工工序时间长短，车间、工段的专业化形式等。批量小、工序时间短时，采用顺序移动方式；批量大、工序时间长，则宜采用平行顺序移动方式；工艺专业化的车间、工段，宜用顺序移动方式；对象专业化的车间、工段，可用平行顺序移动方式；平行移动方式适用于流水生产。

第三节　网络计划技术

一、网络计划技术的基本原理

网络计划技术是一种组织生产和进行计划管理的科学方法。它的基本原理是利用网络图表达计划任务的进度安排及其中各项活动(作业或工序)之间的相互关系;在此基础上进行网络分析,计算网络时间值,确定关键工序和关键线路;利用时差,不断地改善网络计划,求得工期、资源与成本的优化方案。在计划执行过程中,通过信息反馈进行监督和控制,以保证达到预定的计划目标。

应用网络计划技术编制网络计划,适用范围很广,特别适用于一次性的工程项目如新产品试制、设备大修、单件生产的产品,其优点是可以缩短工程周期与降低成本,提高经济效益。

二、网络图的构成

网络计划技术的一个显著特点,就是借助网络图对项目的进展过程及其内在逻辑关系进行综合描述,它是进行网络时间参数计算的基础。因此,研究和应用网络计划技术首先要从网络图入手。箭线式网络图由活动、事件和线路三个要素组成。

(一) 活动

活动指一项具体工作(作业或工序)需要消耗一定的资源(人力、物力、财力),经过一段时间才能完成。在网络图中用箭线代表一项活动。活动包含的内容可多可少,范畴可大可小。例如,它可以是一项设计工作,或者是一个零件制造的全过程,也可以仅仅是零件加工过程中的某一道工序。箭线表示一项活动的作业过程,其中箭尾表示活动的开始,箭头表示活动的结束。通常把活动的代号和作业时间分别标在箭线的上方和下方,以便于识别和计算。在不附设时间坐标的网络图中,箭线的长短与活动所需消耗的时间长短无关。有时,在网络图中还需要引入虚箭线,虚箭线代表虚活动。它不消耗时间和资源,主要用于表明活动之间的相互关系,消除活动间模棱两可、含糊不清的现象,特别是在应用计算机求解时,便于判断运算。另外,根据活动的重要性可将活动分为关键活动和非关键活动。

(二) 事件

事件指某一活动的开始或结束,它是网络图中两条或两条以上箭线的交接点,又叫节点,用"○"表示。一项或几项活动完成的时刻,是后续活动的开始时刻。事件不消耗时间和资源。在网络图中事件可分为始点事件、中间事件和终点事件。第一个事件称为始点事件,它是一个工程项目或一项计划的开始;最后一个事件称为终点事件,它是一个工程项目或一项计划的结束。除始点事件与终点事件外,其余事件均为中间事件。它们有双重含义,既代表前项活动的结束,亦代表后项活动的开始。为了便于识别、研究、检查和计算机运算,对事件要进行编号。编号可标在圆圈内,由小到大,可采用连续编号,也可采用非连续编号。把某项活动开始的事件用号码 i 表示,其结束事件用号码 j 表示。用一组编号 $(i \sim j)$ 表示相邻两个事件的对应活动,且满足 $i < j$。

(三) 线路

线路指从网络的始点事件开始,顺着箭线方向,连续不断到达终点事件的一条通道。线路中各项活动的作业时间之和就是该线路所需要的时间。在一个网络图中,可能有多条线路,每条线路所需要的时间有长有短。其中时间最长的一条线路称为关键线路,关键线路上的活动称为关键活动。关键线路所需要的时间就是完成整个计划任务所需要的时间。下面以某一设备的维修计划为例,说明活动、事件及线路的含义,其网络图如图4-5所示。该设备的维修计划所含的作业项目、紧前作业及作业时间见表5-1。

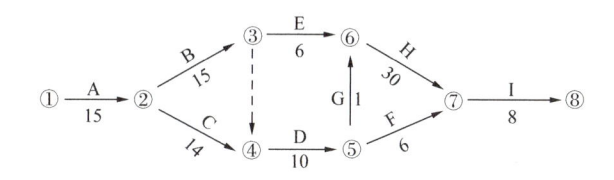

图 4-5 网络图(1)

表 5-1 作业项目、紧前作业及作业时间

作业项目	紧前作业	作业时间(天)
A	—	15
B	A	15
C	A	14
D	B,C	10
E	B	6
F	D	6
G	D	1
H	E,G	30
I	F,H	8

三、网络图的绘制规则

规范化、标准化的网络图便于项目管理人员的使用。为此,必须遵循下列规则:

(1)网络图是有向图,图中不能出现回路,也就是箭线从某一节点出发,只能从左、向右前进,不能出现回路。

(2)活动与箭线应保持一一对应,每项活动在网络图上必须且只能用一条箭线来表示。

(3)相邻两个节点间只允许有一条箭线直接相连,但进入某一节点的箭线可以有很多条。当两个相邻节点出现多项活动需平行进行时,其中一项活动可用实箭线表示,其余活动的表示均应增加节点,引入虚箭线。

(4)箭线的首尾必须有节点,不能从一条箭线中间引出另一条箭线;一条箭线的箭头也不能直接指到某一箭线上;一条箭线必须从一个节点开始,到另一个节点结束。

(5)每个网络图必须也只能有一个始点事件和一个终点事件。不允许出现没有先行事件或没有后续事件的中间事件。如果在实际工作中发生这种情况,可以将没有先行活动的事件同网络始点事件连接起来,将没有后续活动的事件同网络终点事件连接起来。

四、网络计划时间参数的计算

任何一个工程项目总是在一定的时间内进行的,因此,在把工程项目的各项活动绘制成网络图后,要进行时间值的计算。只有对各项活动赋予一定的时间值,才能动态地模拟工程项目的进程,网络图也才能作为编制计划的依据。网络计划的时间值包括:活动作业时间,节点时间参数,活动的最早开始与结束时间、最迟开始与结束时间,总时差。

(一)活动作业时间

活动作业时间是指在一定的生产技术组织条件下,完成一项活动所需的时间。用"$T^{i\sim j}$"表示完成活动($i\sim j$)所需的时间。活动作业时间的单位一般采用日或周,也可用小时或月。由于网络图中各项活动的性质和所包括的作业内容不同,因此在确定活动作业时间值时,要弄清活动的全部作业内容。若活动是某零件的加工过程,则活动作业时间即该零件的生产周期。它应包括零件的工艺工序时间,工序间检验、运输、等待加工的时间以及不可避免的生产中断时间等。网络计划技术多用于一次性的工程项目,如新产品研制、设备大修等,其活动作业时间的确定通常采用两种估计方法。

1. 单值估计法

单值估计法是指对各项活动的作业时间仅估计一个时间值。估计时,应以完成各项活动可能性最大的时间为准。这种方法适用于有类似的工时资料或经验数据可借鉴,且完成活动的各有关因素比较确定的情况。

2. 三点估计法

三点估计法是指对活动的作业时间预计三个时间值,据此确定该项活动的作业时间。这三个时间值分别为:最乐观时间,指在顺利情况下,完成某项活动可能需要的最短时间,以 a 表示;最保守时间,指在不利情况下,完成某项活动可能需要的最长时间,以 b 表示;最可能时间,指在正常情况下,完成某项活动最可能需要的时间,以 m 表示。

用三点估计法确定时间值时,要对设备、人员、组织及技术条件等因素进行综合考虑。根据统计规律,m 发生的可能性是 a 及 b 的两倍,则作业时间的加权平均值 $\overline{T}$ 的计算公式为

$$\overline{T}=\frac{a+4m+b}{6}$$

计算平均作业时间 $\overline{T}$ 的公式来源,是假定 m 出现的可能性两倍于 a 及 b,在 a 与 m 之间的平均值是 $\frac{a+2m}{3}$,同理,在 b 与 m 之间的平均值是 $\frac{2m+b}{3}$,这两种时间又各以 1/2 的可能性出现,所以其平均值是

$$\overline{T}=\frac{1}{2}(\frac{a+2m}{3}+\frac{2m+b}{3})=\frac{a+4m+b}{6}$$

用三点估计法确定作业时间的网络图为非确定型网络图,它适用于无先例可循、不可控制因素较多的项目,如研究与试制工程、新开发项目等。

(二)节点时间参数

1. 节点的最早开始时间

节点的最早开始时间用 T_E 表示,计入□内,是指从该节点开始的各项活动最早可能开始时间。在此时刻之前,各项活动不具备开始工作的条件。计算各节点最早开始时间,应从网络图的始点事件开始,自左向右,按节点编号由小到大的顺序来确定其他节点的最早开始时间,直至终点事件。因终点事件无后续活动,所以它的最早开始时间也就是它的结束时间。通常将网络始点事件的最早开始时间规定为零,当某工程项目有具体规定的开工时间时,始点事件的最早开始时间应取这一规定时间。

每一节点的最早开始时间等于先行节点的最早开始时间与两节点间活动的作业时间之和。箭尾节点 i 的最早开始时间加上活动作业时间，就是该项活动箭头节点 j 的最早开始时间。当先行节点不止一个时，取和数中的最大值，用公式表示为

$$T_E^j = \max\{T_E^i + T^{i,j}\}$$

式中　T_E^j——节点 j 的最早开始时间；

　　　T_E^i——先行节点 i 的最早开始时间；

　　　$T^{i,j}$——活动 $i \sim j$ 的作业时间。

为了便于理解和记忆，归纳为一句话："前进，加法，取最大"。

2. 节点的最迟结束时间

节点的最迟结束时间用 T_L 表示，计入△内，是指以该节点为结束的各项活动最迟必须结束的时间，亦等于从该节点开始的各项活动最迟必须开始的时间，因此节点的最迟结束时间等于后续节点的最迟结束时间与两节点活动的作业时间之差。当后续节点不止一个时，取差数中的最小值，用公式表示为

$$T_L^i = \min\{T_L^j - T^{i,j}\}$$

式中　T_L^i——节点 i 的最迟结束时间；

　　　T_L^j——节点 j 的最迟结束时间；

　　　$T^{i,j}$——活动 $i \sim j$ 的作业时间。

节点的最迟结束时间由终点事项开始计算，逆节点编号顺序进行。终点的最迟结束时间等于其最早开始时间。

为了便于理解和记忆，归纳为一句话："倒退，减法，取最小"。

（三）活动的最早开始与结束时间、最迟开始与结束时间

活动的最早开始时间，用 $T_{ES}^{i,j}$ 表示，等于活动箭尾节点的最早开始时间，即 $T_{ES}^{i,j} = T_E^i$

活动的最早结束时间，用 $T_{EF}^{i,j}$ 表示，计算公式为 $T_{EF}^{i,j} = T_{ES}^{i,j} + T^{i,j} = T_E^i + T^{i,j}$

活动的最迟结束时间，用 $T_{LF}^{i,j}$ 表示，等于活动箭头节点的最迟结束时间，即 $T_{LF}^{i,j} = T_L^j$

活动的最迟开始时间，用 $T_{LS}^{i,j}$ 表示，计算公式为 $T_{LS}^{i,j} = T_{LF}^{i,j} - T^{i,j} = T_L^j - T^{i,j}$

（四）总时差

总时差是指在不影响整个计划项目完工时间的条件下，某项活动最迟开始时间与最早开始时间之差，以 $S_{总j}^2$ 表示。

$$S_{总j}^2 = T_{LS}^{i,j} - T_{ES}^{i,j} = T_L^j - T_E^i - T^{i,j}$$

在网络图中，总时差为零的活动称为关键活动，关键活动的连线即为计划项目的关键线路。关键线路的延续时间即为计划项目的工期。缩短工程周期，首先要从关键线路的活动上采取措施。

网络时间值的计算有两种方法，一是运用电子计算机进行计算，一是人工手算。用电子计算机计算网络时间值需要有专门程序。节点在 200 个以下，网络图不太复杂，采用手算方法是可行的。手算的具体方法有：图上网络时间值计算法、表格法、矩阵法。现按上述公式，对图 4-5 进行图上网络时间值计算，如图 4-6 所示。该工程的关键活动为 A、B、D、G、H、I，关键线路在图上用粗线显示。总工期为 79 天。

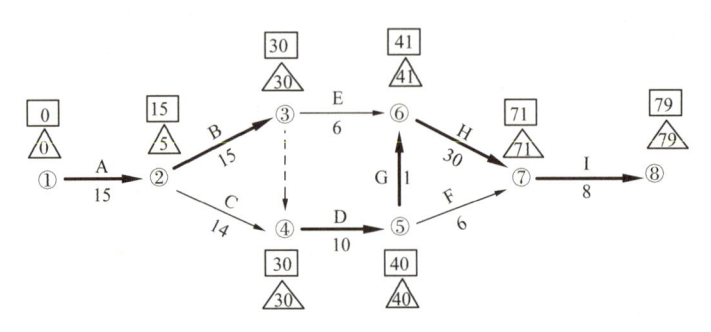

图 4-6　图上网络时间值计算

五、网络计划的优化

网络计划的优化有时间优化、时间-费用优化和时间-资源优化等。

(一) 时间优化

时间优化就是在人力、设备、资金等有保证的条件下,寻求最短的工程周期。它可以争取时间,迅速发挥投资效果。时间优化的具体措施有:

(1) 利用时差,从非关键线路上抽调部分人力、物力集中用于关键线路,缩短关键线路的延续时间;

(2) 分解作业,增加作业之间的平行交叉程度;

(3) 在可能的情况下,增加投入的人力和设备,采用新工艺、新技术等来缩短工程周期。

(二) 时间-费用优化

工程项目的费用支出可以分为直接费用与间接费用两部分。直接费用是指与各项作业直接有关的费用,在采取时间优化中的第三种措施来缩短工程周期时,要增加直接费用支出,即工程周期越短,直接费用越大。间接费用是指管理费用等不与各项活动直接有关但随工程周期变动而变动的费用,工程周期越短,间接费用越少。工期与费用的关系如图 4-7 所示。时间-费用优化就是寻求直接费用与间接费用之和最低时的工程周期。

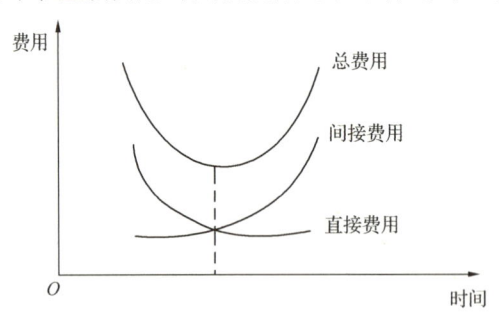

图 4-7　工期与费用的关系

现举一时间-费用优化之例。

设有某项计划,共有 7 项作业,其作业时间、作业费用及赶工费用率(每赶工一天所增费用)见表 5-2。该项计划的直接费用在正常作业时间下为 40000 元,间接费用为每周

1000元。现求直接费用与间接费用之和最低时的工程周期。

表 5-2 作业时间、作业费用及赶工费用率

作业名称	紧前作业	作业时间(周)		作业费用(元)		赶工费用率(千元/周) ④-③/①-②
		①正常	②赶工	③正常	④赶工	
A	—	6	5	5000	7000	2
B	A	3	1	4000	7000	1.5
C	A	8	7	6000	7000	1
D	B	4	3	3000	5000	2
E	B	5	3	8000	11000	1.5
F	C,D	7	4	10000	12000	0.67
G	E,F	2	1	4000	6000	2

时间-费用优化步骤如下:

(1) 绘制网络图(图4-8),并按正常作业时间计算网络时间值,确定关键线路,工期及正常作业时间条件下的工程总费用。

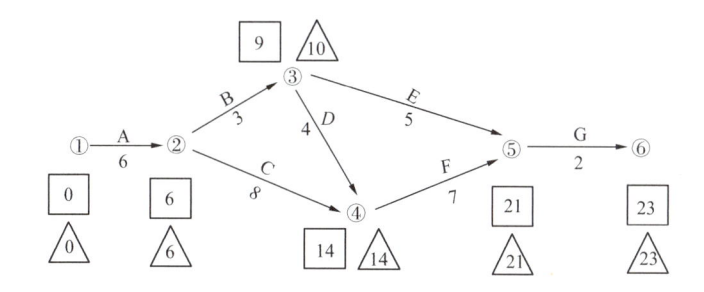

图 4-8 网络图(2)

由图4-8知,工程周期为23周,故间接费用为23000元,在正常作业时间下的工程总费用为

工程总费用=直接费用+间接费用=40000+23000=63000(元)

(2) 选择赶工的作业,确定赶工后的工期及工程费用节约额。

选择赶工作业时,首先考虑关键路线上赶工费用率最低的作业;压缩作业时间时,要考虑其他线路的延续时间,压缩后的线路延续时间不应低于其他线路的延续时间。

赶工后工程费用的节约额为

工程费用节约额=间接费用节约额-直接费用增长额

节约额最大时的工程周期,即为最佳工期。从图4-8知,网络图上共有三条线路,各线路及线路延续时间见表5-3。线路Ⅲ为关键线路。

表 5-3 各线路及线路延续时间

线路	线路延续时间(周)
Ⅰ ①→A/6→②→B/3→③→E/5→⑤→G/2→⑥	16
Ⅱ ①→A/6→②→B/3→③→D/4→④→F/7→⑤→G/2→⑥	22
Ⅲ ①→A/6→②→C/8→④→F/7→⑤→G/2→⑥	23

首先压缩线路Ⅲ上的作业F(在线路Ⅲ上F的赶工费用率最低),由7周压缩至4周,线路延续时间由23周缩至20周(线路Ⅱ同时缩短为19周),工程费用节约额为

$$工程费用节约额=(7-4)\times1000-(12000-10000)=1000(元)$$

其次压缩作业C,由8周压缩至7周,此时线路Ⅲ与线路Ⅱ的延续时间相等,为19周。工期共缩短4周,工程费用节约额为

$$工程费用节约额=4\times1000-(7000-6000)-(12000-10000)=1000(元)$$

由于工程项目中其他作业的赶工费用率均大于1,即每压缩1周,直接费用的增加额将大于间接费用的节约额,故最佳工期应为19周,工期压缩后的工程总费用为

$$工程总费用=赶工前的工程总费用-工程费用节约额=63000-1000=62000(元)$$

(三) 时间-资源优化

时间-资源优化是在人力、设备等资源有一定限度的条件下,寻求最短工程周期;或在工期有一定要求的条件下,通过资源平衡,求得工期与资源需要的最佳结合。

六、网络计划技术的工作步骤

任何计划在执行过程中都会因受到外界各种因素的影响而需要不断修正与调整,网络计划也是如此。在执行过程中,人员、物资供应及生产设备等资源状况的变化,都将改变原计划执行结果。因此,在计划执行过程中采取相应措施来进行管理,是非常重要的。不但要随时掌握项目实施动态,检查计划的执行情况,而且应随环境因素的变化对计划进行调整,这对保证计划目标的顺利实现有决定性的意义。

(一) 确定目标,进行准备工作

确定目标指决定将网络计划技术应用于哪一个工程项目,并提出对工程项目和有关技术经济指标的具体要求,如在工期、费用等方面要满足什么要求。如何依据企业现有的管理水平、技术水平和资源状况,利用网络计划技术,寻求实现工程项目最合适的方案。目标确定以后,对与完成该工程项目有关的人力、物力、财力等资源情况做充分的调查、了解和估计,收集有关资料,为编制网络图及进行时间值的计算做好准备工作。

(二) 分解工程项目,列出活动明细表

一个工程项目是由许多活动组成的,所以在绘制网络图前,要将工程项目分解成各项活动。活动划分的粗细程度视工程项目应用范围以及不同单位要求而定。通常情况下,若工程项目所包含的内容多、范围大可划分粗些;反之则细些。项目分解得越细,网络图的节点和箭线就越多。对于上层领导机关,网络图可绘制得粗些,主要是用于通观全局、分析矛盾、掌握关键、协调工作、进行决策;对于基层单位,网络图就要绘制得细些,以便具体组织和指导工作。

对于一个大型工程项目,往往可以分成若干个子项目,则相应的网络图就可以分为总图和分图。总图的活动可以分得粗一些,分图则可分得细一些;这样有粗有细,由粗到细,粗细结合,使用效果更好。

把工程项目分解成活动后,还要对活动进行以下分析:

(1)该项活动开始前,有哪些先行活动?
(2)该项活动在进行时,有哪些活动可以与之平行进行?
(3)该项活动完工后,有哪些活动应接着开始?

通过上述分析,明确各项活动之间的先后逻辑关系。在此基础上,估算每项活动作业时间及所需的人力、物力的资源,列出活动明细表。活动明细表包括的内容有:活动名称、活动代号、作业时间、紧前(紧后)活动等。这是绘制网络图的依据。

(三)绘制网络图,进行节点编号

根据活动明细表可绘制网络图。网络图的绘制方法有顺推法和逆推法两种。

(1)顺推法是指从始点时间开始,根据每项活动的直接紧后活动,逐一绘出各项活动的箭线,直至终点事件为止。

(2)逆推法是指从终点事件开始,根据每项活动的直接紧前活动,逆箭头方向逐一绘出各项活动的箭线,直至始点事件为止。

同一工程项目用上述两种方法画出的网络图是相同的。一般对于按反工艺顺序安排计划的企业,如机器制造企业,采用逆推法较方便;而建筑安装等企业,则大多采用顺推法。按照各项活动之间的关系绘制网络图后,要进行节点的编号。编号方法是从左至右,采用连续或不连续方式编号。

(四)计算网络时间参数

确定关键线路根据网络图和各项活动的作业时间,可计算出网络全部时间参数,并根据时差确定关键线路。

(五)进行网络计划的优化

找出关键线路,也就初步确定了完成整个计划任务所需要的工期。这一工期是否符合合同或计划规定的时间要求,是否与计划期的劳动力、物资供应、费用等计划指标相适应,需要进一步综合平衡并通过优化,选取最优方案。然后绘制正式网络图,编制各种进度表以及工程预算等各种计划文件。在实际工作中,由于影响每项活动及计划执行的因素多且大多是变化的,因此需要采用计算机进行计划的调整与优化。目前,这方面的软件产品越来越多,为网络计划技术的推广应用提供了便利条件。

(六)网络计划的执行和控制

执行和控制网络计划,定期对实际进展情况做出报告和分析。必要时修改和更新网络图,决定新的措施和行动方案,以指导生产实际。

网络计划的定期检查是监督计划执行最有效的方法。调整的目的是根据实际进度情况,对网络计划做必要的修正,使之符合变化的实际情况,以保证其顺利实现。

在计划执行中的调整,归纳起来有以下三种情况:
(1)将由某种原因所致需要取消的活动从原网络图中删除;
(2)由于编制网络计划时考虑不周或因设计变更,需要在网络图上增添新的活动;
(3)由于实际项目进度有提前或延期的现象,要修正某些活动的作业时间。

案例分析

上汽大通：C2B智能化大规模定制模式

在十三五期间，上汽集团强调"创新驱动，转型升级"，部署"新能源＋互联网"的技术路线。上汽大通响应上汽集团战略，从一家传统意义上的商用车公司，转型成为一家数字化C2B跨界车企，将C2B智能化大规模定制当作战略方向。在2016年11月的广州车展上，上汽大通推出了以C2B理念打造的"划时代皮卡"T60，这款产品不仅具有全球领先技术、国际五星安全、卓越驾乘体验、互联网智能体验的产品优势，并且具有"丰富个性定制"特征，用户可以根据自己的爱好选择颜色、配置等，低配版可以选择高端配置，高配版也可以减少不想要的配置，用户不用为不想要的配置买单。

围绕产品，上汽大通正自上而下布局C2B整个价值链条，主要体现在以"用户"为中心，给用户带来DIY定制汽车的更多乐趣和价值上。以SUV D90为例，在"定义阶段"，围绕D90的18个产品定义点，调研了上千用户，与31125名用户在平台上互动，收获了超过3万条建议；在"开发阶段"，上汽大通列出了具体的零件清单、开放60多个设计点；在"认证阶段"，上汽大通邀请车主体验D90工程样车，首次在产品上市前一年向用户展示用户自身参与设计车辆的EP状态。上汽大通还邀请了核心用户和明星参与格尔木高原路试驾活动，这是汽车行业首次让用户亲自参与和见证主机厂现场测试和校验车辆，包括动力调教、悬挂、操控等车辆重要性能。未来，上汽大通还将会邀请用户前往广德汽车试验场、黑河极寒环境、澳大利亚、川西、迪拜等世界各地，测试车辆的耐久性、动力总成性能匹配、机械完善度等，在现场，上汽大通会根据用户的反馈意见，调试工程样车，确认和优化匹配数据。

成为以"大数据"驱动的创新车企，建设自有"平台"收集、整合、沉淀用户的数据必不可少。上汽大通已经建设自有平台"我行Maxus"，可以同时与上百万用户沟通交流，2016年年底"我行Maxus"已经收集了20多万用户的数据信息。在互联网大数据时代，C2B所代表的个性化、多元化造车方式，是全球汽车市场的大势所趋，欧洲三大汽车巨头宝马、奔驰、大众，也提出C2B是未来汽车方向并着手布局。

资料来源： 新浪网，2016年12月21日。

第四节 设备与技术管理

一、设备管理概述

随着科学技术的发展，生产手段现代化越来越成为提高经济效益的决定因素之一。设备是企业中价值额较大，使用年限较长，在使用过程中基本保持着原有实物形态的物质资料,设备在固定资产中的比重逐渐加大,已经成为企业赖以生存和发展的重要物质技术基础。工业企业中的设备主要包括以下几种类型:

(1)生产工艺设备。即直接用来改变劳动对象的属性、位置、形态或功能的各种设备,如机床、电解槽、热处理设备等。

(2)动力设备。即用来生产电力、热力、风力和其他动力的各种设备,如柴油发电机组、水能发电机组、蒸汽锅炉、空气压缩机等。

(3)传导设备。

(4)起重运输设备。

(5)科研设备。

(6)管理设备。

(7)生活福利和教育设备等。

搞好设备管理,对于保证企业生产的正常进行,推动技术进步,促进产品开发,提高产品质量和企业经济效益都有着重要意义。

设备管理是以企业生产经营目标为依据,通过一系列的技术、经济、组织措施,对设备的规划、设计、制造、选型、购置、安装、使用、维护、修理、改造、更新直至报废的全过程进行科学的管理。设备运动过程可分为两种状态,即设备的物资运动形态和设备的资金运动形态。设备的物资运动形态是指设备从研究、设计、制造或从选购进厂验收投入生产领域开始,经使用、维护、修理、改造、更新直至报废退出生产领域的全过程,对这个过程的管理称为设备的技术管理,由技术、设备部门承担。设备的资金运动形态包括设备的最初投资、运行费用、折旧、收益以及更新改造的措施和运用等,对这个过程的管理称为设备的经济管理,由财务会计部门承担。设备管理既包括设备的技术管理,又包括设备的经济管理,设备的技术管理与经济管理是有机联系、相互统一的。设备管理是随着管理科学技术的发展而逐步发展起来的。伴随着设备维修方式的演变,设备管理大致可分为三个阶段:事后维修阶段、预防维修阶段、设备综合管理阶段。

设备综合管理指从设备的选择、安装、使用、维护、修理、改造及更新,直至报废这一全过程的管理活动。设备综合管理又叫设备全面管理,它是系统观点在设备管理中的应用,是生产管理的重要内容。设备综合管理有两个代表性的理论:设备综合工程学和全员生产维修制度。其中,设备综合工程学是1971年在美国召开的国际设备工程学术会议上,由英国人丹尼斯·巴克斯提出的。他认为,设备综合工程学是以设备整个寿命周期中的技术、管理、财务以及其他业务工作为研究对象,以提高设备效率为任务,使设备寿命周期费用最经济的综合性科学。设备综合管理的实质是依据企业的生产和经营目标,对设备生命周期内的所有物质运动形态和资金运动形态进行的综合管理工作。

二、设备的选择、评价和使用

(一)设备的选择

设备的选择是企业设备管理的首要环节。设备的选择对于新建企业选择设备,老企业购置新设备和自行设计、制造专用设备,以及从国外引进技术装备,都是十分重要的。设选择决定了设备的运行寿命、施工工期、产品质量和制造成本等。选择设备要求技术先进、经济合理、生产上适用。在选择设备时，必须考虑以下因素：

1. 设备的生产性

即设备的生产效率，一般表现为功率、行程、速率和单位时间内的产品产出量等。

2. 设备的可靠性

即设备在规定条件下及规定时间内，完成规定功能的概率，包括设备加工精度、准确度的保持性，零件的耐用性、安全可靠性等。设备丧失规定的功能称为故障。

3. 设备的维修性

即设备维护、保养和修理的难易程度。

4. 设备的环保性

即设备减少环境污染或改善环境的能力。

5. 设备的配套性

即设备的配套水平和配套能力。

6. 设备的节能性

即设备节约资源的能力。

7. 设备的安全性

即设备对安全生产的保障能力。

8. 设备的适应性

即柔性，是指设备适应不同工作条件，加工不同产品，完成不同工艺的能力。

9. 设备的耐用性

即设备应具有一定的自然寿命等。

以上是选择设备时要考虑的主要因素。对这些因素要结合企业具体的生产情况、资金情况、技术情况和管理情况，统筹兼顾、权衡利弊。另外，设备的选择评价也常运用经济评价方法。

(二) 设备购置的经济性评价

选择设备时，除了要进行技术考察外，还要进行经济评价，从不同方案中，选择技术、经济性最好的设备。经济性评价的常用方法有投资回收期法和设备效率法。

(1) 投资回收期法

$$投资回收期 = \frac{设备投资额}{采用该设备后净增收益}$$

设备投资回收期越短，表明其经济性越好。

(2) 设备效率法

$$设备效率 = \frac{设备综合效率}{设备的寿命周期费用}$$

设备的寿命周期费用包括购置费和维修费，设备效率包括设备的生产效率及其可靠性、节能性和环保性等。效率越高，表明其经济性越好。

(三) 设备的合理使用

(1) 根据生产的要求，经济合理地配置设备。

(2) 按设备的性能、精度、能力等,恰当安排加工任务和工作负荷。禁止超负荷用机和"精机粗用",避免非正常磨损;防止不合理停台,注意提高精密、大型和稀有设备的利用率,不要"大机小用"。

(3) 为设备创设良好的环境,确保正常工作。高精设备尤其要控制好"震""尘""湿"和"温"。

(4) 配备合格的操作者。操作者要熟悉和掌握设备的性能、结构、工艺加工范围和维护保养技术,做到会操作、会保养、会检查以及会排除小故障。精密和复杂的设备应指定专人来操作。

(5) 完善责任制,确保正常养护与遵章操作。

知识链接

冷库选址与设计有学问

目前95%以上冷库投资是以经营为主要目的,因此,冷库库址的选择尤其重要。一般在地理位置比较有利、交通比较发达的地段,地价都较高,所以按多层冷库的设计较为合理。但考虑到多层冷库基础及结构投资的增多,以及今后制冷及管理等方面的便利,建议多层冷库应以3~4层,总高度不超过20米为宜。传统的冷库设计每层高度一般在5米左右,但是,在实际操作中,该高度的冷库利用率非常低,货物堆叠的高度一旦达到3.2米时就难以继续堆叠上去,物品因受压导致了质量的不断下降,安全性也受到了威胁,特别是外包装容易变形的物品,经常出现外包装破裂、物品倾斜甚至倒塌等现象。

再者,经营性冷库货物品种多、同品种数量少、堆叠高度低、占地面积大,给冷库的操作管理带来诸多不便。为了提高冷库的利用率,保证物品的质量及安全,实际操作中往往采取每层中间增设隔架层的处理办法,但是,这样做不仅会增加二次投资,而且运作空间太小。因此,在今后的冷库设计中,为了进一步提高冷库的利用率,充分发挥隔架层的作用,节省冷库的总体投资,设计冷库每层的高度时应该适当增大。

在完成选址之后,冷库建造之前,首要问题是做好地面平整工作。由于冷库的多数设备,例如库板之类的都是成型物品,如地面没有完全符合要求的情况下安装施工,会造成冷库设备的严重变形损坏。因此,冷库在设计和建设方面要充分考虑其特殊性。

案例思考:
你知道冷库的建设与使用与我们日常生活中哪些产品有关?
冷库选址和设计都有何特殊要求?应如何实现科学选址与建设?

三、设备的维护与综合管理

(一) 设备的磨损与故障

设备在使用过程中会逐渐发生磨损。磨损一般分为两种形式,即有形磨损(或叫物质磨损)和无形磨损(或叫精神磨损)。机器设备在工作中,由于其零件受摩擦、振动而磨损或损坏，以致设备的技术状态劣化，或设备在闲置中由于自然力的作用而使设备失去精度和工作能力，以上两种情况都构成有形磨损。设备的无形磨损也在两种情况下产生：一是机器设备的技术结构、性能没有变化，但劳动生产率的提高，使这种设备的再生产费用下降了，而使原有同种设备发生贬值；二是由于新的、性能更完善和效率更高设备的出现和推广，使原有设备的经济效能相对降低，而形成一种耗损。

机器零件的有形磨损过程，大致可以分为三个阶段。机器零件磨损曲线如图4-9所示。第Ⅰ阶段为初期磨损阶段。在这一阶段，零件表面粗糙不平部分迅速磨去，因此磨损速度很快，但这一阶段时间很短。第Ⅱ阶段为正常磨损阶段，零件的磨损趋于缓慢。第Ⅲ阶段为剧烈磨损阶段，由于零件磨损超过一定限度，正常磨损关系被破坏，接触情况恶化，磨损速度加快，设备工作性能也迅速降低，如果不停止使用并进行修理，设备可能被破坏。

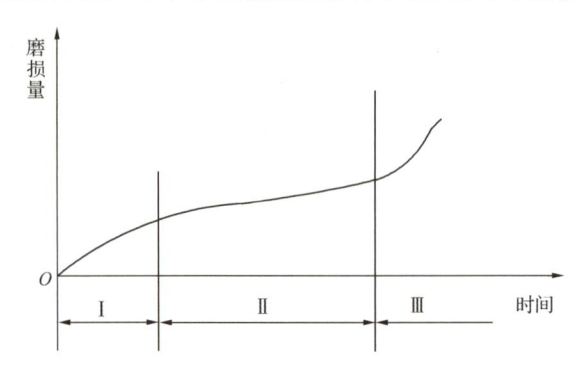

图4-9 机器零件磨损曲线

以上是机器零件磨损的一般规律。由于机器零件的磨损，使设备在使用过程中发生这样或那样的故障，从而影响生产的正常进行，掌握故障出现的规律而加以预防，可使设备更可靠地进行工作。机器设备的故障一般可分为两类，即突发故障和劣化故障。突发故障即突然发生的故障，其特点是发生故障的时间是随机的，故障一旦发生就可能使设备完全丧失功能，必须停产修理。劣化故障是由于设备性能逐渐劣化所造成的故障，其特点是发生故障有一定的规律，故障发生的速度是缓慢的，故障的程度多是设备的局部功能损坏。由多数零件构成的设备，其故障曲线如图4-10所示。故障曲线形态似浴盆，故称浴盆曲线。

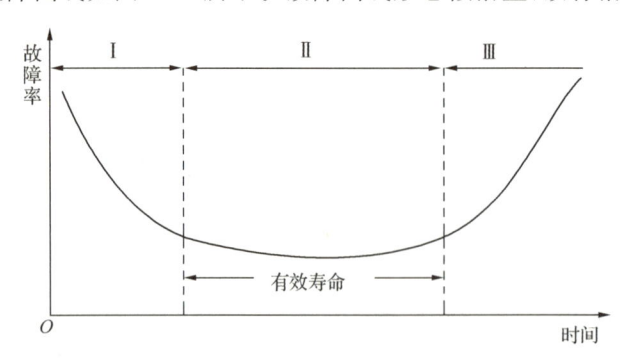

图4-10 故障曲线

由浴盆曲线可以看出故障率有三个不同的阶段，第Ⅰ阶段称为初期故障期，这一阶段的故障主要是由于设计上的疏忽、制造质量欠佳和操作不习惯引起的，开始故障率较高，然后随时间的增长而减少。第Ⅱ阶段叫作偶发故障期,在这一阶段内,设备已进入正常运转阶段,故障很少,一般情况下大部分是属于维护不好和操作失误而引起的偶发故障。第Ⅲ阶段叫作磨损故障期,在此阶段,构成设备的某些零件已经磨损或老化,因而故障率上升。针对设备在不同时期出现的问题,采取相应的措施加以解决。例如,在初期故障期,找出设备可靠性低的原因,进行调整和改革,保持设备故障率稳定。在偶发故障期,应注意加强工人的技术教育,提高操作工人与维修工人的技术水平,并注意设备的维护保养。在磨损故障期,应加强对设备的检查、监测和计划修理工作。

(二)设备的维护与保养

设备的维护与保养工作的主要内容是对设备进行润滑、紧固、调整、清洁、防腐等。加强对设备的维护与保养,可以防止出现干摩擦、松动等不正常现象,延长零件正常磨损阶段的期限而延长其使用寿命,使设备经常处于良好的技术状态,保证设备的正常运行。设备的维护与保养工作,按工作量大小和保养间隔时间等的不同,可分为例行保养(日常保养)、一级保养、二级保养等。设备的维护与保养应取得两个成果:一是设备的技术状态最好,通常用设备完好率和故障率来衡量;二是维修与保养费用最经济,通常用维护费用率来衡量。

设备修理的先进组织方法主要有:部件修理法、分部修理法、同步修理法、计划评审法和全员生产维修制度等。全员生产维修制度(Total Productive Maintenance,TPM)是日本前设备管理协会的中岛清一等人在美国生产维修体制基础上,又接受了英国设备综合工程学的观点,并结合本国的传统经验,于1971年正式提出的,TPM又称为全员参加的生产维修。全员生产维修制度的中心思想是"三全",即全效率、全过程、全员参加。

(三)设备的检查、监测与修理

1. 设备的检查

设备的检查是对设备的运行状况、工作精度、磨损或腐蚀情况进行检查和校验。检查的目的是:及时查明和消除设备的隐患;针对发现的问题,提出改进维护工作的措施;有目的地做好修理前的各项准备工作,以提高修理质量和缩短修理时间。按照间隔时间的不同,检查可分为日常检查(每日检查及交接班检查)和定期检查。

2. 设备的监测

设备的监测是通过科学的方法以及在设备上安装的仪器、仪表,对设备的运行状况进行监测。通过监测全面地、准确地把握住设备的磨损、老化、劣化、腐蚀的部位和程度以及其他情况,并在此基础上进行早期预报和追踪。状态监测的方法很多,常用的如视觉、听觉和触觉监测,温度监测,泄漏监测,振动监测,噪声监测,腐蚀监测等。许多方法的采用都要配备一定的监测设备。因此,要有一定的监测装置费用,而且对操作人员的技术水平也要有一定的要求。

3. 设备的修理

设备的修理是修复由于正常或不正常的原因而引起的设备的损坏。修理的基本手段是修复和更换。设备的维修制度包括以下两种:

(1)计划预防修理制度(简称计划预修制)

它是进行有计划的维护、检查和修理,以保证设备经常处于完好状态的一种组织技术措施。计划预修制的内容包括日常维护,定期检查,计划修理(小、中、大修)。计划预修制的基本特点在于通过计划来实现修理的预防性。编制修理计划的主要依据之一是修理的各种定额标准。修理定额标准包括：

①修理周期。它是两次大修之间的间隔时间。

②修理间隔期。它是指相邻两次修理之间的间隔时间。

③修理周期结构。它是指在两次大修之间，中、小修的次数及其排列顺序，如金属切削机床的修理周期结构是：K—M—M—C—M—M—C—M—M—K（K 表示大修，C 表示中修，M 表示小修）。

④修理复杂系数。它是说明设备结构复杂程度的系数。

⑤修理劳动量定额。即各种修理的工时消耗标准，按一个修理复杂系数来规定。

⑥修理停歇时间定额。设备从停止使用交付修理开始，到修理结束、质量检查验收合格为止所经过的时间标准，亦按一个修理复杂系数来规定。

此外还有费用定额等。根据确定具体修理日期和修理内容的方法的不同，计划预修制规定实现计划修理的方法有三种，即标准修理法、定期修理法和检查后修理法。

(2) 保养修理制度

它是由一定类别的维护保养和一定类别的修理所组成的设备维修制度。各行各业对各种设备的做法也不尽一致，如有的推行三保两修（例保、一保、二保和中修、大修），有的采取三保一修等。随着科学技术和生产管理的发展，设备维修制度也不断发展和完善。由于预防维修的维修工作量较大，出现了生产维修，它是事后修理与预防维修相结合的一种修理方式，对重点设备采用预防维修，对一般设备采用事后（发生故障后）修理。还出现了改善维修，它是指结合修理对设备进行改装、改造。

四、价值工程与技术改造

(一) 价值工程

了解价值工程的概念，首先要弄清价值工程中"价值"的含义。价值工程中的价值是指生产某种产品、从事某项劳动、购买某种物品而耗用的单位成本（费用）所换来的功能（使用价值）。可以用以下公式表示

$$价值 = \frac{产品功能}{产品寿命周期成本}$$

价值工程是指运用集体智慧开展有组织的创造性活动，着重于产品的功能分析，以最低的寿命周期成本实现产品的必要功能，借以提高产品价值的技术经济方法。这个定义概括性地表述了价值工程的目的、重点、性质。即目的是"以最低的寿命周期成本实现产品的必要功能"，重点是"功能分析"，性质是"有组织的创造性活动"。价值工程中的"产品功能"，是指一种产品所担负的职能，也就是指产品的性能、质量、效用、满足用户的程度等。产品的必要功能，就是指用户所要求并承认的功能。如果产品功能不足，使用价值低，两个抵不上一个用，这是一种浪费。而使用价值超过实际需要，功能过剩，同样也是一种浪费。价值工程既不要求产品具有过剩功能，也不允许产品功能不足，而是要求功能恰到好处，即"必要功能"。这是有重要意义的，可以节约资源，降低成本。价值工程中的"产品寿命周期成本"是指产品设计、制造、使用全过程的耗费。产品的制造成本由于在短期内集中支出并且体现在

售价中,容易被人们重视,而使用中的人工、能源、维修等耗费常常是制造费用的很多倍,但由于分散支出,容易被人们忽视。价值工程要求综合考虑制造费用和使用费用,兼顾生产者和用户的利益,求得社会的节约。如果产品的制造成本虽然降低了,但产品的使用维护费用很高,那么这对整个社会来说,经济效益也是不好的,对用户来说也是不合算的。

调查研究表明,产品成本的70%～80%是由产品的开发设计阶段决定的。产品一经定型并投入批量生产,再要大幅度地降低成本是比较困难的,除非重新更改设计,但是投产后的设计更改,又会带来工艺、协作和生产组织工作上的一系列变动,造成原有生产能力和资金利用上的巨大损失。因此,设计上的浪费是最大的浪费,设计上的节约是最大的节约。据统计,在新产品设计、制造中,开展价值工程活动可降低成本40%左右。在价值工程上花费1元钱可以得到的效益是10～20元。应用价值工程并付诸实施,一般可提高产品功能并降低成本5%～30%,技术经济效果是十分显著的。目前价值工程的发展已进入了第四个阶段(系统的价值工程),也就是不仅把价值工程应用于产品,而且扩大到包括产品在内的整个系统的其他组成部分,如设备、程序、工艺、软件、组织体制等。价值工程的中心内容可用六个字概括:功能、创造、信息。

(1) 功能

功能分析是价值工程特殊的思考和处理问题方法,用户购买任何产品,不是购买产品的形态,而是购买功能。例如,用户买煤是买其"发热"的功能,买灯泡是为买"照明"的功能等。只要产品具有相应的功能,就能满足用户的需要。煤气和液化石油气可以发热,因而可以取代煤供给居民;白炽灯可以照明,因而可以取代灯泡。但是,具有相同功能而成分或结构不同的产品或零件的成本一般是不同的。价值工程就是要通过对实现功能的不同手段的比较,寻找最经济合理的途径,透过人们司空见惯的产品生产、使用、买卖现象,抓住功能这一实质,从而取得观念上的突破,为提高经济效果开拓了新的途径。

(2) 创造

功能毕竟要由具体的手段实现,手段不同,效果也不同,要想取得好的效果就必须找到好的手段。手段是人创造出来的,没有创造,一切都是空话。价值工程的全过程都体现了"创造"这一宗旨。

(3) 信息

价值工程是以技术和经济这两方面的结合为特点,同时也以这两方面的信息为基础。技术上的革新绝大多数是在继承他人成果的基础之上实现的,不了解国内外同行在材料、产品、工艺、设备等方面的现有技术,不了解技术发展的趋势,就提不出改进办法,或者耗时耗资多、收效差。不了解市场,不了解用户的意见,不了解同类产品的水平,也会无的放矢,甚至故步自封,最终会失去用户。

总之,价值工程就是要从透彻了解所要实现的功能出发,在掌握大量信息的基础之上,进行创新改进,完成功能地再实现。

价值工程一般的工作程序可分为准备阶段、分析阶段、创新阶段和实施阶段,本教材按PDCA的模式,增加一个总结阶段,即五个阶段。价值工程的一般工作程序见表5-4。

表 5-4　　　　　　　　　　价值工程的一般工作程序

阶段	步骤	对应问题与说明
准备阶段	1. 对象选择 2. 成立工作小组 3. 制订工作计划	解决什么问题？
分析阶段	4. 收集整理信息资料 5. 功能系统分析 6. 功能评价	1. 它的功能是什么？ 2. 它的成本是多少？ 3. 它的价值如何？
创新阶段	7. 方案创新 8. 方案评价 9. 编写提案	1. 实现功能的其他方法是什么？ 2. 新方案成本是多少？ 3. 新方案能满足功能要求吗？
实施阶段	10. 审批提案 11. 组织实施 12. 检查实施情况与效果	—
总结阶段	13. 成果鉴定 14. 处理遗留问题	反馈到下一工作循环解决

（二）技术改造与更新

设备与技术管理是企业管理的一个重要方面。对一个企业来说，技术的影响更是显而易见的。技术是企业竞争优势的主要来源，是决定现代商业竞争成败的关键因素。企业能否基业长青，能否取得竞争优势，技术绝对是一个关键的因素。但正所谓技术是把双刃剑，技术在给企业带来动力的同时，也给企业带来了很大的压力。如何保持组织在技术上的先进性就成了企业必须考虑的一个重要决策议题。

设备更新一般有两种形式：一是原型更新，二是技术更新。原型更新就是以结构相同的新设备去更换已严重磨损而不能继续使用的旧设备。这种更新主要是解决设备的损坏问题，不具有更新技术的性质。因此，在当前科学技术迅猛发展的时代，这种简单更换不应占重要位置。在设备更新中，占主要位置的应当是以效率更高、性能更完善的先进机器设备，来代替技术上不能继续使用或经济上不宜继续使用的陈旧机器设备。只有这样，才能使整个国民经济技术装备的水平大幅度地提高。如果设备更新的规模很小，更新的周期很长，又没有采用先进的设备来代替陈旧的设备，那么社会劳动生产率的增长将受到很大的阻碍。

设备更新应遵循的程序为：

（1）确定目标：根据企业现有设备的性能、磨损程度、服务年限、技术进步等情况，选定设备更新目标，一般为服役年龄过长、已无大修价值、技术落后、效率低、能耗大、产品无市场以及不能满足新产品开发的设备。

（2）收集资料：收集国内外同类型设备的折旧、费用等资料。

（3）确定最佳更新时机。

（4）制订更新方案：有原型更换、用国内普遍使用设备更新、用国产先进设备更新和用进口先进设备更新等方式可供选择。

(5)对更新方案进行技术经济分析,比较选优。

(6)实施。

在设备改造与更新中,要充分考虑到设备的三种寿命。

(1)设备的物质寿命。设备的物质寿命又称自然寿命,它是由有形磨损程度决定的,是指一台设备从全新状态开始使用直到报废所延续的时间。做好设备维护保养可延长设备的物质寿命,但不能从根本上避免设备的磨损,任何一台设备磨损到一定程度时,都必须进行更新。

(2)设备的经济寿命。设备在物质寿命后期,由于有形磨损严重,要依靠高额的维护费用来维持它的运行,因而继续使用它显得不经济,为此有必要确定设备的经济使用期限,通常以年平均使用费用最低的使用年限为设备的经济使用年限。这种以使用费用决定的设备使用寿命,叫作设备的经济寿命。

(3)设备的技术寿命。由于科学技术的迅速发展,在设备使用过程中出现了技术上更先进、经济上更合理的新型设备。这就使现有设备在物质寿命尚未结束前就被淘汰。设备从开始使用,到因技术落后而被淘汰所经历的时间,叫作设备的技术寿命。

设备改造是消除设备的无形磨损,延长设备技术寿命的一种措施。设备改造的具体方法很多,如改造设备的动力装置,提高设备的功率,改变设备的结构,满足新工艺的要求,改善零件的材质和加工质量,提高设备的可靠性和精度,安装辅助装置,提高设备的机械化、自动化程度,此外,还有为了改善劳动条件,降低能源和原材料消耗等对设备进行的改造。

设备更新是消除设备的有形磨损和无形磨损的一个重要手段。由于科学技术的迅速发展,机器设备的陈旧化越来越快,从而加快了设备更新的速度。在一般情况下,设备平均役龄越小,设备的先进程度就越高,这是因为在科学技术发展的条件下,新生产的设备同过去同类设备比较,不论在技术性能、效率、精度,以及使用经济性方面,总是比较先进和优越的。

设备的改造与更新,要同整个企业的技术改造结合起来,尤其要同企业开发新产品和改造老产品的工作结合起来,成为企业技术改造的有机组成部分,通过设备的改造和更新,促进和保证产品的开发。设备的改造和更新,应当认真进行技术经济论证,如在选择新设备时,运用各种经济评价方法对比各种方案,从中选择最优方案。当以生产效率、功能相同的新设备替换旧设备时,可以根据设备的经济寿命来确定设备的更新期。设备的改造更新,还要在加强调查研究、摸清情况的基础上,进行全面规划,有重点、有步骤地进行。在设备更新中,要把购置新设备同自力更生、自行制造新设备结合起来。因设备更新而降级转用的老设备,必须符合新用途的工艺要求,不能造成产品质量下降和消耗增加。

第五节 生产质量控制

一、质量与质量管理

广义的质量概念是指产品质量、工程(工序)质量和工作质量的总和,亦称全面质量,它比产品质量具有更深刻、更全面的含义。

（一）质量的概念

质量是指产品或服务满足规定或潜在需要的特征和特性的总和。《质量管理体系——基础和术语》中,质量被定义为"一组固有特性满足要求的程度"。而广义的质量概念是指产品质量、工程（工序）质量和工作质量的总和,亦称全面质量,它比产品质量具有更深刻、更全面的含义。

（二）质量的分类

1. 产品质量

产品质量也就是产品本身的使用价值,即产品适合一定用途、满足人们的一定需要所具备的自然属性或特性的总和。它包括产品的内在特性,如产品的结构、物理性能、化学成分、可靠性、精度、纯度等;也包括产品的外在特性,如形状、外观、色泽、声音、气味、包装等;还有经济特性,如成本、价格、维修费等;以及其他方面的特性如交货期、污染公害等。

产品质量的好坏,不能单凭直觉来判断,而必须有一套科学的标准。衡量产品质量的技术尺度就是质量标准,它的主要内容有:产品名称;产品用途;规格和使用范围;对该产品各种专门的技术要求;检验工具;检验方法或测试手段。有些产品还有包装和运输等方面的要求。符合质量标准的产品就是合格品,不符合质量标准的产品就是不合格品。质量标准有国际标准、国家标准、部颁标准和企业标准等。

2. 工作质量

工作质量指与产品质量有关的工作对于产品质量的保证程度,工作质量涉及企业所有部门和人员。

3. 服务质量

服务质量指服务满足规定或潜在需要的特征和特性的总和。

4. 过程质量

过程质量也称工序质量,是指操作者、设备、材料、方法、检测条件及作业环境等因素在产品加工制造过程中综合保证产品质量的程度。影响过程质量的主要因素有操作者、设备、材料、方法、检测条件和作业环境等。

（三）质量管理

《质量管理体系——基础和术语》中,质量管理被定义为"在质量方面指挥和控制组织的协调活动"。质量管理主要包括确定质量方针、目标和职责并在质量体系中通过诸如质量策划、质量控制、质量保证和质量改进使其实施的全部管理职能的所有活动。

1. 质量保证

所谓质量保证,是指为使人们确信某实体能满足质量要求,在质量体系内所开展的并按需要进行证实的有计划和有系统的全部活动。质量保证的基本思想是强调对用户负责,其核心问题在于使人们确信某一组织有能力满足规定的质量要求,给用户、第三方（政府主管部门、质量监督部门、消费者协会）和本企业最高管理者提供信任感。

2. 质量控制

所谓质量控制,是指为满足质量要求所采取的作业技术和活动。作业技术和活动贯穿于质量形成过程的各个环节,目的是保持质量形成全过程或某一环节受控。在实际运用质量控制概念时,应该明确控制对象。

(四)影响产品质量的主要因素

一件产品或一项服务能否成功地完成它预定的使命取决于以下因素。

1. 设计质量

设计是指为使产品和服务满足某方面的需要而进行的作业确定和解决问题的过程。产品设计则是从明确产品设计任务起,至确定产品整体结构的一系列工作过程。设计质量是这一过程的工作质量。

2. 制造质量

制造质量又称产品符合性质量,是指符合给定的产品图样和技术文件要求的程度,也就是制造过程和结果符合产品设计的程度。制造质量受操作者、设备、材料、方法、检测条件和作业环境等方面的影响。

3. 使用质量和服务质量

使用质量又称为使用效果,是使用过程的可靠性和可维修性。服务质量指满足规定或潜在需要的特性。服务质量要求对顾客(用户)服务迅速,快速排除故障,守信誉,及时提供配件,以优质服务赢得用户信赖。

二、全面质量管理的概念和特点

(一)全面质量管理的概念

全面质量管理(Total Quality Management,TQM)指企业的所有组织、所有部门和全体人员都以产品质量为核心,把专业技术、经营管理、数理统计和思想教育结合起来,建立起产品研究、设计、生产(作业)、服务等全过程的质量体系,从而有效地利用人力、物力、财力、信息等资源,提供符合规定要求和用户期望的产品或服务。全面质量管理的核心是提高人的素质,调动人的积极性,使人人做好本职工作,通过抓好工作质量来保证和提高产品质量或服务质量。

全面质量管理有两个核心:一个是持续不断地改进质量;另一个是追求用户满意的目标,不断满足或超越顾客的期望。

全面质量管理的重点是把过去的以事后检验和把关为主转变为以预防和改进为主;把过去的以就事论事、分散管理为主转变为以系统的观点进行全面的综合治理;从管结果转变为管因素,把影响质量的各种因素查出来,抓住主要方面,发动全员、全企业各部门参加的全过程的质量管理,依靠科学的管理理论、程序和方法,使生产(作业)的全过程都处于受控制状态,以达到保证和提高产品质量或服务质量的目的。全面质量管理工作的一个重要特征是从根源处控制质量,强调"源头质量"的概念。例如,通过由操作者自己衡量成绩来促进和树立其对产品质量的责任感和关心。

(二)全面质量管理的特点

全面质量管理贵在一个"全"字,其特点概括起来可归纳为"四全""三性"。"四全"是指全企业的质量管理、全员参与的质量管理、全过程的质量管理和采用全面方法的质量管理;

"三性"是指预防性、服务性和科学性。

1. 全企业的质量管理

质量管理的对象是全面的,既要管产品质量,又要管产品质量赖以形成的工作质量。全企业的质量管理是指用全面的方法管理全面的质量。全面的方法包括:运用科学的管理方法,建立健全有关规章制度和质量保证体系;运用数理统计的方法对产品质量进行数据分析,分析影响产品质量的因素,进行各阶段的质量控制;运用现代电子通信技术对质量进行处理等。全面的质量包括产品质量、过程质量和工作质量等。在工作质量方面,要管好影响产品质量的设计质量、工程质量、检验质量、交货期质量、使用质量和服务质量等。总之,要求质优、价廉、交货及时、服务周到,以满足用户的需要为宗旨。

2. 全员参与的质量管理

质量管理环环相扣、人人有责,不能把质量管理看成只是质量管理部门的事,全面质量管理是要求全员参加的质量管理,要求全体职工树立质量第一的思想,企业各个部门的工作和各个环节的活动都直接或间接影响着产品质量。要提高产品质量就需要依靠所有人员共同努力,各个部门各个层次的人员都要有明确的质量责任、任务和权限,做到各司其职,各负其责,形成一个群众性的质量管理活动,尤其是要开展质量管理小组活动,充分发挥广大职工的聪明才智和当家做主的主人翁精神,把质量管理提高到一个新水平。从企业领导、技术人员、经营管理人员到生产工人都要学习质量管理的理论和方法,树立质量第一的观念,提高工作质量和产品质量。

3. 全过程的质量管理

全过程的质量管理指对产品生产经营全过程都要进行质量管理,产品质量始于设计、成于制造、终于使用,这一过程的各个环节都会对产品质量产生不同程度的影响,因而必须对全过程进行管理,这样就把质量管理的范围从原来的制造过程向前后扩展或延伸,形成一个螺旋形的上升过程,从访问用户、市场调查、产品设计方案论证开始,到设计、试制、生产、测试检验、销售、使用、服务的全过程,都要严格地实施质量管理,保证达到原定的质量标准。这个过程不断循环,产品质量就能不断改进和提高。

4. 采用全面方法的质量管理

采用全面方法的质量管理所采取的管理手段不是单一的,而是综合运用质量管理的管理技术和科学方法,组成多样化的、复合的质量管理方法体系。要把质量检验、数理统计、改善经营管理和革新生产技术等有机结合起来,全面综合地管好质量。

5. 预防性

预防性就是要充分认识到良好的产品是设计和生产出来的,不是检验出来的,要把管理工作重点从事后把关转移到事前控制上来,实行防检结合、以防为主,把不合格产品消灭在它的形成过程中。

6. 服务性

服务性主要表现在三个方面:一是企业对用户做好售后服务;二是企业内部上一道工序为下一道工序服务,树立"下一道工序是用户"的思想;三是辅助部门为生产车间做好服务。

7. 科学性

科学性就是不能凭直观判断,凭印象、感觉、经验办事。要按科学程序调查研究,用科学数据、科学方法和科学原理说话。

案例分析

海底捞的质量管理方法

海底捞是一家行业领军型的火锅餐饮企业,其在管理实践中运用了大量的全面质量管理的思想和方法,其独特的质量管理思想在以下两个方面可见一斑。

(1) 人性化的前厅员工管理

海底捞认为尽管流程和制度能够保证产品和服务的质量,但同时也压抑了人性,因此应建立灵活的激励和约束机制,激励员工努力进取。公司要求员工主动关怀顾客,从细节入手,在顾客提出要求之前就先提供服务。同时,给予员工最大限度的自由和适当权限,服务人员可根据实际情况行使免单权。此外,海底捞将顾客满意度作为重要的考核指标,极大地激发了员工的服务热情,使员工发挥更大的价值。

(2) 精准高效的后台流程管理

为了保证服务效率,海底捞在食材的采购、配送以及餐厅内的上菜、收台等方面进行了严格规范,并构建了一个完整高效的涵盖企业"人、财、物、产、供、销"的管理体系。ERP系统的建立和完善使得企业内部的供销体系更加科学合理,高效的传菜和收台服务节省了顾客的等待时间,有效提升了过程管理质量。

资料来源: 赵成婧.精益服务的内涵、特征及应用,现代经济信息,2018(4).

问题思考: 案例中体现出海底捞哪些特别的质量管理思想?

三、质量保证体系

(一) 质量保证体系概述

全面质量管理的核心是质量保证。所谓质量保证,就是企业对用户在产品质量方面提供担保,保证用户购得的产品在寿命期内质量可靠,正常使用,便于维修。

质量保证体系就是现代企业根据质量保证的要求,从现代企业的整体出发,运用系统的理论和方法,把现代企业各部门、各环节严密地组织起来,规定它们在质量管理方面的职责、任务和权限,并建立组织和协调各方面质量管理活动的组织机构,在现代企业内形成一个完整的有机的质量保证系统。建立健全现代企业质量保证体系是保证质量目标得以实现的重要手段,是取得长期稳定生产优质产品的组织保证和制度保证。

全面质量管理是通过质量保证体系实现的。所谓质量保证体系,就是以保证和提高产品质量为目标,运用系统的概念和方法,从思想、生产、技术、行政各方面依靠必要的组织机构,把各部门、各环节的质量管理活动严密地组织起来,形成一个有明确的任务、职责和权限、互相协调、互相促进的质量管理有机整体。也就是说,质量保证体系就是质量管理网。

(二)PDCA 质量保证体系

PDCA 质量保证体系又称 PDCA 循环,是由美国质量管理专家戴明提出的,所以被称"戴明环",如图 4-11 所示。它是由英语 Plan(计划)、Do(实施)、Check(检查)、Action(处理)四个词的第一个字母组成的。PDCA 质量保证体系反映了做质量管理工作必须经过的四个阶段,也体现了全面质量管理的思想方法和工作程序。

图 4-11 PDCA 质量保证体系

1. PDCA 质量保证体系的四个阶段

(1)计划阶段

经过分析研究,确定质量管理目标、项目和拟定相应的措施。这个阶段可具体分为四个工作步骤:分析现状,找出存在的质量问题,并用数据来说明;逐个分析影响质量的各种因素;找出影响质量的主要因素;制定措施。

(2)实施阶段

根据预定目标和措施,落实执行部门和负责人,组织实施。

(3)检查阶段

检查实施结果,衡量和考察取得的效果,找出问题。

(4)处理阶段

总结成功的经验和失败的教训,并纳入有关标准、制度或规定,巩固成绩,防止问题再度出现,同时,将本次循环中遗留的问题提出来,以便转入下一个循环去加以解决。

2. PDCA 质量保证体系的循环运转特点

(1)大环套小环,一环扣一环;小环保大环,推动大循环。整个企业,各个科室、车间、工段、班组和个人都有自己的 PDCA 管理循环,所有的循环圈都在转动,并且相互协调、互相促进。上一级循环是下一级循环的依据,下一级循环是上一级循环的组成部分和具体保证,这种循环运转特点如图 4-12(a)所示。

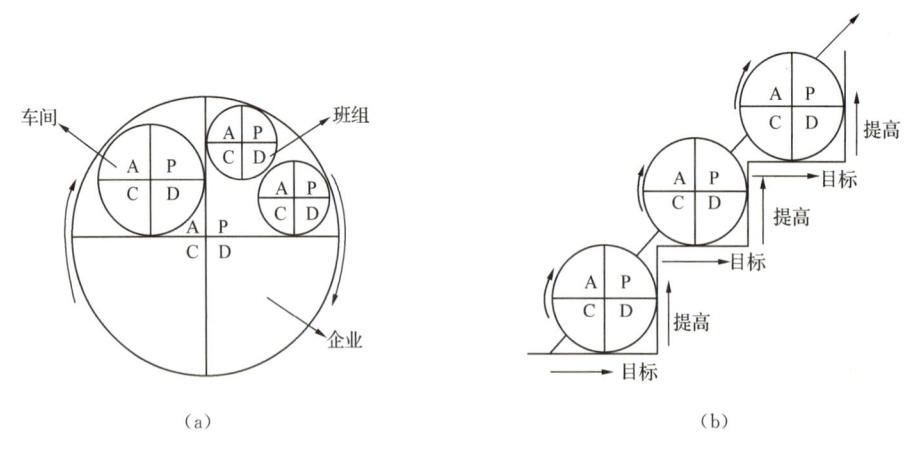

图 4-12 循环运转特点

(2)循环每转动一周,就前进一步,就像爬楼梯,实现一个个新的目标,不停转动就不断提高。如此反复不断地循环,质量问题不断得到解决,管理水平、工作质量和产品质量也不断提高,这种循环运转特点如图 4-12(b)所示。

(3)PDCA 质量保证体系是综合性循环,四个阶段划分是相对的,不能机械地把它们分开,而要紧密衔接,而且各阶段之间还存在一定的交叉。实际工作中,往往是边计划边实施,边实施边检查,边检查边处理,边处理边调整计划。质量管理工作正是在这样的循环往复中达到预定目标的。

(4) PDCA质量保证体系的关键在于"A"阶段,只有把成功的经验和失败的教训都纳入各项标准、规程和制度中,才能使今后的工作少走弯路和不断提高。

四、ISO9000系列标准与质量体系

任何标准都是为了适应科学、技术、社会、经济等客观因素发展变化的需要而产生的,ISO9000系列标准也是如此。随着科学技术的进步和社会生产力的发展,产品品种越来越丰富,越来越多的使用者无法凭借自己的努力来判断所采购产品的质量是否可靠。而随着经济的发展,人们的消费结构和消费水平也发生了显著的变化,消费者对商品的选择性增强了,对质量要求也逐步提高。人们需要把自己的安全、健康甚至日常生活的持续稳定置于"质量大堤的保护之下",因此逐步形成了"质量责任"的概念,即制造者、销售者对用户使用该产品造成的伤亡、损害事故所承担的法律责任。

另外,企业为了避免因产品质量问题而追究的巨额赔款,宁可先花少量钱,来避免今后花更多的钱。在产品质量形成过程中需要加强管理并由外部(需方或第三方)实施监督,这就要求企业建立质量体系,并提供充分说明质量符合要求的客观依据,这样做也可以提高企业的信誉和市场竞争力。

ISO是国际标准化组织的缩写代号,也是国际标准化组织颁布的国际标准代号。如ISO9001、ISO14001即为该组织颁布的顺序号为9001和14001的国际标准。国际标准化组织成立于1947年,是非政府性的国际组织,也是规模最大的国际标准化团体,其成员包括100多个国家和地区,设有2600多个技术组织。中国是ISO的成员国并且是ISO的发起国之一。

ISO9000系列标准是世界上许多国家质量管理经验的科学总结,通过实施这套标准,建立质量体系,可以使影响质量的各种因素处于受控状态,从而能有效地减少、消除和预防质量不合格,确保质量方针、目标的实现。

主要质量特性的定量表现就是质量标准,也称为技术标准或技术规定。目前,我国产品质量标准可分为三级:国家标准、部(专业)标准、企业标准。国家标准是由国家标准局颁布,在全国范围内贯彻执行的统一标准;部(专业)标准是由中央各部(或专业委员会)批准发布的在一个部门(或一个专业)范围内统一的标准;企业标准是由地方行业或工厂批准发布,在一个地区、行业或一个工厂内部贯彻执行的标准。如今国内许多企业都采用国际标准和国外先进标准,如ISO9000质量体系认证等,这进一步促进了企业提高产品质量,增强了我国产品在国际市场上的竞争力。

第六节　新型生产运作方式和管理模式

一、准时生产制

准时生产制(Just In Time,JIT)是20世纪60年代由日本丰田汽车制造公司创立并实

施的一种东方式现代企业生产管理模式,也叫"丰田生产方式"。1973年以后,这种方式对丰田公司渡过第一次能源危机起到了突出的作用,后引起其他国家生产企业的重视,并逐渐在欧洲和美国的日资企业及当地企业中推行开来,现在这一方式与源自日本的其他生产及流通方式一起被西方企业称为"日本化模式",其中,日本生产及流通企业的物流模式对欧美的物流产生了重要影响,近年来,准时生产制不仅作为一种生产方式,也作为一种物流模式在欧美物流界得到广泛推行。

准时生产制的基本思想是"只在需要的时候,按需要的量,生产所需的产品"也就是追求一种无库存或库存达到最小的生产状态。这是为适应20世纪60年代消费需要变得多样化及个性化而建立的一种生产体系及为此生产体系服务的物流体系。在准时生产制生产方式倡导以前,世界汽车生产企业包括丰田公司均采取福特式的"总动员生产方式",即一半时间人员、设备及流水线等待零件,另一半时间紧急生产产品。这种方式造成了生产过程中的物流不合理现象,尤其以库存积压和短缺为特征,生产线要么不开机,要么一开机就大量生产,这种模式导致了严重的资源浪费。丰田公司的准时生产制在这种情况下就问世了,它采取的是多品种少批量、短周期的生产方式,大大消除了库存,优化了生产物流,减少了浪费。与MRPⅡ的"推"式生产管理模式相反,准时生产制是一种"拉"式生产管理模式。此外,准时生产制还强调消除生产中的一切浪费,其中包括过量生产、部件与操作者的移动和等待时间、劣质的制造过程、物料储存和次品等。它的理想目标是六个"零"和一个"一",即"零缺陷""零准备""零库存""零搬运""零故障停机""零提前期"和"批量为一"。准时生产制的构成主要包括:基于看板的生产控制、全面质量管理、全体雇员参与决策、供应商的协作关系等。

准时生产制通过看板控制方式严格按订货组织生产,通过看板在工序间传递物料需求信息,并利用看板将生产控制权下放到各个工序的后续工序。其管理过程的特点在于:按照"总装配—部件装配—零件加工"的"拉"式的反工艺路线次序安排整个企业生产;强调下"求"上"供",准时生产,按时交付,避免积压。下一道工序所用物料要求上一道工序按实际需要供给。准时生产与按时交付要求按计划规定的时间准确生产,并按时交付销售产品,按时交付供产品总装配用的部件和供部件装配用的零件,按时把已购进的材料加工为零件。

看板是准时生产制中的一个重要工具,在生产现场,它就是一种指令、一种凭证、一种信息。看板管理是受无人售货商店经营方式的启发而产生的。一个购买商品的顾客,在需要的时间,到无人售货商店去购买一定数量的所需商品,顾客将商品买走后,货架上出现空缺,于是商店及时地把所缺货物的数量补上。商店是根据出现了空缺而去补充货物的,如果不缺绝不多加。看板管理将这一思想应用于生产现场。它首先把生产过程中前一道工序向后一道工序送货制,改为后一道工序向前一道工序取货制。通过看板将后一道工序需要前一道工序加工物品的时间、数量、运往地点、盛物容器、其他要求等,传给前一道工序;前一道工序按照看板的严格要求去组织生产和供应,由此,向前层层领取、层层补充,使整个生产流程协调运作。

在实际工作中,每一加工地附近,设置两个存货箱,一个存放上道工序提供的货物,一个存放要往下道工序运送的货物,看板随货物在生产工序间传送。

实施看板管理可起到以下作用:

(1)控制过量生产、过量运送,这就是不见看板不生产、不提前生产、不超量生产,不提前取货、不超量取货;

(2)严格保证了生产工序间的衔接和配合,严肃生产纪律;

(3)起到加强信息和加强目视管理的作用,看板使现场情况一目了然。

看板形式多种多样,一般分为以下两种:

(1)工序看板,如取货看板、送货看板、加工看板、信号看板、材料看板、临时看板等;

(2)外协件看板,主要是企业进行订货时,用以表示外部应交零部件数量、时间等的一种领取看板,它主要适用于有固定关系的协作厂之间。

准时生产制是一种提高整个生产管理水平和消除浪费的严谨方法;其宗旨是使用最少量设备、装置、物料和人力资源,在规定的时间、地点,提供必要数量的零部件,达到以最低成本、最高效益、最好的质量、零库存进行生产和完成交货的目的。

二、精益生产方式

(一)精益生产方式的概念

精益生产是通过系统结构、人员组织、运行方式和市场供求等方面的变革,使生产系统能很快适应用户不断变化的需求,并能使生产过程中一切无用、多余的东西被精简,最终达到包括市场供销在内的生产的各方面最好的结果。

精益生产方式的实质是管理过程,包括人事组织管理的优化,大力精简中间管理层,进行组织扁平化改革,减少非直接生产人员;推行生产均衡化、同步化,实现零库存与柔性生产;推行全生产过程(包括整个供应链)的质量保证体系,实现零不良;减少和降低任何环节上的浪费,实现零浪费。精益生产方式生产出来的产品品种能尽量满足顾客的要求,而且通过其对各个环节中采用的杜绝一切浪费(人力、物力、时间、空间)的方法与手段满足顾客对价格的要求。

精益生产方式与传统生产方式的区别主要表现如下:改变了品质控制手段;消灭(减少)了各种缓冲区;增加了职工的参与感和责任感;培训职工并与职工交流;仅在需要的地方采用自动化;精益组织结构。

精益生产方式是围绕着最大限度利用企业的职工、协作厂商与资产的固有能力的综合哲学体系。这个体系要求形成一个解决问题的环境并对问题不断改进改善,要求各个环节都是最卓越的,而这些环节打破了传统的职能界限。

(二)精益生产方式的特点

1. 消除无效劳动和浪费

精益生产方式特别强调彻底消除生产制造过程中的无效劳动和浪费,这是掌握精益生产方式必须把握的要点。精益生产方式认为,只有能增加价值和附加价值的劳动才是有效的,否则是无效的,是一种浪费。它认为无效劳动和浪费有以下几个方面:超量生产造成无效劳动;等待会带来浪费;搬运中会出现浪费;动作上会造成浪费,工作布置不当、使用工具或操作方法不当等都会造成浪费;库存会带来浪费;加工本身会出现无效劳动和浪费;制造不良品的浪费。

2. 由推动式变为拉动式

精益生产方式的特点是它把组织生产的方式由传统的推动式变成拉动式。推动式是指在编制生产计划和生产作业计划时,根据各工序的标准资料,确定生产提前期,并给第一道工序下指令,逐步往下推动,直到最后一道工序。每一道工序都按上级指令和上一道工序传下来的在制品进行生产。拉动式以最终用户的需求为生产起点,是将有关生产计划下达给最后工序,每道工序的生产都是由它的下一道工序的需求拉动的。这道工序生产什么、生产多少、什么时候生产都必须以下一道工序的需要为前提;如果下一道工序不需要,这道工序就坚决不生产,绝不提前生产、超量生产;还必须按时提供,不能误期。

3. 全面质量管理

全面质量管理强调质量是生产出来而不是检验出来的,由过程质量管理来保证最终质量。生产过程中对质量的检验与控制在每一道工序都应进行,重在培养每位员工的质量意识,保证及时发现质量问题。如果在生产过程中发现质量问题,根据情况,可以立即停止生产,直至解决问题,从而保证不出现对不合格品的无效加工。对于出现的质量问题,一般是组织相关的技术与生产人员作为一个小组,一起协作,尽快解决。

工业企业是以盈利为目的的社会经济组织。因此,最大限度地获取利润就成为企业的基本目标。在市场瞬息万变的今天,精益生产方式采用灵活的生产组织形式,根据市场需求的变化,及时、快速地调整生产,依靠严密细致的管理,通过"彻底排除浪费",防止过量生产来实现企业的利润目标。为实现这一基本目的,精益生产方式必须能很好地实现以下三个子目标:零库存、高柔性、零缺陷。

(1) 零库存

一个充满库存的生产系统,会掩盖系统中存在的各种问题。例如,设备故障造成停机,工作质量低造成废品或返修,横向扯皮造成工期延误,计划不周造成生产脱节等,都可以动用各种库存,使矛盾钝化、问题被淹没。表面上看,生产仍在平衡进行,实际上整个生产系统可能已千疮百孔,更可怕的是,如果对生产系统存在的各种问题熟视无睹,麻木不仁,长此以往,紧迫感和进取心将丧失殆尽。因此,日本人称库存是"万恶之源",是生产系统设计不合理、生产过程不协调、生产操作不良的证明,并提出"向零库存进军"的口号。所以,零库存就成为精益生产方式追求的主要目标之一。

(2) 高柔性

高柔性是指企业的生产组织形式灵活多变,能适应市场需求多样化的要求,及时组织多品种生产,以提高企业的竞争能力。面临市场多变这一新问题,精益生产方式必须以高柔性为目标,实现高柔性与高生产率的统一。为实现高柔性与高生产率的统一,精益生产方式必须在组织、劳动力、设备三方面表现出较高的柔性。组织柔性是指在精益生产方式中,决策权力是分散下放的,而不是集中在指挥链上,它不采用以职能部门为基础的静态结构,而是采用以项目小组为基础的动态结构;劳动力柔性是指市场需求波动时,要求劳动力也做相应调整;设备柔性是指与刚性自动化的工序分散、固定节拍和流水生产的特征相反,精益生产方式采用适度的柔性自动化技术(数控机床与多功能的普通机床并存),以工序相对集中、没有固定节拍以及物料的非顺序输送的生产组织方式,使精益生产方式在中小批量生产的条件下,接近大量生产方式由于刚性自动化所达到的高效率和低成本,同时具有刚性自动化所没有的灵活性。

(3) 零缺陷

传统的生产管理很少提出零缺陷的目标,一般企业只提出可允许的不合格百分比和可接受的质量水平。其观念是:不合格品达到一定数量是不可避免的。而精益生产方式的目标是消除各种产生不合格品的原因,在加工过程中每一道工序都要求达到最好水平,追求零缺陷。高质量来自零缺陷的产品,"错了再改"需花费更多的金钱、时间与精力,强调"第一次就做对"非常重要。每一个人若在自己工作中养成了这种习惯,凡事先做好准备及预防工作,认真对待,防患于未然,在很多情况下就不会有质量问题了。因此,追求产品质量要有预防缺陷的观念，凡事第一次就要做好，建立"零缺陷"质量控制体系。过去，企业总是对花在预防缺陷上的费用能省则省，结果却造成很多浪费，如材料、工时、检验费用、返修费用等。应该认识到，事后的检验是消极的、被动的，而且往往太迟。各种错误造成需要重做零件的成本，常常是几十倍的预防费用。因此，应多在缺陷预防上下功夫，也许开始时会多花一些费用，但很快便能收回成本。

三、敏捷制造

敏捷性指企业在不断变化、不可预测的经营环境中善于应变的能力，它是企业在市场中生存和领先能力的综合表现。敏捷制造是指制造企业采用现代通信手段，通过快速配置各种资源（包括技术、管理和人），以有效和协调的方式响应用户需求，实现制造的敏捷性。敏捷制造依赖于各种现代技术和方法，而最具代表性的是敏捷虚拟企业（简称虚拟企业）的组织方式和虚拟制造的开发手段。虚拟企业也称动态联盟，是为抓住一定的市场机遇而由地理上分散的不同合作伙伴间按照资源、技术和人员的最优配置，快速组成临时性的同盟，以便共享资源，迅速完成既定目标。组成虚拟企业、利用各方的资源优势、迅速响应用户需求是 21 世纪生产方式社会集成的具体表现。企业的虚拟化是敏捷制造的基本要求，其特点是企业功能上的虚拟化、地域的虚拟化和组织的虚拟化。

虚拟企业要求在 Internet/Intranet 支持下，实现分散资源的整合，因而，要实现功能上的虚拟性，就必须通过各企业管理信息系统的互联，实现企业间的远程生产调度、协作设计等功能。虚拟制造也称拟实产品开发，它综合运用仿真、建模、虚拟现实等技术，提供三维可视交互环境，对从产品概念产生、设计到制造全过程进行模拟实现，以期在真实制造之前，预估产品的功能及可制造性，获取产品的实现方法，从而大大缩短产品上市时间，降低产品开发、制造成本。其组织方式是由从事产品设计、分析、仿真、制造和支持等方面的人员组成"虚拟"产品设计小组，通过网络合作并行工作；其应用过程是用数字形式"虚拟"地创造产品，即完全在计算机上建立产品数字模型，并在计算机上对这一模型产生的形式和功能进行评审、修改，这样常常只需做一次最终的实物原形，即可使新产品开发获得成功。企业的虚拟化和制造的虚拟化是敏捷制造区别于其他生产方式的显著特征，但敏捷制造的精髓在于提高企业的应变能力，因此，在实际应用中应该作为一种经营管理理念，任何有助于提高企业响应能力的改进都可以认为是企业管理向敏捷制造方向的进步。

四、柔性制造系统

传统的"刚性"自动化生产线主要实现单一品种的大批量生产。批量生产逐渐被适应市场动态变化的生产所替换，制造系统的"柔性"占有相当重要的位置。"柔性"是相对于"刚性"而言的，一方面是系统适应外部环境变化的能力，可用系统满足新产品要求的程度来衡量；另一方面是系统适应内部变化的能力，可用有干扰（如机器出现故障）情况下系统的生产率与无干扰情况下系统的生产率期望值之比来衡量。柔性制造系统是由计算机集成管理和控制的、用于高效率地制造中小批量多品种零部件的自动化制造系统。

柔性制造系统具有多个标准的制造单元，有自动上下料功能的数控机床、物料存储运输系统以及在机床的装夹工位之间运送的工件和刀具。柔性制造系统是一套可编程的制造系统，含有自动物料输送设备，能在计算机的支持下实现信息集成和物流集成，其柔性表现在以下方面：可同时加工具有相似形体特征和加工工艺的多种零件；能自动更换刀具和工件；能方便地联网，易与其他系统集成；能进行动态调度，局部故障时，可动态重组物流路径。

目前柔性制造系统规模趋于小型化、低成本，演变成柔性制造单元，它可能只有一个加工中心，但具有独立自动加工能力。有的柔性制造单元具有自动传送和监控管理的功能，有的柔性制造单元还可以实现24小时无人运转。

案例分析

海尔的"智能互联工"

互联网技术的飞速发展对商业模式的演变和生产方式的转变产生了深远的影响，互联网＋制造是近年来互联网环境下制造业发展的一个新动向。2016年11月16日，以"融合、创新、转型"为主题的2016中国"互联网＋"峰会在深圳会展中心举行，会上还发布了书籍《中国"互联网＋"行动百佳实践》，"海尔互联工厂模式创新案例"作为"互联网＋协同制造最佳实践案例"随书正式出版，为当前中国制造转型升级提供了最佳范本，引领"互联网＋"和"中国制造2025"的前进。

海尔认为，互联网时代，主动权已经由企业转向用户，用户的需求越来越个性化、多样化，所以要求企业要从以自身为中心转变到以用户为中心，从大规模制造转变为大规模定制。从2011年开始，海尔便谋划建设数字化互联工厂，通过对传统生产模式的颠覆与升级，以满足用户全流程最佳体验为中心，打造按需设计、按需制造、按需配送的互联工厂体系，使整个制造过程实现高度的柔性，满足用户的个性化定制需求，成为中国最早探索智能制造的企业。

目前，海尔已经建成8大智能互联工厂围绕COSMO平台及该平合下的众创汇、海达源，形成了一套领先全球的完整的互联工厂体系，能够为行业在前端生产制造环节提供先进的样本支持。具体来说，海尔互联工厂通过"智能交互制造平台"前联研发、后联用户，进而打通整个生态价值链，实现用户、产品机器、生产线之间的实时互联。在这一过程中，用户碎片化、个性化的需求得以与智能化、透明化的制造体系实现无缝对接，并在整合全球一流资源的前提下创造用户全流程的最佳体验，将用户从单纯的消费者变为"产消合一"的产消者，真正将以用户为中心贯彻到整个全流程制造体系中去。

资料来源：根据环球家电网资料整理。

五、大规模客户化定制

1987年，Davis在其《未来理想》一书中首次提出了大规模客户化定制的概念，即通过灵活性和快速响应实现产品的多样化和定制化。在短短的几年时间内，国内外一些企业在实施这种生产模式的过程中取得了巨大的成绩，获得了竞争优势，如戴尔、摩托罗拉、李维斯等。这种生产模式结合了定制生产和大规模生产的优势，以顾客能够接受的成本，为其提供定制产品，符合了时代发展的潮流，将成为21世纪的主流生产模式。

（一）大规模客户化定制的定义

1993年，Joseph Pine Ⅱ在其《大规模客户化定制——企业竞争的新前沿》一书中对大规模客户化定制做出了完整的描述，他把大规模客户化定制描述为一种重点在于"通过柔性和快速响应实现产品的多样化和定制化"的新的管理模式。Joseph Pine Ⅱ想通过将大规模客户化定制与大规模生产模式相比较，说明虽然几十年前形成的大规模生产模式使美国经济在20世纪的大部分时期内处于优势，但这种模式已不再适用于今天正面临市场剧变的工业企业。因此，他用"产品繁殖的爆炸"一词来形容大规模生产这一旧模式在今天已经行不通了，需要向新的模式转变，首先是品种多样化程度越来越高，并通过增强反馈圈，融入越来越高的定制化，直到每一个客户都能买到个性化的产品或服务。

大规模客户化定制是一种崭新的生产模式，它结合了大规模生产和定制生产两种模式的优势，在不牺牲企业经济效益的前提下，以大规模生产的成本提供定制化的产品，满足客户个性化的需求。因此，大规模客户化定制是在高效率的大规模生产的基础上，通过产品结构和制造过程的重组，运用现代信息技术、新材料技术、柔性技术、供应链管理技术等一系列技术，以接近于大规模生产的成本和速度，为单个顾客或小批量多品种市场定制任意数量的产品的一种生产模式。

（二）大规模客户化定制的优势

通过大规模客户化定制，企业可以以大规模生产的速度和效益，大规模地定制产品，全面提高顾客满意度。大规模客户化定制生产模式的优势主要体现在以下几方面：

（1）大规模客户化定制能够降低产品的多样化成本，增加收入，提高利润。在大规模生产模式中，通过对现有作业进行修改来为客户提供多样化的产品。大规模客户化定制模式通过利用大批量生产的效率，降低了定制成本。由于定制产品能够准确满足客户的需要，因而能够吸引更多的顾客，从而促进销售额的增加。

（2）大规模客户化定制能够提升企业的竞争力，是企业获取差异化竞争优势的有效途径。在大规模生产中，企业生产单一产品，获取竞争优势的途径在于降低成本。但降低成本存在着极限。大规模客户化定制是产品差异化战略的最高境界，每一位客户都可以按自己的需要设计产品或提出要求。因此，通过大规模客户化定制，企业能够持久地拥有差异化竞争优势。

（3）大规模客户化定制能够促使企业不断提高生产管理水平，促使管理思想升级换代。进行大规模生产的企业往往具有庞大的管理部门，不同管理层次、部门及产品系列的管理人员之间联系松散、协调性差、工作效率低。大规模客户化定制要求企业能够对外界变化做出快速反应，企业各部门应该具有一致的目标，以最低的成本、最好的服务满足消费者的需要。

（三）大规模客户化定制生产模式的特点

1. 以客户需求为导向

在传统的大规模生产中，先生产、后销售，因而大规模生产是一种推动型的生产模式；而在大规模客户化定制中，企业以客户提出的个性化需求为最终产品生产的起点，因而大规模客户化定制是一种需求拉动型的生产模式。

2. 以现代信息技术为支持

大规模客户化定制必须对客户的需求做出快速反应，这要求有现代信息技术作为保障。

网络技术和电子商务的迅速发展使企业能够快速地获取客户的订单;CAD 系统能够根据在线订单快速设计出符合客户需求的产品;柔性制造系统保证迅速生产出高质量的定制产品。

3. 以模块化设计、零部件标准化为基础

通过模块化设计、零部件标准化,可以批量生产模块和零部件,减少定制产品中的定制部分,从而大大缩短产品的交货提前期和减少产品的定制成本。

4. 以敏捷为标志

在大规模客户化定制模式中,企业与消费者是"一对一"的关系,企业面临的是千变万化的需求,大规模客户化定制企业必须快速满足不同客户的不同需求。因此,大规模客户化定制企业是一种敏捷组织,这种敏捷不仅表现在柔性的生产设备、多技能的人员,而且还表现在组织结构的扁平化和精炼。

5. 以合作的供应链管理为手段

在未来市场经济中,竞争不是企业之间的竞争,而是供应链之间的竞争。大规模客户化定制企业通过与其供应商建立起合作关系,整合企业内外部资源,通过优势互补,共同满足客户的需要。

测试题

一、选择题

1. 以产品(或零件、部件)为对象来设置车间,车间内集中着为制造该产品所需要的各种设备和各工种的工人的组织形式是(　　)。
   A. 工艺专业化　　　　　　B. 对象专业化　　　　　　C. 流水生产

2. 用 ABC 分类法对物资进行分类,主要考虑(　　)。
   A. 物资在生产中的作用
   B. 物资的年消费金额大小
   C. 物资的年需用量大小

3. 一批零件在前道工序全部完工后,才整批地传送到后道工序进行加工,是(　　)。
   A. 顺序移动方式　　　　　B. 平行移动方式　　　　　C. 平行顺序移动方式

4. 某产品有 A、B、C、D 四个功能,其目前成本分别为 100 元、50 元、10 元、10 元,目标成本分别为 90 元、50 元、11 元、9 元,应选取的改善对象是(　　)。
   A. A 功能　　　　　　　　B. C 功能　　　　　　　　C. D 功能

5. 设备的经济寿命是指(　　)。
   A. 设备开始使用到报废为止所经历的时间
   B. 设备年平均使用费用最低的使用年限
   C. 设备开始使用到因技术落后而被淘汰所经历的时间

6. 用经济批量法来考虑物资的经常储备量,其出发点主要是(　　)。
   A. 使库存量最少,加速流动资金周转
   B. 使企业物资的储备费用最低
   C. 较多地考虑外部条件,以保证企业不会发生停工待料

二、名词解释

工艺专业化　时间资源优化　寿命周期费用　质量保证

三、简答题

1. 生产运作管理的主要内容是什么？
2. 什么是全面质量管理？它的主要特点是什么？
3. 广义的质量概念是什么？
4. 敏捷制造的基本思想有哪些？

四、论述题

1. 比较几种新型生产方式的特点。
2. 什么是工艺原则和对象原则？各有哪些优缺点？

综合案例

"真功夫"的流程标准化

我们知道，同样的食材，不同的人会烧出不同的味道。即便是同一个人，在不同时间、地点、心情甚至不同烹饪火候下，也会烧出不同的口味。为此，中式菜点要实行中心厨房大生产，提高机械化、数控化生产能力，才能保证其产品的同一性、统一性。"真功夫"经过摸索就建立起三大标准运营体系：后勤生产标准化、烹制设备标准化、餐厅操作标准化。

（1）后勤生产标准化。即通过将后勤与店面分离管理，打破中餐厅前店后厨的传统，所有的原材料采购、半成品加工、冷藏、配送都由后勤独立完成，从而保证了从选料、加工到配送等各道工序的标准化。目前，"真功夫"已在全国设立3个现代化后勤中心，通过科学严密的流程管理，实行统一采购、加工与配送，达到后勤生产标准化，为实现中餐操作标准化提供有力支持。

（2）烹制设备标准化。目前，我国生产的中式快餐机械产品很少，有的需要进口，而进口设备与中式快餐的实际生产要求又有差距，再加上很多服务机构不想或没能力进行机械化改造，影响了中式快餐质量标准的稳定。"真功夫"烹制设备标准化是通过独创电脑程控蒸汽柜，巧妙地利用了蒸汽控压控温原理，使烹饪过程能保持一个统一的标准：1—2个大气压、101℃及统一的蒸制时间，保证烹饪过程同压、同时、同温，从而解决了中华美食无法量化烹饪的难题，能做到和洋快餐一样工业化生产，保证食物品质的绝对一致。烹制设备的标准化，保证了食物一致出品，实现中式快餐"80秒"取餐、"千份快餐一个口味"的梦想。"真功夫"量化快餐制作的标准，保证了质量的稳定和口味的纯正。

（3）餐厅操作标准化。"真功夫"通过其10本营运手册对餐厅的每个岗位制定了操作标准，使餐厅运营变得更加标准有序并大大简化了整个生产及营运的流程管理，使"真功夫"开连锁分店更加高效、迅速。蔡达标说，"真功夫"的10本营运手册是"最完善的中餐标准化宝典"。以上标准的实施特别是烹制设备的标准化使"真功夫"在中式快餐中脱颖而出并保持持续稳定的增长。

资料来源：苏朝晖．服务营销与管理．人民邮电出版社，2019.

问题讨论：1. 餐饮企业真功夫在生产管理上有什么独特之处？
     2. 真功夫的流程标准化体现出哪些现代管理思想？

第五章　市场营销管理

思政目标

从管理学视角,营销是一种销售产品或服务的"艺术";而在社会学学者看来,营销的作用在于传递生活价值,改善、提升全人类的生活品质。我国现阶段的一个发展任务是满足人民群众日益增长的美好生活需要,增强人们的满足感、幸福感与获得感,市场营销在其中将发挥重要的作用,助力于全面建成小康社会。营销还可通过品牌建设,帮助企业创建竞争优势、打造核心竞争力,助力于"品牌强国"的国家战略。因此,当今企业应该不忘初心和使命,致力于提供新时期百姓喜欢的产品,打造百姓喜爱并具有影响力的品牌。

学习目标

1. 了解市场营销的基本概念与观念
2. 认识市场营销的新观念、新技术、新方法
3. 掌握目标市场营销战略的基本理论
4. 掌握基于4P的市场营销策略和方法

案例导入

名创优品的"新零售"爆品营销

名创优品致力于为消费者提供优质、创意、低价的产品,基本上是每一家大型商城都会有一家名创优品的分店。名创优品从不被人看好,到在三年之内开了2 000多家店铺,并且实现了营收破百亿,在零售的行业之中开辟了一条道路,其中离不开对于新零售技术的应用。名创优品成功的秘诀是什么?它是怎么玩转新零售的呢?

(1) 从产品本身下手

名创优品在产品上做到了极致,同样的产品的价格绝对比你低,同样的价格品质绝对比你好。名创优品从来不搞促销,从来都是自然销售,直接把促销的费用投入产品里去,让价格成为产品的一部分。在产品价格上,名创优品做到了压倒性的优势,名创优品的特点就是,用户不会思考名创优品的东西是不是卖贵了。

(2) 让用户变为渠道的一部分

名创优品不是所有品类都赚钱,但亏钱的那部分保证会让用户尖叫并且主动地发朋友圈。同样的名创优品的购物袋也是一个特色,一年发出去了多少个购物袋就有多少个移动广告。名创优品给我们带来的经验就是做营销一定要站在用户的角度考虑,如果你的产品不能让用户拍照发朋友圈,那就应该反思一下自己了。

(3) 通过卡券吸引用户参与

做任何传播,都需要有意见领袖的参与。做任何活动和传播如果没有情绪是没有意义的,没有情绪讲什么都没人看。名创优品的购物袋其实也是个卡券,当所有的超市都收钱的时候,名创免费送给你,质量还很高,顾客就愿意来。

(4) 名创优品的爆品都是有计划、有策略的

从边缘品类市场培育爆品就能够获得成功,比如说名创优品把眼线笔做成消耗品,并且把用户的成本降低,最终的结果就是一年卖了1亿支。名创冰泉是名创优品耗时3年、投资上亿元出品的一款饮用水,刚上线的时候一年就卖了6 000万瓶水。

问题思考:该案例给当今互联网环境下的企业营销创新什么启示?

第一节　市场与市场营销

一、市　场

根据营销大师菲利普·科特勒的观点,市场是由一切具有特定欲望和需求,并且愿意和能够以交换来满足这些需求的潜在顾客所组成。市场的大小,取决于那些有某种需求,并拥有相应资源,同时愿意以这种资源来换取其需求的物品的人数。

"市场"一词,最初是指买方和卖方聚集在一起进行交换的场所。在经济学家看来,市场是买方和卖方之间各种交易关系的总和。而市场营销学者则认为,市场是某种产品的现实购买者和潜在购买者需求的总和。即市场是人口、购买需求和购买力三个因素的统一,体现的是一个市场容量的概念。用一个简单的公式表示

$$市场 = 人口 + 购买需求 + 购买力$$

这三个因素是相互制约、缺一不可的,只有三者结合起来,才能构成现实的市场,进而决定市场的规模和容量。其中人口的多少、购买需求的强弱、购买力的大小共同构成该地区的市场大小。

二、市场营销

市场营销(Marketing)产生于20世纪初的美国,又叫市场学、行销学、市场经营学或销售学。它最初脱胎于经济学"母体",经过近百年的发展和演变,它已不属于经济学,而是建立在多种学科基础上的一门管理学应用学科。

对于市场营销,各个学科视角不同,理解也不一样。社会学将市场营销定义为"Deliver

a higher standard of living"(帮助人类提高生活质量),管理学将市场营销理解为"The art of selling products"(一种销售产品的艺术)。而营销学认为,"市场营销是个人和群体通过创造,提供并同他人交换有价值的产品,以满足各自的需要和欲望的一种社会活动和管理过程"(菲利普·科特勒的观点)。科特勒这个定义显示了营销的顾客导向和价值性特征,本教材采用这一观点。

其他关于"市场营销"的观点:

有人认为:市场营销是研究企业如何比竞争对手更有效地把产品销售出去以实现企业利润的一门学问。(市场营销竞争论)

有人提出:市场营销就是在合适的时间、合适的地点,用合适的方式将合适的产品销售给合适的人。(市场营销合适论)

更有人提出:市场营销就是推销;市场营销就是广告;市场营销就是传销。(市场营销认识偏颇论)

美国市场营销学会(AMA)则认为:市场营销是关于思想、产品及服务的设计、定价、促销及分销的规划和实施的过程,从而创造满足个人和组织目标的交换。

三、市场营销与推销

在现实生活中,很多人错误地将市场营销与推销混为一谈,把市场营销误解为推销。

其实,现代市场营销活动包括市场调研、商品推销、目标市场选择、市场定位、产品开发、定价、分销、促销、品牌建设、营销策划、销售管理、客户关系管理等一系列丰富的活动内容,推销仅仅是市场营销活动的一小部分,而且是最基础的部分。而市场营销的精神是企业通过使用一定的营销策略与方法,比竞争对手更有效地销售产品,其中"营"是过程,"销"是顺带的结果。按照菲利普·科特勒的说法,推销不是市场营销的最重要部分,推销只是"市场营销冰山"的一角。

市场营销与推销存在原则上的区别:市场营销属于顾客导向或市场导向,特别重视顾客的需求和市场竞争的需要,主要考虑如何更好地满足顾客需求,并根据顾客的需要设计产品和进行产品创新。而传统的推销,主要指面对面的或一对一的直接的人员推销,属于企业导向或产品导向性质,站在企业的立场考虑问题,重视的是卖方的需要,以销售现有的产品为主要目标,不顾消费者的需求和感受。

市场营销与推销的主要关系特征体现在以下三个方面:

(1)推销只是市场营销的基础职能

推销仅仅是市场营销过程中的一个基础步骤或者一项基本活动,在整个市场营销活动中并不是最主要的部分。当企业面临的销售压力很大时,很多人都会把推销放在非常重要的地位。但是,如果企业通过周密的市场调研、科学的市场细分、有针对性的目标市场选择,按照顾客的要求组织设计产品,按照顾客能接受的价格水平来定价,按照顾客购买的便利性来构建分销渠道时,推销就显得不那么重要了。从整体市场营销的视角来看,推销只是其中的一个基础性的环节,在市场营销中并没有太重要的位置。

(2)推销是市场营销冰山的一角

推销的目的就是要尽可能多地实现公司产品的销售,营销的目的大抵也是如此,只是营销追求的是比竞争对手更有效地满足市场需求、实现产品销售,所以,两者的落脚点是一样的。如果把营销形象地比作一座冰山的话,推销就是冰山露出水面的一角。由此可见,推销只是营销活动中的一部分内容,而且是要依赖营销这座"冰山"才可能有保障,否则推销的目标就实现不了。因此,必须踏踏实实地做好营销的每一项工作,才能帮助实现推销目标。

(3)市场营销的目标是使推销成为多余

管理学大师彼得·德鲁克曾经说过,"市场营销的目标是使推销成为多余"。也就是说,如果能够重视营销工作,科学地做好营销管理工作,就可以使我们的推销压力变得越来越小。从战略的角度看,推销不是最重要的,前面的营销工作做得越有成效,后面的推销压力就越小。因此,要重视营销工作的整体性和协调性,提高企业的整体营销水平,最终的目标是"使推销成为多余",这是一种境界。

第二节 市场营销观念

一、市场营销学的理论框架

营销学的基本理论框架也经历了一个有趣的演变过程,从 4P 到 7P、6P 到 10P,从 4C 到 4R,市场营销理论框架实现了从传统企业导向到市场导向(消费者导向和关系导向)的根本性转变。市场营销基本理论框架的演进见表 5-1。

表 5-1　　　　　　　　　市场营销基本理论框架的演进

理论	创始人	时间	主要内容	特点
4P	杰罗姆·麦卡锡	1960 年	产品(Product)、价格(Price)、渠道(Place)、促销(Promotion)	企业导向
7P	布姆斯、毕纳	1981 年	4P+人员(People)、过程(Process)、有形展示(Physical Evidence)	消费者导向
6P	菲利普·科特勒	1986 年	4P+政治权力(Politics Power)、公共关系(Public Relation)	关系导向
10P	菲利普·科特勒	1986 年	6P+探查(Probing)、划分(Partitioning)、优先(Prioritizing)、定位(Positioning)	战略导向
4C	劳特朋	1990 年	消费者的需要与欲望(Customer wants and needs)、成本(Cost)、便利(Convenience)、沟通(Communication)	消费者导向
4R	舒尔茨	1996 年	关联(Relevancy)、反应(Response)、关系(Relationship)、回报(Reward)	关系导向

(一)营销学的 P 字游戏

1. 4P 理论的提出

4P 理论又称 4P 营销组合。该理论产生于 20 世纪 60 年代的美国。1960 年,美国著名市场营销专家杰罗姆·麦卡锡在其《基础营销》一书中率先提出:产品(Product)、价格(Price)、渠道(Place)、促销(Promotion)是企业在市场营销中必须组合的四个最基本的策略,这就是后来俗称的 4P 理论。1967 年,菲利普·科特勒在其畅销书《营销管理:分析、计划、执行与控制》中进一步确认了以 4P 理论为核心的营销组合方法,此后随着该书的全球畅销,4P 理论也得到了广泛的传播并为全球营销界所接受。

4P 理论的提出奠定了市场营销的基本理论框架。4P 是企业市场营销过程中可以控制的因素,也是企业进行市场营销活动的主要手段,形成了企业市场营销的策略体系。4P 理论简洁而具有操作性,因此得到业界广泛的传播和应用。但 4P 理论是企业导向的,是站在企业的角度思考和设计企业的营销策略。随着消费者主权运动的兴起,4P 理论表现出一定的时代局限性。

2. 服务营销——7P 理论

20 世纪 80 年代,服务营销在美国兴起,主要是研究解决服务企业、服务产品的营销问题。因为服务产品具有无形性、差异性、生产与消费不可分以及不可储存性,服务营销也具有自己的独立要素和营销特征。为此,美国服务营销学家布姆斯和毕纳在 1981 年提出了服务营销 7P 理论,认为在经典营销 4P 理论基础上,应该加入人员(People)、过程(Process)和有形展示(Physical Evidence)作为服务营销组合的核心构成要素,以解决服务企业面临的营销问题。

服务营销以消费者需求为核心,以追求消费者满意为目的,并力求为消费者提供超值的服务和价值,因此,7P 理论实质上是消费者导向的营销理论。

3. 大市场营销——6P 理论

菲利普·科特勒后来发现,4P 理论在一些国家的应用遇到了困难,特别在一些政治力量强势,政治因素影响市场发展比较显著的国家和地区。比如,集团消费、政府采购等。1986 年,菲利普·科特勒提出了大市场营销理论,即 6P 理论。即在原来 4P 理论的基础上增加了政治权力(Politics Power)和公共关系(Public Relation),用以解决这些国家或地区的市场壁垒问题,菲利普·科特勒称之为大市场营销。

大市场营销强调在市场营销过程中,不仅仅要考虑市场环境因素,还要考虑政治因素和社会因素。营销者必须借助政治技巧和公共关系技巧,以便在全球市场上更为有效地开展市场营销活动,特别是在一些特殊的地区市场。

4. 战略营销——10P 理论

随着对营销战略的重视,菲利普·科特勒在其大市场营销的 6P 之外,又加上了 4P,即探查(Probing)、划分(Partitioning)、优先(Prioritizing)、定位(Positioning),形成一个比较完整的 10P 营销组合理论。

菲利普·科特勒认为,只有在做好营销战略计划的基础上,营销战术组合的制定才能顺利进行。因此,为了更好地满足消费者的需要,并取得最佳的营销效益,营销人员必须精通产品、价格、渠道和促销四种营销战术;为了做到这一点,营销人员必须事先做好探查、划分、优先和定位四种营销战略;同时还要求营销人员必须具备灵活运用公共关系和政治权力这两种营销技巧的能力,才能使企业营销更全面、更有效。

(二)4C 理论的提出

1990 年,美国学者劳特朋从消费者的角度出发,提出了与传统营销的 4P 理论相对应的 4C 理论,即消费者的需要与欲望(Customer wants and needs)、顾客愿意付出的成本(Cost)、顾客购买的便利(Convenience)和与消费者沟通(Communication)。

根据 4C 理论,企业的一切营销活动都应该从 4C 的角度去设计,都应该首先考虑消费者。按照整合营销专家舒尔茨的说法就是:多想想消费者的需要与欲望,而不只是企业的"产品";多想想消费者满足自己所愿支付的成本,而不只是企业产品的"价格";多想想消费者获得满足的便利性,而不只是企业用什么"渠道"销售产品;多想想如何与消费者沟通,而不只是企业的单方面"促销"。因此，4C 理论是消费者导向的。

4C 理论的提出引起了营销传播界及工商界的极大反响，从而也成为后来整合营销传播理论的核心。我国一些营销界人士也认为，4C 理论只是一种营销理念，缺乏可操作性，企业应该用 4C 理论来思考，用 4P 理论来构建营销策略体系。4C 理论是站在消费者的角度上来看问题，决定企业的未来发展；而 4P 理论是站在企业的角度来看问题，把握着企业的现在。4P 理论和 4C 理论是可以兼顾的，是可以融合的。具体做法是：

(1) 当企业决定生产什么产品的时候，要考虑消费者的需要和欲望；
(2) 当企业为产品制定价格体系的时候，要考虑消费者愿意付出的成本；
(3) 当企业设计销售渠道的时候，要考虑能否尽可能给消费者带去方便；
(4) 当企业选择促销方式的时候，是否尽可能做到与消费者的双向沟通。

(三) 4R 理论的兴起

4C 理论主张以消费者需求为导向，但消费者需求有一个合理性的问题，企业也存在一个承受力问题。消费者总是希望物美价廉，特别在价格上要求越低越好，但是如果这样的话企业就会付出更大的成本，久而久之就会影响企业的持续发展。

针对这个问题，美国西北大学的舒尔茨教授提出了基于关系营销视角的 4R 营销理论，即关联(Relevancy)、反应(Response)、关系(Relationship)、回报(Reward)，这个新的营销四要素理论即 4R 理论。

4R 理论侧重于用更有效的方式在企业和消费者之间建立起有别于传统的新型关系。4R 理论根据市场不断成熟和竞争日趋激烈的形势，着眼于企业与消费者的互动与双赢关系，体现和落实了关系营销的思想。因此，4R 理论是关系导向的。

二、市场营销观念的演进

所谓市场营销观念，是企业在开展市场营销管理的过程中，在处理企业、顾客和社会三者利益方面所持的态度、思想和观念。现代企业的市场营销观念的演进一般可归纳为：生产观念、产品观念、推销观念、市场营销观念和社会营销观念。其中，生产观念、产品观念和推销观念通常被称为传统观念，市场营销观念和社会营销观念属于现代观念。

(一) 生产观念

生产观念是在商品经济不发达时期的一种营销观念，也是指导企业营销行为最古老的观念之一。生产观念认为，企业只要集中全力，增加产量，降低成本，多产多销就能获得更大的利润。显然，生产观念是一种重生产、轻营销的商业哲学。

市场营销观念的演进

生产观念是在卖方市场条件下产生的。我国在计划经济旧体制下，由于市场产品短缺，企业不愁其产品没有销路，企业在其经营管理中也奉行生产观念。

(二) 产品观念

产品观念认为，消费者喜欢那些质量优良的产品。因此，企业应致力于提高产品的质量，使本企业的产品达到尽善尽美。同时，抱着"皇帝的女儿不愁嫁""酒香不怕巷子深"的想法，认为只要产品好，不愁没销路，只有那些质量差的产品才需要推销。

产品观念是以消费者会选择价格相同而质量最好的产品为假设前提,是把企业经营管理的重点放在提高产品质量上的一种营销观念。这种观念虽较生产观念略进了一步,但其实质同样是以生产为中心,以产品求利润。奉行的仍然是"企业能生产什么,消费者就买什么"的经营原则。

产品观念很容易导致"营销近视症"。例如,爱立信21世纪初在中国市场的失败(后来与索尼合资东山再起)就是产品观念的一个典型例子,他们过分迷恋自己的产品质量而忽视了市场需求的变化,忽视了新产品的开发与创新。

(三)推销观念

推销观念又称销售观念,认为商务成功依靠的是比竞争对手更有效的推销。他们关心的问题不是"顾客需要什么",而是"我们如何使顾客购买我们的产品"。因此,企业必须积极推销和大力促销,以刺激消费者大量购买本企业产品。推销观念在现代市场经济条件下被大量用于推销那些非渴求物品,即购买者一般不会想到要去购买的产品或服务。许多企业在产品过剩时,也常常奉行推销观念。

推销观念产生于资本主义国家由"卖方市场"向"买方市场"过渡的阶段。推销观念同样是企业导向的。

(四)市场营销观念

市场营销观念是对上述诸观念的挑战而出现的一种新型的企业经营哲学。市场营销观念认为,实现企业各项目标的关键在于正确确定目标市场的需要和欲望,并且比竞争对手更有效地传送目标市场所期望的产品或服务,比竞争对手更有效地满足目标市场的需要和欲望,进而实现公司的经营目标。一句话,企业在产品开发、定价、分销、市场推广等经营活动中都要以顾客的需要为中心,以满足顾客的需求为目的。

市场营销观念主要包括如下几方面的核心思想:

1. 注重顾客需求

树立"顾客需要什么,就生产、经营什么"的市场营销观念,不仅要将顾客的需求作为企业营销的出发点,而且要将满足顾客的需求贯穿于企业营销的全过程,渗透于企业的各个部门,成为各部门工作的准则。不仅要了解和满足顾客的现实需求,而且要了解和满足顾客的潜在需求,根据市场需求的变化趋势调整企业的营销战略,以适应市场的变化,求得企业的生存与发展。

2. 坚持全面、整体的营销

市场营销观念要求企业在市场营销中,必须以企业营销的总体目标为基础,协调运用产品、品牌、价格、渠道、促销、服务等市场因素,整合企业各个职能部门协同开展营销活动,从各个方面来满足顾客的整体需求。

3. 谋求长远市场利益

市场营销观念要求企业不仅要注重当前的利益,更要重视企业的长远利益。在营销中不仅要满足顾客的需要,而且要使顾客满意,从而树立企业的良好形象,争取重复购买者。因此,企业在市场营销中,不仅要注重产品的生产和销售,而且要注重营销服务。把服务贯穿在企业生产经营的全过程,而且贯穿始终。一个循环的结束是另一个新的循环的开始,从而推动企业经营管理水平的不断提高。

> **知识链接**
>
> ### 绿色营销观
>
> 绿色营销观念认为,企业在营销活动过程中,要顺应时代可持续发展战略的要求,注重地球生态环境保护,促进经济与生态环境协调发展,以实现企业利益、消费者利益、社会利益以及生态环境利益的协调统一。具体包括:
> (1)选择产品及技术时,考虑尽量减少环境污染;
> (2)考虑产品生产过程的安全性及其对环境的影响;
> (3)原料采集、包装设计与消耗要考虑对环境的影响;
> (4)产品分销过程、促销活动与价格制定都要考虑环保要素。
> 总体来讲,绿色营销更多的是一种经营理念,而不是一种操作策略。

(五)社会营销观念

鉴于营销观念强调满足顾客需求,势必回避了消费者需要、消费者利益和长期社会福利之间隐含着的利益冲突,正因为如此,1971年,杰拉尔德·扎特曼和菲利普·科特勒提出了"社会营销"的概念,促使人们将营销原理运用于环境保护、计划生育、改善营养、使用安全带等具有重大推广意义的社会目标方面。

社会营销观念认为,企业的任务是确定各个目标市场的需要、欲望和利益,并以保护或提高消费者和社会福利的方式,比竞争者更有效、更有利地向目标市场提供能够满足其需要、欲望和利益的产品或服务。社会营销观念要求营销管理者在制定营销决策时,要统筹兼顾三方面的利益,即企业利润、消费者需要的满足和社会利益,不断强化企业社会责任(Corporate Social Responsibility,CSR)意识。譬如,格力的"让天空更蓝,让大地更绿"、农夫山泉的"我们不生产水,我们只是大自然的搬运工",都体现了当今社会营销意识。

社会营销观念的提出是具有国际意义的。这一概念提出后,得到了许多国家和有关组织的广泛重视,一些国际组织也开始承认和运用这一理论。

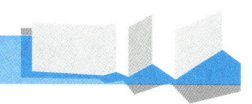

> **知识链接**
>
> ### 企业社会责任
>
> 企业的社会责任意味着企业在创造利润、实现股东利益最大化的同时,应该考虑到利益相关者的利益,承担对社会和环境的责任,包括遵守商业道德、诚信经营、安全生产、保护生态、节约能源、维护劳动者权益、遵纪守法等。企业社会责任有两点要求:
> (1)企业要同时履行经济责任、法律责任、伦理责任、慈善责任;
> (2)企业经营要兼顾企业主、利益相关者、全社会的利益"协调平衡"。

第三节　目标市场营销战略

营销战略的选择与定位是制定相关营销策略的基石。目标市场营销战略主要包括市场细分、目标市场选择、市场定位等三方面的内容。目标市场营销战略的逻辑结构如图 5-1 所示。

市场细分 (Segmentation) → 目标市场选择 (Targeting) → 市场定位 (Positioning)

图 5-1　目标市场营销战略的逻辑结构

一、市场细分

市场细分的概念是 20 世纪 50 年代中期，由美国市场营销学家温德尔·史密斯（Wendell Smith）提出来的，是买方市场环境下顾客需求导向的一种现代营销新观念。

（一）市场细分的含义

市场细分是指营销者依据消费者的需求、购买行为和购买习惯等方面的差异性特征，把某一产品的整体市场划分为若干个子市场（消费群）的过程。每一个消费群就是一个细分市场，每一个细分市场都由具有类似需求倾向的消费者群体所构成。因此，属于同一细分市场的消费者，他们的需求具有共性特征；属于不同细分市场的消费者对同一产品的需求存在着显著的差异。

例如，对购买牙膏的消费者进行分析，有的注重洁齿，有的注重牙膏的口味和外观，有的寻求的利益是防蛀，有的希望治疗牙龈肿痛，有的注重经济实惠的价格。每一种群体都有其特定的人口统计学的特征和心理特征，购买牙膏所追求的利益取向也存在显著差异，因此，牙膏企业才可以根据不同细分群体的需求特点生产出具备不同功能特色的牙膏，如纳爱斯儿童营养牙膏、冷酸灵牙膏、云南白药牙膏、竹盐牙膏等。

（二）市场细分的作用

市场细分的理论基础在于消费者需求的多样性、企业资源的稀缺性和企业竞争的残酷性。市场细分是现代营销的大势所趋，市场细分的作用主要体现在以下几个方面：

1. 有利于发现市场机会，开拓新市场

通过市场细分，企业可以对每一个细分市场的购买潜力、满足程度、竞争情况等进行分析对比，探索出有利于本企业进入的市场机会，使企业及时做出投产、营销决策或根据本企业的情况制订新产品开拓计划，以便掌握产品更新换代的主动权，以更好适应市场的需要。

例如，拜耳医药将患感冒的人群细分为可以打瞌睡和不可以打瞌睡两大类，通过科技创新开发出吃了不打瞌睡的"白加黑"感冒药，提出了"白天吃白片不瞌睡，晚上吃黑片睡得香"的差异化营销主张,满足了这部分特殊人群的需求,赢得了细分市场,实现了企业的增长与发展。

2. 有利于选择目标市场和制定营销组合策略

市场细分后的子市场比较具体,容易把握消费者的需求,企业可以根据自己的经营思想、方针及生产技术和营销力量,确定自己的目标市场营销策略。针对较小的目标市场,便于企业制定特殊的营销策略。同时,在细分的市场上,企业容易了解和处理信息,一旦消费者的需求发生了变化,企业可以迅速改变营销策略,制定相应的对策,以适应市场情况的变化,提高企业的应变能力。

3. 有利于集中企业的人力、财力、物力投入目标市场经营

任何一个企业的人力、财力、物力等资源都是有限的,通过市场细分,企业选择了适合自己的目标市场,就可以集中人、财、物等资源,采取集中化的经营策略,以争取局部市场上理想的利益回报。

4. 有利于提高企业经济效益和增强企业竞争力

上述三个方面的作用都能使企业提高经济效益。此外,企业细分市场后,可以针对选择的目标市场,生产出适销对路的产品,既能满足市场需求,又可提高产品质量、降低成本和增加企业的收入,从而全面提高企业的经济效益和市场竞争力。

(三)市场细分的标准

消费者市场上的顾客需求差异性非常大,受外界因素影响也十分深远,因此没有一个绝对的方法或者依据来对消费者市场进行市场细分。各个行业、各个企业应该根据自身以及外部环境采取不同的划分依据。一般而言,消费者市场可以从地理、人口、心理和行为四个方面进行细分,每个方面又分别包括一系列的细分变量。

1. 地理细分

地理细分(Geographic Segmentation)就是按消费者所在的地理位置、气候等因素来细分市场。因为处在不同地理环境下的消费者,对于同一类产品往往会有不同的需要与偏好。例如,以饮食的口味偏好来说,云、贵、川地区的人们喜爱吃辣椒,经营辣味饮食较合适,因为这些地区冬季阴冷、潮湿,辣椒有活血、祛风之功效。地理细分的细分市场见表5-2。

表5-2 地理细分的细分市场

地理细分	细分市场
地理位置	东北、华北、西北、华南等
气候	南方、北方、亚热带、热带、寒带等
城乡状况	都市、郊区、乡村等
城市规模(人口)	特大城市、大城市、小城市等 0.5万人以下、0.5万人~2万人、2万人~5万人、5万人~10万人、10万人~25万人、25万人~50万人、50万人~100万人、100万人~400万人、400万人以上

2. 人口细分

人口细分(Demographic Segmentation)就是按年龄、性别、民族、职业、家庭收入、家庭人口、家庭生命周期、教育程度、宗教等人口因素,将市场划分为不同的细分群体。由于人口因素特征显著,又比其他变量更容易测量,且适用范围比较广,因而人口细分一直是消费者市场细分的主要标准和思路。人口细分的细分市场见表5-3。

表5-3　　　　　　　　　　　　　人口细分的细分市场

人口细分	细分市场
年龄	婴儿、学龄前儿童、学龄儿童、少年、青年、中年、老年等
性别	男、女
民族	汉族、满族、维吾尔族、回族、蒙古族、藏族、瑶族、土家族、白族等
职业	职员、教师、科研人员、文艺工作者、企业管理人员、私营企业主、工人、离退休人员、学生、家庭主妇等
家庭收入(年)	1000元以下、1000~10000元、10000~20000元、20000~30000元、30000~50000元、50000元以上等
家庭人口	1~2人、3~4人、5人及5人以上
家庭生命周期	年轻单身;年轻已婚无小孩;年轻已婚,小孩6岁以下;年轻已婚,小孩6岁以上;已婚,儿女18岁以下;已婚,儿女18岁以上等
教育程度	小学程度以下、小学程度、初中程度、高中程度、大学程度等
宗教	佛教、道教、基督教、天主教、伊斯兰教、犹太教等
种族	白色人种、黑色人种、黄色人种、棕色人种等
国籍	中国人、美国人、英国人、加拿大人等

3. 心理细分

心理细分(Psychographic Segmentation)就是将消费者按其生活方式、人格特征、社会阶层等心理因素细分成不同的群体。心理细分的细分市场见表5-4。

表5-4　　　　　　　　　　　　　心理细分的细分市场

心理细分	细分市场
生活方式	平淡型、时髦型、知识型、名士型
人格特征	外向型或内向型、理智型或冲动型、积极型或保守型、独立型或依赖型等
社会阶层	上层、中层、下层等

4. 行为细分

行为细分(Behavioral Segmentation)就是按照消费者购买或使用某种产品的购买时机与频率、追求的利益、使用者情况、使用率、忠诚度、购买态度等因素来细分市场。行为细分的细分市场见表5-5。

表5-5　　　　　　　　　　　　　行为细分的细分市场

行为细分	细分市场
购买时机与频率	日常购买、特别购买、节日购买、规则购买、不规则购买等
追求的利益	廉价、时髦、安全、刺激、新奇、豪华、健康等
使用者情况	从未使用者、曾经使用者、潜在使用者、初次使用者、经常使用者等
使用率	很少使用者、中度使用者、大量使用者等
忠诚度	完全忠诚者、适度忠诚者、无品牌忠诚者等
购买态度	狂热、喜欢、无所谓、不喜欢、敌视等

这里需要说明的是,不管采用什么标准进行市场细分,都应考虑细分的有效性或效益性,防止过度细分,由此,市场细分应该遵循可进入性、可衡量性、可营利性、稳定性的原则。

二、目标市场选择

目标市场是企业决定作为自己服务对象的有关市场,包括目标地域和目标顾客群两层含义。可以是某个细分市场,若干细分市场的集合,也可以是整个市场。每个企业服务的都只是市场上的部分顾客,因此,善于寻找最有吸引力,并能为之提供最有效服务的特定顾客,才能有效营销,事半功倍。企业通过评估细分市场,将决定进入哪些细分市场,即选择目标市场。

(一)细分市场评估

不同细分市场往往具有不同的市场潜力与特征,市场细分揭示了企业面临的潜在市场机会,因而需要在目标市场选择和定位前对各细分市场进行评估。

1. 细分市场的规模和发展潜力

潜在的细分市场必须具有一定的市场规模和发展潜力,才能为企业提供生存和持续发展的空间。一方面,企业的市场细分需要在差异化和规模化之间寻找平衡,确保细分市场既有个性化的服务需求,同时又具有较为稳定的规模。除了考虑细分市场的存量规模,还要考虑细分市场的增量潜力。

2. 细分市场的获利水平

好的细分市场不但需要具备理想的规模和增长率,还要能提供理想的获利水平。细分市场的竞争状况、经济发展水平、居民消费特征、购买力、顾客的议价能力、当地经济发展政策等,将决定着该细分市场的获利水平。

3. 企业的经营目标与资源优势

根据资源基础理论,企业的发展目标和资源水平是决定该企业进行细分市场选择的关键内部条件,企业必须选择与自身发展目标相匹配且自身资源能力可以达到要求的细分市场进入,才能确保经营成功。

(二)目标市场战略选择

企业在选择目标市场时,有五种可供考虑的市场覆盖模式:市场集中化;产品专业化;市场专业化;选择专业化;市场全面化。

1. 市场集中化

市场集中化是一种最简单的目标市场模式,即企业只选取一个细分市场,只生产一类产品,供应某一单一的顾客群,进行集中营销。如天津的大麻花、狗不理包子等。

选择市场集中化模式一般基于以下情况:限于资金能力,只能经营一个细分市场;企业具备在该细分市场从事专业化经营或取胜的优势条件;该细分市场中没有竞争对手;准备以此为出发点,取得成功后向更多的细分市场扩展。

2. 产品专业化

产品专业化是指企业集中生产一类产品,并向各地区各类顾客销售这种产品。例如,高露洁只生产牙膏、牙刷等一个大类的口腔清洁用品,向全球若干个国家和地区销售。

产品专业化模式的优点:企业专注于某一种或一类产品的生产,有利于形成和发展产品优势,在该领域树立专业形象。其局限性:当该领域被一种全新的技术与产品所代替时,产品销售量有大幅度下降的风险。

3. 市场专业化

市场专业化是指企业专门经营满足某一特定顾客群体需要的各种产品。比如,某工程机械公司专门向建筑业用户供应推土机、起重机、打桩机、水泥搅拌机等建筑工程机械设备。

市场专业化经营的产品类型众多,能有效地分散经营风险。但是,由于集中于某一类顾客,当这类顾客的需求下降时,企业也会面临收益下降的风险。

4. 选择专业化

选择专业化是指企业选取若干个具有良好的盈利潜力和结构吸引力,且与企业的经营目标和资源情况相匹配的细分市场作为目标市场进行选择性经营。其优点是可以有效地分散经营风险,即使某个细分市场盈利情况不佳,仍可在其他细分市场取得回报。当然,采用选择专业化模式的企业应具有较丰富的资源和较强的经营实力。

5. 市场全面化

市场全面化是指企业生产多种产品去满足各类顾客群体的多种需要。一般来说,这种模式对公司资源与能力形成巨大的挑战,只有实力雄厚的大型企业选用这种模式,才能收到良好效果。一些大型跨国集团,如通用公司、联合利华等采取了这种战略。

(三)目标市场营销决策

企业为选定的目标市场制定营销策略时,也有三种典型的决策可以选择。目标市场营销决策如图 5-2 所示。

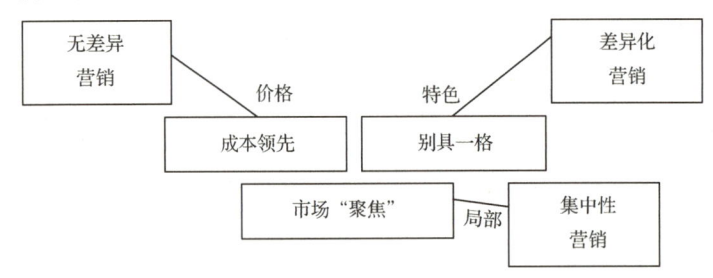

图 5-2 目标市场营销决策

1. 无差异营销

无差异营销是把整体市场看作一个大的目标市场,不进行细分,用一种产品、统一的市场营销组合对待整体市场。

实行无差异营销的一种情况是:从传统的产品观念出发,强调需求的共性,忽视需求的差异。强调企业为整体市场生产标准化产品,并实行无差异的市场营销策略。在20世纪60年代前,美国可口可乐公司一直奉行无差异营销,以单一的品种、标准的瓶装和统一的广告宣传,长期占领世界非酒类饮料市场。在大量生产、大量销售的产品导向时代,企业采用无差异营销也可获得良好的经营业绩。

实行无差异营销的另一种情况是:企业经过市场调研之后,认为某些特定商品的消费者需求大致相同或差异较少,比如食盐等,因此可以采用无差异营销。

采用无差异营销的优势:

(1)最大优点是成本的经济性,大批量的生产销售,能够降低单位产品成本;

(2)无差异的广告宣传可以减少促销费用;

(3)不进行市场细分,也相应减少了市场调研、产品研制与开发以及制定多种市场营销策略、战术方案等带来的成本开支。

采用无差异营销的局限：无差异营销对市场上绝大多数产品都是不适宜的，因为消费者的需求偏好极其复杂且有差异，产品或品牌能够受到市场普遍欢迎的情况是很少的，缺少了产品或经营的创新必然没有市场活力。

2. 差异化营销

差异化营销是把整体市场划分为若干个细分市场，然后根据企业的资源与营销实力选择部分细分市场作为目标市场，并为各目标市场制定不同的市场营销组合策略。

差异化营销的最大优点：可以有针对性地满足具有不同特征的顾客群的个性化需求，能够提高产品的市场竞争能力和顾客的满意度。

差异化营销的最大缺点：由于产品种类、分销渠道、广告宣传的扩大化与多样化，市场营销费用也会大幅度增加。所以，无差异营销的优势基本上成为差异化营销的劣势。同时，在成本和销售额上升时，该策略的市场效益并不一定同步上升，因为存在新技术应用、新产品开发和新市场培育的风险。

差异化营销可以通过产品、服务、品牌定位、分销渠道以及人员等的差异来体现。

(1) 产品差异化。开发与众不同的产品，如荣昌肛泰、太太静心口服液等。

(2) 服务差异化。提供与众不同的服务，如海底捞的免费增值服务等。

(3) 品牌定位差异化。提出不同的品牌主张，如"美特斯邦威，不走寻常路"等。

(4) 分销渠道差异化。通过不同的渠道销售产品，如戴尔的直销等。

(5) 人员差异化。通过使用不同形象、素质的员工塑造差异，如华为的高学历员工等。

3. 集中性营销

集中性营销是指企业集中所有力量，以一个或少数几个特征相似的子市场作为目标市场，力图在较少的子市场上占较大的市场份额和形成竞争优势的策略选择。

实行集中性营销的企业，一般是资源有限的中小企业或初次进入该市场的大企业。由于服务对象比较集中，对一个或几个特定子市场有较深入的了解，而且在生产和经营方面容易实行专业化，可以比较容易地在这一特定市场取得有利的地位。如果子市场选择得当，企业实行集中性营销可以获得较高的投资收益率。

但实行集中性营销也有较大的风险性，因为目标市场范围比较狭窄，一旦市场情况突然变坏，企业可能陷入极端困境，即可能"在一棵树上吊死"。

三、市场定位

(一) 市场定位的概念

市场定位理论是20世纪70年代由里斯和特劳特提出来的。市场定位理论的出现，对世界营销理论和实践都产生了深刻的影响，被誉为"有史以来对美国营销影响最大的观念"。根据里斯和特劳特的界定：市场定位就是确定产品或品牌最终要在消费者心目中建立的位置，显示出与竞争对手不同的特性。

今天的市场上，产品的同质化越来越严重，提供物增多，视觉混乱，加上信息大爆炸和信息泛滥，使得消费者的注意力分散并具有显著的选择性。企业的产品或品牌要能引起消费

关于市场定位

者的注意,必须具有显著而独特的定位,这是市场定位的前提。因为,在这个传播过度的丛林里,获得大成功的唯一希望是缩小目标、分门别类。简言之,就是市场定位。

具体来讲,市场定位就是企业根据目标市场上同类产品的竞争状况,针对顾客对该类产品某些特征或属性的重视程度,为本企业产品塑造强有力的、与众不同的鲜明个性,并将其形象生动地传递给顾客,求得顾客认同。事实上,定位作为一种营销战略,主张优势定位和差别化定位,以与竞争对手形成区隔和建立优势,从而在顾客心目中占有特殊的位置。

根据里斯和特劳特的观点,"市场定位并不是要你对产品本身做什么事情,市场定位是你对产品在未来潜在顾客的脑海里确定一个合理的位置,也就是把产品定位在你未来潜在顾客的心目中",因为"营销是一场战争,竞争对手是我们的敌人,我们要占领的阵地是消费者的头脑"。

(二)市场定位的依据

在现实的营销实践中,企业可以根据产品的属性、利益、价格、质量、用途、使用者、产品档次、竞争情况等多种因素或其组合进行市场定位。具体来讲,市场定位的依据主要包括以下几个方面:

1. 产品特色定位

构成产品内在特色的许多因素都可以作为市场定位所依据的原则,这种定位方法是将产品或品牌与其用途、应用情况相联系而进行定位。例如,"护彤,专治儿童感冒""利郎,商务休闲服饰"都属于此类定位。

2. 顾客利益定位

产品提供给顾客的利益是顾客最能切实体验到的,也可以用作定位的依据。例如,沃尔玛连锁超市强调"天天平价""顾客满意"的经营理念,吸引了很多精打细算的顾客。顾客利益定位包括:

(1)功能型利益定位,如"立白不伤手";

(2)情感型利益定位,如"孔府家酒,让你想家";

(3)自我表现利益定位,如中国移动的"我能"等。

3. 使用者定位

使用者定位就是针对不同的产品使用者进行定位,从而把产品引导给某一特定顾客群。比如,强生的"婴儿润肤露",万宝路香烟,宝洁的"海飞丝,去头屑"以及太太口服液等。

4. 使用场合定位

为老产品寻找一种新用途是为产品创造新的市场定位的好方法,这种定位方法是将产品或品牌与其使用场合联系起来。例如,蒙牛早餐奶的定位等。

5. 竞争情况定位

突出本企业产品与竞争者同档产品的不同特点,通过评估选择,确定对本企业最有利的竞争优势加以开发。如"会稽山黄酒,绍兴人最爱喝的黄酒"等。

(三)市场定位的步骤

市场定位的关键是企业要塑造自己的产品、服务或品牌相对竞争者更具有竞争优势的

特性。企业市场定位的过程可以通过以下三大步骤来完成:

1. 确立本企业的竞争优势

这一步骤的中心任务是要回答以下三大问题:

(1)竞争对手的产品定位如何;

(2)目标市场上足够数量的顾客欲望满足程度如何以及还需要什么;

(3)针对竞争者的市场定位和潜在顾客真正需要的利益要求,企业应该做什么、能够做什么。

通过回答上述三个问题,企业就可以从中确定自己的竞争优势。

2. 选择相对竞争优势

相对竞争优势表明的是企业优于竞争者的现实和潜在能力。准确地选择相对竞争优势是一个企业各方面实力与竞争者的实力相比较的过程。企业定位通常需要分析、比较企业与竞争者的优势与劣势,以便准确地选择相对竞争优势作为定位的落脚点。

3. 明确显示独特的竞争优势

这一步骤的主要任务是通过一系列的宣传促销活动,将企业独特的竞争优势准确传播给潜在顾客,并在顾客心目中留下深刻印象。为此,企业首先应使目标顾客了解、熟悉、认同和偏爱本企业的市场定位。其次,企业应通过加倍努力保持目标顾客的认同态度和加深目标顾客的偏好感情。最后,企业应时刻关注目标顾客对其市场定位的理解可能出现的偏差或其他原因造成的认识混乱或误会,及时纠正与市场定位不一致的认识偏误。

(四)市场定位的策略

因为定位是要与竞争对手的产品、服务或品牌形成区隔,因此企业的定位都是相对于竞争态势而制定的。市场定位策略主要包括:避强定位、对抗定位和重新定位。

1. 避强定位

避强定位,顾名思义,即避开强有力的竞争对手,另辟蹊径,与对手错位竞争。其优点是:能够迅速地在市场上站稳脚跟,并能在消费者或用户心目中迅速树立起一种形象。由于这种定位策略的市场风险较少,成功率较高,一般为多数企业所采用。

2. 对抗定位

对抗定位是一种与在市场上占据支配地位的竞争对手"对着干"的定位策略。显然,这种定位有时会产生危险,但不少企业认为能够激励自己奋发上进,一旦成功就会取得巨大的市场优势。例如,可口可乐与百事可乐之间持续不断地争斗,"肯德基"与"麦当劳"对着干等。实行对抗定位,必须知己知彼,尤其应清醒估计自己的实力,不能盲目对抗。

3. 重新定位

重新定位是对销路少、市场反应差的产品进行二次定位,或者是因为市场环境的变化而对原来定位的调整。如万宝路香烟从原来女人的香烟通过引入美国西部牛仔形象而重新定位为男人的香烟;王老吉从原来的"凉茶"重新定位为"下火的饮料"等,都是重新定位获得新生的经典。需要指出的是,产品重新定位是一项复杂而系统的工作,也是一件充满风险的工作。所以,任何企业要进行重新定位,都需要认真考虑。

第四节　市场营销组合策略

一、产品策略

产品是指能提供给市场,用于满足人们某种欲望和需要的任何事物,包括实物、服务、场所、组织、思想、注意等。产品有有形产品与无形产品、工业品与消费品、快速消费品与耐用消费品等区分方式。根据营销大师菲利普·科特勒的观点,现代产品概念包括:商品、服务、体验、事件、人物、地点、财产权、组织、信息、观念等,产品概念具有泛化的趋势。

(一)产品的整体概念

菲利普·科特勒将产品的整体概念分为核心产品、形式产品、期望产品、潜在产品、附加产品五个方面。为方便理解和掌握,本教材根据国内业界认知惯例将产品的整体概念简单划分为三个基本层次:核心产品、形式产品、附加产品。产品的整体概念如图 5-3 所示。

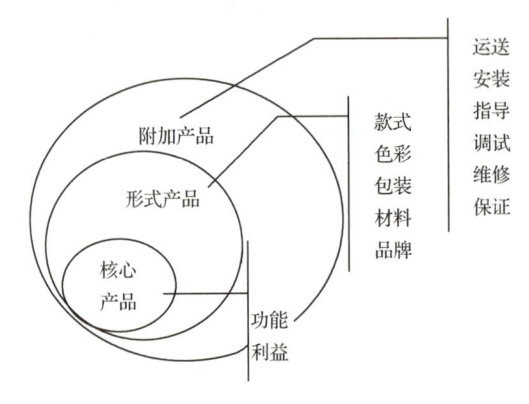

图 5-3　产品的整体概念

1. 核心产品

核心产品是指消费者购买某种产品时所追求的利益,是顾客真正要买的东西,因而在产品整体概念中是最基本、最主要的部分。消费者购买某种产品,并不是为了占有或获得产品本身,而是为了获得能满足某种需要的效用或利益。例如,人们购买汽车是为了满足自身交通的需要,购买手机是为了满足自己通信或者娱乐的需要。换言之,企业形式上是出售产品,但是本质上是出售给顾客核心利益或者服务。核心产品是无形的,它只有在消费者使用时才能体现出来。

2. 形式产品

形式产品是核心产品的载体,即向市场提供的实体和服务的可识别的形象表现。营销者必须借助载体将核心产品送给消费者,而形式产品正是这一载体。如果形式产品是实体物品,则它在市场上通常表现为产品质量水平、外观特色、式样、品牌名称和包装等。而诸如服务这类产品的形式产品是指这项服务所采用的活动方式,包括服务设施、环境等。企业的营销者应首先着眼于顾客购买产品时所追求的利益,以求更完美地满足顾客需要,从这一点出发再去寻求利益得以实现的形式,进行产品设计。

3. 附加产品

附加产品是指顾客购买形式产品时所获得的除基本功能和基本属性外的全部附加服务和利益,包括提供信贷、免费送货、质量保证、安装、售后服务等。一般情况下,如果企业不提供产品的附加利益,顾客也是可以得到核心利益的。不过如果产品能够提供附加利益,那么顾客就能更好地享用核心产品。附加产品的概念源于对市场需要的深入认识,因为购买者的目的是满足某种需要,他们希望得到与满足该项需要有关的一切。

例如,一个旅馆的产品整体概念包括:核心产品即核心利益,是顾客真正需要的基本服务或利益,如休息与睡眠;形式产品是实现核心利益所必需的基础产品或载体,如床、浴室、毛巾、衣柜、厕所等;附加产品,即提供超过顾客期望的服务和利益,以便把公司的提供物与竞争者的提供物区别开来,如电视机、网络接口、洗衣、结账快捷、美味的晚餐、优良的服务等。

（二）产品组合

对于企业来说,不能仅仅经营单一的产品。当然,企业的产品也并不是经营得越多越好,于是就面临着如何经营自己所有产品的问题,也就是产品组合问题。

1. 产品组合及其相关概念

产品组合是指一个企业生产或经营的全部产品线、产品项目的组合方式,它包括四个主要变量:长度、宽度、深度和关联度。其中,产品线是指产品类别中具有密切关系的一组产品项目。产品项目(又称产品品种)是指某一品牌或产品大类中由价格、外观及其他属性来区别的具体产品规格。产品组合通常用长度、宽度、深度和关联度等指标来衡量。

产品组合的长度是指一个企业的产品组合中所包含的产品项目的总数。

产品组合的宽度是指一个企业有多少产品线。

产品组合的深度是指产品线中有多少种不同花色、品种、规格的产品项目。

产品组合的关联度是指一个企业的各产品线在最终使用、生产条件、分销渠道等方面的密切相关程度。

例如,表 5-7 中产品组合的长度是 15,宽度是 5,深度分别是 5、3、3、2、2。

表 5-7　　　　　　　　　　宝洁公司的部分产品组合

洗发、护发用品	香皂	沐浴露	护肤品	洗衣用品
飘柔 海飞丝 潘婷 沙宣 伊卡璐	舒肤佳 玉兰油 激爽	舒肤佳 玉兰油 激爽	玉兰油 SK-Ⅱ	碧浪 汰渍

企业增加产品组合的宽度,可以充分发挥企业的特长,使企业(尤其是大企业)的资源、技术得到充分利用,提高经营效益,因为实行多角化经营还可以减少风险。企业增加产品组合的长度和深度,如增加产品的花色、式样、规格等,可以迎合广大消费者的不同需要和爱好,以招徕和吸引更多顾客。企业增加产品组合的关联度,则可以提高企业在某一地区、某一行业的市场地位,充分发挥企业的核心技术、生产和销售能力优势。

2. 产品组合的优化和调整

企业在调整和优化产品组合时,依据不同的情况可选择如下策略。

(1)扩大产品组合。扩大产品组合包括拓展产品组合的宽度和增加产品组合的长度。前者是在原产品组合中增加一个或几个产品线,扩大产品范围;后者是在原有产品线内增加新的产品项目。当企业预测现有产品大类的销售额和利润额在未来一段时间内有可能下降时,就应考虑在现行产品组合中增加有发展潜力的新的产品线;当企业打算增加产品特色或为更多的细分市场提供产品时,则可选择在原有产品线内增加新的产品项目。

(2)缩减产品组合。当市场不景气或原料、能源供应紧张时,缩减产品组合反而可能使总利润上升。因为从产品组合中剔除了那些获利小甚至亏损的产品线或产品项目,可以使企业集中力量发展获利多的产品线和产品项目。通常情况下,企业的产品大类有不断延长的趋势,因为生产能力过剩迫使产品线经理开发新的产品项目;中间商和销售人员要求增加产品项目以满足顾客需要;企业为了追求更高的销售和利润而增加产品项目。

(3)产品线延伸。产品线延伸是指全部或部分地改变企业原有产品的市场定位。每个企业的产品都有其特定的市场定位,产品线延伸的主要方式包括向下延伸、向上延伸和双向延伸。其中,向下延伸是指企业原来生产高档产品,后来决定增加低档产品。向上延伸是指企业原来生产低档产品,后来决定增加高档产品。双向延伸是指原定位于中档产品的企业向产品线的上、下两个方向延伸,一方面增加高档产品,另一方面增加低档产品,从而扩大市场份额。理论上,通过产品线延伸可以增加产品和扩大销量,但也存在风险。向下延伸可能影响品牌的价值形象,向上延伸则考验品牌的承载力。

案例分析

派克向下扩展产品线的失误

派克笔质优价贵,曾经一度是身份和体面的标志,许多社会上层人士都喜欢带一支派克笔。然而,1982年新总经理上任后,利用派克品牌生产每支售价仅3美元的低档笔,结果,派克公司非但没有顺利打入低档笔市场,反而丧失了一部分高档笔市场。当年其市场占有率大幅下降,销售额及其竞争能力锐减。因为盲目利用原有品牌进行产品线扩展,毁坏了派克在消费者心目中的高贵形象,新顾客担心是假冒产品,老顾客感觉品牌贬值。正因如此,董事会不得不在来年重新调整产品线策略:只做中高端产品,价格逐年提升。

(三)产品生命周期

1. 产品生命周期的概念

产品生命周期是指产品从进入市场到被市场所淘汰的整个发展过程。典型的产品生命周期一般可分为四个阶段,即导入期、成长期、成熟期和衰退期(图5-4)。在产品生命周期的各个阶段,产品的销售量和利润都会发生一定规律性的变化。因此,企业需要在各

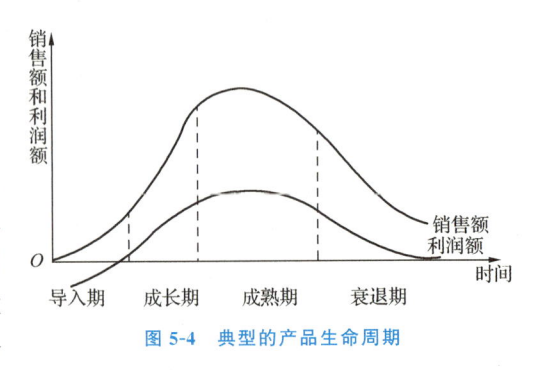

图5-4 典型的产品生命周期

个阶段制定不同的营销策略。

2. 产品生命周期不同阶段的市场特征

（1）导入期。新产品投入市场，便进入导入期。此时，顾客对产品还不了解，只有少数追求新奇的顾客可能购买，销售量很小。在这一阶段，由于市场及技术方面的原因，不能大批量生产产品，因而成本高，销售额增长缓慢，企业不但得不到利润，反而可能亏损。

（2）成长期。当产品在导入期的销售取得成功以后，便进入成长期。这时顾客对产品已经熟悉，大量的新顾客开始购买，市场逐步扩大。产品已具备大批量生产的条件，生产成本相对降低，企业的销售额迅速上升，利润也迅速增长。在这一阶段，竞争者看到有利可图，将纷纷进入市场参与竞争，使同类产品供给量增加。而同时期需求的迅速增长，使产品价格维持不变或略有下降，市场竞争逐渐加剧。

（3）成熟期。经过成长期以后，市场需求趋向饱和，潜在的顾客已经很少，销售额增长缓慢直至转而下降，标志着产品进入成熟期。这个阶段的持续时间一般长于前两个阶段，且市场竞争激烈，给营销管理层带来最难应对的挑战。

（4）衰退期。随着科学技术的发展，新产品或新的代用品出现，将使顾客的消费习惯发生改变，进而转向其他产品，从而使原来产品的销售额和利润额迅速下降。于是，产品进入衰退期。

3. 产品生命周期不同阶段的营销策略

（1）导入期的营销策略

在产品的导入期，一般可根据价格水平、促销水平两个变量制定不同的营销策略。产品导入期的营销策略选择如图 5-5 所示。

	促销水平 高	促销水平 低
价格水平 高	快速撇脂策略	缓慢撇脂策略
价格水平 低	快速渗透策略	缓慢渗透策略

图 5-5 产品导入期的营销策略选择

①快速撇脂策略

这种策略采用高价格水平、高促销水平，以求迅速扩大销售量，取得较高的市场占有率。采取这种策略必须有一定的市场环境，如大多数潜在消费者还不了解这种新产品；已经了解这种新产品的人急于求购，并且愿意按价购买；企业面临潜在竞争者的威胁。在这种情况下，应该迅速使消费者建立对自己产品的偏好。

②缓慢撇脂策略

以高价格水平、低促销水平的形式进行经营，以求得到更多的利润。这种策略可以在市场面比较小，市场上大多数的消费者已熟悉该新产品，购买者愿意出高价，潜在竞争威胁不大的市场环境下使用。

③快速渗透策略

实行低价格水平、高促销水平的策略，迅速打入市场，取得尽可能高的市场占有率。在市场容量很大，消费者对这种产品不熟悉，但对价格非常敏感，潜在竞争激烈，企业随着生产规模的扩大可以降低单位生产成本的情况下，适合采用这种策略。

④缓慢渗透策略

以低价格水平、低促销水平来推出新产品。这种策略适用于市场容量很大,消费者熟悉这种产品但对价格反应敏感,并且存在潜在竞争者的市场环境。

(2)成长期的营销策略

针对成长期的市场特点,企业为维持其市场增长率,延长获取最大利润的时间,可以采取下面几种营销策略:

①改善产品品质

例如,增加新的功能,改变产品款式等。对产品进行改进,可以提高产品的竞争能力,满足顾客更广泛的需求,吸引更多的顾客。

②寻找新的子市场

通过市场细分,找到新的尚未满足的子市场,根据其需要组织生产,迅速进入这一新的市场。

③改变广告宣传的重点

把广告宣传的重心从介绍产品转到建立产品形象上来,树立产品品牌,维系老顾客,吸引新顾客,使产品形象深入顾客心中。

④在适当的时机降价

可以采取适时的降价策略,以激发那些对价格比较敏感的消费者产生购买动机和采取购买行动。

(3)成熟期的营销策略

对成熟期的产品,只能采取主动出击的策略,使成熟期延长或使产品生命周期出现再循环。为此,可以采取以下三种策略:

①市场调整的策略

不是要调整产品本身,而是发现产品的新用途或改变推销方式等,以使产品销售量得以进一步扩大。

②产品调整的策略

以产品自身的调整来满足顾客的不同需要,吸引有不同需要的顾客。整体产品概念的任何一个层次的调整都可视为产品再推出。

③营销组合调整策略

通过对产品、定价、渠道、促销四个营销组合因素加以综合调整,刺激销售量的回升。例如,在提高产品质量、改变产品性能、增加产品花色品种的同时,通过特价、早期购买折扣、补贴运费、延期付款等方法来降价让利;扩展分销渠道,广设分销网点;调整广告媒体组合,变换广告时间和频率等,多管齐下进行市场渗透,扩大企业及产品的影响,维持和争取更多的顾客。

(4)衰退期的营销策略

①集中榨取策略

把企业能力和资源集中在最有利的细分市场和分销渠道上,从中获取利润。这样有利于缩短产品退出市场的时间,同时又能为企业创造更多的利润。

②市场收缩策略

大幅度降低促销水平,尽量降低促销费用,以增加目前的利润。这样可能导致产品在市场上的衰退加速,但也能从忠实于这种产品的顾客中得到利润。

③市场维持策略

继续沿用过去的策略,仍按照原来的细分市场,使用相同的分销渠道、定价及促销方式,直到这种产品完全退出市场为止。

④果断放弃策略

对于衰退比较迅速的产品,应该当机立断,放弃经营,以寻求另外的业务增长点。可以采取完全放弃的形式,如把产品完全转移出去或立即停止生产;也可以采取逐步放弃的方式,使其所占用的资源逐步转向其他产品。

(四)新产品

所谓新产品,是指与旧产品相比,具有新功能、新结构和新用途,能在某方面满足顾客新的需要的产品。新产品的分类有不同的方法,按照创新程度可以分为全新产品、换代产品和改良产品;按照所在地特征可以分为地区或者企业新产品、国内新产品和国际新产品;按照开发方式可以分为技术引进新产品、独立开发新产品和混合开发新产品。不过,一般来说,人们都是以创新程度分类法来进行辨识的。

1. 全新产品

全新产品是指完全应用新原理、新技术、新材料和新结构等研制推出的前所未有的新产品。例如,蒸汽机、电灯、电话、飞机、电视机、电冰箱、计算机、抗生素、化学纤维的研制成功并投入使用,在当时就属于全新产品。

这类产品的问世往往源于科学技术在某个方面所产生的重大突破,而它们的普及使用会极大地改善人们的生活。不过,它要求消费者必须进行相关知识的学习,改变原有消费模式。当然,全新产品的研制是一件相当困难的事情,需要技术、资金、时间的保证,还要承担巨大的投资风险,主要是技术成败的风险和市场教育的风险。

2. 换代产品

换代产品是指在原有产品的基础上,采用或部分采用新技术、新材料、新结构制造出来的产品。与原有产品相比,换代产品往往在产品外观、性能或者功能等方面有较大改进,从而为顾客带来了新的利益。随着科技的迅猛发展,产品更新换代呈现越来越快的趋势。换代产品出现后,将逐渐取代老产品并导致其被市场淘汰。例如,Windows 7 就是 Windows XP 的换代产品。

3. 改良产品

改良产品是指在原有产品基础上适当加以改进,使得产品在质量、性能、结构、造型等方面有所改善。这类新产品与原有产品差别不大,改进的难度不高,顾客购买改良产品后,基本上可以按原来的方式使用。这也说明,产品创新可以循序渐进,逐步改良。

而新产品开发过程一般由八个阶段构成,即寻求创意、甄别创意、形成产品概念、制定营销策略、营业分析、产品开发、市场试销和批量上市。

(五)新产品开发策略

企业为什么要不断开发新产品以满足市场需要和竞争需要,不外乎出于以下几种原因:现有产品已经进入其生命周期的中晚期,需要替代产品出现;目前消费需求发生了显著变化,原有产品不受欢迎;市场竞争情况加剧,需要开发新产品以提升市场竞争力;随着科学技

术的发展,需要与时俱进注入现代科技元素。新产品开发的主要策略包括:

(1)领先策略。企业在其他企业还未开发前抢先开发出全新产品,占领该产品线第一的位置。该策略如果成功能够帮助企业获得显著的市场地位和丰厚的回报,但要冒很大的市场风险:一是开发失败的风险,二是对企业的资金、人才提出挑战,三是新产品上市推广要投入较大的市场教育成本。如苹果率先研发出智能手机就属于此类。

(2)跟随超越策略。这种策略在于先跟踪调查发现市场上某种已经出现并且具有潜在发展势头的新产品,然后再采取学习、模仿、创新、超越的办法生产和大规模上市推广。该策略的要点在于技术引进与自行研制相结合,以跟随为先导,以超越为目标。该策略风险较小,但不具有太大的创新性,娃哈哈、统一等企业就主要采用这种策略。

(3)更新换代策略。这是一种非常普遍的新产品开发策略,即在老产品基础上,采用新技术、新材料、新工艺、新款式开发出具有更高技术性能、更新外在形式的新产品,以延长产品生命周期和增强产品的吸引力,这是一种较为稳健的新产品开发策略。比如金龙鱼的"第二代调和油"就是典型,强调其饱和脂肪酸的平衡,推广"1:1:1,更健康"。当今互联网产品大多采用这种策略,如微软的 Windows、Office 办公软件、360 杀毒软件等。

(4)系列延伸策略。这种策略也是一种较为常见的新产品开发策略,主要针对消费者使用某项产品时产生的连带新需求,推出有关联性的配套产品。其实质就是原有品牌的价值延伸与产品线拓展,目的是充分发挥原有品牌的市场价值。这一策略发现也较小,成功率高,但要控制适度。如李宁体育用品公司在原有李宁运动服(鞋)的基础上,介入李宁羽毛球运动装备(运动服、鞋、球拍及其配套设备),再介入李宁儿童服装(运动特性)。

二、品牌策略

(一)品牌的概念

1. 品牌的概念界定

品牌也是构成整体产品的一个组成部分,鉴于品牌在社会经济生活中越来越重要,本教材将品牌单列出来进行介绍。根据美国营销学会(AMA)对品牌的定义:品牌(Brand)是一个名称、术语、符号或图案设计,或者是它们的不同组合,用以识别某个或某群消费者的产品或服务,使之与竞争对手的产品和服务相区别。

其实,品牌并不只是一个名称或象征,品牌表达了消费者对一个产品以及其性能的认知和感受,表达了这个产品或服务在消费者心目中的意义。最终,品牌存在于消费者头脑中。因此,建立强势品牌的价值在于获得消费者的偏好和忠诚。

2. 品牌的内涵

品牌是生产经营者的利益承诺,它能促进销售;品牌能帮助维护消费者的权益;国家可通过品牌商标来监督商品质量;品牌是一种无形资产,它会帮助企业实现增值。品牌代表了一组利益、服务和质量的承诺。品牌的背后是文化,它具有丰富的内涵。

(1)属性

品牌代表着特定的商品属性,这是品牌最基本的含义。例如,奔驰汽车意味着工艺精湛、制造优良、昂贵、耐用、信誉好、声誉高、转卖价值高、行驶速度快、品质高等。这些属性是奔驰生产经营者广为宣传的重要内容。多年来奔驰的广告一直强调"全世界无可比拟的工艺精良的汽车",奔驰汽车代表着一种高档的交通工具。

(2)利益

品牌体现着某种特定的利益。顾客购买商品实质是购买某种利益,这就需要将属性转化为功能性或情感性利益。品牌利益相当程度地受制于品牌属性。就奔驰汽车而言,"工艺精湛、制造优良"的属性可转化为安全、舒适等功能性利益;"昂贵"的属性可转化为情感性利益,"耐用"的属性可转化为功能性利益,业界有"开宝马,坐奔驰"的说法。

(3)价值

品牌体现了生产者的某些价值感,购买、使用品牌,特别是名牌,就是希望获得某种优越感或成就感。品牌的价值感要求企业营销者必须能够分辨出对这些价值感兴趣的购买者群体。例如,奔驰汽车代表着高绩效、安全、声望等,拥有奔驰汽车是身份、地位的象征。

(4)文化

品牌还附有特定的文化含义:从奔驰汽车给人们带来的利益等方面来看,奔驰品牌蕴涵着"有组织、高效率和高品质"的德国文化的影子。德国人厚重、精益求精、很有科学精神,奔驰汽车的形象就好比德国人的形象。

(5)个性

品牌也反映一定的个性。如果品牌是一个人、一种动物或一个物体,那么不同的品牌会使人们产生不同的品牌联想,显示不同的品牌个性。如坐奔驰汽车会让人想到一位严谨的老板,因为拥有奔驰汽车是商界成功人士的象征。

(6)使用者

品牌暗示了购买或使用产品的消费者类型。我们更愿意看到坐在奔驰汽车里面的是有成就的企业家或高级经理,如果我们看到一位年轻的女士坐在奔驰汽车里可能会感到很吃惊,因为奔驰给人的特定印象就是老板,这就是奔驰的性格。其实,其他品牌也是一样的道理。

3. 品牌与商标的联系与区别

品牌经向政府商标局注册登记后,获得专用权,受法律保护,就称为商标。换句话说,商标是经过注册登记受到法律保护的品牌或品牌的一部分。而商标有注册商标和非注册商标之分。商标所有者拥有品牌名称和品牌标志的专用权。

总的来讲,虽然商标与品牌都是一种标志,都是企业的无形资产。但商标(Trade Mark)是法律概念,是经过工商管理部门登记注册的品牌或品牌的一部分,它由文字、图案、数字、颜色等要素构成。而品牌(Brand)是一个管理概念,用以表达企业或产品形象,体现企业文化、产品质量等企业的承诺,构成品牌资产。

(二)品牌的价值意义

1. 品牌对营销者的意义

(1)品牌有助于促进产品销售

品牌凭借其简洁、明快、易读、易记的特征而成为消费者记忆产品质量、特征的标志,正因为如此,品牌成为企业促销的重要基础。通过品牌,消费者了解了品牌标志下的商品;通过品牌,消费者记住了品牌及商品,也记住了企业;通过品牌,即使产品不断更新换代,消费者也会因其对品牌的信任产生新的购买欲望;在品牌信任的同时,企业的形象、市场信誉也得以确立,品牌忠诚度会随之提高。

(2)品牌有助于保护品牌所有者的权益

品牌经注册后获得商标专用权,其他任何未经许可的企业和个人都不得仿冒侵权,从而为保护品牌所有者的合法权益奠定了客观基础。

(3)品牌有助于扩大产品组合

为适应市场竞争的需要,企业常常需要同时生产多种产品。品牌是支持其新的产品组合(尤其是扩大的产品组合)的无形力量。若无品牌,再好的产品和服务,也会因消费者无从记起原有产品或服务的好印象而无助于产品改变或产品扩张;而有了品牌,消费者对某一品牌产生了偏爱,则该品牌旗帜下的产品组合的扩大容易为消费者所接受。

2. 品牌对消费者的意义

(1)品牌便于消费者识别所需产品

对消费者来说,同种类产品间的差别越来越难以辨别。由于不同的品牌代表着不同的产品品质和利益,所以有了品牌,消费者即可借助品牌辨别、选择所需产品或服务。

(2)品牌有助于保护消费者的权益

注册后的品牌有利于保护品牌所有者的利益,同时,品牌也对品牌所用者的市场行为起到约束作用,督促企业着眼于长远利益、消费者利益和社会利益的平衡,规范自己的营销行为,从而保护消费者的权益。

(3)品牌有利于促进产品改良

由于品牌实质上代表着销售者对交付给消费者的产品特征和利益的承诺,所以企业为了适应消费者需求变化,适应市场竞争的客观要求,必然会不断更新或创造新产品以兑现承诺。这是厂商的选择,也是消费者的期望。

(三)品牌策略

1. 品牌有无策略

品牌有无策略主要是指企业在生产经营中设不设立自己的品牌,其主要的策略包括无品牌策略和品牌化策略两种。

(1)无品牌策略

无品牌策略即产品不使用品牌。历史上许多产品不用品牌,生产者和中间商把产品直接从桶、箱子和容器内取出来销售,无须供应商的任何辨认凭证。企业采用无品牌策略可以节省包装、广告宣传等费用,降低产品成本和价格,达到扩大销售的目的。

(2)品牌化策略

品牌化策略即企业为其产品确定采用品牌并规定品牌名称、品牌标志,以及向政府工商管理部门注册登记的一系列业务活动。当今社会品牌的商业作用日益重要,品牌化迅猛发展,已经很少有产品不使用品牌了,所以,品牌化乃必然之路,大势所趋。

2. 品牌归属策略

(1)制造商品牌

制造商品牌是生产制造企业创立、使用属于自己的品牌。品牌是制造商设计的制造标记。在以往的品牌运营中,由于产品设计、质量和特色取决于生产者,加之市场供求关系对生产企业的压力还不太大,品牌几乎都为生产者所有,制造商品牌数量众多,如"海尔""红塔山""五粮液"以及"联想"等。

(2)中间商品牌

随着市场竞争日趋激烈,品牌的作用越来越显著,中间商对品牌的拥有欲望也越来越强烈。近年来,中间商品牌呈现明显的增长之势。许多百货公司、超级市场、服装商店等都使用自己的品牌。

(3)制造商品牌与中间商品牌混合使用

企业对部分产品使用自己的品牌,而对另一部分产品使用中间商品牌;制造商与中间商共同创造品牌,如联想1+1专卖店等。

3. 品牌统分策略

(1)统一品牌

统一品牌是指企业所有的产品都统一使用一个品牌。例如,飞利浦、高露洁等。采用此策略的好处在于节约品牌设计费和广告费,可降低成本,有利于解除顾客对新产品的不信任感;缺点是若某一种产品因某种原因(如质量)出现问题,就可能牵连其他种类产品从而影响全部产品甚至整个企业的信誉。当然,统一品牌策略也存在着易相互混淆、难以区分产品质量档次等令消费者不便的缺憾。

(2)分类品牌

分类品牌指的是企业对所有产品在分类的基础上对各类产品使用不同的品牌。例如,西尔斯公司所经营的器具类产品、妇女服装类产品、家庭设备类产品分别使用不同的品牌名称;美国斯维夫特公司同时生产火腿和化肥两种截然不同的产品,分别使用普利姆和肥高洛的品牌名称。

(3)多品牌

多品牌是指企业对其所生产的不同产品使用不同的品牌(甚至是一品多牌)。例如,宝洁公司在中国市场上推出的洗发水品牌就有"潘婷""海飞丝""飘柔""润妍"和"沙宣"等,分别在不同的细分市场取得了成功。采用多品牌策略的优点是便于消费者识别不同质量、功效的商品,有利于企业的新产品向多个目标市场渗透,可以保证企业的整体信誉不至于受其个别商品声誉不佳的影响;缺点是需要高昂的品牌设计、推广和管理费用,自己产品间也会相互竞争,因此,只有在企业实力很强、产品差异明显、消费者选择性较大的企业,才可能使用多品牌策略。

4. 品牌延伸策略

品牌延伸策略也称品牌扩展策略,是指企业利用其成功品牌的声誉来推出改良产品或新产品,如云南白药牙膏等。品牌延伸策略可以大幅度降低广告宣传等促销费用,使新产品迅速、顺利地进入市场。然而,品牌延伸策略未必一定成功,如果运用不当,还可能淡化甚至损害原品牌的形象,使原品牌的独特性被逐步遗忘。

案例分析

三九集团错误的品牌延伸

三九集团以999胃泰起家,品牌定位在"一种关怀你的、有效的胃药",企业的品牌经营也取得了成功,消费者后来把999视为胃泰这种药物的代名词,这正是品牌定位所追求的最高境界。然而,三九集团随后任性收购了深圳一家啤酒厂进行品牌延伸。999延伸到啤酒可就让消费者不知所措了。虽然广告上说的是"999冰啤酒,四季伴君好享受",但是消费者一拿起999啤酒,第一个潜意识的反应恐怕是联想到999胃泰这种药,喝999啤酒自然感觉到一股浓浓的"药味"。三九集团此次品牌延伸以失败告终。

5. 品牌重新定位策略

品牌重新定位策略也称再定位策略,是指全部或部分调整或者改良品牌原有市场定位的方法。也许一种品牌在市场上最初的定位是合适的、成功的,但是随着时间的推移,企业不得不对其品牌重新定位。其原因可能是多方面的:如顾客偏好发生转移,对企业品牌的需求减少;竞争者继企业品牌之后推出其他的品牌,削减了该企业品牌的市场份额;社会科技的发展压力、公司决定进入新的细分市场等。

知识链接

品牌资产

品牌资产(Brand Equity)一词于20世纪80年代在西方国家被广泛使用。营销大师大卫·艾克对品牌资产的定义是:品牌资产是这样一种资产,它能够为企业和顾客提供超越产品或服务本身利益之外的价值;同时品牌资产又是与某一特定的品牌紧密联系的;如果品牌文字、图形做了改变,则附属于品牌之上的财产将会部分或全部丧失。

品牌资产不是一个空泛的概念,而是由诸多因素所决定和反映的。目前广为接受的关于品牌资产的理论认为,构成品牌资产的重要因素有:品牌忠诚度、品牌知名度、品质认知度、品牌联想和其他资产(如专利、商标和渠道关系)。品牌资产给企业带来的附加利益,归根结底来源于品牌对消费者的吸引力和感召力。品牌资产实质上反映的是品牌与顾客(包括潜在顾客)之间的某种关系或者说是一种承诺。

三、定价策略

价格要素是所有营销要素中最敏感的要素,因为绝大部分的消费者都是价格敏感者。

(一)基本定价方法

影响定价的因素中最基本的因素是:成本因素、竞争产品的价格和替代品的价格,此外还包括品牌、服务、购买力、经济政策等要素。因此,企业在为产品定价时通常采取成本导向定价法、竞争导向定价法和需求导向定价法等三类基本的定价方法或战略。

1. 成本导向定价法

成本导向定价法是一种主要以成本为依据的定价方法,主要包括成本加成定价法和目标利润定价法等,其特点是简便、易行,所以,在成本容易衡量的大众消费品行业得到广泛应用。而且,由于成本导向定价是基于制造成本的,相对于消费者具有公平性。

(1)成本加成定价法

成本加成定价法是以产品成本为基础,加上预期利润,结合销售量等有关情况,确定产品价格水平,是企业最基本、最普遍的定价方法。成本加成定价法是按照单位产品成本加上一定百分比的加成来制定价格。产品单价的计算公式为

$$产品单价=单位产品成本\times(1+加成率)$$

这种方法的优点是计算简便,而且如果同行业都采用这种定价方法,同行业制定出的价格也相差不大,能够避免出现价格过度竞争的情况,企业都能够获取稳定的利润。但是,这种定价方法是从企业的角度出发来考虑定价问题的,往往忽视了市场需求、竞争情况和消费者的心理因素,所以制定出来的价格可能不一定合适,不利于产品的销售。

(2)目标利润定价法

目标利润定价法即根据估计的总销售收入(销售额)和销售量来制定价格水平的方法。这种方法计算简便,但具有计划经济的痕迹,不太适合实行市场经济的行业和企业。产品单价的计算公式为

$$产品单价=(总成本+目标利润)/估计销售量$$

企业如果能按制定的价格实现估计的销售量,就能达到预定的目标利润,在产品销售情况比较稳定的条件下,可以采用这种方法,但这种方法没有考虑顾客的需求弹性和竞争者产品价格等因素对企业产品的影响,主要适用于国家控制或垄断行业的定价,如石油、银行、煤气、水电等。

2. 竞争导向定价法

竞争导向定价法是一种根据市场竞争状况确定产品价格的定价方法。竞争导向定价法通常有两种方法,即随行就市定价法和投标定价法。

(1)随行就市定价法

随行就市定价法是指公司根据主要竞争者产品价格或一般市场价格制定自己产品价格的方法。企业按照行业的平均现行价格水平来定价,不太考虑成本或市场需求状况。此方法常用于下列情形:企业打算与同行和平共处;产品本身难以估算成本;如果另行定价,难以估计购买者和竞争者的反应,或者有可能定价过高,也有可能过低从而引起价格战。不论市场结构是完全竞争的市场,还是寡头竞争的市场,随行就市定价法都是同质产品企业的惯用定价方法。这种定价方法能够避免因恶性竞争导致的价格战,在保证行业和谐发展的基础上能够保证相当的行业利润和企业利润。

(2)投标定价法

投标定价法是通过投标争取业务的公司通常采取的竞争导向定价法。竞标的目的在于争取合同,因此公司制定的价格应该考虑竞争性,原则上应比竞争者的低。当然,公司必须事先确定一个最低的获利标准来投标:如果价格低于成本将有损利益而不便投标,如果价格

高于成本虽然保证了利润但不利于竞争,所以投标价格既要考虑利润又要考虑竞争性。

竞争导向定价法的最大优点在于考虑到了产品价格在市场上的竞争力。但其主要缺点是:过分关注价格的竞争性,容易忽视其他营销组合可能形成的竞争优势;容易导致恶性降价竞争,降低行业利润水平并且使公司的利润受损;还容易引起竞争者报复。

3. 需求导向定价法

需求导向定价法是一种以市场需求强度及消费者的价值感知为主要依据的定价方法,包括理解价值定价法、反向定价法等。

(1) 理解价值定价法

理解价值定价法又称感知价值定价法,是企业按照消费者在主观上对该产品所认知的价值水平来定价的方法。这种方法不是以产品的成本费用水平来定价,而是一种需求导向的定价方法。理解价值定价法的关键在于如何准确地把握和估算消费者对该产品的理解价值,因为如果估计过高,就会定出偏高的价格,如果估计过低,则会定出偏低的价格,这就需要借助市场调研的方法和技术。

(2) 反向定价法

所谓反向定价法,是指企业依据消费者能够接受的产品终端销售价格,扣除中间流通环节从事经营的成本和利润后,逆向推算出该产品的出厂价和批发价的定价方法。这种定价方法不以实际成本为主要依据,而是以市场能够接受的价格水平为定价出发点,使产品价格能够为消费者所接受,所以,这种定价方法也属于充分考虑消费者需求的定价,目前不少具有先进营销理念的公司都采用此种方法,但这种方法的挑战在于如何准确把握该产品的终端零售价格和各中间环节的利润水平。

(二)主要定价策略

1. 价格折扣与折让

价格折扣与折让是指对基本价格做出让步,直接或间接降低价格,以争取顾客和扩大销量,同时也是为了调动各类中间商和其他用户的购买积极性。其中,直接折扣的形式包括现金折扣、数量折扣、功能折扣、季节折扣等,而间接折扣指的是提供一些额外的市场支持等。

(1) 现金折扣

现金折扣又称为付款期折扣,这是企业给那些当场付清货款的买主的一种让价。在允许买主延期付款的情况下,如果买主提前交付现金,可以按照原价给予一定的折扣。这有利于鼓励顾客提前付款,加速资金回笼。比如,购买某产品,顾客可以在 30 天内付清货款,如果现款现货购买,则给予 2% 的折扣。现金折扣大多在鼓励渠道商现款现货进货时使用。

(2) 数量折扣

数量折扣主要是根据中间商和用户的购买数量,采用不同的价格折让,以鼓励大量订货或者一次性多购买某种产品。这种折扣是企业给那些大量购买某种产品的顾客的一种减价,目的是刺激中间商大量进货,具体可用累进折扣和一次性折扣等方法。数量折扣在鼓励渠道商大量进货和终端顾客购买时广泛使用。例如,某企业对中间商进货,一次性进某种产品 1000 件以上给予 2% 价格优惠,一次性进 5000 件以上给予 5% 价格优惠,一定时间内进货达到一定数量再给一定的优惠等。商场某品牌衣服一次买两件八折,一次买三件七折,商场实行会员卡积分,一定时期累计达到一定积分获得某种优惠都属于此类。

（3）功能折扣

功能折扣又叫贸易折扣，是制造商给某些为厂家承担了特殊工作任务（如物流配送、信息收集、市场推广、维修服务等）的批发商或零售商的一种额外折扣。厂家会根据中间商在市场营销中担负的不同业务功能，给予不同的价格折扣。

（4）季节折扣

季节折扣是企业给那些购买过季产品或服务的顾客的一种减价，目的是使企业的生产和销售在一年四季都能保持相对稳定。比如，饮料、啤酒企业在冬季的促销推广，旅游产品在淡季的大力度让价，都属于典型的季节折扣。

2. 心理定价

（1）声望定价

所谓声望定价，是指企业利用产品在消费者心目中的声望、信任及其仰慕心理来确定商品的价格，把价格定为整数或高价，简单来讲就是名牌高价的定价策略。声望定价可以满足某些消费者的优越感，如地位、身份、财富、名望和自我形象等。一些传统的名优产品、民族特色产品以及高端的品牌产品适用这一策略。

（2）尾数定价

尾数定价又称"奇数定价""非整数定价"，即利用消费者数字认知的特殊心理制定带有零头的价格，使消费者产生价格便宜的感觉，还能使消费者认为有尾数的价格是经过认真的成本核算才得出的结果。这样，就容易使消费者对定价产生信任感，超市多采用这一策略。

（3）整数定价

对于那些无法明确看出其内在质量的产品，消费者往往通过价格的高低来判断质量的好坏。这类产品通常是整数定价，常常以"0"做尾数。例如，精品店的服装往往定价为800元、2000元，而不是799元、1998元。整数定价策略适用于价值较高的产品或服务产品。

（4）招徕定价

零售商利用部分顾客的好奇心理，特意将某几种产品的价格定得特低或者特高以吸引顾客关注的定价策略。值得注意的是，招徕定价的产品，必须是品种新、质量优的适销产品，而不能是低劣、过时的产品。否则，不仅达不到招徕顾客的目的，反而可能使企业声誉受损。

例如，一个老人在水果一条街卖苹果，一般6元钱1千克。由于卖苹果的小贩多，生意并不理想。有一天，老人突发奇想，将自家卖的苹果拣为两堆，一堆很好的，标价20元1千克，另一堆就是平常的苹果，还是6元1千克。从此以后，老人的水果摊人头涌动，顾客议论纷纷，老人的生意也好了起来，苹果卖得比以前多了许多。

3. 新产品定价

新产品定价的难点在于无法确定消费者对于新产品的理解价值。定价高了难以被消费者接受，影响新产品顺利进入市场；定价低了则会影响企业效益。新产品定价要结合产品特点和企业的战略目标。一般来讲，新产品定价有以下策略可以选择：

（1）撇脂定价

撇脂定价是指在产品生命周期的最初阶段，把产品的价格定得很高，以攫取最大利润，尽快收回投资，然后伺机再降价的定价策略。撇脂定价可以让企业在全新产品或换代新产品上市之初，通过制定较高的价格来提高产品身份，创造高价、优质、名牌的印象；同时还可以在未来有较多的调价空间。一般而言，对于具有高科技含量的产品、受专利保护的产品、需求价格弹性小的产品、时尚流行产品等，都可以采用撇脂定价的策略。目前市场上许多的电子产品、服装产品均采用了这种定价策略。

(2) 渗透定价

渗透定价与撇脂定价相反，是指企业把它的创新产品的价格定得相对较低，以吸引大量顾客和提高市场占有率的定价方法。渗透定价采用的是薄利多销的思路，渗透定价只能获取微利，但能收获大的销量和市场份额。渗透定价的好处是：低价可以使产品尽快为市场所接受，并借助大批量销售来降低成本，获得长期稳定的市场地位；薄利可以有效阻止竞争对手的进入，增强了自身的市场竞争力。

4. 产品组合定价

当企业同时经营多种产品时，定价需着眼于整个产品组合的利润最大化目标，而不是单个产品利润最大化。产品组合定价策略主要包括以下几种：

(1) 选择品定价

许多企业在提供主要产品的同时，还会附带一些可供选择的产品或特征。但对选择品定价却是一件棘手的事。例如，饭店顾客除了订购饭菜外也买酒水。许多饭店的酒价很高，而食品的价格相对较低。食品收入可以弥补基本成本，而酒水则可以带来利润。

(2) 互补品定价

当企业同时生产与主要产品一起使用的附属或补充产品时，可以有意识降低弹性大、购买频率低的产品价格，同时提高弹性小、购买频率高的产品价格。例如，吉列可以降低刀架的价格，而通过提高刀片的价格和替换频率盈利。

(3) 分部定价

服务性企业经常采取分部定价，先收取一笔固定费用，其余实行自由的弹性收费。例如，游乐园一般先收门票费，里面特殊的游玩项目需要再交费，这样一方面照顾了顾客的自由选择，另一方面也使顾客一开始不会感觉价格昂贵。

(4) 组合产品定价

企业经常以某一优惠价格出售一组产品，即打包价格，这一组产品的价格往往低于单独购买其中每一产品的费用的总和。例如，化妆品、计算机、旅游公司等常常为顾客提供的一系列解决方案或活动方案。组合产品定价照顾了顾客购买的便利性，为顾客节约了时间，还使顾客获得了优惠。虽然这种定价需要公司适度让利，但总利润会随销量而提升。

四、渠道策略

(一) 渠道的概念内涵

1. 渠道的界定

营销大师菲利普·科特勒认为，营销的根本在于创造顾客价值和传递顾客价值，渠道是"传递产品或服务价值，实现顾客价值"的根本途径。渠道又叫分销渠道或营销渠道。根据美国营销协会AMA关于渠道的定义:分销渠道又叫营销渠道,是指参与产品所有权转移或产品买卖交易活动的中间商所组成的统一体。在这里,营销渠道的起点是制造商(厂家),终点是消费者(个人或组织),中间商(分销商)环节包括经销商、批发商、代理商、终端零售商、经纪人等,共同构成了商品分销的链条(Chain),即分销链。

2. 渠道的功能

伯特·罗森布洛姆认为,"营销渠道反过来又影响着成千上万个消费者的生活,使得他们能够借助于营销渠道,从而方便、快捷地享受来自全球的产品和服务"。营销渠道的主要功能是能够使消费者在任何时间、任何地点、以任何方式便利地购买到他们想要的产品与服务。其功能主要体现在以下几个方面:

(1)销售功能

企业通过渠道实现产品销售,达到企业经营目标,赢取利润,这是渠道具有的最直接、最基本也是最有效的功能。渠道成员通过富于创造力的方式,把能够满足顾客需要的产品和服务的信息,以顾客乐于接受的形式,传递给顾客,满足顾客需求,实现产品价值,达到盈利目标和市场占有目标。

(2)沟通功能

渠道具有上下沟通产品信息,联系渠道成员之间客情关系的功能。产品的营销渠道是以产品的流通为载体,实现企业与供应商、中间分销机构及终端消费者相互沟通的桥梁或纽带。通过渠道开展的促销活动,其实质就是与客户之间的沟通。

(3)洽谈功能

洽谈是生产者或经营者寻找潜在的购买者,并与之接触,实现交易的活动。渠道成员之间的关系是交易关系,交易对象的寻找、交易条件的形成、渠道成员之间的权利和义务关系等都需要通过洽谈来完成。在具体工作中,洽谈表现为争取订单、形成订单和接受订单等一系列活动。

(4)服务功能

渠道还承担着为下游渠道成员提供服务的功能。从延伸产品角度来说,服务构成了产品价值的一个重要组成部分,随着产品同质化,现代企业间竞争的焦点是服务,企业通过渠道实现的服务主要指为最终用户所提供的服务,包括送货、安装、维修、培训等。

(5)信息功能

营销渠道成员通过市场调研收集和整理有关消费者、竞争者及市场营销环境中的其他影响者的信息,并通过各种途径将信息传递给渠道内的其他渠道成员。营销渠道通过双向的信息反馈,为企业营销决策提供依据。

(6)物流功能

物流主要是商品在流通环节的运输、储存及配送活动。商品从制造商处出厂到最终用户消费,中间要经过实体产品的运输、储存及配送的过程。渠道就是商品流通的"沟渠"和"水道",是商品流通和实现交易的"通道",物流功能是其题中应有之意。

(7)承担风险功能

承担风险是指在产品流通的过程中,随着产品所有权的转移,市场风险在渠道成员之间的转换和分担。因为渠道是一个"分销链",有多个渠道成员或环节,每个渠道成员承担各自的分销责任、获取各自的分销利益、承担各自的分销风险。

(8) 融资功能

渠道也是一个融资的通道。不论是制造产品,还是销售产品,都需要投入资金,以完成产品所有权转移和实体流转的任务。渠道成员为执行渠道功能需要进行独立的投资,产品通过渠道的销售实现产品价值的同时实现资金的流通。渠道组织的独立融资,使生产厂商能够很快地回收资金,提高生产厂商的资金使用效率。

(二)渠道的类型

1. 渠道的长度与宽度

企业营销渠道有长渠道、短渠道、宽渠道、窄渠道之分,企业视具体的产品特点、资源情况而进行相应的渠道设计。不同层级的消费品营销渠道如图 5-6 所示。

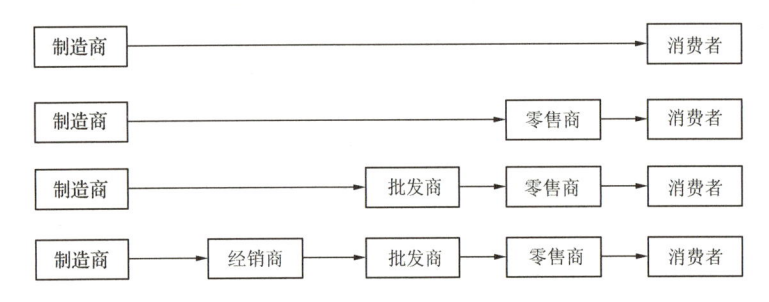

制造商 → 消费者
制造商 → 零售商 → 消费者
制造商 → 批发商 → 零售商 → 消费者
制造商 → 经销商 → 批发商 → 零售商 → 消费者

图 5-6　不同层级的消费品营销渠道

其中渠道的长度是指构成营销渠道的层级、环节的多少,或者说是构成营销渠道的不同层级渠道成员的多少。根据渠道的长度可以把渠道划分为长渠道和短渠道。长渠道主要表现为经销、代理、批发等形式,短渠道主要表现为直销、连锁经营、网络营销等形式。

渠道的宽度是指渠道同一层次选用中间商数目的多少,多者为宽、少者为窄。企业使用的同类中间商多、产品在市场上的分销面广,称为宽渠道。如一般的日用消费品(毛巾、牙刷、洗发水等),由多家批发商、经销商经销,又转卖给更多的零售商,能大量接触消费者,大批量销售产品。反之,如果企业使用的同类中间商少、营销渠道面窄,称为窄渠道,它一般适用于专业性强的产品或贵重消费品、耐用消费品。

2. 传统渠道与新兴渠道

传统渠道是指改革开放初期在中国流通市场普遍采用的渠道形式,包括经销商、代理商、批发市场、百货商场等渠道形式。目前随着电子商务与移动终端的兴起,传统渠道的作用呈衰落之势。

新兴渠道是有别于传统渠道的渠道形式,如以电子商务、网络营销为特征的电子渠道,以人员推销和互联网为销售平台的直销,以连锁经营为特征的现代零售业,融生活、购物、娱乐一体化为特征的现代购物中心(Shopping Mall),以及电视购物、自动售货、目录营销等其他渠道形式。特别是电子商务,正在通过人们经济生活中的各种要素融入传统的渠道当中,由电子商务引发的网络营销正在大踏步走进企业经营和家庭生活,成为目前企业营销渠道的主流趋势。

知识链接

新媒体渠道

所谓新媒体渠道,简称"新媒渠",就是借力传统媒体、移动通信、互联网及服务业媒介,低成本获取庞大客户资源省去实体网络构建成本,媒体利用其庞大的信息受众规模和稳定便捷的渠道网络,充分发挥产品销售渠道集信息流、商流、物流和资金流四流合一的功能,在第三方企业(广告商)和消费者客户之间搭建沟通和贸易桥梁,为第三方企业(广告商)提供市场分析、客户选择、营销策划、活动实施、产品代理、信息告知、交易谈判、货物配送、资金回笼、服务延伸、顾客维护等系列化、专业化渠道服务的新型业务形态。

这里所说的媒体有以下四种类型:第一类就是传统媒体,像报纸、电视、杂志、广播等。第二类就是互联网。第三类媒体就是移动通信。第四类就是传统的服务行业,像银行、邮政、酒店、学校、机场、电影院等。这些媒体的核心资源。一是媒体界面;二是顾客资源;三是遍及全国的销售网点。

新媒渠可以作为现代服务有效地传递方式。新媒渠,作为一种新型的服务业态,一种全新的商业模式,它充当的是一个资源整合者的角色,采用的是"资源整合型的平台化运营的模式"。新媒渠的特点是企业媒体化、媒体渠道化、渠道媒体化、渠道平台化。

所谓企业媒体化就是指企业本来需要借助媒体推广自己的产品、品牌及形象,而企业,特别是知名企业,在运作过程中本身变成了一种媒介,承担着接收信息和传递信息的功能;

媒体渠道化是指原来的一些纯粹媒体,现在已经演化为既是媒体,又是有力的销售渠道,如电话推销、电视购物、互联网电子商务、手机终端、114查号台、携程旅行网等,都是一渠多能。科技的发展使得媒体渠道化成为潮流,媒体平台化,演变成为销售平台;同时,很多知名的销售渠道承担着新时期信息的接收与传递,甚至品牌推广的功能,渠道也逐渐媒体化,形成产品销售和信息积聚的综合平台,如沃尔玛、苏宁等渠道即是如此。

资料来源:郑锐洪. 营销渠道管理(第3版). 北京:机械工业出版社,2020.

3. 大众渠道与特殊通道

大众渠道一般是指批发市场、百货商场、大卖场、连锁超市、购物中心、便利店、专营店、专卖店、社区小店、自动售货(自动柜员机、自动售货机、机场医院等地方的自助设备)、电子渠道(电视、手机、互联网购物)等普通消费品的销售渠道。

特殊通道一般是指有别于大众渠道的渠道形式,包括组织市场(政府采购、军队采购)、特殊消费场所(医院、学校、幼儿园、食堂、监狱、铁路、机场、酒店、餐馆、俱乐部等)。特殊通道往往具有很大的销售潜力和利润回报,但往往需要采用一些非常规的方法和手段才能达成分销结果。

案例分析

香飘飘的"特渠营销"

香飘飘食品有限公司(以下简称香飘飘)创办于2005年8月,位于浙江北部美丽的太湖南岸城市——湖州市,是目前中国最大的杯装奶茶专业制造商之一。在新兴的杯装奶茶市场,香飘飘是最早进入的品牌之一,今天已成为中国奶茶行业第一品牌,全年销量已突破十亿杯。而立顿、相约、优乐美等品牌奶茶一直想超越,却只能望其项背,无法撼动香飘飘的位置。

1."盘中盘"校园攻势引领消费

香飘飘的市场营销巧妙移植了"盘中盘"模式。所谓的"盘中盘",就是从小盘定点牵动大盘运作,而其小盘的启动点不是餐饮,而是选在了消费领袖较多的大学校园,牢牢盘踞大学校园内外的便利店,利用这些人的影响力和拉动力,先启动小盘,在形成流行热潮后,才逐步扩延到周边居民区的便利店和商场超市。其进入校园的方式有以下两种:

(1)与消费领袖居多的有影响力的大学学生会合作,以香飘飘和学生会的名义联办社会实践和娱乐活动,并提供香飘飘奶茶作为奖品,有效树立了品牌形象的知名度和美誉度。

(2)与校学生会合作组织了一批勤工俭学的学生,不定期地在校园便利店附近举办现场试饮促销活动,并利用学生群体的从众效应,制造了火爆抢购的销售场面,有效形成了品牌口碑的传递效应。

2.特渠营销——延伸网吧渠道

随着网吧的规模化和连锁化,网吧渠道对企业的产品经营和品牌传播起到了推波助澜的作用,不容忽视。香飘飘了解到一般的网吧都有饮料和休闲食品出售,但品种很少,价格昂贵。许多网友经常自带饮料和食品,因为网吧里的东西贵而且品种少,干脆从网吧附近的零售店就近购买,既便宜,可供选择的品种又多。所以,香飘飘制定了"特渠营销"联动策略,将网吧作为形象终端,以拉高品牌形象,加深消费者的品牌记忆;而将网吧周边的零售店作为大批量铺货的重点,从四面八方包抄网吧,使其联动。

在网吧,主要通过墙面POP、堆头陈列、易拉宝和电脑开机首页作为主要宣传媒体和方式;在零售店,主要靠POP,尽量与网络游戏的角色和语言结构对应起来,引导其拿到游戏厅饮用。香飘飘在与网吧维系客情关系时,也通常运用搭赠(如冰柜或微波炉)、返利或买断陈列等方式来取得对网吧渠道的优先控制权。

资料来源: 郑锐洪. 营销渠道管理(第3版). 北京:机械工业出版社,2020.

(三)渠道的管理

1.渠道激励

渠道激励是制造商通过持续的激励举措,来刺激中间渠道成员,以激发分销商的销售热情,提高分销效率的企业行为。

渠道管理者通过一系列的物质或精神的激励手段强化渠道成员的需要或影响渠道成员的行为,以增强渠道成员间的竞争精神,提升其工作积极性与经营效率,最终实现企业目标的过程。有效的激励是渠道管理的催化剂。

渠道激励举措包括:

◆ 金钱奖励;

- 授予经营权；
- 提供促销政策；
- 公开表彰；
- 扩大经营地盘；
- 提供培训；
- 参与决策；
- 独立项目责任；
- 提供"助销"；
- 评奖评优等。

2. 渠道控制

渠道控制是指某个渠道成员希望通过自己的行动达到影响或制约甚至支配另外一些渠道成员的某种决策的意识和行为。

渠道控制与渠道权力及其运用有密切的关系，渠道控制的实质就是争夺渠道权力。渠道权力是一种渠道影响力、控制力，企业既可以通过发挥渠道影响力来实现渠道控制，也可以通过成功使用其他方式，如合作、参与、关系和联盟等来实现渠道控制。

增强渠道控制力的策略包括：
- 开发优质畅销产品（品牌）；
- 提供良好服务；
- 实施规模经济；
- 推行"助销"制度；
- 有效利用渠道激励；
- 掌握下游中间商。

3. 渠道冲突解决

渠道冲突是指渠道成员间因为利益关系产生的种种矛盾和不协调。例如，冷战、互相要挟、拖欠货款、相互报复、窜货乱价等。

渠道冲突的主体可能是所有渠道成员，包括制造商、经销商、代理商、批发商、终端零售商、消费者等；渠道冲突的程度包括激烈冲突（直接对抗）、冷战（不协调、排斥）；渠道冲突的根源是渠道利益冲突（对经济利益和渠道权力的争夺）。

渠道冲突的主要解决方式包括：
- 沟通；
- 劝说；
- 谈判；
- 申请仲裁；
- 法律诉讼；
- 清理或退出。

五、促销策略

促销是构成市场营销理论框架的基本内容，可以说是市场营销组合策略中的"临门一脚"。促销不是营销的全部，只是市场营销"冰山"的一角。

（一）促销的概念

促销（Sales Promotion, SP）又叫销售促进，是促进产品销售的简称。具体来讲，促销指企业通过人员和非人员的方式，沟通企业与消费者之间的信息，引发、刺激消费者的消费欲望和兴趣，使其产生购买行为的企业行为。

从以上概念不难看出，促销具有以下几层含义：

1. 促销的实质是与消费者的沟通

传统的促销强调说服、诱导消费者购买，强调只有将企业提供的产品或服务等信息传递给消费者，才能引起消费者注意，并有可能产生购买欲望。所以，传统的促销是单向的沟通行为。现代促销强调与消费者平等的、双向的沟通，强调尊重消费者的意愿，强调消费者参与到企业产品的开发推广活动中来。

2. 促销的目的是引发、刺激消费者的购买行为

在消费者可支配收入既定的条件下，消费者是否产生购买动机与行为主要取决于消费者的购买欲望，而消费者购买欲望又与外界的刺激、诱导密不可分。促销正是针对这一特点，通过各种传播方式把企业的产品、品牌或服务等有关信息传递给消费者，以激发其购买动机，促成其产生购买行为。

3. 促销的方式有人员促销和非人员促销两类

人员促销是企业运用推销人员向消费者推销产品或服务的一种促销活动，表现为推销或者终端营业推广。非人员促销是企业通过一定的媒体形式传递产品或服务等有关信息，包括广告、公关和营业推广等。企业在促销活动中通常将人员促销与非人员促销结合运用。

（二）促销策略

现代促销的根本在于与消费者的沟通，这种沟通应该是双向的、动态的和互动的。企业的促销策略从总的指导思想上可分为推动式策略和拉动式策略。

1. 推动式策略

推动式策略是以人员推销为主，辅之以对中间商销售促进，把产品推向市场的促销策略。其目的是说服中间商与消费者购买企业产品，并层层渗透，最后使产品到达消费者手中。这种方法是通过分销渠道将产品"推"给最终消费者，也就是企业直接对其渠道成员进行营销活动，以诱导他们选购产品并推销给终端消费者。

推动式策略在生产企业主要是指"渠道促销"，是针对中间渠道商的促销行为，目的是抢占渠道商的资金和仓库，以达到挤压竞争对手赢得渠道竞争优势的目的。具体来讲，推动式策略主要是运用人员推销和营业推广的手段，重点调动批发商和零售商销售产品的积极性，比较适合于生产资料的促销，即生产者市场的促销活动。推动式策略如图 5-7 所示。

制造者 —营销活动→ 中间商 —营销活动→ 最终用户
↑————————需求————————

图 5-7　推动式策略

2. 拉动式策略

拉动式策略是指企业通过广告或其他非人员促销手段，直接诱发消费者的购买欲望，由消费者向零售商、零售商向批发商、批发商向企业逆向求购，由下至上，层层拉动购买。它的重点是以调动广大潜在顾客强烈的购买欲望为主，由消费者的购买欲望驱动各级各类中间商主动进货，以实现生产企业的销量增长。

拉动式策略在企业主要是指"终端促销"，即针对终端顾客的促销行为，目的是争夺终端顾客资源，通过直接拦截终端消费者以赢得终端市场竞争。在实践中，一些工业品公司只采用拉动式策略，如医疗器械公司，而一些采取直接营销的消费品公司也主要用拉动式策略，

如舒蕾就曾经采用终端拉动方式取得成功。拉动式策略如图 5-8 所示。

图 5-8 拉动式策略

推动式策略和拉动式策略各有优势，但大多数的公司采用的是推拉结合的混合策略。也就是说，一方面要用广告、终端营业推广等方式来拉动最终用户，刺激其产生购买欲望；另一方面又要用人员推销的方式向中间商推荐，以使其乐于经销或代理自己的产品，形成有效的分销渠道网络，为产品销售铺路。例如，娃哈哈公司一方面通过地毯式广告轰炸，树立品牌，刺激消费者购买；另一方面大力支持中间商，帮助中间商铺货、促销，形成强势的销售网，使产品能够随时随地到达消费者手中。

案例分析

马蜂窝的促销推广策略

马蜂窝旅游网的推广策略也同样分为线上推广和线下推广。线上推广策略主要有其他社交网站传播、微电影和电子邮件的推广；线下的推广方式则主要有前期地铁广告、口碑相传、各项活动的举办和移动应用等。

首先，在早期提高马蜂窝的知名度时，主要是通过地铁车窗大面积广告覆盖来推广。广告的内容主要是易于辨识的马蜂窝 Logo 以及网站性质介绍，这种大面积、高频度的户外广告覆盖，对于扩大马蜂窝的知名度和影响力非常有效。此外，马蜂窝也与其他社交群体网站合作，使得其他社交网站的顾客可以方便直接地使用马蜂窝。例如，可以通过合作网站登录马蜂窝网站，免去了填写复杂的个人资料步骤。合作网站包括新浪微博、人人网、QQ、MSN、开心网和腾讯微博，覆盖了年轻上网群体使用的主流社交网站。

其次，在提高马蜂窝的接受度和认可度时，马蜂窝在线下渠道并没有花费过多资源和精力，主要是通过自身产品的特性让使用过的人满意，再通过口碑相传让更多的人接受。在线上渠道，马蜂窝通过其微博主页、人人分享、豆瓣小站的平台发布最新的旅游攻略等新鲜事，让微博、人人、豆瓣的使用群体可以关注这些信息，激发兴趣而成为马蜂窝的使用者。

最后，在提高马蜂窝使用者的忠诚度和黏度时，马蜂窝在线下渠道举办顾客交流活动，如马蜂窝与美国大使馆举办的"这里是美国"的文化沙龙，请马蜂窝社区顾客做"搭车去旅行"的分享等，使原本分散的马蜂窝使用者互相认识形成一个更为交错复杂的马蜂窝社交网络，加强他们对线上社交平台的依赖。在线上渠道，马蜂窝营造出一种创意和友爱的氛围，让马蜂窝的使用者认可和接受马蜂窝的理念，加强了对马蜂窝网站的忠诚度。例如，马蜂窝曾拍摄过一个关于明信片环球旅行求婚记的微电影，这个事件的背景是一对热爱旅行的年轻情侣要结婚，在马蜂窝上发布了一个帖子希望收集到世界各地的朋友寄来的明信片。马蜂窝很重视这一帖子，将其顶上了主页头条，许多人看到后纷纷响应，而这对情侣也由此收到了 200 多份来自世界各地的祝福。该微电影在网上发布后，众多读者观看分享，使更多人了解了马蜂窝并对马蜂窝旅游网印象深刻。

资料来源： 苏朝晖. 服务营销与管理. 北京：人民邮电出版社，2019.

思考题： 马蜂窝旅游网的促销推广策略有什么独到之处？

(三)促销组合

促销组合,又称为营销传播组合,主要由人员推销、广告、公共关系和营业推广四种工具组成。

1. 人员推销

人员推销是通过与一个或多个预期顾客进行面对面接触以展示产品、回答问题和取得订单的营销活动。人员推销是促销的最基本方式,在购买过程中的某个阶段,特别在建立购买者的偏好、信任和行动时,往往是最有效的工具。人员推销的特性包括以下两点:

(1)面对面接触

人员推销是在两个人或更多的人之间,在一种生动的、直接的和相互影响的关系中进行的交流与传播。每一方都能在咫尺之间观察对方的需求和特征,在瞬息变化之间做出调整。这种促销方式最直接、最真实,可以尽力说服对方,对于有些产品,如机械设备、贵重消费品、耐用消费品等也最为有效。

(2)人际传播和人际关系培养

人员推销允许建立各种关系,从注重实际的销售关系直至深厚的个人友谊,如果要建立长期关系,进取的销售人员会把顾客的兴趣爱好记在心里。因此,人员推销往往也是情感营销和客户关系管理的基石。

2. 广告

广告是由明确的发起者以公开付费的方式,通过任何形式的传播媒体进行任何对创意、产品和服务等的非人员展示和促销活动。

广告是促销组合中一个重要的组成部分,也是现代促销最为强有力的手段,当然也是费用最高的手段。广告媒体强势,影响面大,影响力强,相对费用也较高。据统计,在快速消费品促销中,广告的作用一般占40%以上。

广告作为一种强势促销手段,其主要特性包括以下几方面:

(1)公开展示

广告是一种高度公开的信息传播方式,具有生动形象的传播特征。

(2)媒体性

广告需要借助各种媒体进行传播,如电视媒体、网络媒体、户外媒体等。

(3)渗透性

广告是一种渗透性的媒体传播方式,它允许销售者多次重复这些信息,以逐渐渗透到消费者的头脑中,以潜移默化地影响消费者的购买心理和行为。

(4)非人格化

广告不会像公司的销售代表那样有强制性,受众不会感到有义务去注意广告或对其做出反应,广告对受众只能进行独白而不是对话。

(5)夸张的表现力

广告可通过十分巧妙地应用印刷艺术、影音效果,提供将一个公司及其产品戏剧化的展示机会。

知识延伸

各种主要传播媒体的比较见表5-8。

表5-8　　　　　　　　　　各种主要传播媒体的比较

媒体类别	优势	劣势
报纸	灵活性;时效性;好的当地市场覆盖;广泛接受性;高可信度	生命周期短;较差的印刷质量;相对较少的受众
电视	图像、声音、动作的有效结合;诉诸感觉;高关注度、高到达率	绝对高的价格;高分散性;稍纵即逝的展示;较少受众选择
杂志	高地理区域和消费群选择;高可信度;高印刷质量;生命周期长;好的可读性	很长的广告导购时间;一些无用的发行;缺乏定位保证
户外媒体	灵活性;高的重复展示;低价格;低竞争	有限受众选择;创新的局限
电话	很多用户;给予私人接触的机会	相对高成本(除非使用志愿者)
互联网	高选择度;互动特性;相对低成本	在一些国家使用者相对较少
口碑媒介	高的可信性;相对低成本;显著的互动性;传播的有效性	传统口碑影响力有限;存在负面口碑威胁

资料来源:菲利普·科特勒等.营销管理(第15版).何佳讯等译.上海:格致出版社,2019.

3. 公共关系

公共关系是指设计面向公众或其他利益相关者的各种营销传播与推广方案,以推广或树立公司形象、促进产品销售的公众活动,如新产品发布会、产品品鉴会、专题座谈会、主题交流会、社会公益活动项目、文体活动、主题征文活动、竞赛活动等。

公共关系的显著特征包括以下几点:

(1)影响面广

企业产品信息随着新闻媒体的传播而扩散。如果新闻价值高,所有新闻媒体会竞相报道,要比广告影响面更广。

(2)可信度高

新闻故事和特写有权威性,对读者来说要比广告更可靠、更可信。

(3)费用低

通过策划、组织特别的公共关系事件并通过发布新闻稿件的方式进行宣传,相比其他传播工具来说费用要便宜得多。

(4)戏剧化效果

公共关系宣传,像广告那样,有一种能使公司或产品惹人注目的潜力。好的公共关系活动的策划与组织有令人深刻难忘的效果。

4. 营业推广

营业推广也叫终端促销,是在产品销售的终端场所进行的各种鼓励尝试或购买产品和服务的短期刺激的营销行为。营业推广是在销售终端面对消费者的促销行为,它能现场激发顾客的消费需求和购买行为,被誉为营销活动的"临门一脚"。

其主要特征包括以下几点:

(1)形式多样

针对不同促销对象采用多种推广形式,如优惠券、竞赛与抽奖、样品赠送、特价、堆头展示、搭赠、现场秀、POP等。

(2) 刺激性强

企业在终端销售场所采取某些利益让步、诱导或赠送的办法给顾客以某些好处，有强烈拉动消费者冲动购买的效果。

(3) 短期效应

终端促销是一种短期的刺激，企业一般期待顾客强烈而快速的响应，能够促进短期销量提升，对长期的品牌形象建立效果不大。

知识延伸

整合营销传播

整合营销传播(Integrated Marketing Communication, IMC)兴起于20世纪90年代，倡导者是美国营销学者唐·舒尔茨。我国比较认同的定义：整合营销传播理论的内涵是，以消费者为核心重组企业行为和市场行为，综合协调地使用各种形式的传播方式，以统一的目标和统一的传播形象，传递一致的产品信息，实现与消费者的双向沟通，迅速树立产品品牌在消费者心目中的地位，建立长期关系，更有效地达到广告传播和产品销售目标。

整合营销传播强调以下内容：

(1) 以消费者为核心。由原来的"请消费者注意"转变为"请注意消费者"。

(2) 以一种声音说话。整合企业的一切营销和传播活动，围绕主题概念进行最佳组合，让人们从不同信息渠道获得一致信息，使它们相互配合，发挥最大的传播效果。

(3) 强调营销活动的连续性。为保持"同一种声音"，就要保持各个阶段的逻辑一贯性。

(4) 强调战略导向性。企业即品牌的传播应该成为一种公司战略，应该实行整合传播，包括各种媒介的整合传播、公司各个部门的协同传播。

整合营销传播的目标是：(1)传达一致的形象；(2)追求一种声音；(3)达到最好的整合传播效果。就像一支交响乐队，只有多种乐器的协奏，才能够奏出动听的乐章。

资料来源：改编自郑锐洪. 服务营销(第2版). 北京：机械工业出版社，2019.

测试题

一、选择题

1. 市场是人口、（　　）和购买需求三个因素的统一，体现的是一个市场容量的概念。

　　A. 企业　　　　　　B. 竞争力　　　　　C. 竞争者　　　　　D. 购买力

2. 1990年，美国学者劳特朋(Lautebom)提出了4C理论，即消费者的需要与欲望、消费者愿意付出的成本、购买的便利性和（　　）。

　　A. 与政府建立关系　B. 与环境融合　　　C. 与对手竞争　　　D. 与消费者沟通

3. 产品组合的（　　）是指一个企业的各个产品大类在最终使用、生产条件、分销渠道等方面的密切相关程度。

　　A. 长度　　　　　　B. 宽度　　　　　　C. 深度　　　　　　D. 关联度

4. 产品生命周期是指产品从进入市场到被市场淘汰的整个发展过程。典型的产品生命周期一般可分为四个阶段，即（　　）、成长期、成熟期和衰退期。

　　A. 概念期　　　　　B. 创意期　　　　　C. 试制期　　　　　D. 导入期

5.品牌经向政府商标局注册登记后,获得专用权,受法律保护,就称为商标。商标是法律概念,而品牌更偏重于(　　),构成品牌资产。

A.经济概念　　　　B.金融概念　　　　C.社会概念　　　　D.管理概念

6.企业在为产品定价时通常采取成本导向定价法、竞争导向定价法和(　　)等三类基本的定价方法或战略。

A.生产导向定价法　　　　　　　　B.供应导向定价法

C.关系导向定价法　　　　　　　　D.需求导向定价法

7.(　　)是指在产品生命周期的最初阶段,把产品的价格定得很高,以攫取最大利润,尽快收回投资,然后伺机再降价的定价策略。

A.心理定价　　　　　　　　　　　B.理解价值定价

C.渗透定价　　　　　　　　　　　D.撇脂定价

8.促销组合,又称为营销传播组合,主要由人员推销、广告、(　　)和营业推广四种传播方式或工具组成。

A.网络营销　　　　　　　　　　　B.品牌建设

C.客户关系管理　　　　　　　　　D.公共关系

二、名词解释

市场　市场营销　目标市场　市场细分　品牌资产　声望定价　渠道　促销　分销渠道　营业推广

三、简答题

1.市场营销观念都包括哪些主要观念?其核心主张是什么?

2.什么是社会营销观念?

3.简述产品整体概念的三个层次内容。

4.简述新产品的概念与内涵。

5.什么是需求导向定价法?请举例说明。

四、论述题

1.论品牌的内涵及其对于营销者和消费者的意义。

2.试论定位理论及其营销价值,并举例说明。

3.试论差异化营销战略的优势和可能局限。

综合案例

"小米"何以能够创造营销奇迹

小米公司创立于2010年4月,是一家专注于智能手机自主研发的移动互联网公司,其主打产品定位于高性能发烧手机。小米手机、MIUI、米聊是小米公司旗下三大核心业务。按照小米创始人雷军的说法,智能手机、软件、互联网是小米业务的"铁人三项"。"为发烧而生"是小米的产品理念,小米公司首创了用互联网模式开发手机操作系统、发烧友参与开发改进的模式。小米的雷军遵循他的互联网思维逻辑(专注、极致、口碑、快),只用了五年多时间,就在中国大地上创造了又一个从0到100亿年销售额的新时代营销奇迹。

小米的雷军极度推崇营销的地位,提出"我们最大的产品是营销,最大的服务是营销"。下面让我们就从定位视角来解析一下小米的营销密码:

目标市场定位:喜欢玩智能手机的多为80后、90后特别是00后。网上购物是80后、90后、00后一个共同的特征,他们喜欢新鲜事物特别是代表时尚生活的智能手机,对其追求非常强烈。对于60后、70后追求智能手机大部分是追求一个身份的象征不同,但80后、90后、00后他们需要的是既便宜、实用的产品,又是一种时尚的符号。追求产品既便宜又实用、时尚,就要从降低成本开始。在传统经营模式中,主要成本的增加来自销售渠道,出厂价100元的东西经过各种渠道加价后到用户手上往往就得400—500元,因此,减少中间销售环节就是降成本的最好办法。为此,小米选择了网购市场,主要通过电子商务模式减少销售中间环节,这就使得用户买到的产品价格比传统渠道便宜超过一半。

品牌定位:在目标市场确定后,根据潜在顾客和市场的特点以及智能手机的产品特点,新品种手机的品牌定位最好是配置高、价格低,顾客用国产手机的较低价格能够体验到如iphone一样的智能手机的快感。而小米提出的"为发烧而生"的品牌理念,营造出米粉的品牌体验感觉,使其用户体验及品牌定位更为准确和精彩。

产品定位:从个人感觉上来说小米手机像iphone,时尚而且功能强大,小米手机针对其目标客户群体的需求特点进行精准产品定位与开发,使其产品还没有出来就在"米粉"中间好评如潮,提前营造了良好的销售氛围。

市场推广:小米的营销推广方法可以说是运用了目标客户群体最为熟悉和喜欢的方式,即互联网平台、口碑营销传播,如网络软文、论坛、微博、微信等,反正就是80后、90后、00后顾客能够方便看到的地方基本都会出现小米的身影。今天进行一款小米产品的性能测评,结果如何,明天通过一个小米的转载新闻就都知道了,可以说是无孔不入、层出不穷,给人一种购买小米手机时不我待的感觉,而真正的主角还没有出来。而且,各种互联网会议、论坛、聚会也都会出现雷军的身影、雷军富于鼓动力的演讲,雷军就是小米的代言人。

饥饿营销:饥饿营销也是小米的绝招,千呼万唤始出来的小米手机上市后,忽然有人告诉你,小米总共只销10万只手机,数量有限,先到先得。这时候万千米粉们再也按不住了,纷纷下单抢购,据说产生了一日就被抢购一空的热烈现象。

小米手机成功以后,小米开始在智能家电领域做业务扩展,打造小米"生态链产品"。小米电视、手表、智能手环、移动充电器、插线板等一大批产品陆续推出,小米只用了不到6年时间就创造年销售额超100亿元的营销奇迹,并且还在继续领跑中国互联网企业。

资料来源:改编自马莹,吴红翠.现代企业管理.北京:中国人民大学出版社,2018.

问题讨论:1.你认为"小米"的核心竞争力是什么?
    2.怎样看待"小米"现象和"小米"的成功要素?

第六章 人力资源管理

思政目标

人是企业管理中极其重要又最为能动的生产要素(劳动力),同时也是企业宝贵的无形资产(人才)。企业管理是人类的一项集体性社会经营活动,识人、育人、用人是企业管理的重要工作,能否有效招聘、开发、考核、激励员工关乎企业的生产与经营效率。新时期的企业人力资源管理应该秉持自由、平等、民主、法制的社会主义核心价值观,要尊重员工、重视员工、关怀员工,充分调动其劳动积极性,为全面建成小康社会奉献智慧,为我国社会主义现代化强国建设贡献力量。

学习目标

1. 分析人力资源管理的概念与内涵
2. 了解职位分析的步骤和方法
3. 了解人力资源规划的基本内容
4. 掌握员工招聘和培训的流程
5. 掌握绩效管理和绩效考核的基本方法
6. 掌握薪酬构成与薪酬设计的策略步骤

案例导入

马云说:员工第一,客户第二

在中国互联网风云人物榜上,马云是不可缺少的人物。31岁的他放弃优越的教师工作开始人生的第一次创业,经历无数次的失败,十年后的41岁,马云以30亿美元身价位居"胡润IT财富榜"第四位,他创立的阿里巴巴网站成为全球最大电子商务网站。从始至终,马云都把他的员工永远当朋友看待。因为马云明白,正是这些同甘苦共患难的兄弟们的不离不弃,才成就了他的今天。而当初选择与马云坚守的初创者们,如今大多已成为阿里巴巴的核心骨干。

马云非常重视人的因素,还总是有一些惊人的言论,比如当大家都在强调顾客是上帝的时候,他却说"我认为,员工第一,客户第二。没有他们,就没有这个网站。也只有他们开心了,我们的客户才会开心。而客户们那些鼓励的言语,鼓励的话,又会让他们发疯一样去工作,这也使得我们的网站不断地发展。"员工第一的理念应该是他多年创业的心得,因为只有员工才是企业发展、创造财富的直接动力。马云能够站在员工的角度思考问题,也因此能够使员工有认同感和归属感。因为他知道只有设身处地为员工的基本需求和难处着想,员工才会热爱企业并努力工作。

在对员工诉求的理解上,马云总是能超人一步。当员工拖沓,员工要求加工资,出现这样一系列问题时,他认为原因不在员工身上,而是老板身上。老板没有珍惜员工,员工自然不会珍惜产品。他努力说服企业家"我们永远要明白,你的价值和产品不是你创造出来的,是你的员工创造出来的,你要让员工感受到——我不是机器,我是一个活生生的人。如果员工基本的生活保障都得不到满足,他在这儿工作没有得到荣耀,没有成就感,没有很好的收入,要他为你而骄傲,不可能!所以我觉得问题在老板身上,你真心服务好员工,员工就会真心服务好客户。"这就是马云的用人之道。

资料来源:新浪网

问题思考:怎样评价马云"员工第一,顾客第二"的观点?

人力资源是来自人类自身的知识和体力,也是社会财富的源泉之一。随着科学技术的突飞猛进,人力资源对财富形成的贡献越来越大,并逐渐占据了主导地位。

管理大师彼得·德鲁克于1954年在其名著《管理的实践》中首次提出并明确界定了人力资源概念。在该书中,德鲁克明确指出,人力资源是企业所雇用的整个人是所有资源中最富有生产力、最具有多种才能,同时也最丰富的资源。现代学者从很多角度对人力资源进行了定义。我们认为,人力资源是指人所具有的对价值创造起到贡献作用,并且能够被组织所利用的体力和脑力的总和。这个概念有三个要点:第一,人力资源的本质是人所具有的脑力和体力的总和,可以统称为劳动能力。第二,这一能力要能对财富的创造发挥贡献作用,成为社会财富的源泉。第三,这一能力还要能够被组织所利用,这里的"组织"可以大到一个国家或地区,也可以小到一个企业或作坊。

人力资源管理是指企业通过各种政策、制度和管理实践,以吸纳、维持、激励和开发员工,调动员工的工作积极性,充分发挥员工潜能,以促进组织目标实现的管理活动。人力资源管理的最终目标就是要有助于实现企业的整体目标。虽然不同的企业,其整体目标的内容可能有所不同,但最基本的目标都是一样的,那就是要创造价值以满足相关利益群体的需要。在最终目标之下,人力资源管理还要达成一系列的具体目标。具体目标包括:(1)保证价值源泉中人力资源的数量和质量;(2)为价值创造营建良好的人力资源环境;(3)保证员工价值评价的准确有效;(4)实现员工价值分配的公平合理。人力资源管理通过以下四大功能来实现目标,人力资源管理的功能如图6-1所示。

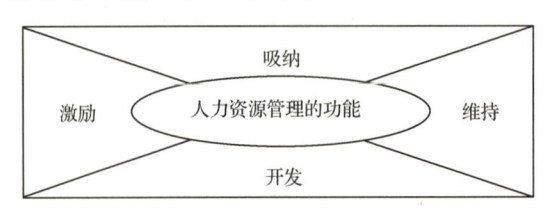

图6-1 人力资源管理的功能

其中吸纳功能体现在吸引并让优秀的人才加入本企业；维持功能是让已经加入的员工继续留在本企业；开发功能是让员工保持能够满足当前及未来工作需要的技能；激励功能则是通过激发员工的动机，让员工在现有的工作岗位上创造出优良的绩效。

第一节　职位分析与人力资源规划

职位分析是人力资源管理的第一个主要环节。职位分析是获得有关工作信息的过程，这些信息包括需要完成的任务方面的信息和有关完成这些任务所需要的人的资格、特点（如教育背景、经验、专业训练和体能等）方面的信息。因此，职位分析要研究并决定一项工作的特定性质与职责，明确工作的各个细节，使人们比较深刻地理解工作在员工行为方面的要求，以及什么样的人员适合担当组织中的什么工作，从而为与工作有关的人事决策提供坚实的依据。在组织还没有建立工作内容和对任职资格的精确描述，或者原来的描述已经过时的情况下，就需要进行职位分析。

案例分析

工作分析解决了问题

某公司销售部张经理和一所著名大学签订了一份利润丰厚的合同，这所大学同意从该公司购买其电脑所需的软硬件。作为交换，该公司将给该大学的学生、教职工所使用的产品提供七至八折的优惠。

张经理认为，目前的销售人员足以应付这一增长的销售需要。但当人力资源部经理与服务部王经理交谈时，王经理认为，在这种情况下如果公司还想保持以往的服务质量，就需要再补充3名技术服务人员。公司现在已有3名技术服务人员，由服务部经理负责，他们都接受过培训，并为公司销售的每件产品提供技术支持服务。

更为重要的是，这6名技术服务人员的工作需要进行重新分工，否则极易引起管理混乱。人力资源部经理让王经理尽快拿出一份服务部各岗位的职位说明书，有了这份说明书，人力资源部就可以明确招聘岗位的人员要求和工作内容，以便尽快开始招聘工作。

王经理认识到目前技术服务人员的工作岗位尚无职位说明书，他们的工作是随着时间的推移自然形成的，她决定立即起草两份文件。她开始起草时却发现，自己虽然是服务部经理，但从未认真考虑过员工工作内容的划分和对员工的具体要求。于是请求人力资源部经理协助她完成这项工作，人力资源部经理告诉她：要了解岗位工作，先要做好工作分析。

人力资源部经理协助小王完成了服务部员工的工作分析。由于有了明确的用人要求，招聘工作进展得非常顺利。新员工的加入也没有造成服务部管理的混乱，因为他们都明确知道自己的工作内容和职责。

一、职位分析相关概念

职位分析(Job Analysis)指了解组织内的一种职位以一种格式把与这种职位有关的信息描述出来,从而使其他人了解这种职位的过程。具体而言,职位分析就是要为管理活动提供与工作有关的各种信息,这些信息可以用6个W和1个H加以概括:

Who,谁来完成这项工作?(职位名称是什么?需要具备什么资质?)

What,这一职位具体工作内容是什么?(做哪些重要的事情?)

When,工作的时间安排是什么?(倒班还是不倒班?)

Where,这些工作在哪里进行?(如室内还是室外,固定还是经常出差吗?)

Why,从事这些工作的目的是什么?(要实现什么有关过程和结果考核目标)

For who,这些工作的服务对象是谁?(向谁汇报工作以及与工作相联系的其他职位)

How,如何来进行这些工作?(借助什么工具、技能和能力来完成工作)

通过职位分析,我们可以解决两个主要的问题。首先,"某职位是做什么的?"这一问题与职位上的工作活动有关,包括职位名称、职责、工作要求、工作场所、工作时间、工作条件等一系列内容。其次,"什么样的人来做这些事情最合适?"这一问题则与从事职位的人的资格有关,包括专业、年龄、必要的知识和能力、必备的证书、工作经历、素质等内容。

一般而言,企业中的每项工作都应该有两份文件,即工作描述(Job Description)和工作规范(Job Specification),它们都是进行职位分析的成果。其中,工作描述也被称为工作说明,它是以书面叙述的方式来说明工作中需要从事的活动,以及工作中所使用的设备和工作条件的信息。而工作规范则被用来说明对承担这项工作的员工所必须具有的特定技能、工作知识、能力和其他身体和个人特征的最低要求。

因为职位分析与职位以及职位对应的工作活动是紧密联系在一起的,有必要澄清与之相关的概念。下面,我们将讨论行动、任务、职责、岗位、职位、职位族、职业和职业生涯等相关但又不同的概念进行说明和比较,只有掌握这些概念及其之间的联系和区别,才能准确有效地指导我们进行职位分析(表6-1)。

表6-1 与职位相关的概念和区别

概念	含义	举例	所包含内容
行动 (action)	工作活动中不便继续分解的最小单位	启动复印机	无
任务 (task)	为达到某一目的而由相关行动直接组成的集合	复印文件	包含以下四项行动: 启动复印机;将复印纸放入机内;放好复印文件;按动进行复印
职责 (responsibility)	某人自某一方面承担的一项或多项任务组成的相关任务的集合	工作满意度调查职责	包含以下五项任务: ①设计问卷;②进行调查;③统计问卷结果;④反馈调查结果;⑤采取相应措施
岗位 (position)	由一个人来完成的一项或多项相关职责组成的集合	员工关系管理专员	包含以下职责:①员工满意度调查;②劳动合同管理;③劳动纪律和争议处理;④职业安全和健康管理;⑤员工压力管理

续表

概念	含义	举例	所包含内容
职位 (job)	一个或一组职责类似的岗位所形成的组合。一个职位可能只有一个岗位,也可能有多个岗位	设备维护	包含生产设备维护和辅助设备维护等两个岗位。
职位族 (job family)	企业内部具有非常广泛的相似内容的相关工作群,也成为职位群	技术类工作族; 生产类工作族; 销售类工作族	职位族包含多种职位
职业 (occupation)	由不同组织中的相似工作组成的跨组织工作集合	教师职业、秘书职业	职业在行业中具有抽象性和概括性,也可以各种特征描述,比如白领和蓝领。

二、职位分析的步骤和方法

在人力资源管理系统中,职位分析是一项技术性非常强的工作,为了保证实施的效果,在实际的操作过程中必须遵循一定的步骤并注意相关的问题。

1. 职位分析的步骤

职位分析的步骤包括10个具体步骤,我们可以将它们归纳为四个阶段,包括准备阶段、调查阶段、分析阶段、完成阶段(表6-2)。

表 6-2　　　　　　　　　　　　　职位分析的程序

阶段	步骤	重要环节	具体内容
第一阶段 准备阶段	1	确定职位分析的目的和用途	明确分析的资料到底是要用来干什么的,要解决什么问题
	2	成立职位分析小组	小组由三类人员组成:企业的高层领导;职位分析人员;外部的专家和顾问
	3	对职位分析人员进行培训	外部专家和顾问对职位分析人员进行业务上的培训
	4	做好其他必要的准备	企业内部就职位分析工作进行宣传,消除误解和猜疑;各个部门经理协调好本部门参与职位分析工作的人员的工作安排
第二阶段 调查阶段	1	制定职位分析时间进度表	职位分析的时间计划安排
	2	选择搜集工作内容及相关信息的方法	从何种渠道获得工作内容信息,采用何种方法获取一手或者二手资料
	3	搜集工作的资料背景	公司的组织结构图、工作流程图以及国家的职位分类标准以及当前保留的职位分析资料等
	4	搜集职位的相关信息	职位活动、工作中人的活动、在工作中所使用的机器、工具、设备以及工作辅助用品、工作绩效的信息、工作的背景信息、工作对人的要求等
第三阶段 分析阶段	1	整理资料	按照职位说明书的要求进行归类整理
	2	审查资料	职位分析小组成员一起对工作信息的准确性进行审查
	3	分析资料	归纳总结职位分析的必须材料和要素,揭示各个职位的主要成分和关键要素

续表

阶段	步骤	重要环节	具体内容
第四阶段 完成阶段	1	编写职位说明书	通过编写职位说明书的初稿和讨论审核,完成职位说明书的定稿
	2	对整个职位分析过程进行总结	总结职位分析过程中的成功经验和存在的问题,以便今后更好完成职位分析
	3	将职位分析结果用于人力资源管理以及企业管理的相关方面	通过职位分析的工作结果,提高和完善与之相关联的人力资源其他职能的管理,如明晰招聘甄选中的评价内容、方法,提升招聘质量

2. 职位分析的方法

获取职务分析信息的方法有多种。常用的办法有观察、现场访谈、问卷调查和利用计算机职务分析系统。有时,在有必要且条件允许的情况下,企业也常常同时使用不同的方法。以下逐项讨论每一种方法。

(1)观察法。当采用观察方法时,经理人员、职位分析人员或工程技术人员须对一个正在工作的员工进行观察,并将该员工正在从事的任务和职责一一记录下来。对一项职位工作的观察,可以采取较长时间内连续不断的方式,也可采用断断续续的间或访察的方式,具体采取哪种方式,应根据该职务的工作特点而定。观察方法一般只适用于那些工作内容主要是由身体活动来完成且重复性较大、重复期较短的工作,如装配线工人、保安人员,不适用于脑力劳动成分较高的工作或处理紧急情况的间歇性工作,如律师、教师、急救站的护士等。

(2)现场访谈。搜集信息的现场访谈方法,要求经理或人力资源专家访问各个工作场所,并与承担各项职务的员工交谈。在进行现场访谈时,通常采用一种标准化的访谈表来记录有关信息。在大多数情况下,员工和其顶头上司都被列入访谈对象,以便全面彻底地了解一项职务的任务、职责和责任。现场访谈方法一般非常耗费时间,尤其是当访谈者与两三个从事不同工作的员工交谈时,就更是如此。专业性和管理性的职务一般更为复杂和较难分析,从而往往需要更长的时间。因此,现场访谈主要是用作问卷调查的后续措施。作为后续措施,现场访谈的主要目的,是要求员工和有关负责人协助澄清问卷调查中的某些信息问题;同时,分析人员也可借机澄清问卷中的某些术语方面的问题。

(3)问卷调查法。问卷调查法是将问题设计成调查问卷,通过发放、回收和分析来收集、整理和分析问题的调查方法。一个典型的职位分析调查问卷通常包括下列方面的问题:该职务的各种职责以及花费在每种职责上的时间比例、非经常性的特殊职责、外部和内部交往、工作协调和监管责任、所用物质资料和仪器设备、所做出的各种决定和所拥有的斟酌决定权、所准备的记录和报告、所运用的知识、技能和各种能力、所需培训、体力活动及特点、工作条件等。

问卷调查方法的主要长处,是可以在一个较短的时间内,以较低的费用获得大量与职务有关的信息,不过,后续的观察和访谈往往仍是必要的。

(4)关键事件技术。关键事件技术是通过一定的表格,专门记录工作者工作过程中那些特别有效或者特别无效的行为,以此作为将来确定任职资格的一种依据。记录的内容大概包括以下几点:导致事件发生的原因、有效和无效的行为特征、行为的后果和工作者可以控制的范围及努力程度的评估。

(5)工作日志法。工作日志法就是由职位的任职者本人按照事件顺序记录工作过程,然后经过归纳提炼取得所需要资料的一种方法。这种方法适用于工作循环周期短、工作状态稳定的职位;适用于确定工作职责、工作关系、劳动强度等方面的信息。其优点在于搜集的信息比较全面,一般不容易遗漏;缺点是使用范围较小;同时,信息整理量大,归纳工作烦琐。工作日志填写示例见表6-3。

表6-3　　　　　　　　　　　　工作日志法填写示例

日期	6月6日	工作开始时间	9:00	工作结束时间	17:30
序号	工作活动名称	工作活动内容	工作活动结果	时间消耗	备注
1	复印	文件	40页	5分钟	存档
2	起草公文	代理委托书	1200字	1小时	报上级
3	参加会议	上级布置任务	1次	30分钟	参与
4	请示	贷款数额	1次	20分钟	报批
…	…	…	…	…	…
18	录入数据	经营数据	200条	45分钟	承办

3. 工作设计

职位分析与工作设计之间有着密切而直接的关系。职位分析的目的是明确所要完成的任务以及完成这些任务所需要的人的特点。工作设计的目的是明确工作的内容和方法,明确能够满足技术上和组织上所要求的工作与员工的社会和个人方面所要求的工作之间的关系。因此,工作设计需要说明工作应该如何做才能既最大限度地提高组织的效率和劳动生产率,同时又能够最大限度地满足员工个人成长和增加个人福利的要求。工作设计的前提是对工作要求、人员要求和个人能力的了解。

在传统的工作设计方法中,工作的标准化和简单化降低了员工工作的独立性。只需要低水平的技能,易产生枯燥而单调的工作限制了员工内在报酬的获得。根据人际关系哲学提出的工作设计方法包括工作扩大化、工作轮调和工作丰富化(Job Enrichment)等内容。

(1)工作扩大化(Job Enlargement)是扩展一项工作包括的任务和职责,但是这些工作与员工以前承担的工作内容非常相似,只是一种工作内容在水平方向上的扩展,不需要员工具备新的技能,所以,并没有改变员工工作的枯燥和单调。赫兹伯格(Herzberg)批评工作扩大化是"用零加上零"。

(2)工作轮调(Job Rotation)是让员工先后承担不同的但是在内容上很相似的工作。其本意是不同的工作要求员工具有不同的技能,从而可以增强员工的内在报酬,但是实际上效果非常有限。因此,赫兹伯格批评工作轮调是"用一个零来代替另一个零"。

(3)工作丰富化(Job Enrichment)是指在工作中赋予员工更多的责任、自主权和控制权。工作丰富化与工作扩大化、工作轮调都不同,它不是水平地增加员工工作的内容,而是垂直地增加工作内容。这样,员工会承担更多重的任务、更大的责任,员工有更大的自主权和更高程度的自我管理,还有对工作绩效的反馈。工作丰富化思想在工作设计中的影响很大,并已在此基础上形成了一个非常著名的工作特征模型。

(4)弹性工作时间(Flexible work time)是指完成规定的工作任务或固定的工作时间长度的前提下,员工可以自由选择工作的具体时间安排,以代替统一固定的上下班时间的制度。弹性工作制是 20 世纪 60 年代由德国的经济学家提出的,当时主要是为了解决职工上下班交通拥挤的问题。弹性工作制的典型做法是:企业要求员工在一个核心时间期间(如上午 10 点到下午 3 点)必须工作,但是上下班时间由员工自己决定,只要工作时间总量符合要求即可。弹性工作制的优点是员工可以自己掌握工作时间,为实现个人要求与组织要求的一致创造了条件,降低了缺勤率和离职率,提高了工作绩效。弹性工作制的缺点是每天的工作时间延长增加了企业的公用事业费,同时要求企业有更加复杂的管理监督系统来确保员工工作时间总量符合规定。弹性工作制虽对企业的生产率没有明显的影响,但却能使员工得到利益。目前美国实行弹性工作制的企业越来越多,特别是工作比较独立的专业人员。

每个组织使用的工作设计方法都可能不同,在一个组织中,也可以对不同层次的员工和不同的工作类别,实行不同的工作设计方法。而且,一个组织可以使用一种工作设计方法,也可以同时使用几种工作设计方法。

三、人力资源规划的内涵

人力资源规划也称人力资源计划(Human Resource Planning),是指在企业发展战略和经营规划的指导下,对企业在某个时期的人员供给和人员需求进行预测,并根据预测的结果采取相应的措施来平衡人力资源的供需,为企业的发展提供符合质量和数量的人力资源保证,以达成企业的战略目标。人力资源规划的内涵包括:

(1)人力资源规划要在企业发展战略和经营规划的基础上进行。因人力资源管理只是企业经营管理系统的一个子系统,是要为企业经营发展提供人力资源支持的,所以人力资源规划必须以企业的最高战略为坐标,否则人力资源规划无从谈起。

(2)人力资源规划当包括两个部分的活动,一是对企业在特定时期的人员供给和需求进行预测;二是根据预测的结果采取相应的措施进行供需平衡。只有先通过预测,才能知道现状以及如何平衡。

(3)人力资源规划对企业人力资源供给和需求的预测要从数量和质量这两个方面进行,企业在保证人力资源数量的基础上,更重要的是保证其质量。

人力资源规划的内容主要包括两个方面:人力资源总体规划和人力资源业务规划见表 6-4。

表 6-4　　　　　　　　　　人力资源规划内容

规划名称	目标	政策	步骤	预算
总体规划	总目标(绩效、人力资源总量素质、职工满意度)	基本政策(扩大、收缩、保持稳定)	总体步骤(按年安排,如降低人力资源成本)	总预算
人员补充计划	类型、数量、对人力资源结构及绩效的改善等	任职资格、人员来源范围、起点待遇	拟定标准,广告宣传、测试、录用	招聘、挑选的费用
人员配置计划	部门编制、人力资源结构优、职位匹配和职位轮换	任职资格、职位轮换的范围及时间	略	按使用规模、类别及人员状况决定的工资、福利预算

续表

规划名称	目标	政策	步骤	预算
人员接替和提升计划	保持后备人才数量，提高人员结构	选拔标准、资格、试用期、晋升比例，未提升人员的安置等	略	职务变动引起的薪酬变化
人员培训与开发计划	素质及绩效改善、培训数量和类型、提供新人力资源、转变态度和作风	培训计划的安排、培训时间效果的保证	略	培训开发的总投入，脱产损失
工资激励计划	人才流失降低、士气提升、绩效改进等	激励重点、激励政策、激励政策和激励方式	略	增加工资、奖金额
员工关系计划	减少非期望离职率、减少投诉率及不满、提高工作效率	参与管理、加强沟通	略	法律诉讼费
解聘退休计划	劳动力成本降低、生产率提高	退休政策及解聘程序	略	安置费用

在总体规划中最主要的内容包括：①供给和需求的比较结果，即净需求；②阐述在规划期内企业对各种人力资源的需求和各种人力资源配置的总体框架，阐明人力资源管理方面的重要方针、政策和原则，如人才招聘、晋升、降职、培训与开发、奖惩和工资福利等方面的重大方针和政策；③确定人力资源投资预算。

人力资源业务规划是总体规划的分解，包括人员补充计划、人员配置计划、人员接替和晋升计划、人员培训与开发计划、工资激励计划、员工关系计划、退休解聘计划等内容，这些业务规划的每一项都应当设定具体的目标、任务和实施步骤。

四、人力资源需求与供给预测

人力资源预测是人力规划的重要一环，通过人力资源规划，企业可以尽早发现人力不足或人浮于事的现象。人力资源预测可以分为人力资源需求预测和人力资源供给预测。人力资源需求预测（Forecasting Human Resource Requirements）是对企业在未来某一特定时期所需要的人力资源的数量、质量以及结构进行估计。人力资源供给预测是预测在某一未来时期，组织内部所能供应的（或经有培训可能补充的）及外部劳动力市场所提供的一定数量、质量和结构的人员，以满足企业为达成目标而产生的人员需求。预测的目的是能提前预判组织在未来某一时点人力资源需求与人力资源供给之间的差异。这种差异可能表现为供过于求、供不应求和供需平衡等三种情况。下面分别介绍人力资源需求和人力资源供给的预测方法。

1. 人力资源需求预测方法

人力资源需求预测（Forecasting Human Resource Requirements）就是对企业在未来某一特定时期所需要的人力资源的数量、质量以及结构进行估计。人力资源需求预测的方法很多，我们选取几种有代表性的方法进行简单的介绍。值得注意的是，在预测过程中，不可能只采用单一的方法，而应当将多种方法结合起来使用，这样预测的结果才会比较准确。

(1)经验预测法。经验预测法用以往的经验来推测未来的人员需求,适合较稳定的小型企业。它是根据过去经验将未来活动水平转化为人力需求的主观预测方法,即根据每一产量增量估算劳动力的相应增量。经验预测法建立在启发式决策的基础上,这种决策的基本假设是:人力资源的需求与某些因素的变化之间存在着某种关联性。例如,一个单位每个员工每天产出 1000 个产品,如果单位需要多产出 10000 个产品,再补充 10 个员工即可。又如,一个企业组织根据以往的经验认为,在生产车间里的管理人员,如一个班组长或工头,一般管理 10 个人为最佳。因此,根据此经验,就可以从生产工人的增减数来预测对班组长或工头一级管理人员的需求。

(2)管理人员判断法。管理人员判断法分为"自下而上"和"自上而下"二种方式。"自下而上"就是由直线部门的经理向自己的上级主管提出用人要求和建议,征得上级主管的同意。适用于短期预测和组织的生产(服务)比较稳定的情况。最基层的管理者根据本单位组织的情况,凭借经验预测出本单位组织未来对人员的需求,下级部门向上级部门汇报预测结果,自下而上层层汇总。人力资源部门从各级部门收集信息,通过判断、估计,对各部门的需求进行横向和纵向的汇总,最后根据企业的发展战略制定总的预测方案。预测被批准后,将预测层层分析,作为人员配置计划下达给各级管理者。

"自上而下"是由公司经理先拟定出公司总体的用人目标和建议,然后由各级部门自行确定用人计划。适用于短期预测,在组织作总体调整和变化时尤其方便。高层管理者先拟定总体人力资源需求计划,将总体人力资源需求计划逐级下达到各个部门;各部门根据本部门的情况,对计划进行修改;汇总各部门对计划的意见,并将结果反馈给高层管理者;高层管理者根据反馈信息修正总体预测,正式公布,将预测层层分解,作为人员配置计划下达给各级管理者。

最好是将"自下而上"与"自上而下"两种方式结合起来运用。先由公司提出职工需求的指导性建议,再由各部门按公司指导性建议的要求,会同人事部门、工艺技术部门、职工培训部门确定具体用人需求;同时,由人事部门汇总确定全公司的用人需求,最后将形成的职工需求预测交由公司经理审批。

(3)德尔菲法。德尔菲法也称专家调查法,是一种采用通讯方式分别将所需解决的问题单独发送到各个专家手中,征询意见,然后回收汇总全部专家的意见,并整理出综合意见。随后将该综合意见和预测问题再分别反馈给专家,再次征询意见,各专家依据综合意见修改自己原有的意见,然后再汇总。这样多次反复,逐步取得比较一致的预测结果的决策方法。

德尔菲法依据系统的程序,采用匿名发表意见的方式,即专家之间不得互相讨论,不发生横向联系,只能与调查人员发生关系,通过多轮次调查专家对问卷所提问题的看法,经过反复征询、归纳、修改,最后汇总成专家基本一致的看法,作为预测的结果。这种方法具有广泛的代表性,较为可靠。

(5)趋势预测法。趋势预测法是根据企业的过去几年的员工数量,分析它在未来的变化趋势并以此预测企业在未来某一时期的人力资源需求量。其基本做法是:先确定组织中与劳动力数量和结构关系最大的因素,然后找出这一因素随员工数量的变化趋势,由此推出将来的趋势,从而得出未来劳动力的需求量。趋势预测法示例见表 6-5。

表 6-5　　　　　　　　　　　　　　　　趋势预测法示例

年份	销售额(万元)	劳动生产率(销售额/人)	员工需求量
2012	2351	14.33	164
2013	2613	11.12	235
2014	2935	8.34	352
2015	3306	10.02	330
2016	3613	11.12	325
2017	3748	11.12	337
2018	3880	12.52	310
2019*	4095	12.52	327
2020*	4283	12.52	342
2021*	4446	12.52	355

组织因素的选择至少应该满足两个条件：一是组织因素应该与组织的基本特性直接相关，以便根据这一因素制定组织计划；而是所选因素的变化必须与所需员工数量的变化成比例。本实例中的组织因素为销售额。组织因素一旦确定下来，接着就要找出过去的员工数量与过去的组织因素之间的数量关系。

(6)比率分析法。比率分析是通过计算某些原因性因素和所需要雇用数目之间的精确比例确定未来人力资源需求的方法。比率分析和趋势分析有相似之处，它们都生产率保持不变，根据历史记录进行预测，但比率分析更为精确。例如，在一个企业可以根据销售人员和行政人员的比率来确定未来对行政人员的需求。比如，在一个企业有200名销售人员和50名行政人员，那么销售人员和行政人员的比率为4:1，这表明4名销售人员就需要匹配1名行政人员。如果该企业计划明年将销售队伍扩大到400人。在其他条件不变的情况下，依据上面的比例，可以确定企业对行政人员的需求为100人，也就是须新雇用50名行政人员。

2. 人力资源供给预测方法

人力资源供给预测包括两个内容：一个是内部供给预测，即根据组织内部现有人力资源及其未来变动情况，确定未来组织内部所提供的人员数量和质量；另一个是外部供给预测，是指通过研究外部劳动力市场对组织的员工供给，对外部人力资源供给进行预测，确定未来可能各类人员供给状况。人力资源内部供给预测的方法：

(1)人力资源盘点法。人力资源盘点法是对现有的人力资源数量、质量、结构进行核查，掌握目前拥有的人力资源状况，对短期内人力资源供给做出预测。这种方法主要是确定目前的人力资源状况，颇有盘点的意味。掌握现有的人力资源情况是基础性工作，能否清楚地、正确地认识将影响到其他的人力资源管理工作。虽然盘点人力资源非常重要，但在供给预测中，它仍然扮演着基础角色，很难单独成为有效的预测法。

(2)人员接替图法。人员接替图法是通过职位空缺来预测人力供给的方法，而职位空缺的产生主要是因离职、辞退、晋升或业务扩大产生的。这种方法用人员接替图来显示每一职位未来可供替换的人选，从而预测出组织内的人力资源供给。在人员接替图中必要的话应当标出现有职位候选人的简单情况，如部门、职位名称、在职员工姓名、每位员工的绩效与潜力等。

(3)人力资源"水池"模型。人力资源"水池"模型又被称为人员接替模型,它与人员接替图法有相似之处,都是在预测企业内部人员流动的基础上来预测人力资源的内部供给。所不同的是,人员接替图法是从员工出发来进行分析,而预测的是一种潜在的供给;而"水池"模型则是从职位出发进行分析,预测的是未来一时间现实的供给。这种方法要针对具体的部门、职位层次或职位类别来进行,由于它要在现有人员的基础上通过计算流入量和流出量来预测未来的供给,这就好比是计算一个水池未来的蓄水量,因此称之为"水池"模型。对企业中各职位员工的供给预测可以使用下面的公式确定:

内部供给量＝现有员工数量－流出总量＋流入总量　　　公式 6.1

流出总量＝退休数＋辞职数＋降职数＋晋升数　　　　　公式 6.2

流入总量＝晋升进入数＋外部招聘数＋降职进入数　　　公式 6.3

(4)马尔可夫模型。马儿可夫模型是通过全面预测社会组织内部人员转移从而预知组织内部人力资源供给的一种方法。它是一种比较有效和合理的方法,有利于管理者综合考虑各种影响因素,系统地考虑组织内部的人员供给状况。它是建立在这样的一个前提下,即社会组织内部人员有规律的转移,且转移概率有一定的规则。

马儿可夫模型所考虑的人员变动主要有调入、晋升、下降、平调或调出五种情况。通过计算某一时间段内某项工作的人员变动比率,来对未来该工作岗位的人员数量做出估计。例如,现有一家企业利用马儿可夫模式预测企业 A、B、C、D 四种工作的人员供给情况时所用到的矩阵。该矩阵左方是目前这四种工作各有多少人,通过中间的人员变动可能性矩阵的计算,得到了右方在将来某一段时刻这四种工作需要多少人的预测结果。中间的变动矩阵是从过去的某一时期(T－2)到过去的另一时间(T－1)人员变动的可能性数据(如表 6-3 所示)。

对工作 A 而言,T－2 时 A 有 350 人,到了 T－1 时,只有 245 人留在原岗位,70 人提升到 B,35 人离开了组织。因此,可以计算出:

工作 A 留任率(从 A 到 A)＝245/350×100％＝70％

工作 A 提升率(从 A 到 B)＝70/350×100％＝20％

工作 A 离任率＝35/350×100％＝10％

用同样的方法可以得到矩阵中其他的百分比。应当注意,这里计算的变动率只是从 T－2 到 T－1 时期的人员变动。在实际运用中,常常是分几个时期收集人员变动率数据,然后以它们的平均值作为人员变动率数值,用以预测未来的人员流动情况。这样可以使人员变动率更加准确可靠。

得到人员变动率以后,就可以分别对四种工作在 T＋1 时期的人数做出预测了。对 A 来说,T－0 时有 300 人

留下人数为:300×70％＝210(人)

由 C 到 A 的有:275×10％＝28(人)

因此,预测 T＋1 时,A 工作共有:210＋28＝238(人)

很明显,和目前的 300 人相比少了 62 人。经过相似的计算,也可以得到其他工作在 T＋1 时期的预测人数见表 6-6。

表 6-6　　　　　　　　　　马儿可夫分析模式

现在的雇佣人数 （T－0 时期）（人）	变动可能性矩阵（T－2 时期）					雇佣人数预测 （T＋1 时期）（人）
			A(350 人)	B	C	D	
A－300	T－1 时期	A	70%(245 人)	—	10%	—	300×70%＋275×10%＝238
B－150		B	20%(70 人)	80%	—	—	300×20%＋150×80%＝180
C－275		C	—	—	60%	—	275×60%＝165
D－360		D	—	—	10%	90%	275×10%＋360×90%＝352
		离开	10%(35 人)	20%	20%	10%	300×10%＋150×20%＋275× 20%＋360×10%＝151

第二节　员工招聘与培训

企业通过招聘与录用,吸纳了新的员工。这些新员工对企业目标、企业文化、具体岗位工作内容和要求等并不一定真正理解,而且他们目前所具备的知识能力可能与实际的工作环境需要之间存在一定的差距。对企业而言,就很有必要尽快提高他们的能力水平,并使其融入企业,以积极有效的行为和心态开展工作。这就是人力资源管理的另一基本职能:招聘与培训。

一、员工招聘

人力资源管理的一项重要功能就是要为企业获取合格的人才。能否吸引并甄选到优秀的人才已成为企业生存和发展的关键,而这项功能正是通过员工招聘来实现的。作为人力资源管理的一项基本职能活动,员工招聘是人力资源进入企业或者具体工作职位的重要入口,它的有效实施不仅是人力资源管理系统正常运转的前提,也是整个企业正常运转与高效运作的重要保证。

1. 招聘的目标

招聘就是指在企业总体发展战略规划的指导下,制定相应的职位空缺计划,寻找合适的人员来填补这些职位空缺的过程。招聘包括招募、甄选与录用三部分。招募是企业采取多种措施吸引候选人来申报企业空缺职位的过程;甄选是指企业采用特定的方法对候选人进行评价,以挑选最合适人选的过程;录用是指企业做出决策,确定入选人员,并进行初始安置、试用、正式录用的过程。

2. 招聘工作的程序

为保证招聘工作的科学规范,提高招聘的效果,招聘活动一般要按照下面几个步骤来进行:确定招聘需求、制定招聘计划、招募、甄选、录用、效果评估(表 6-7)。

表 6-7　　　　　　　　　　　招聘工作的程序

序号	步骤	内容
1	确定招聘需求	确定招聘需求是整个招聘活动的起点。招聘需求包括数量(空缺职位)和质量(所需要具备的任职资格)两个方面。招聘需求的确定,要以人力资源规划、职位分析为基础
2	制定招聘计划	招聘需求明确后,人力资源管理部门需要会同用人部门共同制定招聘计划及具体措施。招聘计划主要包括以下几个方面的内容:招聘的规模、招聘的范围、招聘的时间和招聘的预算
3	招募	招募包括选择招聘的来源和招聘的方法。招聘的来源是指潜在的应聘者所在的目标群体,招聘的方法则是指让潜在的应聘者获知企业招聘信息的方式和途径
4	甄选	甄选的最终目的是将不符合要求的应聘者淘汰,挑选出符合要求的应聘者供企业进一步筛选
5	录用	主要工作包括:录用决策、通知录用者及未录用者、员工入职、试用和正式录用等
6	效果评估	评估招聘的效果,对招聘效果进行评估,可以帮助企业发现招聘过程中存在的问题,对招聘计划以及招聘方法和来源进行优化,提高以后招聘的效果

资料来源:董克用,李超平.人力资源管理概论(5版)[M].北京:中国人民大学出版社,2019.

3. 招募渠道

企业的招募渠道有两个:一是外部招募;二是内部招募。这两种渠道相辅相成,共同为企业获取人员提供支持与保障。

(1)内部招募的来源。在进行内部招募时,从理论上讲招募的来源有三个:一是下级职位上的人员,主要通过晋升的方式来填补空缺职位;二是同级职位上的人员,填补空缺职位的方式主要是工作调换或工作轮换;三是上级职位上的人员,主要通过降职的方或来填补空缺职位。

内部晋升和岗位轮换需要建立在职位管理和员工职业生涯规划管理体系的基础之上。内部晋升与岗位轮换是建立在系统有序基础上的内部职位空缺补充办法,因此,需要建立内部晋升与岗位轮换的管理程序和制度。在管理制度中,应该至少规定晋升与岗位轮换的条件、范围、时间要求、流程等内容。

(2)外部招募的来源。相比内部招募,外部招募的来源相对就比较多。学校是企业招募初级岗位的重要来源,在中学和职业学校可以招募办事员和其他初级操作性员工;在大学里,企业则可以招募潜在的专业人员、技术人员和管理人员。对于要求具有工作经验的职位来说,竞争者或同一行业的其他公司可能是最主要的招募来源。此外,失业者、老年群体、退伍军人和自由职业者都是可以选择的招募来源。

这两种招募渠道各有优劣,企业往往需要综合考虑这些利弊后才能够做出决策。而且对于这一问题,也没有标准的答案,有些企业倾向于从外部招募,有些企业则更倾向于从内部招募。例如通用电气公司几十年来一直都从内部选拔首席执行官(CEO),而 IBM、惠普等公司的 CEO 则大多从外部招募。一个不变的原则是人员的招募最终要有助于提高企业的竞争能力和适应能力。

4. 员工甄选

员工甄选是指通过运用一定的工具和手段来对已经招募到的求职者进行鉴别和考察,区分他们的人格特点与知识技能水平、预测他们的未来工作绩效,从而最终挑选出企业所需要的、恰当的职位空缺填补者。

为了保证员工甄选的效果,按照上面所提到的几项标准,员工甄选工作一般来说要按照下面的程序进行:首先评价应聘者的工作申请表和简历,然后进行选拔测试和面试,接下来审核应聘者材料的真实性,之后进行体检,初步录用应聘者后还要经过一个试用期的考察,最后才能做出正式录用的决策(表6-8)。

表6-8　　　　　　　　　　　　　员工甄选的方法

序号	方法	说明
1	面试	面试是指通过应聘者与面试者之间面对面的交流和沟通,对应聘者做出评价的方法。虽然学者们对面试的看法并不完全一致,但在实践中面试却是企业最常用的一种员工甄选方法
2	评价中心	评价中心是一种综合性的人员测评方法。评价中心其实就是通过情景模拟的方法来对应聘者做出评价,它与工作样本比较类似,不同的是工作样本是用实际的工作任务来进行测试,而评价中心则是用模拟的工作任务来进行测试。评价中心技术主要包括文件筐测试、案例分析、无领导小组讨论、模拟面谈、演讲、搜索事实、管理游戏等。其中最常用的是无领导小组讨论、文件筐测试和案例分析
3	心理测试	能力测试、人格测试
4	工作样本	要求应聘者完成职位中的一项或若干项任务,依据任务的完成情况来做出评价,这种方法强调直接衡量工作的绩效,因此具有较高的预测效度
5	知识测试	衡量应聘者是否具备完成职位职责所要求的知识。根据职业的知识类型的要求,分类测试。比如财务管理、人力资源管理等方面的知识

资料来源:董克用,李超平.人力资源管理概论(5版)[M].北京:中国人民大学出版社,2019.

二、员工培训

企业通过招聘与录用,吸纳了新的员工。这些新员工对于企业目标、企业文化、具体岗位工作的内容要求等,并不一定真正理解与掌握,而且他们目前所具备的知识能力可能与实际的工作要求之间有一定的差距。因此,对于企业来说,就很有必要尽快提高他们的能力水平,并使其融入企业,以积极有效的行为和心态开展工作。

培训是指企业通过各种方式使员工具备完成现在工作所需要的知识、技能并改变他们的工作态度,以改善员工在现有工作业绩,最终实现企业整体绩效提升的一种计划性活动。

案例分析

平安大学:金融和保险行业的黄埔军校

平安大学是中国成立最早的企业大学之一,被评为中国最美丽的企业大学。平安大学于2001年由平安集团投资6亿元兴建的,短短几年时间,平安大学就一跃成为中国最优秀的企业大学之一。平安大学定位于成为平安集团内部人才孕育的摇篮,并通过它来沉淀知识,为平安的产品和管理提供智力支持。同时,还通过自身的力量为外部VIP客户、合作伙伴提供相应的培训课程,成为平安集团与客户沟通的桥梁。平安大学目前有近2000人的专职讲师队伍,同时还拥有1.5万人的兼职讲师队伍,这个数字足以让国内任何一家企业望洋兴叹。

> 平安大学设有寿险学院、产险学院、金融学院、管理学院及博士后工作站,面向公司提供面授培训、认证考试、网上学习、卫星电视教学等培训方式。平安大学针对不同层级的员工和管理者提供领导力建设、通用技能、客户服务/市场管理等方面的系列课程。
> 平安大学有30余位专业工作人员,这30人根据学员对象划分为多个项目组。每个项目组实行全价值链一体化运作模式,这些项目组需要负责学员需求调查、项目开发、课程设计、安排讲师、课程实施和评估等所有环节。项目组就像一个个产品小组一样,需要对整个培训的流程负全责。

1. 培训的流程

培训和开发工作比较复杂,为了保证其顺利实施,在实践中应遵循一定步骤展开。一般来讲,培训要按照下面的程序来进行:首先要进行培训需求分析;接着就是培训设计,包括制定培训计划和做好培训前的准备等;然后是培训实施,这其中很多项工作内容需要完成;最后是实施培训转化和培训评估,整个过程如图6-2所示。

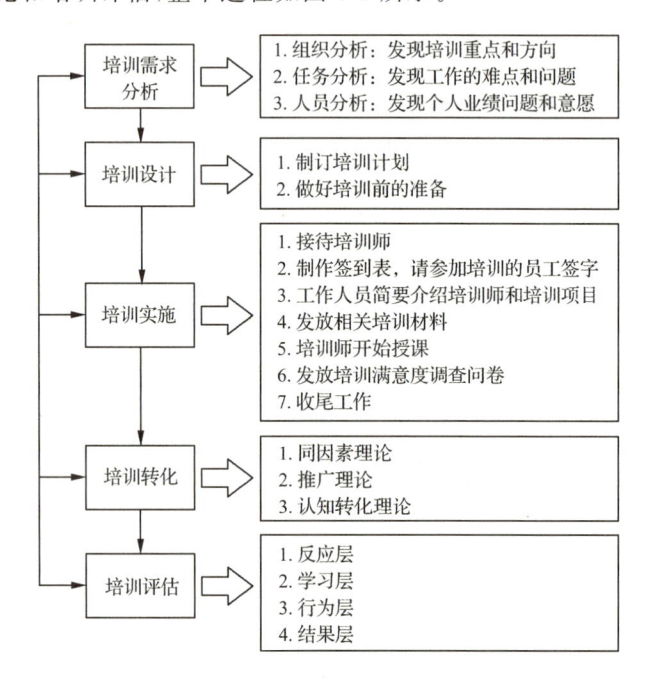

```
┌──────────┐    ┌─────────────────────────────┐
│ 培训需求  │ => │ 1. 组织分析:发现培训重点和方向 │
│   分析   │    │ 2. 任务分析:发现工作的难点和问题 │
└──────────┘    │ 3. 人员分析:发现个人业绩问题和意愿 │
     ↓          └─────────────────────────────┘
┌──────────┐    ┌─────────────────────────────┐
│ 培训设计  │ => │ 1. 制订培训计划               │
└──────────┘    │ 2. 做好培训前的准备            │
     ↓          └─────────────────────────────┘
┌──────────┐    ┌─────────────────────────────┐
│ 培训实施  │ => │ 1. 接待培训师                 │
└──────────┘    │ 2. 制作签到表,请参加培训的员工签字 │
     ↓          │ 3. 工作人员简要介绍培训师和培训项目 │
                │ 4. 发放相关培训材料            │
                │ 5. 培训师开始授课             │
                │ 6. 发放培训满意度调查问卷       │
                │ 7. 收尾工作                   │
                └─────────────────────────────┘
┌──────────┐    ┌─────────────────────────────┐
│ 培训转化  │ => │ 1. 同因素理论                 │
└──────────┘    │ 2. 推广理论                   │
     ↓          │ 3. 认知转化理论                │
                └─────────────────────────────┘
┌──────────┐    ┌─────────────────────────────┐
│ 培训评估  │ => │ 1. 反应层                     │
└──────────┘    │ 2. 学习层                     │
                │ 3. 行为层                     │
                │ 4. 结果层                     │
                └─────────────────────────────┘
```

图 6-2 培训与开发的流程

需要特别之处的是:培训活动的最后一个步骤是对培训进行评估和反馈。这不但可以检验培训是否达到了预期的目的,更重要的是它还有助于对以后的培训进行改进和优化。培训评估包括两个方面的主要内容:一是培训评估的标准;二是培训评估的设计。培训评估的标准就是指要从哪些方面来对培训进行评估,也可以说是培训评估的内容。这个方面最有代表性的观点是柯克帕特里克的四层次评估模型,这一模型将培训评估的标准分为四个层次的内容,分别是反应层、学习层、行为层和结果层。反应层是指受训人员对培训对象的印象,对培训是否满意。例如可以询问这样的问题:"喜欢此次培训吗?""对培训者满意吗?"。学习层是指受训人员对培训内容的掌握程度,在接受培训后其知识和技能的掌握是否有所提高以及有多大程度的提高。行为层是指受训人员在接受培训以后工作行为的变化,也可以看作对学习成果的运用,在工作中是否改进了以前的行为,是否运用了培训的内容。结果层是指受训人员经过培训后,其绩效水平是否得到改善和提高,最终企业的绩效也得到提高。对于每一个层次的评估而言,其衡量的内容和方法都不完全相同(表6-9)。

表 6-9　　　　　　　　　　　培训效果评估的四个层次

层次	衡量内容	衡量方法
反应层	受训者对培训的整体印象和感觉	观察、面谈、问卷、讨论
学习层	受训者在培训前后,在知识、技能及态度的掌握方面有多大程度的提高	书面测试、操作测试、等级情景模拟
行为层	受训者的行为在培训前后有无差别;他们在工作中是否运用了在培训中学到的知识和技能	绩效评价、观察、面谈、问卷、工作进度记录、成果分析
结果层	组织是否因为培训而经营得更好	利润、成本、质量、生产率、流动率、事故率和士气

2. 培训的方法

不同的培训目标需要采用的培训方法。员工培训的方法有很多。各种教育培训的方法具有各自的优缺点,为了提高培训质量,往往需要将各种方法配合运用。我们对几种主要的培训方法加以介绍。

(1)讲授法。讲授法属于传统模式的培训方式,指培训师通过语言表达,系统地向受训者传授知识,期望这些受训者能记住其中的重要观念与特定知识。

(2)工作轮换法。工作轮换法是一种在职培训的方法,指让受训者在预定的时期内变换工作岗位,使其获得不同岗位的工作经验,一般主要用于新进员工。现在很多企业采用工作轮换则是为培养新进入企业的年轻管理人员或有管理潜力的未来的管理人员。在为员工安排工作轮换时,要考虑培训对象的个人能力以及他的需要、兴趣、态度和职业偏爱,从而选择与其合适的工作;工作轮换时间长短取决于培训对象的学习能力和学习效果,而不是机械的规定某一时间。

(3)工作指导法或教练/实习法。这种方法是由一位有经验的技术能手或直接主管人员在工作岗位上对受训者进行培训,如果是单个的一对一的现场个别培训则称为我们企业常用的师带徒培训。负责指导的教练的任务是教给受训者如何做,提出如何做好的建议,并对受训者进行鼓励。这种方法并一定要有详细、完整的教学计划,但应注意培训的要点:第一,关键工作环节的要求;第二,做好工作的原则和技巧;第三,须避免、防止的问题和错误。这种方法应用广泛,可用于基层生产工人。培训前要准备好所有的用具,搁置整齐;让每个受训者都能看清示范物;教练一边示范操作一边讲解动作或操作要领。示范完毕,让每个受训者反复模仿实习;对每个受训者的试做给予立即的反馈。

(4)研讨法。按照费用与操作的复杂程序又可分成一般研讨会与小组讨论两种方式。研讨会多以专题演讲为主,中途或会后允许学员与演讲者进行交流沟通,一般费用较高。而小组讨论法则费用较低。研讨法培训是为了提高能力,培养意识,交流信息,产生新知。比较适宜于管理人员的训练或用于解决某些有一定难度的管理问题。每次讨论要建立明确的目标,并让每一位参与者了解这些目标;要使受训人员对讨论的问题发生内在的兴趣,并启发他们积极思考。

(5)案例研究法。案例研究法指为参加培训的学员提供员工或组织如何处理棘手问题的书面描述,让学员分析和评价案例,提出解决问题的建议和方案的培训方法。案例研究法为美国哈佛管理学院所推出,目前广泛应用于企业管理人员(特别是中层管理人员)的培训。目的是训练他们具有良好的决策能力,帮助他们学习如何在紧急状况下处理各类事件。案例研究法通常是向培训对象提供一则描述完整的经营问题或组织问题的案例,案例应具有真实性,不能随意捏造;案例要和培训内容相一致,培训对象则组成小组来完成对案例的分析,做出判断,提出解决问题的方法。随后,在集体讨论中发表自己小组的看法,同时听取别人的意见。讨论结束后,公布讨论结果,并由教员再对培训对象进行引导分析,直至达成共识。

(6)角色扮演法。角色扮演法指在一个模拟的工作环境中,指定参加者扮演某种角色,借助角色的演练来理解角色的内容,模拟性地处理工作事务,从而提高处理各种问题的能力。这种方法比较适用于训练态度仪容和言谈举止等人际关系技能。比如询问、电话应对、销售技术、业务会谈等基本技能的学习和提高。适用于新员工、岗位轮换和职位晋升的员工,主要目的是尽快适应新岗位和新环境。教师要为角色扮演准备好材料以及一些必要的场景工具,确保每一事项均能代表培训计划中所教导的行为。为了激励演练者的士气,在演出开始之前及结束之后,全体学员应鼓掌表示感谢。演出结束,教员针对各演示者存在的问题进行分析和评论。角色扮演法应和授课法、讨论法结合使用,才能产生更好的效果。

(7)企业内部电脑网络培训法。这是一种新型的计算机网络信息培训方式,主要是指企业通过内部网,将文字、图片及影音文件等培训资料放在网上,形成一个网上资料馆,网上课堂供员工进行课程的学习。这种方式由于具有信息量大,新知识、新观念传递优势明显,更适合成人学习。因此,特别为实力雄厚的企业所青睐,也是培训发展的一个必然趋势。

因每种培训方法各具有自身的特点,因而应该针对不同的培训目标和培训形式加以灵活应用,我们有必要认识和理解每种培训方法的优缺点(表6-10)。

表6-10　　　　　　　　　培训方法的优缺点比较

培训方法	优点	缺点
讲授法	1.可同时对许多人进行培训,经济高效; 2.有利于学员系统地接受新知识; 3.容易掌握和控制学习的进度; 4.有利于加深理解难度大的内容	1.学习效果易受培训师讲授的水平影响; 2.教师和学员间缺乏必要的交流和反馈,学过的知识不易被巩固
工作轮换法	1.能丰富培训对象的工作经历; 2.能识别培训对象的长处和短处; 3.能增进培训对象对各部门管理工作的了解	1.每个轮换的工作岗位上停留时间太短,所学的知识不精; 2.适合于一般直线管理人员的培训,不适用于职能管理人员
工作指导法或教练/实习法	1.通常能在培训者与培训对象之间形成良好的关系; 2.一旦师傅调动、提升、或退休、辞职时,企业能有训练有素的员工顶上	不容易挑选到合格的教练或师傅,有些师傅担心"带会徒弟饿死师傅"而不愿意倾尽全力
案例研究法	1.学员参与性强,学员会主动参与; 2.有利于使学员参与企业实际问题的解决; 3.教学方式生动具体,直观易学; 4.容易使学员养成积极参与和向他人学习的习惯	1.案例的准备需时较长,且对培训师和学员的要求都比较高; 2.案例的来源往往不能满足培训的需要
角色扮演法	1.学员参与性强,学员与教员之间的互动交流充分,可以提高学员培训的积极性; 2.有利于增强培训的效果; 3.可以学习各种交流技能; 4.可以及时认识自身存在的问题并进行改正	1.角色扮演法效果的好坏主要取决于培训教师的水平; 2.扮演中的问题分析限于个人,不具有普遍性; 3.容易影响学员的态度、而不易影响其行为

续表

培训方法	优点	缺点
企业内部电脑网络培训法	1.在学习时间、内容和地点选择上较灵活,节省了学员集中培训的时间与费用; 2.可及时、低成本地更新培训内容; 3.网上培训可充分利用网络上大量的声音、图片和影音文件等资源,增强课堂教学的趣味性,从而提高学员的学习效率	1.需要大量的培训资金; 2.该方法主要适合知识方面的培训,一些如人际交流的技能培训就不适用于网上培训方式

案例分析

戴尔公司的员工培训体系

戴尔(Dell)是世界知名的计算机公司,其在《财富》杂志评选的"世界500强"企业中名列前100名之内。戴尔公司认为,要想把事业做得更好,需要在各个方面都用心,特别应该不断提高员工的技能。戴尔公司非常重视员工培训,其培训体系主要有以下特点:

(1)将"721"法则用于员工培训。所谓的"721"法则,就是针对员工培训方式上的安排按照70%、20%、10%的百分比进行分配,即10%的员工通过正式的课堂学习,这部分可能是企业的高管人员;20%的员工学习的重点是和不同领域的人和事接触,做跨领域项目,并从中得到成长;其余70%的员工则是在工作的过程中不断学习,并积累经验。

(2)太太式培训。这种培训方式就是把销售经理比喻为"太太"。销售经理对待销售新人就像太太一样不断地唠叨、鼓励、指导,以让新人逐渐形成良好的销售习惯。在整个培训过程中,培训经理和销售经理一起完成培训工作。新人要及时将培训后的具体事项和工作中的问题向销售经理和培训经理汇报,销售经理的主要职责是通过培训让新人不断提高销售业绩;培训经理的主要职责是技能培训和跟踪、培训考核以及对新人进行排名。"太太式培训"的流程:首先进行为期三周的集中培训,对员工的专业技能和沟通及管理能力进行培训;然后由专家对销售的过程和技巧进行分析讲解,邀请有经验的销售人员进行经验分享;最后,每周周末召开会议由销售经理与培训经理对新人上周工作进行检查,分享工作心得,相互学习,分析新的销售机会,制订后续销售计划。

(3)在工作中学习。戴尔公司员工在接受各种基础培训的同时,每年还会接受人均50小时的其他培训和教育。这些课程既能让员工提高技能,又能让他们的知识领域得到拓展,为后续在工作中取得更好的发展奠定基础。员工参加的培训内容非常广泛,不但有工作所需的专业技能培训,还包括管理能力和沟通技巧的培训。戴尔公司正是凭借着立体式、多样化的员工培训体系,不断地为企业创新发展注入动力,有效促进了企业的持续成长。

资料来源:HR案例网。

第三节　绩效管理

一、绩效管理概念及其构成

绩效（Performance）是指对应职位的工作职责所达到的阶段性结果及其过程中可评价的行为表现。所谓绩效管理，是指管理者与员工之间就目标与如何实现目标达成共识的基础上，通过激励和帮助员工取得优异绩效从而实现组织目标的管理方法。绩效管理的目的在于通过激发员工的工作热情和提高员工的能力、素质，以达到改善公司绩效的效果。

组织中的绩效可以从宏观、中观和微观的角度划分为组织、群体和个人三个层次。组织和群体绩效是通过个人绩效实现的，组织绩效管理的落脚点在于对员工个人绩效的管理。

组织层面的绩效管理称为战略性绩效管理（Strategic Performance Management）。战略性绩效管理是指对企业的长期战略制定实施过程及其结果，采取一定的方法进行考核评价，并辅以相应激励机制的一种管理制度。战略性绩效管理是战略性人力资源管理的核心职能，承接组织的战略，是由绩效计划、绩效监控、绩效评价和绩效反馈四个环节构成的闭循环系统。

要达成战略性绩效，管理者要确保员工的工作活动和工作产出与组织的目标保持一致，因而需要管理者对员工进行相应的个人绩效管理。个人绩效的价值是通过群体和组织绩效得以体现和衡量的，个人绩效目标是在组织战略目标的分解基础上产生的，受到组织绩效目标的牵引，组织绩效是组织战略是否实现的衡量标准。因此，战略性绩效管理是员工个人绩效和群体绩效管理的总指导。

一个完整有效的绩效管理系统必须具备绩效计划、绩效监控、绩效评价和绩效反馈四个环节。绩效计划是绩效管理过程的起点，在新的绩效周期开始时，管理者与员工经过充分的沟通，明确为了实现组织经营计划与管理目标，员工在绩效周期内应该做什么事情以及事情应该做到什么程度，并对为什么做、何时完成、员工的决策权限等相关问题进行讨论，促进相关理解并达成协议。

二、组织战略绩效管理方法

20世纪50年代以及此后的几十年中，研究者们先后提出了目标管理、关键绩效指标和平衡计分卡等绩效管理的理论、工具和技术。以上理论在纵向上，从单纯的人事测评工具上升到组织战略的战略性绩效管理工具；在横向上，评价范围不断扩展，从单纯的财务指标扩展到全面地考察企业。绩效管理的工具与技术的演变如图6-3所示。

目标管理、关键绩效指标、平衡计分卡等战略性绩效管理工具与技术，都是现代管理实践和理论的产物。以下将目标管理、关键绩效指标和平衡计分卡三种工具进行比较，见表6-11。

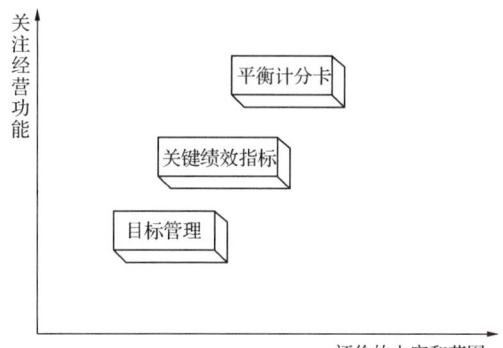

```
         关
         注
         经
         营            平衡计分卡
         功
         能
                 关键绩效指标

             目标管理


                                评价的内容和范围
```

图 6-3 绩效管理的工具与技术的演变

表 6-11　　　　　　　　三种战略性绩效管理工具的比较

工具名称		目标管理	关键绩效指标	平衡计分卡
时代		20 世纪 50 年代到 20 世纪 70 年代	20 世纪 80 年代	20 世纪 90 年代及以后
性质		重视工作和人的结合	指标分解的工具和方法	集大成的理论体系
对象		个人	组织、群体和个人	组织、群体和个人
特征		员工参与管理,体现"我想做",自我管理和自我控制	战略导向,指标承接与分解;指标层层分解、层层支撑	战略导向,目标承接与分解;因果关系,强调协同、平衡
关注		管理、考核(关注结果)	考核、管理、考核(关注结果)	管理、考核(关注过程和结果)
要素		目标、指标和目标值	战略,关键成功领域;关键绩效要素;关键绩效指标	使命、核心价值观、愿景、战略;客户价值主张等四个层面;目标、指标、目标值、行动方案
指标	设计	根据组织目标,由上下级协商确定	根据战略,自上而下层层分解	根据使命、愿景、战略依据目标分层分别制定
	关系	指标之间基本上独立,彼此没有联系	指标之间基本上独立,彼此没有联系	因目标的因果关系导致四个层面的指标之间有关联性
	类型	侧重定量指标	无前置指标和滞后指标之分,客观指标	有前置指标和滞后指标之分,客观指标、主观判断指标

资料来源:方振邦、徐东华.战略性人力资源管理.北京:中国人民大学出版社,2010

(一)目标管理

目标管理(Management by Objective)的概念是管理专家彼得·德鲁克(Peter Drucker)于 1954 年在其名著《管理实践》中最先提出的。彼得·德鲁克认为,并不是有了工作才有目标,而是相反,有了目标才能确定每个人的工作,所以"企业的使命和任务,必须转化为目标",如果一个领域没有目标,这个领域的工作必然被忽视。因此管理者应该通过目标对下级进行管理,当组织决策层确定了组织目标后,必须对其进行有效分解,转变成各个部门以及个人的分目标,管理者根据分目标的完成情况对下级进行考核、评价和奖惩。

1. 目标的设置阶段

这是目标管理最重要的阶段,这一阶段可以细分为四个步骤:

(1)高层管理预定目标。这是一个暂时的、可以改变的目标预案。即可以上级提出,再同下级讨论;也可以由下级提出,上级批准。

(2)重新审议组织结构和职责分工。目标管理要求每一个分目标都有确定的责任主体。因此预定目标之后,需要重新审查现有组织结构,根据新的目标分解要求进行调整,明确目标责任者和协调关系。

(3)确立下级的目标。首先明确组织的规划和目标,然后商定下级的分目标。

(4)上级和下级就实现各项目标所需的条件以及实现目标后的奖惩事宜达成协议。分目标制定后,要授予下级相应的资源配置的权力,实现权责利的统一。由下级写成书面协议,编制目标记录卡片,整个组织汇总所有资料后,绘制出目标图。

2. 总结和评估阶段

达到预定的期限后,下级首先进行自我评估,提交书面报告;然后上下级一起考核目标完成情况,决定奖惩;同时讨论下一阶段目标,开始新循环。如果目标没有完成,应分析原因、总结教训,切忌相互指责,以保持相互信任的气氛。目标管理的整个过程是动态循环的,如图6-4所示。

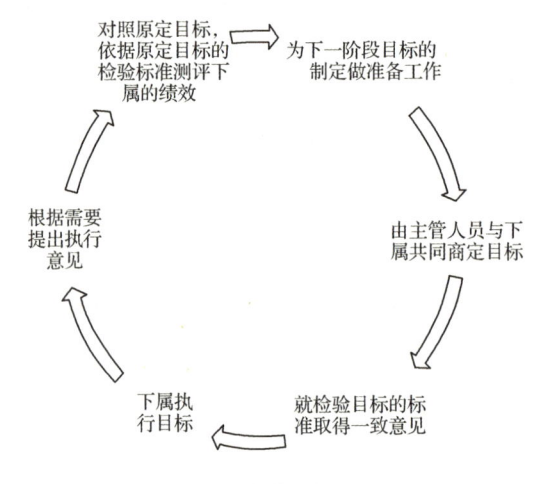

图6-4 目标管理循环过程

目标管理尽管存在很多优点,但也有其缺陷。目标管理忽视了员工的惰性,对人性的假设过于乐观,使目标管理的效果在实施过程中大打折扣;过分强调量化目标和产出,往往难以操作;使员工在制定目标时,倾向于选择短期目标,即可以在考核周期内加以衡量的目标,从而导致企业内部人员为了达到短期目标而牺牲长期利益。

(二)关键绩效指标

关键绩效指标(Key Performance Indicator,KPI)是通过对组织内部流程的输入端、输出端的关键参数进行设置、取样、计算、分析,衡量流程绩效的一种目标式量化管理指标,是把企业的战略目标分解为可操作的工作目标的工具,是企业绩效管理的基础。KPI可以使部门主管明确部门的主要责任,并以此为基础,明确部门人员的业绩衡量指标。建立明确的切实可行的 KPI 体系,是做好绩效管理的关键。关键绩效指标是用于衡量工作人员绩效表现的量化指标,是绩效计划的重要组成部分。

KPI 法符合一个重要的管理原则——"二八原则"。在一个企业的价值创造过程中,存在着"80/20"的规律,即 20% 的骨干人员创造企业 80% 的价值;而且在每一位员工身上"二八原则"同样适用,即 80% 的工作任务是由 20% 的关键行为完成的。因此,必须抓住 20% 的关键行为,对之进行分析和衡量,这样就能抓住业绩评价的重心。

建立 KPI 指标的要点在于流程性、计划性和系统性。

(1)明确企业的战略目标,并在企业会议上利用头脑风暴法和鱼骨分析法找出企业的业务重点,也就是企业价值评估的重点。

(2)用头脑风暴法找出这些关键业务领域的关键绩效指标(KPI),即企业级 KPI,如图 6-5 所示。

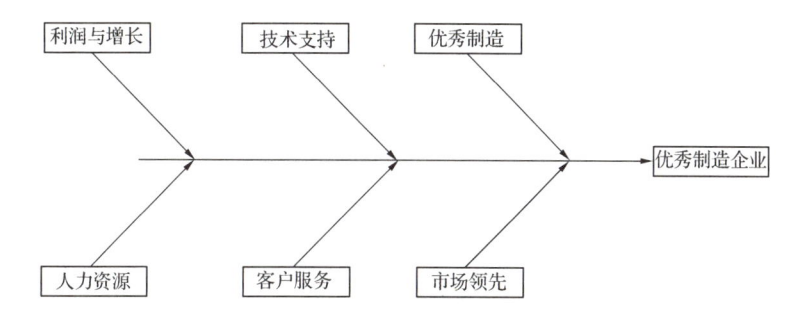

图 6-5　某制造业企业关键业务领域的确定

(3)各部门的主管需要依据企业级 KPI 建立部门级 KPI,并对相应部门的 KPI 进行分解,确定相关的要素目标,分析绩效驱动因数(技术、组织、人),确定实现目标的工作流程,分解出各部门级的 KPI,以便确定评价指标体系,如图 6-6 所示。

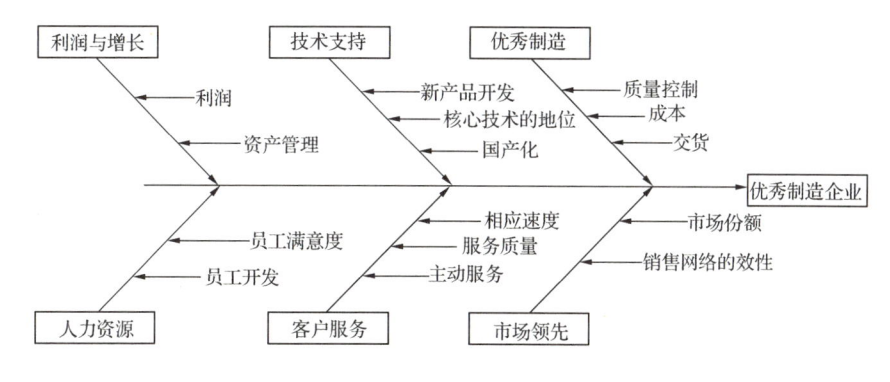

图 6-6　某制造企业关键绩效要素的确定

(4)各部门的主管和部门的 KPI 人员一起再将 KPI 进一步细分,分解为更细的 KPI 及各职位的绩效衡量指标,如图 6-7 所示。这些绩效衡量指标就是员工考核的要素和依据。这种对 KPI 体系的建立和测评过程本身,就是统一全体员工向企业的战略目标努力的过程,也必将对各部门管理者的绩效管理工作起到很大的促进作用。

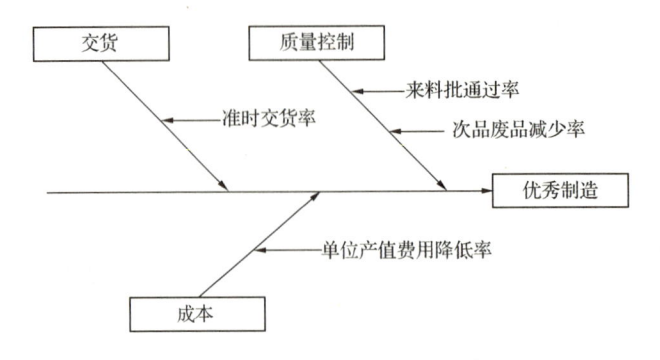

图 6-7　某制造企业部分关键绩效指标的确定

（5）指标体系确立之后，还需要设定评价标准。一般来说，指标指的是从哪些方面衡量或评价工作，解决"评价什么"的问题；而标准指的是在各个指标上分别应该达到什么样的水平，解决"被评价者怎样做，做多少"的问题。

（6）对关键绩效指标进行审核。比如，多个评价者对同一个绩效指标进行评价，结果是否能取得一致？这些指标的总和是否可以解释被评价对象 80% 以上的工作目标？跟踪和监控这些关键绩效指标是否可以操作？审核主要是为了确保这些关键绩效指标能够全面、客观地反映被评价对象的绩效，而且易于操作。

每一个职位都影响某项业务流程的一个过程，或影响过程中的某个点。在订立目标及进行绩效考核时，应考虑任职者是否能控制该指标的结果，如果任职者不能控制，则该项指标就不能作为任职者的绩效衡量指标。比如，跨部门的指标就不能作为基层员工的考核指标，而应作为部门主管或更高层主管的考核指标。

（三）平衡计分卡

平衡计分卡（Balanced Score Card，BSC），是由哈佛商学院的教授罗伯特·S.卡普兰和复兴全球战略集团的创始人兼总裁戴维·P.诺顿在《平衡计分卡：良好绩效的评价体系》一文中提出的一种新的绩效评价体系。平衡计分卡被《哈佛商业评论》评为 75 年来最具影响力的管理工具之一，它打破了传统的单一使用财务指标衡量业绩的方法，在财务指标的基础上加入了未来驱动因素，即客户因素、内部经营管理过程和员工的学习成长，在集团战略规划与执行管理方面发挥非常重要的作用。根据解释，平衡计分卡主要是通过图、卡、表来实现战略的规划。它是 20 世纪 90 年代以来各种管理理论的综合。

平衡计分卡将企业战略目标逐层分解转化为各种具体的相互平衡的绩效考核指标体系，并对这些指标的实现状况进行不同时段的考核，从而为企业战略目标的完成建立起可靠的执行基础。

在确定平衡计分卡的目标和指标时，必须对照组织的使命、核心价值观、愿景和战略，确保目标和指标的协调一致。而且，平衡计分卡强调财务指标与非财务指标、组织内部要素与外部要素、前置指标与滞后指标、长期指标和短期指标的平衡。为了实现这些方面的平衡协同，平衡计分卡包括四个主要层面的指标，分别是财务层面、客户层面、内部业务流程层面、学习与成长层面。

美孚石油（Mobil Oil）美国营销及炼油事业部于 1993 年引入平衡计分卡，帮助美孚从一个高度中央集权的、以生产为导向的石油公司转变为一个分散的、以客户为导向的组织。

产生的结果是迅速和富有戏剧性的。1995年,美孚的行业利润率从最后一名跃居第一名,并连续四年保持了这个地位(1995—1998年)。不良现金流发生了戏剧性转变,投资回报率位居同行业榜首。

平衡计分卡的设计与实施步骤如下:

(1)公司的愿景与战略的建立与倡导。公司首先要建立愿景与战略,使每一部门可以采用一些绩效衡量指标去完成公司的愿景与战略;另外,也可以考虑建立部门级战略。同时,成立平衡计分卡小组或委员会去解释公司的愿景和战略,并建立财务、客户、内部业务流程、学习与成长四个方面的具体目标。

(2)绩效指标体系的设计与建立。本阶段的主要任务是依据企业的战略目标,结合企业的长、短期发展的需要,为四类具体的指标找出其最具有意义的绩效衡量指标。并对所设计的指标要自上而下,从内部到外部进行交流,征询各方面的意见,吸收各方面、各层次的建议。这种沟通与协调完成之后,使所设计的指标体系达到平衡,从而能全面反映和代表企业的战略目标。

(3)加强企业内部沟通与教育。利用各种不同沟通渠道,如定期或不定期的刊物、信件、公告栏、标语、会议等,让各层管理人员知道公司的愿景、战略、目标与绩效衡量指标。

(4)确定每年、每季、每月的绩效衡量指标的具体数字,并与公司的计划和预算相结合。注意各类指标间的因果关系、驱动关系与连接关系。

(5)绩效指标体系的完善与提高。首先应重点考察指标体系的设计是否科学,是否能真正反映企业的实际。其次要关注的是采用平衡计分卡后绩效评价中的不全面之处,以便补充新的测评指标,从而使平衡计分卡不断完善。最后要关注的是已设计的指标中的不合理之处,要坚决取消或改进。只有经过这种反复认真地改进,才能使平衡计分卡更好地为企业战略目标服务。

三、个人绩效评价方法

绩效管理是由绩效计划、绩效监控、绩效评价和绩效反馈四个环节构成的闭循环系统。通过这四个环节的良性循环过程,管理者能够确保员工的工作活动和工作产出与组织的目标保持一致。

绩效评价作为绩效管理中的一个重要环节,其方法很多,每一种方法往往只能达到某一特定的目的,见表6-12。为了提高绩效评价的有效性,一般结合使用几种评价方法。评价方法的选用取决于企业组织的类型、工作的性质与评价对象的特点等。

表 6-12　　　　　　　　　　绩效评价的常用方法

与认同目标相比的评价方法	与工作标准相比的评价方法	在个体之间相比的评价方法
目标管理法	查表法;评价量表法; 关键事件法;行为锚定等级法;混合标准量表法; 短文法;360度绩效评估法	排列法; 一一对比法; 强迫分配法

1.评价量表法

评价量表法在工作中采用得最为普遍。通常,评价量表法需进行适当的因素分解,每个因素划分为几个等级,常见的是划分为五个等级:很好、较好、中等、较差和很差。典型的评价量表见表6-13。

表 6-13　　　　　　　　　　　典型的评价量表

姓名			部门		
1. 操作机器是否规范？					
☐	☐	☐	☐	☐	
经常违反操作规范，危害本人和同事	工作不踏实，疏忽操作规范	能注意操作规范	符合操作规范，不出差错	严格按照规范操作，并推进规范操作	
2. 产品数量如何？					
☐	☐	☐	☐	☐	
怠工，经常不能完成产品定额	有时不能完成产品定额	基本能完成产品定额	有时能完成产品定额	常常超过产品定额	
3. 产品质量如何？					
☐	☐	☐	☐	☐	
常常出现次品，浪费材料	有时会出次品	注意产品质量，基本不出次品	质量意识强，产品质量合格	非常注意质量，产品质量精益求精	
4. 与同事的工作关系如何？					
☐	☐	☐	☐	☐	
与同事不能和睦相处，我行我素	有时会任性，不能配合同事的工作	与同事合作和相处尚可	需要时能主动帮助同事	常常能主动配合同事，与同事合作愉快	

2. 行为锚定等级法（Behaviorally Anchored Rating Scale, BARS）

行为锚定等级法也称行为定位法、行为决定性等级量表法或行为定位等级法，是由美国学者史密斯和德尔于 20 世纪 60 年代提出的。行为锚定等级法是一种将同一职务工作可能发生的各种典型行为进行评分度量，建立一个行为等级评价表，以此为依据，对员工工作中的实际行为进行测评的评价方法。

行为锚定等级法实质上是把关键事件法与评价量表法结合起来，兼具两者之长。行为锚定等级法是关键事件法的进一步拓展和应用。它将关键事件和等级评价有效地结合在一起，通过一张行为等级评价表可以发现，在同一个绩效维度中存在一系列的行为，每种行为分别表示这一维度中的一种特定绩效水平，将绩效水平按等级量化，可以使评价的结果更有效、更公平。

行为锚定等级法的目的在于通过一个行为等级评价表，将关于特别优良或劣等绩效的叙述加以等级性量化，从而将关键事件法和评价量表法的优点结合起来。行为锚定等级法通常要求按照以下五个步骤来进行：

（1）进行岗位分析，获取关键事件，以便对一些代表优良绩效和劣等绩效的关键事件进行描述。

（2）建立评价等级。一般分为 5～9 级，将关键事件归并为若干绩效指标，并给出确切定义。

（3）对关键事件重新加以分配。由另一组管理人员对关键事件做出重新分配，把它们归入最合适的绩效要素指标中，确定关键事件的最终位置，并确定出绩效评价指标体系。

（4）对关键事件进行评定。审核绩效评价指标体系划分的正确性，将绩效指标中包含的重要事件由优到差,从高到低进行排列。

(5)建立最终的工作绩效评价体系。

3. 360 度绩效评估

360 度绩效评估又称"360 度绩效反馈"或"全方位评估",最早是由被誉为"美国力量象征"的典范企业英特尔首先提出并加以实施的。

360 度绩效评估是指由员工自己、上司、部属、同事甚至顾客等全方位的各个角度来了解个人的绩效:沟通技巧、人际关系、领导能力、行政能力等。通过这种理想的绩效评估,被评者不仅可以从自己、上司、部属、同事甚至顾客处获得多种角度的反馈,也可通过这些反馈清楚地知道自己的不足、长处与发展需求,使以后的职业发展更为顺畅。通过 360 度绩效评估,被评者可以获得来自多层面的人员对自己素质能力、工作风格和工作绩效等的评估意见,较全面、客观地了解有关自己优缺点的信息,以作为制订工作绩效改善计划、个人未来职业生涯及能力发展的参考。360 度绩效评估中,反馈给被评者的信息是来自与自己工作相关的多层面评估者的评估结果,所以更容易得到被评者的认可。而且,通过反馈信息与自评结果的比较可以让被评者认识到差距所在。360 度绩效评估有助于促进组织成员彼此之间的沟通与互动,提高团队凝聚力和工作效率,促进组织的变革与发展。

正因为有以上特点,目前 360 度绩效评估已经广泛应用于高层领导自我觉察与发展、员工绩效评估以及企业高层候选人的评荐、组织学习与变革等领域。

知识链接

绩效考核的新方法

OKR(Objectives and Key Results)即目标与关键成果法,是一套明确和跟踪目标及其完成情况的管理工具和方法,由英特尔公司发明。OKR 的主要目标是明确公司和团队的"目标"以及明确每个目标达成的可衡量的"关键结果"。OKR 是一个重要的思考框架与不断发展的学科,旨在确保员工共同工作,并集中精力做出可衡量的贡献。OKR 可以在整个组织中共享,这样团队就可以在整个组织中明确目标,帮助协调和集中精力。

资料来源: 百度百料

第四节 薪酬管理

薪酬是指员工因被雇佣而获得的各种形式的经济收入、有形服务和福利。薪酬的实质是一种公平的交易或交换关系,是员工在向单位让渡其劳动或劳务使用权后获得的报偿。薪酬是指企业为认可员工的工作与服务而支付给员工的各种直接的和间接的经济收入。一般来说,在企业中,员工的薪酬由三部分组成:基本薪酬、可变薪酬、间接薪酬。

基本薪酬指企业根据员工所承担的工作或者所具备的技能而支付给他们的较为稳定的经济收入。可变薪酬指企业根据员工、部门或团队、企业自身的绩效而支付给他们的具有变动性质的经济收入。间接薪酬就是给员工提供的各种福利,与基本薪酬和可变薪酬不同,间接薪酬的支付与员工个人的工作和绩效并没有直接的关系,往往都具有普遍性,通俗地讲就是"人人都有份"。

报酬和薪酬是不同的两个概念,报酬是从个人所获收益的角度而言;而薪酬则强调权责对等。两者之间的关系如图 6-8 所示。

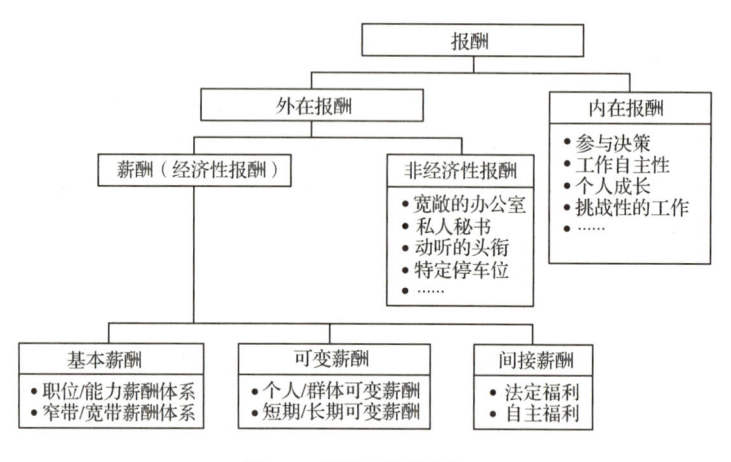

图 6-8 报酬和薪酬的关系

一、薪酬管理的概念和内容

1. 薪酬管理的概念

所谓薪酬管理,是指一个组织针对所有员工所提供的服务来确定他们应当得到的报酬总额以及报酬结构和报酬形式的一个过程。在这个过程中,企业就薪酬水平、薪酬体系、薪酬结构、薪酬构成以及特殊员工群体的薪酬做出决策。同时,作为一种持续的组织过程,企业还要持续不断地制订薪酬计划,拟订薪酬预算,就薪酬管理问题与员工进行沟通,同时对薪酬系统的有效性做出评价,然后不断予以完善。

薪酬管理对几乎任何一个组织来说都是一个比较棘手的问题,主要是因为企业的薪酬管理系统一般要同时达到公平性、有效性和合法性三大目标,企业经营对薪酬管理的要求越来越高,就薪酬管理来讲,受到的限制因素也越来越多,除了基本的企业经济承受能力、政府法律法规外,还涉及企业不同时期的战略、内部人才定位、外部人才市场以及行业竞争者的薪酬策略等因素。

薪酬管理必须服务于企业的经营战略,要为战略的实现提供有力的支持。薪酬管理不仅是让员工获得一定的经济收入,还要引导员工的工作行为,激发他们的工作热情。有效的薪酬管理有助于吸引和保留优秀的员工、实现对员工的激励、改善企业的绩效、塑造良好的企业文化。

2. 薪酬管理的内容

(1)薪酬的目标管理,即薪酬应该怎样支持企业的战略,又该如何满足员工的需要。

(2)薪酬的水平管理,即薪酬要满足内部一致性和外部竞争性的要求,并根据员工绩效、能力特征和行为态度进行动态调整,包括确定管理团队、技术团队和营销团队的薪酬水平,确定跨国公司各子公司和外派员工的薪酬水平,确定稀缺人才的薪酬水平以及确定与竞争对手相比的薪酬水平。

(3)薪酬的体系管理,这不仅包括基础工资、绩效工资、期权股权的管理,还包括如何给员工提供个人成长、工作成就感、良好的职业预期和就业能力的管理。

(4)薪酬的结构管理,即正确划分合理的薪级和薪酬等,正确确定合理的级差和等差,还包括如何适应组织结构扁平化和员工岗位大规模轮换的需要,合理地确定工资带宽。

(5)薪酬的制度管理,即薪酬决策应在多大程度上向所有员工公开和透明化,谁负责设计和管理薪酬制度,薪酬管理的预算、审计和控制体系又该如何建立和设计。

二、薪酬的构成和功能

根据货币支付的形式,可以把薪酬分为两大部分:一部分是以直接货币报酬的形式支付的工资,包括基本工资、奖金、绩效工资、激励工资、津贴、加班费、佣金、利润分红等;一部分则体现为间接货币报酬,如养老金、医疗保险、带薪休假等。下面介绍四种最主要的薪酬构成要素。

1. 基本工资

基本工资是雇主为已完成的工作而支付的基本现金薪酬。它反映的是工作或技能价值,而往往忽视了员工之间的个体差异。某些薪酬制度把基本工资看作雇员所受教育、所拥有技能的一个函数。对基本工资的调整可能是基于以下事实:整个生活水平发生变化或通货膨胀;其他雇员对同类工作的薪酬有所改变;雇员的经验进一步丰富;员工个人业绩、技能有所提高。

2. 绩效工资

绩效工资是对过去工作行为和已取得成就的认可。作为基本工资之外的增加,绩效工资往往随雇员业绩的变化而调整。调查资料表明,美国90%的公司采用了绩效工资。我国的广大企业在2000年前后开始的新一轮工资改革中也都纷纷建立了以绩效工资为主要组成部分的岗位工资体系,事业单位在2006年的工资改革中也都设置了绩效工资单元。

3. 激励工资

激励工资也和业绩直接挂钩。有时人们把激励工资看成可变工资,包括短期激励工资和长期激励工资。短期激励工资,通常采取非常特殊的绩效标准。例如,在普拉克思航空公司的化学与塑料分部,每个季度如果达到或者超过了8%的资本回报率目标,就可以得到一天的工资;回报率达到9.6%,在这个季度工作了的每个员工可得到等于两天工资的奖金;如果达到20%的资本回报率,任何员工都可以得到等于8.5天的工资奖金。而长期激励工资,则把重点放在雇员多年努力的成果上。比如,高层管理人员或高级专业技术人员经常获得股份或红利。

4. 福利和服务

福利和服务包括休假(假期)、服务(医药咨询、财务计划、员工餐厅)和保障(医疗保险、人寿保险和养老金),福利越来越成为薪酬的一种重要形式。

三、基本薪酬设计

基本工资的确定需要建立薪酬等级制度。薪酬的等级和价值评估方式可以根据岗位价值、技能和能力等要素来设定。采用任何一种评估方式的目的都是体现公司的价值分配方式和理念。以岗位价值为基础的薪酬体系表明了员工的基本工资是按照设定岗位的价值量来衡量和分级的。

薪酬设计的要点,在于"对内具有公平性,对外具有竞争力"。基本薪酬设计的步骤见表 6-14。

表 6-14　　　　　　　　　　基本薪酬设计的步骤

步骤	任务	内容	输出
1	职位分析	结合公司经营目标,公司管理层要在业务分析和人员分析的基础上,明确部门职能和职位关系,人力资源部和各部门主管合作编写职位说明书	职位说明书（工作描述和工作规范）
2	职位评价	职位评价重在解决薪酬的对内公平性问题。它有两个目的:一是比较企业内部各个职位的相对重要性,得出职位等级序列;二是为进行薪酬调查建立统一的职位评估标准,使不同职位之间具有可比性	职位等级序列
3	薪酬调查	薪酬调查重在解决薪酬的对外竞争力问题。直观地反映本公司的薪酬水平与同行业相比处于什么位置	绘制薪酬曲线
4	薪酬定位	根据企业状况选择不同的薪酬水平(高、中、低)	明确薪酬在同行中的地位
5	薪酬结构设计	设计和安排不同岗位的薪酬层级和薪酬档级	建立各职位的薪酬层级和薪酬档级
6	薪酬体系的实施和修正	根据企业内外部情况和薪酬预算,实时调整公司的薪酬体系	薪酬调整计划

四、员工福利管理

员工福利作为薪酬体系的重要补充,在吸引、保留和激励员工方面发挥着重要作用。高薪,只是短期内人力资源市场供求关系的体现;福利,则反映了组织对员工的长期承诺,因而对激励员工更为有效。如何有针对性地提供员工满意的福利内容、获得更好的激励效果,备受企业关注。

福利是员工的间接报酬。一般包括健康保险、带薪假期或退休金等形式。这些奖励作为企业成员福利的一部分,奖给职工个人或者员工小组。福利管理是指对选择福利项目、确定福利标准、制定各种福利发放明细表等福利方面的管理工作。

福利管理有利于企业获得社会声望,增强员工信任感和依恋感,合理避税又不降低员工实际薪酬水平,适当缩小薪酬差距。对员工而言,福利保险一经确定不大会取消,较工资奖金更恒定、更可靠,可为员工退休生活及不可预测事件提供保障。

随着企业的发展,福利管理也呈现不断地创新。主要有以下几种表现方式:

(1)创建"一揽子"的薪酬福利计划。许多企业不再将薪酬与福利管理分成互不搭界的两项管理工作,而是成为一个有机的组成部分。两种手段互相配合,共同围绕企业目标运转。例如,对一些奖励性报酬采取货币与福利并用的方式。

(2)灵活的福利提供方式。灵活的福利提供方式也称"自助餐式"的福利管理方式,即雇员可以在多种福利项目中根据自己的需要进行选择。例如,单身汉不选择儿童保健,但可选择附加养老金福利;夫妻双方可以选择不同的福利项目,比如一方选择子女保健;一方选择住房或休假。这种"自助餐式"的福利也可以分成两种类型,一种是基本保障型,人人必须拥有,例如,一些法律规定的福利,必须执行;另一种是各取所需型。

(3)降低福利成本,提高福利服务效率,减少浪费。许多企业为此进行了一些改革。例如,为了严格控制保健福利开支,可以采取这样几种措施:兴办雇员合作医疗,弥补健康保险的不足;通过其他的福利计划诱导雇员降低对健康保险的兴趣;通过增大企业对门诊治疗费用的支付比重,降低雇员的住院比例。

值得注意的是,弹性福利正在受到企业和员工的广泛关注,并作为一种新型福利管理方式被社会认知。实施弹性福利,企业为员工制定一定的可选范围,员工可灵活选择自己所需的福利内容,福利更契合员工需求,满意度也随之提高。弹性福利计划的实施,给员工带来利益的同时,也在一定程度上帮助企业 HR 更好地管理和实施福利。以 FESCO 为某个医药行业客户实施的弹性福利项目为例,该企业的员工目前能够根据自己拥有和剩余的积分,在线选择自己需要的福利,包括健康医疗保险的选择等,一方面方便了企业与员工的及时沟通,另一方面也加强了员工的主动参与的程度。目前实施弹性福利计划的企业中,大多采用方式为"大部分固定不可选福利+少量可选福利",其中"可选福利"包括"补充医疗保障"、"体检"、"员工文体活动"和"节假日礼品"等。当然,具体哪些福利可灵活操作、如何制定弹性福利规划,则需与企业战略发展结合,制订一个具有长远效益的弹性福利计划。尤其目前初期阶段,企业提供福利与员工喜好还有一定差距,需要企业充分了解员工需求,减少员工对福利的忽视和误解,提供一个科学合理的福利计划。另外,如果实施弹性计划还应特别注意,在设计实施弹性福利计划过程中,应做好与供应商、员工、各个部门等之间的顺畅沟通,以便灵活顺畅地实施既定的弹性福利计划,为提升员工对福利以及企业整体满意度增加砝码。

知识链接

人员激励的"三大法宝"

在人力资源管理领域有一个重要的思想,就是人员激励的"三大法宝",即目标激励、奖励和工作设计。其中目标激励是通过目标的设计和管理来实现的,有效目标既是压力也会转化为行动动力;奖励是最基本的人员激励手段,包括物质奖励与精神奖励两方面的内容;工作设计是指把合适的人放到合适的位置,使他们能够有效发挥自己的才能。

测试题

一、选择题

1.在人力资源规划的程序中,最先进行的程序是(　　)。

A. 需求预测　　　B. 战略规划　　　C. 供给预测　　　D. 现有人力资源核查

2. 在职位分析的访谈法中访谈的核心是(　　)。

A. 工作设置目的　　　　　　　　B. 工作内容
C. 工作性质和范围　　　　　　　D. 任职者所负的责任

3. 以提高员工分析和决策能力、书面和口头沟通能力、人际关系能力等为主要内容的培训属于(　　)。

A. 技能培训　　　B. 知识传授培训　　　C. 态度转变培训　　　D. 工作方法改进培训

4. 绩效面谈的最终目的是(　　)。

A. 告知结果　　　B. 绩效改进　　　C. 员工满意　　　D. 营造氛围

5. 在进行岗位分析时，对岗位中具有代表性的工作者的工作行为进行描述的方法，被称为(　　)

A. 观察法　　　B. 问卷调查法　　　C. 面谈法　　　D. 典型事例法

二、名词解释

工作说明书　绩效管理　关键绩效指标　薪酬结构

三、简答题

1. 如何实现人力资源需求和供给的平衡？
2. 工作说明书在企业人力资源管理中具有什么作用？
3. 培训为什么除了要得到人力资源部的支持外，还要得到业务部门领导的支持？

四、论述题

1. 假设自己是一名IT集团领导，应采取何种方式建立一套有效的绩效考核体系？
2. 现在有A、B两家企业，A是生产类企业，B是服务类企业，结合行业特点讨论两家企业各层级人员实行什么样的薪酬设计方案最合适，说出你的理由。

综合案例

人力资源管理成就顺丰

顺丰速运(以下简称"顺丰")经过20多年的发展已成为我国物流行业的代表性企业，拥有自己的航空公司和全货机，并且是国内员工人数第二多的企业。顺丰向来重视人力资源的建设，而顺丰的发展，也和它完善的人力资源密不可分。

作为国内最有影响力的雇主品牌之一，顺丰在人才市场上颇受欢迎，而顺丰在选拔人才时格外谨慎。顺丰所有岗位的面试通常都在2~4轮，从初试、复试到岗前体验，经过层层筛选，除了一线快递员和分拣员，其他岗位面试合格率往往低于10%。员工入职之后，招聘人员会时时对其进行跟踪，入职三天进行新员工访谈，入职后满一个月进行二次访谈，在新员工入职一个月内会组织新员工座谈会，新员工离职后会在一个月内得到电话回访。对于高流失的分点部，人力资源招聘组会协同员工关系组、分点部负责人进行走访，及时分析问题并做出相应的报告及改善措施。

顺丰内部的岗位职责划分非常清晰,工作上是一环套一环,招聘组完成招聘工作之后,所有的新人都集中进入下一个环节,由培训组负责跟进。顺丰对于人才的培训和人才管理极为重视,总部常年固定承包一些酒店供培训使用,它的培训在线上、线下同时进行;地区除了全公司常规的新员工培训、业务技能加强培训外,还不定期举行回炉培训,对于一些业务能力不达标或者缺乏专业技能的员工进行针对性的培训。顺丰还开设了自己的内部大学,独立开发课程、编写课本,开发在线学习系统以及打造专业的讲师团队。

在人才管理方面,顺丰很早就实行了赛马机制,建立了完善的人才梯队体系,所以顺丰是围绕体系制度来运行的,而非体系跟着人走。其他公司,一旦重要岗位有变动,会给公司带来不可估量的损失,但是顺丰能将这种风险降到最低。在一个年产值上亿元的地区,总经理可以随时更换,因为人才储备池里有一大批后备总经理,顺丰在最基层的仓管岗位人才储备比例是1:2,岗位层级越高比例越大,以保证公司随时有人可用。顺丰完善人才管理,不仅壮大了自己的人才团队,而且让员工自身不断升值,员工忠诚度越来越高。顺丰大学门口的宣传语"谋士如云,将士如雨"印证了顺丰对于人才的重视以及顺丰人才团队的强大。

做好培训和人才管理,是为了让员工不断增值,但是这还远远不够。马云说过,员工流失无非两个原因,一是钱给得不到位,二是干得不开心,所以不仅要留住员工的身,还要留住员工的心,给予他们科学、公平、有竞争性的酬劳,才能更好地留住优秀人才。顺丰的员工收入高于同行水平,这是众所周知的,特别是在北、上、广、深这些一线城市,快递员月入过万元是很普通的事情,有人开玩笑说,11月和12月这两个月月薪不过万,出门都不好意思开口。顺丰的企业文化是非常务实和低调的,老板或其他管理者既不会给员工画饼充饥,也不会让员工活在宣传口号中,而是让所有员工脚踏实地地努力工作,给每个人自己所应得的一部分。

顺丰员工不仅忠诚度很高,而且执行力很强,企业文化低调务实。顺丰的老板王卫在顺丰人眼里,就是神一样的存在。除了老板每年的新年寄语之外,内部刊物上很少有关于老板的报道,即便入职十几年的员工,也可能没有见过一次老板的面,甚至有员工借出差的机会,在深圳总部大楼前偷偷地等上半天,就为了能见老板一面,只是远远地看一下。顺丰就是这么神秘低调的一家公司,其员工数已达33万人,而且每年还在以50%的人员净增长率疯狂扩张,外界对顺丰的认识依旧很模糊,只知道它是一家快递公司,正如王卫给所有人的神秘感一样。

这就是顺丰,严格的招聘流程、公平的薪酬体系、强大的人才管理和丰富的培训,最终造就了强大的企业文化。而正是这样的企业文化,使得顺丰成为国内发展快、净利润高、口碑好、客户满意度高、实效大和安全性高的国内快递公司。

资料来源: 中国人力资源开发网,有改动。

问题讨论:

1. 顺丰速运公司人力资源管理的核心职能是什么?
2. 顺丰速运人力资源管理是如何帮助企业发展的?

第七章 技术经济分析

思政目标

技术经济分析主要用于重要项目的立项决策,解决项目投资、融资的可行性论证以及投资与回报、收益与风险的合理性预测,需要把握结果满意、方案可比以及系统性、综合性、前瞻性原则。根据习近平新时代中国特色社会主义理论,现阶段,我国经济发展的基本特征是由高速增长阶段转向高质量发展阶段,高质量发展主张走绿色发展、协调发展、创新发展与科学发展的道路。科学发展有赖于科学的决策,离不开技术经济层面的分析与预测。

学习目标

1. 了解技术经济学的内涵及学科特点
2. 理解技术经济分析的原则及程序
3. 掌握资金的时间价值计算方法
4. 掌握技术经济评价的指标
5. 熟悉投资项目可行性研究内容

案例导入

南水北调世纪工程的战略决策

南水北调是缓解中国北方水资源严重短缺局面的重大战略性工程。从1952年10月毛泽东同志视察黄河时首次提出南水北调的伟大设想,到1992年10月党的十四大把南水北调列入我国跨世纪骨干工程。再到2002年12月南水北调工程正式开工,历经50余年的规划设计、科学论证和反复比选。国家分别在长江下游、中游、上游规划了三个调水区,形成了南水北调工程东线、中线、西线三条调水线路。西线工程在最高一级的青藏高原上,地形上可以控制整个西北和华北,因长江上游水量有限,只能为黄河上中游的西北地区和华北部分地区补水;中线工程从第三阶梯西侧通过,从长江中游及其支流汉江引水,可自流供水给黄、淮海平原大部分地区;东线工程位于第三阶梯东部,因地势低需抽水北送。通过三条调水线路,与长江、淮河、黄河、海河相互连接,构成我国中部地区水资源"四横三纵、南北调配、东西互济"的总体格局。

> 南水北调工程前期需要大量的规划、可行性研究及论证审查工作。以中线工程为例,在可行性研究阶段进行了环境影响评价、投资估算、经济分析与评价等各项可行性研究;在论证阶段提交了环境影响评价专题报告、综合经济评价专题报告等论证报告;在南水北调中线工程对环境的影响上,制定了南水北调中线工程对汉江中下游社会经济的影响、南水北调中线工程对供水区社会经济的影响和南水北调中线工程环境风险评价等报告书。
>
> **问题讨论**:根据案例谈谈技术经济分析在决策过程中的地位和作用。

第一节 技术经济学概述

一、技术经济学的产生

技术经济学具有明显的中国特色,它是由 20 世纪 50 年代前后留学英、美等国的一批著名的经济专家,包括于光远和孙冶方等经济学家和技术经济学工作者,在广泛吸收国外相关学科的理论、方法的基础上,基于对中国经济建设的实践进行总结,进而创立和发展起来的。1962 年 5 月,"技术经济学"的概念在我国第二部科技发展规划中正式提出,并将之视为与其他六大科学技术学科地位相当的学科,至此技术经济学作为一门独立的学科在我国正式产生。

二、技术经济学的研究对象、研究内容和特点

(一)技术经济学的研究对象和研究内容

20 世纪 90 年代以后,随着我国改革开放战略的实施,创新、创业、技术管理等前沿理论相继被引入,技术经济学者开始关注"技术发展的内在规律"这一课题。此阶段技术经济学除继续关注前阶段所研究问题外,研究领域也有了重大拓展。

(1)在工程层面,技术经济学开始关注技术型的项目管理和项目的技术管理问题。

(2)在企业层面,技术经济学开始关注企业技术创新管理、技术过程管理、知识产权管理、创新产权的有效配置等问题。

(3)在产业层面,技术经济学开始关注竞争前技术预测与选择、产业共性技术与产业关键技术、产业技术创新与技术扩散、产业技术标准战略、产业技术升级的路径与战略、高新技术创业等问题。

(4)在国家层面,技术经济学主要关注的是"跨越式发展"的国家技术战略和技术创新战略,国家技术创新体系的机制与建设,基于国家经济安全的科技安全、信息安全、新兴产业等问题。

(5)在方法论层面,学者们对技术经济评价的方法论给予了新的关注。这些研究对于项目实施单位科学地进行项目管理,对于企业有效地实施技术创新管理、技术过程管理及企业内部的知识产权配置,对于推动产业技术创新与技术扩散及高新技术创业,对于政府重视基于国家经济安全的科技安全、信息安全等问题,都产生了实际的效果。

（二）技术经济学的研究特点

技术经济学作为一门学科，具有以下几方面的特点：

1. 综合性

技术经济学是技术科学与经济科学相结合的边缘学科，具有综合性的特点。技术经济学研究的是技术的经济合理性，即技术与经济的关系问题。技术经济方案最优的实现，在很多情况下要求多目标、多指标的组合才能达到。因此，研究和处理经济问题时，要建立评价指标体系，进行综合分析与评价。

2. 系统性

技术经济问题一般都涉及人员、资金、设备和环境等诸多因素，它往往由许多目标组成，这些目标和因素相互影响、相互制约，构成一个有机的整体，通过系统内各子系统相互协调运转完成特定的目标。因此，在对技术方案进行技术经济分析与评价时，必须用系统的思想和系统论的观点，从整体出发，周密地分析各个因素和环节，同时要突出重点、主次分明。比如，研究机械制造的经济问题，不仅要考虑机械制造厂本身的经济问题，而且应考虑使用部门的经济问题。

3. 预测性

技术经济分析往往是在方案实施之前进行的。它所研究和探讨的主要是未来的问题，并着眼于未来的经济效益。对于某些实施前的未定因素和数据，如市场需求、市场风险等，它必须根据过去的经验和实际资料，结合现在的实际情况，对未来的状况和趋势进行预测和判断，还要进行风险分析。

4. 比较性

比较的原理与方法是技术经济研究中很重要的方法。由于技术进步，达到任何一种目的或满足任何一种社会和人们的需要，一般都可以采用两个以上的技术方案，通过技术经济比较，选出最优方案。

案例分析

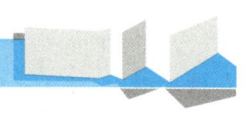

住建部：通过技术经济比较分析确定南方供暖方式

数九寒冬，南方集中供暖成为社会关注的热点话题。媒体关注的"要求集中供暖的南方地区"主要指夏热冬冷地区。夏热冬冷地区涉及14个省（直辖市）的部分地区，冬季潮湿阴冷，室外温度低于5℃时，人们的不舒适感要比同样室外温度的北方地区大，因此，夏热冬冷地区有必要设置供暖设施进行冬季供暖。

夏热冬冷地区居住建筑面积约34亿平方米、人口约1亿人，如果采取北方传统的全空间连续集中供暖方式，每年能耗将会增加约2 600万吨标准煤，相当于目前北方采暖地区集中供暖总能耗的约17%、"十二五"节能减排目标年节能量的20%；同时，二氧化碳排放量将增加约7 300万吨，二氧化硫排放量将增加约5.2万吨，烟尘排放量将增加约1.2万吨。这些将会增加这一地区能耗总量，并且加剧环境污染。因此，夏热冬冷地区供暖方式的选择应根据当地气候条件、能源状况、节能环保政策、居民生活习惯及承担能力等因素，通过技术经济比较分析确定供暖方式。

根据夏热冬冷地区供暖期短、供暖负荷小且波动大等特点,提倡夏热冬冷地区因地制宜地采取分散、局部的供暖方式,例如:燃气壁挂炉、电采暖等分户独立供暖方式,地源热泵、水源热泵、太阳能辅助等局部供暖方式;同时,通过改善外墙、屋面、外窗等围护结构,提高建筑的冬季保温性能。对于夏热冬冷地区,除余热、废热利用外,不提倡建设大规模集中供暖热源和市政热力管网设施为建筑集中供暖。

资料来源: 网易新闻

三、技术经济分析的基本原则

技术经济分析要遵循的基本原则有效益满意原则、方案可比原则和系统性原则。

1. 效益满意原则

由于各种形式技术经济的活动时间、空间不同,效益主体不同,实施的内容不同,使得经济效益的评价有不同的视角。因而,在以经济效益为中心的技术经济分析时,按照效益最大化原则,正确处理宏观利益和微观利益、短期利益与长期利益、直接效益与间接效益、经济效益与社会效益的关系,才能真实、客观地反映企业或项目的效益。

2. 方案可比原则

技术经济分析的实质,就是对可实现某一预定目标的多种技术方案进行比较,从中选出最优或最满意的方案。而只有具备了可比性,多个技术方案之间才能进行鉴别,才能择优选择。为了全面、正确地反映被比较方案的相对经济性,使各方案具有可比基础,两个以上方案进行经济比较时,必须满足需求可比原则、消耗可比原则、价格可比原则和时间可比原则。

3. 系统性原则

技术方案的分析是一个多目标、多因素、多层次的复杂、综合的系统,技术方案的分析受到政治、经济、文化、科技、市场等因素的影响和制约,因而在技术经济分析中必须采用系统理论与方法,树立整体性、结构性、相关性、动态性的系统观念,才能实现系统总体优化的目标。

四、技术经济分析的基本程序

1. 确定目标

确定目标即基于已知情况,根据问题的性质、范围、原因和任务确定项目或方案所要达到的目标,以及分析目标的科学性与合理性,明确目标的主次、隶属关系,明确实现目标的具体指标与内容,以便开展具体的经济分析工作。

2. 分析相关因素

根据确定的目标进行调查研究,收集有关技术、经济、财务、市场、政策法规等资料。分析直接影响项目、方案的所有因素,了解各因素的构成、条件、变动以及对方案的影响程度,并找出影响项目、方案的主要因素。相关因素的分析及调研的资料是探索和拟订各种备选方案的重要依据。

3. 制订备选方案

寻找备选方案,实际上是一项创新活动。一般来说为了达到一定的目标功能,应尽可能多地建立能够实现目标的各种方案。决策者的任务是要结合相关因素及获取的调研资料,尽量考虑到各种可能方案。方案尽可能考虑得多些,但经过粗选后正式列出的方案要少而精。

4. 评价方案

对列出的备选方案要进行系统的定性与定量分析,要从效果与效率、宏观与微观、成本与效益等多方面做出综合评价。在方案的评价中,特别是大型工程建设项目,由于其影响因素复杂,还须采用相关的方法建立模型进行定量分析,寻求各种影响因素之间的数量关系和最优条件,以便从备选方案中选择最优方案。

5. 确定最优方案

根据对不同方案经济效果的衡量和比较,优选出技术上先进、经济上合理的最佳方案。若方案满意,则选中最优方案;若不够满意,则检查方案、指标的合理性,重新寻求新的方案。

6. 最终完善方案

在确定好最优方案后,结合企业实际情况以及未来影响方案的各项因素的变化趋势,对选定的最优方案进行进一步的完善。

技术经济分析的基本程序如图 7-1 所示。

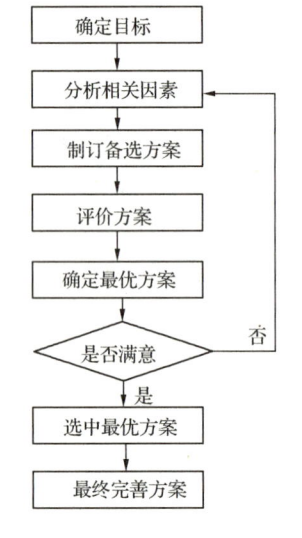

图 7-1 技术经济分析的基本程序

第二节　资金时间价值计算

一、投资、成本、收入和利润

(一)投资

投资是指人们的一种有目的的经济行为,即以一定的资源投入某项计划,以获取所期望的报酬。对于一般的工业投资项目来说,投资包括建设投资和生产经营所需要的流动资金两大部分。

1. 建设投资

建设投资包括固定资产投资、无形资产、固定资产投资方向调节税、建设期借款利息和递延资产。

(1) 固定资产投资

固定资产是指使用年限在一年以上,单位价值在规定标准以上,并在使用过程中保持原有物质形态的资产。用于建造与购置固定资产的投资属于固定资产投资。固定资产投资包括工程费用、预备费用和其他费用。

(2) 无形资产

无形资产是指具有一定价值或可以为所有者或控制者带来经济利益,能在比较长时间内持续发挥作用,并且不具有独立实体的权利和经济资源,如专利权、专有技术、商标权和土地使用权等。

(3) 固定资产投资方向调节税

固定资产投资方向调节税是对进行固定资产投资的单位和个人实际完成投资额征收的一种行为税,是国家为控制和调节投资方向、符合产业政策而采用的税收杠杆。此项调节税要计入项目总投资。

(4) 建设期借款利息

建设期借款利息是指用于项目建设的借款(不含流动资金借款),在建设期应支付的利息。此项利息应计入项目的投资。

(5) 递延资产

递延资产是指不能全部计入当年损益,应当在以后年度内分期摊销的各项费用。如开办费、租入固定资产的改良支出、固定资产的大修理支出和摊销期在一年以上的其他待摊销费用。

2. 流动资金

流动资金,在会计上称为营运资本,指在项目投产前预先垫付,在投产后的生产与经营过程中用于购买原材料、燃料和动力、备品备件、支付工资和其他费用以及在制品、半成品及产成品或商品占用的周转资金。其计算公式如下

$$流动资金 = 流动资产 - 流动负债$$

流动资产是指可以在一年内或超过一年的一个营业周期内变现或者耗用的资产,包括现金、各种存款、短期投资、应收预付款项、存货等。

流动负债是指偿还期在一年或超过一年的一个营业周期内的债务,包括短期借款、应付票据、应付预收款项、应交税金、应付利润和应付福利费等。

(二) 成 本

1. 总成本的构成

总成本是指项目在一定时期内(一般为一年),为生产和销售产品而花费的全部成本和费用。按其经济用途与核算层次可分为直接费用、制造费用和期间费用,或生产成本、管理费用、财务费用和销售费用。

为了便于计算,通常按照成本要素的经济性质和表现形态将其归并,把总成本分成以下九项:外购材料(包括主要材料、辅助材料、半成品、包装物、修理及备件和低值易耗品等);外购燃料;外购动力;工资及福利费;折旧费;摊销费;利息支出;修理费;其他费用。

2. 项目经济分析中的其他成本

(1) 经营成本

经营成本是项目经济评价中所使用的特定概念,设置经营成本这一概念的目的是便于进行项目现金流量分析。由于现金流量分析是按照收付实现制确定的,而总成本包括一部分非付现成本(折旧和摊销等),所以在项目经济分析中为了便于考察项目经营期间构成实际现金流出的那一部分成本,引入了经营成本这一概念。作为项目运营期的主要现金流出,其构成和估算可表达为

$$经营成本 = 外购材料、燃料和动力费 + 工资及福利费 + 修理费 + 其他费用$$

也可根据总成本扣除折旧费、摊销费和利息支出后得到

$$经营成本 = 总成本 - 折旧费 - 摊销费 - 利息支出$$

如上所述,折旧费和摊销费并不构成实际的现金流出,而只是建设投资在经营期的分

摊,因此折旧费和摊销费不属于经营成本的范畴。

利息支出是项目实际发生的现金流出,但如果对项目进行融资前财务分析时,不考虑资金来源,只分析全部投资所产生的效果,那么利息支出应该是全部投资所产生的收入中的一部分,因此也不能作为经营期的现金流出来考虑,作为经营期现金流出主要内容的经营成本中也不应该包括利息支出。在项目技术经济分析中,为了计算和分析方便,引入经营成本这一概念,并把它作为一个单独的现金流出项目列出。

(2) 机会成本

在技术经济分析中,机会成本的概念十分重要,因为投资者能投入的资金或可利用的经济资源是有限的,具有稀缺性,当这种有限资源可同时用于两个或多个备选方案时,只有把机会成本同时考虑进去,使收益大于机会成本,才能保证选用最佳方案投资,从而实现资源的最佳配置和利用。

(3) 沉没成本

沉没成本是过去的成本支出,是项目投资决策评价前已经花费的,在目前的决策中无法改变的成本。在项目评价或决策中,当前决策所考虑的是未来可能发生的费用及所能带来的收益,沉没成本与当前决策无关,因此,在下一次的决策中不予考虑。

(4) 边际成本

边际成本是指增加一个单位产品产量所增加的成本,也就是增加最后一个产品生产的成本。边际成本可用成本增量与产量增量之比来计算,公式为

$$边际成本 = \frac{成本增量}{产量增量}$$

边际成本的经济学意义在于,当边际收益(增加最后一单位产品所增加的收益)大于边际成本时,增加产量、扩大生产规模的决策有助于投资者增加利润总额,因而此投资方案是可取的;反之,此投资方案是不可取的。

(三) 收入

1. 营业收入

营业收入是项目建成投产后补偿成本、上缴税金、偿还债务、保证企业再生产正常进行的前提。它是进行利润总额、营业税金及附加和增值税估算的基础数据,其计算公式为

$$营业收入 = 产品销售单价 \times 产品销售量$$

在工程项目经济分析中,产品销售量应根据市场行情,采用科学的预测方法确定。

2. 产品销售量的确定

在项目经济分析中,应首先根据市场需求预测确定项目产品的市场份额,进而合理确定企业的生产规模,再根据企业的实际生产能力确定产量,然后根据项目投产后的生产负荷确定产品的销售量。

3. 营业税金及附加

营业税金是根据商品或劳务的流转额征收的税金,属于流转税的范畴。营业税金包括增值税、消费税、营业税、城乡维护建设税、资源税。在经济分析中,一般将教育费附加并入营业税金项内,视同营业税金处理。

(1) 增值税

增值税是对我国境内销售货物、进口货物以及提供加工、修理修配劳务的单位和个人,就其取得货物的销售额、进口货物金额、应税劳务收入额计算税款,并实行税款抵扣制的一

种流转税。

在经济分析中,增值税作为价外税可以不包括在销售税金及附加中,也可以不包括在营业税金及附加中。如果不包括在销售税金及附加中,产出物的价格不含有增值税中的销项税,投入物的价格中也不含有增值税中的进项税。但在营业税金及附加的估算中,为了计算城乡维护建设税和教育费附加,有时还需要单独计算增值税税额,作为城乡维护建设税和教育费附加的计算基数。增值税是按增值额计税的,即

$$增值税应纳税额 = 销项税额 - 进项税额$$

上式中,销项税额是指纳税人销售货物或提供应税劳务,按照销售额和增值税税率计算并向购买方收取的增值税税额,其计算公式为

$$销项税额 = 销售额 \times 增值税税率$$
$$= 销售收入(含税销售额) \div (1 + 增值税税率) \times 增值税税率$$

进项税额是指纳税人购进货物或接受应税劳务所支付或者负担的增值税税额,其计算公式为

$$进项税额 = 外购材料、燃料及动力费 \div (1 + 增值税税率) \times 增值税税率$$

(2)消费税

消费税是对工业企业生产、委托加工和进口的部分应税消费品按差别税率或税额征收的一种税。消费税是在普遍征收增值税的基础上根据消费政策、产业政策的要求,有选择地对部分消费品征收的一种特殊的税种。消费税采用从价定率和从量定额两种计税方法计算应纳税额。

(3)营业税

营业税原来是对我国在我国境内从事交通运输、建筑、金融保险、邮电通信、文化体育、娱乐、服务或有偿转让无形资产、销售不动产行为的单位和个人,就其营业额所征收的一种税种,税率为3%~20%。从2016年5月1日开始,国家实行"营改增"税制改革,目的是减少企业税负,促进社会经济发展。营改增,即营业税改增值税,是指以前缴纳营业税的应税项目改成缴纳增值税。增值税只对产品或者服务的增值部分纳税,减少了重复纳税的环节。因此,营改增的最大特点是减少重复征税,可以促进经济良性、健康地发展。

知识链接

什么是"营改增"?

"营改增",即营业税该增值税,是指以前缴纳营业税的应税项目改成只缴纳增值税。增值税就是只对产品或服务经营的增值部分纳税,原材料等成本投入部分不用纳税(已由供应商环节纳税),这样就减少了重复纳税的环节。可以说,"营改增"的最大特点就是减少重复征税,减轻了经营者负担,可以促使企业经营更好地良性循环。

(4)城乡维护建设税

城乡维护建设税是以纳税人实际缴纳的流转税额为计税依据征收的一种税。城乡维护建设税按纳税人所在地区实行差别税率:项目所在地为市区的,税率为7%;项目所在地为县城、镇的,税率为5%;项目所在地为乡村的,税率为1%。

(5) 资源税

资源税是国家对在我国境内开采应税矿产品或者生产盐的单位和个人征收的一种税。实质上，它是对因资源生成和开发条件的差异而客观形成的级差收入征收的。

(6) 教育费附加

教育费附加是为了加快地方教育事业的发展，扩大地方教育经费的资金来源而开征的一种附加税。根据有关规定，凡缴纳消费税、增值税、营业税的单位和个人，都是教育费附加的缴纳人。教育费附加随消费税、增值税、营业税同时缴纳。教育费附加的计征依据是各缴纳人实际缴纳的消费税、增值税、营业税税额，税率为3%。其计算公式为

$$教育费附加 = 消费税、增值税、营业税的实纳税额 \times 3\%$$

（四）利润

1. 利润总额

利润总额是企业在一定时期内生产经营活动的最终财务成果。它集中反映了企业生产经营各方面的效益。在对工程项目进行经济分析时，为简化计算，视本期发生的总成本等于主营业务成本、营业费用、管理费用和财务费用之和。并且视项目的主营业务收入为本期的销售（营业）收入，主营业务税金及附加为本期的销售税金及附加。利润总额的估算公式为

$$利润总额 = 产品销售（营业）收入 - 营业税金及附加 - 总成本$$

$$净利润 = 利润总额 - 所得税$$

根据利润总额可计算所得税和净利润，在此基础上可进行净利润的分配。在项目的经济分析中，利润总额是计算一些静态指标的基础数据。在工程项目的经济分析中，一般视净利润为可供分配的净利润，可按照下列顺序进行分配。

(1) 提取盈余公积金；
(2) 向投资者分配利润；
(3) 未分配利润，即未做分配的净利润。

2. 所得税

根据税法的规定，企业取得利润后，先向国家缴纳所得税，即凡在我国境内实行独立经营核算的各类企业或者组织者，其来源于我国境内、境外的生产、经营所得和其他所得，均应依法缴纳企业所得税。

在工程项目的经济分析中，一般是按照利润总额乘税率25%计算所得税，即

$$所得税应纳税额 = 利润总额 \times 25\%$$

知识链接

现金流量

对生产经营中的交换活动可从物质形态和货币形态两个方面来看：物质形态，包括工具、设备、材料、能源、动力、产品或劳务等；货币形态，包括投入资金、花费成本、销售（营业）收入等。对一个特定的经济系统而言，投入的资金、花费的成本可以看成是以货币形式体现的现金流出；获取的收益可以看成是以货币形式体现的现金流入。简言之，现金流量就是指一项特定的经济系统在一定时期内(年、半年、季等)现金流入和现金流出

数量。流入系统的称现金流入(cash input,CI);流出系统的称现金流出(cash output, CO)。同一时点上现金流入与流出之差,称为净现金流量。

1. 现金流出

(1)工厂设施和设备的购买和安装费用。这笔费用是净现金投资量的主要组成部分。也包括与投资方案直接相关的一些非购买性支出(如培训费用、研发费用等)。

(2)利用现有设备的机会成本(假如投资方案需要利用现有设备)。

(3)流动资产投资。流动资产包括现金、存货和应收账款等,流动负债包括应付账款、应计款项等。

(4)无形资产投资:购置土地使用权、商誉、知识产权、著作权等现金投资。

2. 现金流入

现金流入是一种经营性的现金收入,说明投资方案在经营期内每年中现金流入量是多少。它等于因投资决策引起的销售收入的增加量,减去因投资决策引起的经营费用(不包括折旧)的增加量。这里的经营费用不包括折旧,折旧不属于现金流量。

3. 残余价值

方案的残余价值是指投资方案寿命结束之后剩余资产的清算价值,主要包括设备的残值和流动资产增加量的变卖收入等。有些投资方案(特别是经营期较长的投资方案)的残余价值一般较小,往往可忽略不计,但对经营期限较短的方案来说这部分价值通常有重要的决策意义。

二、资金时间价值计算

(一)资金时间价值概述

资金时间价值是技术经济分析的基本概念,是采用动态分析方法对投资方案进行科学评价的基础。资金时间价值概念的引进可以消除各方案的费用及收益在时间上的差异,使之具有可比性。

1. 资金时间价值的含义

资金时间价值是指资金作为生产的一个基本要素,在生产及流通过程中随着时间的推移而产生的增值。例如,某人将 100 元存入银行,一年后得到的本利和共 106 元,这多出的 6 元可视为 100 元一年内的时间价值。资金的时间价值表明,一定的资金在不同的时间点上具有不同的价值。资金的时间价值在本质上体现为它在投资过程中所获得的报酬。影响资金时间价值的因素是多方面的,从投资角度看主要有:

(1)投资收益率,即没有通货膨胀和风险情况下,单位投资所能取得的收益;

(2)通货膨胀因素,即对因通货膨胀、货币贬值造成的损失所应做的补偿;

(3)风险因素,即对因风险的存在可能带来的损失所应做的补偿。

2. 利息和利率

如果将一笔资金存入银行,这笔资金称为本金。经过一段时间之后,储户就可在本金之外再得到一笔利息,一个计息周期内所得的利息额与本金之比就称为利率。利率是衡量资金时间价值的相对尺度,记为 i,i 越大,表明资金增值越快。计算公式为

$$F_n = P + I_n$$

$$i = \frac{I_n}{P} \times 100\%$$

式中 F_n——本利和；

P——本金；

I_n——利息；

i——利率；

n——计算利息的周期数，如年、季、月等。

按是否考虑资金的时间价值，利息的计算可以分为单利和复利两种方式，利率也可分为名义利率和实际利率两种。

(1) 单利和复利

① 单利计息是指仅以本金为基数计算利息，利息不再生息。即不论年限多长，每年均按原始本金计息。单利计息时的计算公式为

$$I_n = P \times n \times i$$
$$F_n = P \times (1 + i \times n)$$

单利计息虽然考虑了资金的时间价值，但对以前已经产生的利息没有转入计算基数而累计计息，因此，单利计息计算资金的时间价值是不完整的。

② 复利计息时，除最初的本金要计算利息外，每一计息周期的利息都要并入本金，再生利息，即所谓的"利滚利"。

复利计算的本利和公式为

$$F_n = P \times (1 + i)^n$$

该式的推导过程见表 7-1。

表 7-1 复利计算的本利和推导过程

计算周期	期初本金	本期利息	期末本利和
1	P	Pi	$P + Pi = P(1+i)$
2	$P(1+i)$	$P(1+i)i$	$P(1+i) + P(1+i)i = P(1+i)^2$
3	$P(1+i)^2$	$P(1+i)^2 i$	$P(1+i)^2 + P(1+i)^2 i = P(1+i)^3$
……	……	……	……
n	$P(1+i)^{n-1}$	$P(1+i)^{n-1} i$	$P(1+i)^{n-1} + P(1+i)^{n-1} i = P(1+i)^n$

复利计息比较符合资金在社会再生产过程中的实际状况，在技术经济分析中，一般采用复利计息。

案例分析

长期投资可能产生的复利效应

1626 年，时任荷属美洲新尼德兰省总督的皮特·米纽特花了 24 美元从印第安人手中买下了曼哈顿岛。而到 2000 年，曼哈顿岛的价值已经达到了约 2.5 万亿美元。以 24 美元买下曼哈顿岛，皮特·米纽特无疑占了一个天大的便宜。但是，如果转换一下思路，

皮特·米纽特也许并没有占到便宜。如果当时的印第安人拿着这24美元去投资,按照11%(美国近70年股市的平均投资收益率)的投资收益率计算,到2000年,这24美元将变成237864万亿美元,远远高于曼哈顿岛的价值2.5万亿,几乎是其价值的十万倍。长期投资的复利效应将是实现资产的翻倍增值。爱因斯坦就说过,"宇宙间最大的能量是复利,世界的第八大奇迹是复利"。一个不大的基数,以一个很微小的量增长,假以时日,都将膨胀为一个庞大的天文数字。那么,即使以24美元为起点,经过一定的时间,也一样可以买得起曼哈顿岛这样的超级岛屿。

资料来源: 和讯网

(2) 名义利率和实际利率

在技术经济分析中,复利计算通常以年为计息周期。但在实际经济活动中,计息周期有年、季、月、周等多种。这样就出现了不同计息周期的利率换算问题。我们将计息周期实际发生的利率称为计息周期实际利率,计息周期实际利率乘以每年计息周期数就得到名义利率。

假如按月计算利息,月利率为1%,则名义利率为12%,通常称为"年利率12%,每月计息一次"。按单利计息,名义利率与实际利率是一致的,按复利计算,则实际利率不一定等于名义利率。推导过程如下:

设名义利率为 r,一年中计息次数为 m,则一个计息周期的利率为 $\frac{r}{m}$,一年后本利和为

$$F = P(1 + \frac{r}{m})^m$$

利息为

$$I = P(1 + \frac{r}{m})^m - P$$

按利率定义得实际利率为

$$i = \frac{I}{P} = (1 + \frac{r}{m})^m - 1$$

所以,名义利率与实际利率的换算公式为

$$i = (1 + \frac{r}{m})^m - 1$$

当 $m=1$ 时,名义利率等于实际利率;当 $m>1$ 时,实际利率大于名义利率。当 $m \to \infty$ 时,即一年之中无限多次计息,称为连续复利计息,连续复利计算时,i 与 r 的关系为

$$i = \lim_{m \to \infty} \left[(1 + \frac{r}{m})^m - 1 \right] = \lim_{m \to \infty} \left[(1 + \frac{r}{m})^{\frac{m}{r}} \right]^r - 1 = e^r - 1$$

就整个社会而言,资金确实是在不停地运动,每时每刻都通过生产和流通在增值,从理论上讲应采用连续复利计息,但在经济评价中实际应用多为离散式复利。

知识延伸

以12%和24%的名义利率为例,比较名义利率、实际利率以及连续复利率,结果见表7-2。

表 7-2　　　　名义利率、实际利率以及连续复利率的比较

计息周期	一年内计息次数 (m)	12%的名义利率(%)		24%的名义利率(%)	
		计息周期	实际利率	计息周期	实际利率
年	1	12	12	24	24
半年	2	6	12.36	12	25.44
季	4	3	12.5509	6	26.2477
月	12	1	12.6825	2	26.8242
周	52	0.2308	12.7341	0.4615	27.0547
日	365	0.0329	12.7475	0.0658	27.1149
连续	∞	—	12.7497	—	27.1249

从上述结果分析：实际利率与名义利率的差异随着计息次数的增加而增大，差异最大值为名义利率与连续复利率之差。当计息次数大于 1 次时，在相同的计息次数下，实际利率与名义利率的差异随着名义利率的上升而增大。此外，连续复利率与按日进行复利计算的实际利率是很接近的。实际上，当名义利率不很大时，计息次数从 365 增加到无限大，其实际利率增加的值是微不足道的。

（二）资金的等值计算

1. 现金流量图

为了考察投资项目在其整个寿命期或计算期内的全部收益和全部费用，可以用现金流量图来分析和计算项目的经济效果。现金流量图可以直观、方便、形象地把项目的资金收支情况表示出来，如图 7-3 所示。

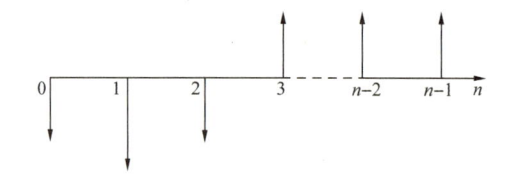

图 7-3　现金流量图

在图 7-3 中，纵坐标表示所在时刻发生的费用或效益的金额，并且约定以研究对象（如一个项目）为一个独立系统。现金流量图上横坐标表示时间尺度，单位通常为年。图上的时点 1，2，3…是该年年末时点，同时也是下一年年初时点。0 时点是第一年开始的时点。箭头向上表示现金的流入（正现金流），箭头向下表示现金的流出（负现金流）。带箭头的垂直线段的长短与现金流入、现金流出的大小相对应（但不一定成比例）。

而当实际问题的现金流量的时点没有交代清楚（未指明期末、期初）时，我们有下面的规定：投资画在期初，经营费用和销售收入画在期末。

绘制现金流量图时必须站在固定的立场上。图 7-4 中 (a) 和 (b) 表示的是同一项业务，一笔贷款分三期偿还。图 7-4(a) 是从借方的立场出发，收入的贷款是一个正的现金流入，随后的三次偿还则是负的现金流出；图 7-4(b) 是从贷方的立场出发，因此各年现金流量的流向正好相反。

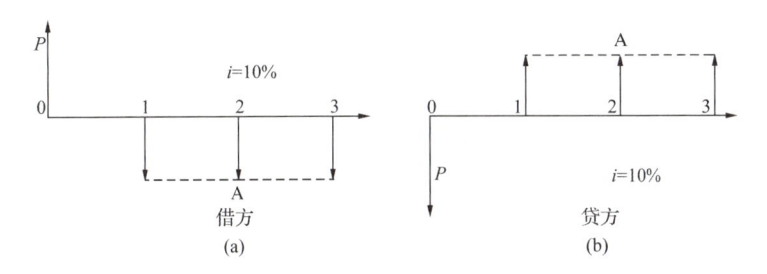

图 7-4　不同立场出发所得的同一项业务的现金流量图

为了使现金流量图能给出尽可能多的信息,在利率已知的情况下,应当把利率写在横轴的上方或下方。

2. 资金等值的概念

资金等值是指在考虑时间因素的情况下,不同时点上数额不相等的资金在一定利率条件下具有相等的价值。例如,现在的 100 元与一年后的 110 元,数额并不相等,但如果年利率为 10%,则两者是等值的。因为现在的 100 元,在 10% 利率下,一年后的本利和为 110 元。影响资金等值的因素有资金额大小、资金发生的时间和利率的大小三个。

利用等值的概念,将一个时点发生的资金金额换算成另一个时点的等值金额,这一过程叫资金等值换算。进行资金等值换算还需掌握以下几个概念:

(1) 贴现和贴现率

把将来某一时点的资金金额换算成另一时点的等值金额称为贴现。贴现时所用的利率称贴现率或折现率。

(2) 现值

发生在时间序列起点处的资金值称为资金的现值。时间序列的起点通常是评价时刻的点,即现金流量图的零点处,用符号 P 表示。

(3) 年值

年值是指分期等额收支的资金,用符号 A 表示。

(4) 终值

终值是现值在未来时点上的等值资金,用符号 F 表示。

3. 资金等值计算

在技术经济分析中,为了考察投资项目的经济效果,必须对项目寿命周期内不同时间发生的全部费用和全部收益进行计算和分析。在考虑资金时间价值的情况下,不同时间发生的收入或支出,其数值不能直接相加或相减,只能通过资金时间价值计算将它们换算到同一时点上进行分析。下面根据资金的不同支付方式,将主要公式和计算方法介绍如下:

(1) 一次支付

一次支付涉及两笔现金流量,即现值与终值,我们约定现值发生在期初,终值发生在期末。对应的等值计算公式有一次支付终值公式和一次支付现值公式。一次支付现金流量如图 7-5 所示。

① 一次支付终值公式

一次支付终值公式又称一次支付复利公式,与复利计算的本利和公式是一样的,它是等值计算的基本公式。其计算公式为

图 7-5　一次支付现金流量图

$$F=P(1+i)^n$$

式中$(1+i)^n$称为一次支付终值系数,用符号$(F/P,i,n)$表示,其数值可以在复利系数表中查得。故上式可简化为

$$F=P(F/P,i,n)$$

【例 7-1】　某建设项目投资额中,有 2000 万元为向银行贷款,如果贷款年利率按 8% 计,贷款期限为 5 年,5 年末一次性归还本息,按复利计息,5 年末应偿还的本利和为多少?

$$F=P(F/P,i,n)=2000\times(F/P,8\%,5)=2000\times1.4693=2938.6(万元)$$

②一次支付现值公式

这是已知终值 F 求现值 P 的等值公式,是一次支付终值公式的逆运算。其计算公式为

$$P=F(1+i)^{-n}$$

式中$(1+i)^{-n}$称为一次支付现值系数,或贴现系数,用符号$(P/F,i,n)$表示,可查复利系数表求得。故上式可简化为

$$P=F(P/F,i,n)$$

【例 7-2】　某企业持有一国债债券,3 年后到期能兑付 100 万元,利率以 8% 复利计。由于企业现时资金周转发生困难,欲用债券去银行贴现,问其能贴现的现值为多少?

$$P=F(P/F,i,n)=100\times(P/F,8\%,3)=100\times0.7938=79.38(万元)$$

(2)等额分付

当现金流序列是连续的且数额相等时,我们称之为等额序列现金流。下面介绍等额序列现金流的四个等值计算公式。

①等额分付终值公式

如图 7-6 所示,从第 1 期期末至第 n 期期末有一等额的现金流量序列,每期的金额均为 A,称为等额年金。等额分付终值公式也称年金终值公式,就是计算与 n 期内等额序列现金流 A 等值的第 n 期期末本利和 F。

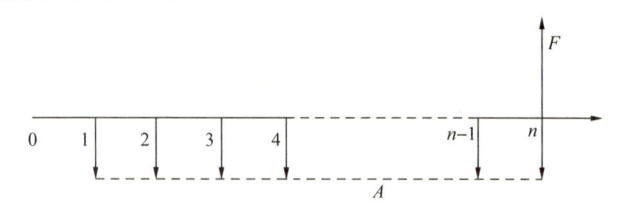

图 7-6　等额分付现金流量图之一

其等值公式推导如下:

第 1 期期末的 A 换算为第 n 期期末的终值是 $F_1=A(1+i)^{n-1}$

第 2 期期末的 A 换算为第 n 期期末的终值是 $F_2=A(1+i)^{n-2}$

……

第 $n-1$ 期期末的 A 换算为第 n 期期末的终值是 $F_{n-1}=A(1+i)$

第 n 期期末的 A 换算为第 n 期期末的终值是 $F_n=A$
终值 F 应为

$$F=F_1+F_2+\cdots+F_{n-1}+F_n=A(1+i)^{n-1}+A(1+i)^{n-2}+\cdots+A(1+i)+A$$

整理上式得到等额分付终值公式

$$F=A\left[\frac{(1+i)^n-1}{i}\right]$$

式中 $\frac{(1+i)^n-1}{i}$ 称为等额分付终值系数或年金终值系数,其符号为 $(F/A,i,n)$,可查复利系数表求得。因此,上式可写为

$$F=A(F/A,i,n)$$

【例 7-3】 某汽车运输公司为将来的技术改造筹集资金,每年年末用利润留成存入银行 30 万元,欲连续积存 5 年,银行复利利率为 8%,问该公司第 5 年年末能用于技术改造的资金有多少?

$$F=A(F/A,i,n)=30\times(F/A,8\%,5)=30\times5.8666=175.998(万元)$$

② 等额分付偿债基金公式

等额分付偿债基金又称等额分付累计基金,也就是为了在未来偿还一笔债务或为未来累计某笔基金,在利率为 i 的情况下,预先每年应存储多少资金。

等额分付偿债基金公式是等额分付终值公式的逆运算。因此等额分付偿债基金公式可由等额分付终值公式直接推出。

$$A=F\left[\frac{i}{(1+i)^n-1}\right]$$

式中 $\frac{i}{(1+i)^n-1}$ 称为偿债基金系数,又称为积累基金因子,也可用符号 $(A/F,i,n)$ 表示,其值可由复利系数表查得。因此,上式可表示为

$$A=F(A/F,i,n)$$

【例 7-4】 某汽车修理厂欲在 5 年后进行扩建,估计到时需资金 150 万元;资金准备自筹,每年由利润和折旧基金中提取后存入银行,若存款按复利计息,利率为 6%,每年应提留多少资金?

$$A=F(A/F,i,n)=150\times(A/F,6\%,5)=150\times0.1774=26.61(万元)$$

③ 等额分付现值公式

等额分付现值公式的推导,可依据现金流量图 7-7 进行。

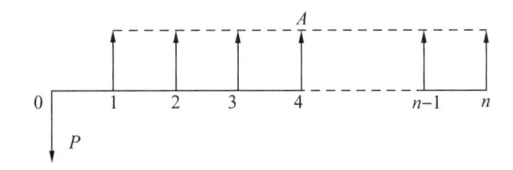

图 7-7 等额分付现金流量图之二

由等额分付终值公式 $F=A\left[\frac{(1+i)^n-1}{i}\right]$ 和一次支付终值公式 $F=P(1+i)^n$ 可得

$$P(1+i)^n=A\left[\frac{(1+i)^n-1}{i}\right]$$

因此
$$P=A\left[\frac{(1+i)^n-1}{i(1+i)^n}\right]$$

式中 $\frac{(1+i)^n-1}{i(1+i)^n}$ 称为等额分付现值系数或年金现值系数,也可用符号 $(P/A,i,n)$ 表示,其系数值可从复利系数表中查得,所以上式又可表示为

$$P=A(P/A,i,n)$$

【例7-5】 某设备经济寿命为8年,预计年净收益20万元,残值为0,若投资者要求的收益率为20%。问:投资者最多愿意出多少价格购买该设备?

$$P=A(P/A,i,n)=20\times(P/A,20\%,8)=20\times3.8372=76.744(万元)$$

④等额分付资本回收公式

等额分付资本回收公式是等额分付现值公式的逆运算。因此,其计算公式为

$$A=P\left[\frac{i(1+i)^n}{(1+i)^n-1}\right]$$

式中 $\frac{i(1+i)^n}{(1+i)^n-1}$ 为资本回收系数,其符号为 $(A/P,i,n)$,可由复利系数表查得。所以上式可简化为

$$A=P(A/P,i,n)$$

【例7-6】 工程师小陈按揭购房,向银行借款50万元,借款年利率6%,每年年末等额偿还,按揭期限20年,小陈每年年末偿还的金额是多少?

$$A=P(A/P,i,n)=50\times(A/P,6\%,20)=50\times0.0872=4.36(万元)$$

第三节 技术经济评价指标

一、项目经济评价指标概述

项目的经济评价可以根据不同的评价目标、评价深度、方案的特点和可获得的数据资料等情况选用不同的评价标准。确保投资决策的科学性和正确性,建立合理的评价指标体系及正确选择经济评价指标与方法,是项目经济评价工作成功与否的关键。

(一)项目经济评价指标设定原则

项目经济评价指标的设定应遵循科学性、可比性、全面性、实用性原则。

1. 科学性

科学性指标应能正确描述项目技术方案的技术经济特性、发展速度和水平以及经济效益和社会效益。

2. 可比性

可比性指标的计算方法和参数应在企业间、行业间、地区间具有一定的可比性和通用性。

3. 全面性

全面性指标应能较全面地从各个不同角度反映项目技术方案的经济特性。

4. 实用性

实用性指标应充分利用现有统计资料,并遵守简便易行的原则,易于操作。

(二)项目经济评价指标分类

根据经济评价指标所考虑因素及使用方法的不同,项目的评价指标可以从不同角度进行相应的划分,以下从两个不同的角度进行划分。

1. 按是否考虑资金时间价值划分

按项目评价时是否考虑资金的时间价值,评价指标可分为静态评价指标和动态评价指标两大类,如图 7-8 所示。

```
                    ┌ 静态评价指标 ┌ 静态投资回收期
                    │              └ 投资收益率
项目经济评价指标 ─┤
                    │              ┌ 净现值
                    │              │ 净现值率
                    └ 动态评价指标 ┤ 费用现值
                                   │ 动态投资回收期
                                   └ 内部收益率
```

图 7-8 按是否考虑资金时间价值划分评价指标

静态评价指标是指在进行效益和费用计算时,不考虑资金时间价值的评价指标。静态评价指标的优点是计算简便。动态评价指标是指在进行效益和费用计算时,考虑资金的时间价值的评价指标。动态评价指标能较全面地反映投资方案在整个计算期的经济效果,适用于详细可行性研究。

2. 按指标的形式或性质划分

根据指标的形式或性质,项目评价指标可分为时间性评价指标、价值性评价指标以及比率性评价指标,如图 7-9 所示。

```
                    ┌ 时间性评价指标 ┌ 投资回收期
                    │                └ 借款还款期
                    │
                    │ 价值性评价指标 ┌ 净现值
项目经济评价指标 ─┤                └ 净年值
                    │
                    │                ┌ 净现值率
                    │                │ 内部收益率
                    │                │ 外部收益率
                    └ 比率性评价指标 ┤ 经济效益费用比
                                     │ 换汇成本
                                     │ 节汇成本
                                     └ 差额投资收益率等
```

图 7-9 按指标的形式或性质划分评价指标

二、项目经济评价指标的计算方法

(一)静态评价指标

静态评价指标主要包括静态投资回收期与投资收益率,适用于那些生命周期较短且每期现金流量分布均匀的技术方案评价。同时由于这类方法计算简单,故在方案初选阶段应用较多。

1. 静态投资回收期

静态投资回收期是不考虑资金时间价值的条件下,以项目净现金流入回收项目全部投资所需的时间,是反映项目方案在财务上投资回收能力的重要指标,其计算公式为

$$\sum_{t=0}^{P_t}(CI-CO)_t=0$$

式中　　CI——现金流入量；

CO——现金流出量；

$(CI-CO)_t$——第 t 年的净现金流量；

P_t——静态投资回收期。

已知项目方案的现金流量表或图,通过累计现金流量的计算可以求得 P_t 值。

$$P_t = 累计净现金流量开始出现正值的年份数 - 1 + \frac{上年累计净现金流量的绝对值}{当年净现金流量}$$

用静态投资回收期评价项目方案时,需要将计算所得的投资回收期与同类项目的历史数据和投资者意愿确定的基准投资回收期相比较。设基准投资回收期为 P_b,判别准则为：

$P_t \leq P_b$,项目方案可以考虑接受；

$P_t > P_b$,项目方案应予以拒绝。

【例 7-7】　某项目的各年现金流量见表 7-3,试计算其静态投资回收期,若标准投资回收期 $P_b=5$ 年,判断其在经济上的合理性。

表 7-3　　　　　　　　　某项目的各年现金流量表　　　　　　　　单位:万元

年份 项目	0	1	2	3	4	5	6	7
投资支出	100	500						
经营成本			300	450	450	450	450	450
销售收入			450	750	750	750	750	750
净现金流量	−100	−500	150	300	300	300	300	300
累计净现金流量	−100	−600	−450	−150	150	450	750	1050

根据表 7-3 可得

$$P_t = 4-1+\frac{150}{300}=3.5(年)<5\ 年$$

因为 $P_t \leq P_b$,故该投资方案在经济上可行。

2. 投资收益率

投资收益率也叫投资效果系数,是指项目达到设计生产能力后的一个正常年份的净收益额与项目总投资的比率。对生产期内各年的净收益额变化幅度较大的项目,则应计算生产期内平均净收益额与项目总投资的比率。其计算公式为

$$R=\frac{NB}{I}$$

式中　　R——投资收益率；

I——投资总额；

NB——项目达产后正常年份的净收益或平均净收益。

根据不同的分析目的，I 可以是投资总额，也可以是建设期借款利息和流动资金之和，还可以是投资者的权益投资额等。

用投资收益率指标评价项目方案的经济效果，需要与根据同类项目的历史数据及投资者意愿等确定的基准投资收益率做比较。设基准投资收益率为 R_b，判别准则为：

$R \geqslant R_b$，项目方案可以考虑接受；$R < R_b$，项目方案应予以拒绝。

(二) 动态评价指标

动态评价指标是比静态评价指标更全面、更科学的评价指标，主要包括净现值、净现值率、费用现值、动态投资回收期、内部收益率等。动态评价指标考虑资金时间价值，适用于对那些经济寿命周期长、分期费用和收益的分布差异较大的项目方案进行经济效益评价。

1. 净现值

净现值是指项目方案在寿命周期内各年的净现金流量按照一定的折现率 i_0 折现到期初时的现值之和。其计算公式为

$$NPV(i_0) = \sum_{t=0}^{n}(CI-CO)_t(1+i_0)^{-t}$$

式中　NPV——净现值；

　　　$(CI-CO)_t$——第 t 年的净现金流量；

　　　n——项目方案寿命周期；

　　　i_0——基准折现率。

净现值的计算结果有以下三种情况：

(1) $NPV > 0$，表明该方案除能达到要求的基准收益率外，还能得到超额收益，方案可行；

(2) $NPV = 0$，表明该方案正好达到要求的基准收益率水平，该方案经济上合理，一般可行；

(3) $NPV < 0$，表明该方案没有达到要求的基准收益率，该方案经济上不合理，不可行。

【例 7-8】 项目的现金流量情况见表 7-4，若折现率为 10%，计算其净现值。

表 7-4　　　　　　　　　　　现金流量情况　　　　　　　　　　　单位：万元

项目＼年份	0	1	2	3	4
总投资	2000				
销售收入		1400	1400	1400	1400
经营成本		600	600	600	600
净现金流量	−2000	800	800	800	800

根据表 7-4 可得

$NPV(10\%) = -2000 + 800(P/A, 10\%, 4) = -2000 + 800 \times 3.1699 \approx 536(万元) > 0$

该项目净现值为 536 万元，说明项目实施后的经济效益除达到 10% 的收益率外，还有 536 万元超额收益的现值。

净现值指标是动态评价方法中最普遍使用的指标，但其存在的主要问题是必须事先确

定一个较符合经济现实的基准折现率,而基准折现率的确定是一个十分复杂的问题。基准折现率若定得太高,会失掉一些经济效益好的项目;若定得太低,则可能接受过多的项目方案。

知识延伸

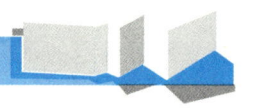

净现金流量如例 7-8,折现率分别为 0%,10%,20%,22%,30%,40%,50%和∞时的净现值见表 7-5。

表 7-5　　　　　　　　　折现率与净现值关系表

折现率	净现值(万元)	折现率	净现值(万元)
0%	1200	30%	－267
10%	536	40%	－521
20%	71	50%	－716
22%	－5	∞	－2000

由表 7-5 可以看出,净现值随着折现率的增大而减小。可以将净现值看作折现率的函数,其曲线如图 7-10 所示,它是一条递减的曲线。

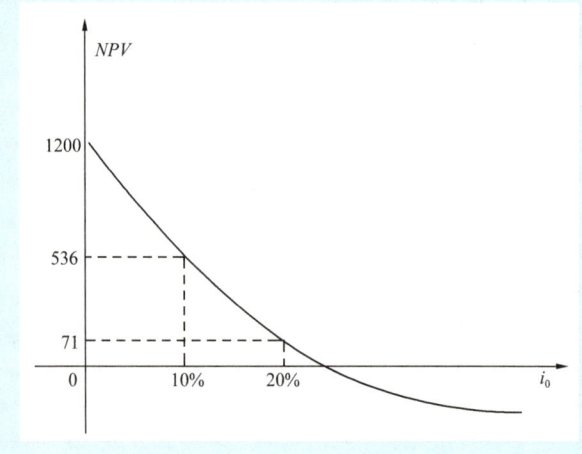

图 7-10　净现值与折现率关系图

2. 净现值率

净现值率是指按一定的折现率求得的项目方案寿命周期内的净现值与其全部投资现值的比率,其计算公式为

$$NPVR = \frac{NPV(i_0)}{K_p}$$

式中　　$NPVR$ ——净现值率;
　　　　NPV ——净现值;
　　　　i_0 ——基准折现率;
　　　　K_p ——项目方案总投资现值。

净现值率是多方案评选时作为净现值标准的一个辅助评价指标。净现值越大并不能说明经济效益越好。用净现值指标评价项目方案时,还应同时计算净现值率作为选择方案的有益参考。净现值率指标主要用于项目总投资额不等的多方案比较。

【例 7-9】 由例 7-8 知 $NPV=536$ 万元,则净现值率为

$$NPVR = \frac{536}{2000} = 0.268$$

例 7-8 项目方案的净现值率为 0.268,其含义是方案除有 10% 的基准收益率外,每万元现值投资尚可获得 0.268 万元的超额收益。

3. 费用现值

费用现值指标只适用于方案功能相同,并且只有支出而没有收入或不易计算收入的情况。它是把方案的一切耗费都换算成与其等值的现值,然后据以决定方案的取舍。其计算公式为

$$PC(i_0) = \sum_{t=0}^{n} CO_t (1+i_0)^{-t}$$

式中 PC——费用现值;

CO_t——第 t 年的现金流出;

i_0——基准折现率;

n——项目方案寿命周期。

在对多个方案比较选优时,如果诸方案产出价值相同,可以通过对各方案费用现值比较进行选择。费用现值越小,其方案经济效益越好。

【例 7-10】 某项目的三个方案均能满足同样的需要,但各方案的投资及年运营费用不同,见表 7-6。在基准折现率为 15% 的情况下,采用费用现值选出最佳方案。

表 7-6　　　　　　　　　　投资、费用流量表　　　　　　　　　　单位:万元

方案	期初总投资	1~5 年运营费用	6~10 年运营费用
A	70	13	13
B	100	10	10
C	110	5	8

各方案费用现值为:

$PC_A(15\%) = 70 + 13(P/A, 15\%, 10) \approx 135$(万元)

$PC_B(15\%) = 100 + 10(P/A, 15\%, 10) \approx 150$(万元)

$PC_C(15\%) = 110 + 5(P/A, 15\%, 5) + 8(P/A, 15\%, 5)(P/F, 15\%, 5) \approx 140$(万元)

根据费用最小原则,方案 A 最优,方案 C 次之,方案 B 最差。

4. 动态投资回收期

动态投资回收期是在考虑资金时间价值,即在设定的基准收益率条件下,以项目的净现金流入收回全部投资所需的时间。其计算公式为

$$\sum_{t=0}^{P_d} (CI-CO)_t (1+i_0)^{-t} = 0$$

式中 P_d——动态投资回收期;

$(CI-CO)_t$——第 t 年的净现金流量;

i_0——基准折现率。

也可用项目方案现金流量表或现金流量图中的累计净现金流量折现值计算求得,计算式为

$$P_d = 累计净现金流量折现值开始出现正值的年份数 - 1 + \frac{上年累计净现金流量折现值的绝对值}{当年净现金流量折现值}$$

用动态投资回收期评价项目方案的可行性,需要与基准动态投资回收期相比较。设基准动态投资回收期为 P_b,则判别准则为:

$P_d \leqslant P_b$,项目方案可以被接受;$P_d > P_b$,项目方案应予以拒绝。

【例 7-11】 现金流量情况见表 7-7,基准折现率为 10%,求动态投资回收期。

$$P_d = 5 - 1 + \frac{0.4}{186.3} \approx 4(年) < 5 年$$

因为 $P_d < P_b$,该投资方案在经济上可行。

表 7-7　　　　　　　　　某项目的现金流量表

年份 项目	0	1	2	3	4	5	6	7
投资支出(万元)	100	500						
经营成本(万元)			450	750	750	750	750	750
销售收入(万元)			300	450	450	450	450	450
净现金流量(万元)	−100	−500	150	300	300	300	300	300
折现系数	1.000	0.909	0.826	0.751	0.683	0.621	0.564	0.513
第 t 年折现值(万元)	−100	−454.5	123.9	225.3	204.9	186.3	169.2	153.9
累计净现金流量折现值(万元)	−100	−554.5	−430.6	−205.3	−0.4	185.9	355.1	509.0

动态投资回收期 P_d 考虑了资金的时间价值,比静态投资回收期 P_t 更合理地反映了项目方案资金的运作状况。但动态投资回收期也没有考虑回收期以后的经济效果,因此不能全面反映项目方案在寿命周期内的真实效益,通常只用于辅助性评价。

5. 内部收益率

内部收益率又称内部报酬率,是指项目方案在计算期内各年净现金流量现值累计(净现值)等于零时的折现率,其计算公式为

$$\sum_{t=0}^{n}(CI-CO)_t(1+IRR)^{-t} = 0$$

式中　IRR——内部收益率;

$(CI-CO)_t$——第 t 年净现金流量;

n——项目方案寿命期。

对于典型的投资项目来说,其净现金流量的符号从负到正只变化一次,这样也就只存在唯一的内部收益率。由于内部收益率的计算公式是一个高次方程,直接求解是比较复杂的,在实际工作中通常采用试算法。

试算法的根据是,方案的净现值与收益率之间的关系。试算时,先以某个值代入净现值公式,净现值为正时,增大 i 值;净现值为负时,则缩小 i 值。通过反复的试算求出使 NPV_1 略大于零时的 i_1,再求出来 NPV_2 略小于零时的 i_2,在 i_1 和 i_2 之间用直线插值法求得内部

收益率 IRR，由图 7-11 可以得出公式

$$\frac{|NPV_1|}{|NPV_1|+|NPV_2|}=\frac{IRR-i_1}{i_2-i_1}$$

$$IRR=i_1+\frac{|NPV_1|}{|NPV_1|+|NPV_2|}(i_2-i_1)$$

式中 i_1——插值用的低折现率；

      i_2——插值用的高折现率；

      NPV_1——用 i_1 计算的净现值（正值）；

      NPV_2——用 i_2 计算的净现值（负值）；

      IRR——内部收益率。

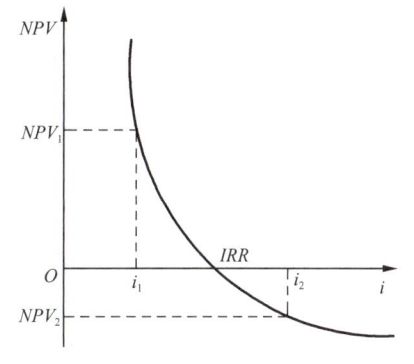

图 7-11 净现值与收益率的关系曲线

为了减少误差，应使两个插值之差不超过 5%。计算出某一方案的内部收益率 IRR 后，要与基准收益率 i_0 比较。当 $IRR \geq i_0$ 时，则认为方案可取；反之，则认为不可取。

【例 7-12】 拟建一容器厂，初始投资为 5 000 万元，预计在 10 年寿命期中每年可得净收益 800 万元，第 10 年年末残值 2 000 万元，若基准收益率为 10%，试用方法 IRR 评价该项目。

① 试算 $i_1=12\%$

$NPV(i_1)=-5000+800(P/A,12\%,10)+2000(P/F,12\%,10)=164.16（万元）$

② 试算 $i_2=15\%$

$NPV(i_2)=-5000+800(P/A,15\%,10)+2000(P/F,15\%,10)=-490.56（万元）$

③ 计算 IRR

$IRR=i_1+\frac{NPV(i_1)}{NPV(i_1)+|NPV(i_2)|}(i_2-i_1)=12\%+\frac{164.16}{164.16+490.56}(15\%-12\%)\approx 12.7\%$

$IRR>10\%$，该项目可行。

内部收益率是内生决定的即由项目的现金流量特征决定的，不是事先给定的，因而得到广泛应用。但对于只有现金流入或只有现金流出的方案，此时不存在明确经济意义上的内部收益率。

知识延伸

内部收益率的经济含义

一般地讲，内部收益率就是投资的收益率，它表明了项目所占用资金的一种恢复能力，项目的内部收益率越高，其经济性也就越好。因此，内部收益率的经济含义是，在项目的整个寿命期内，按利率 $i=IRR$ 计算，会始终存在未能收回的投资，只是在寿命期结束时投资才能被全部收回。换句话说，在寿命期内各个时点，项目始终处于"偿还"未被收回的投资状态，只有到了寿命期结束的时点，才偿还全部投资。由于项目的"偿还"能力完全取决于项目内部，故有内部收益率之称。

三、项目方案的经济评价

项目方案的经济评价除了采用前述评价指标来分析方案评价指标是否达到了标准的要求之外,往往还需要在项目群所组成的方案中进行选优。通常,项目方案之间的相互关系存在三种:互斥型、独立型、混合型。

(一)互斥型方案的经济评价

互斥型方案的特点是项目或方案之间具有排他性,在各方案中只能选择一个。比如,同一地域的土地利用方案是互斥方案,是建居民住房还是建写字楼等,只能选择其中之一。厂址问题、建设规模问题也是互斥方案的选择问题。关于项目方案的经济评价,传统技术经济学著作强调产出数量、质量、时间等方面的可比性,然而吴添祖教授等人认为,随着我国经济体制的改革和转型,与项目方案相关的产出数量、质量等都可以通过市场价格、销售数量及销售收入体现出来。因此,本书只考虑各项目方案时间上的可比性。通常,按互斥型方案寿命是否相等分为寿命期相等的互斥方案与寿命期不等的互斥方案。

一般互斥方案的经济评价包括两方面的内容:一方面是方案自身的绝对经济效果评价,另一方面是各方案间的相对经济效果评价。绝对经济效果评价是指采用一定的评价方法对各个方案自身经济合理性进行评价,确定其是否具有经济效果,只选择经济效果符合目标要求的方案。相对经济效果评价是指对符合要求的方案进行比较分析,选择经济效果最优的方案。

1. 寿命期相等的互斥方案的比较选择

对于寿命期相等的互斥方案,通常将方案的寿命期设定为共同的分析期。这样,在利用资金等值原理进行经济效果分析时,各方案在时间上具有可比性,故可以直接进行比较。

(1)净现值法

分别计算各个方案的净现值,剔除净现值 $NPV<0$ 的方案;然后进行相对经济效果评价,比较所有 $NPV>0$ 的方案的净现值,其中净现值最大的方案即最佳方案。因此,净现值法评价互斥方案的判别标准为 $NPV>0$ 且最大。

【例 7-13】 某公司为增加生产,计划进行设备投资,有两个互斥方案,寿命均为 10 年,不计残值,基准收益率为 15%,各方案的投资与现金流量见表 7-8,试用净现值法选择最优方案。

表 7-8　　　　　　　　　互斥型方案现金流量　　　　　　　　　单位:万元

年份	方案	
	A	B
0	−5000	−8000
1～10	1400	2100

计算各方案的 NPV。

$NPV_A(15\%) = -5000 + 1400(P/A, 15\%, 10) = 2026.32(万元)$

$NPV_B(15\%) = -8000 + 2100(P/A, 15\%, 10) = 2539.48(万元)$

由于 $NPV_B > NPV_A > 0$,故应选择 B 方案。

在某些情况下,也可采用净年值指标对互斥方案进行评价,且净年值评价方法与净现值评价方法是等价的,只需将各方案净年值大小进行比较,最大者即最优方案。

在实际中,我们还会经常遇到这类问题,例如,在水力发电和火力发电之间、在铁路运输和公路运输之间、在水泥结构的桥梁和金属结构的桥梁之间进行选择。这类问题的特点是无论选择哪一种方案,其效益是相同的,或者是无法用货币衡量的。这时只能比较方案的费用大小,费用最小的方案就是最好的方案,此种方法称为最小费用法。一般用费用现值或费用年值作为评价指标。

【例7-14】 两种具有同样功能的设备,使用寿命均为 10 年,残值为 0。初始投资和年经营成本见表 7-9($i_0=10\%$)。试选择最有利的设备。

表 7-9 两种设备的投资与年经营成本

方案	初始投资(万元)	年经营成本(万元)	寿命(年)
A	30	18	10
B	50	13	10

由于两种设备的功能相同,故可以比较费用大小,选择最优方案。

计算两种设备的费用现值:

$PC_A(10\%)=30+18(P/A,10\%,10)=140.6(万元)$

$PC_B(10\%)=50+13(P/A,10\%,10)=129.9(万元)$

由于 $PC_B<PC_A$,故选择 B 设备为最佳方案。

或者计算两种设备的费用年值:

$AC_A(10\%)=18+30(A/P,10\%,10)=22.9(万元)$

$AC_B(10\%)=13+50(A/P,10\%,10)=21.1(万元)$

由于 $AC_B<AC_A$,故选择 B 设备为最佳方案。

(2)增量净现值法

我们将两个互斥方案在投资、年收益、残值以及经营费用等方面的差异量(通常为投资额大的方案减去投资额小的方案)构成的新的现金流量称为增量现金流量或差额现金流量。在实际中应用增量现金流量评价增量投资的经济效果,就是增量分析法。其中,增量净现值法是以净现值作为评价指标的一种重要的增量分析方法,其本质是评价增量资源的效益是否大于增量资源的费用。例如,在例 7-13 中,方案 B 比方案 A 多投资 3000 万元,而每年净收益多 700 万,方案 B 是否比方案 A 有利,就是看这 3000 万元的投资是否有利,即 3000 万元的增额投资的收益率是否达到或超过基准收益率。

因此,利用增量净现值(ΔNPV)比较互斥方案优劣的依据为:

①$\Delta NPV>0$,表明增额投资的收益率超过基准收益率,投资额大的方案优于投资额小的方案,选择投资额大的方案;

②$\Delta NPV=0$,表明增额投资的收益率正好达到基准收益率,一般考虑投资额大的方案;

③$\Delta NPV<0$,表明增额投资的收益率小于基准收益率,则应选投资额小的方案。

【例7-15】 利用增量净现值法判断例 7-13 中两方案的优劣。

A 方案与 B 方案的增量现金流量如图 7-12 所示,则

$\Delta NPV(15\%)_{B-A}=-3000+700(P/A,15\%,10)=513.16(万元)$

```
        1400                    2100                   700
  ┌──────────────┐         ┌──────────────┐       ┌──────────────┐
0 │ 1   A方案  10│       0 │ 1   B方案  10│     0 │ 1  B-A方案 10│
  ↓                         ↓                       ↓
 5000                      8000                    3000
```

图 7-12 增量现金流量方案

$\Delta NPV > 0$，所以选择投资额大的 B 方案。

从例 7-13 与例 7-15 中可以看出，净现值法与增量净现值法的选择结果是一致的，这是因为

$$\Delta NPV_{A-B} = \sum_{t=0}^{n}[(CI_A - CI_B)-(CO_A - CO_B)]_t(1+i_0)^{-t}$$

$$= \sum_{t=0}^{n}(CI_A - CO_A)_t(1+i_0)^{-t} - \sum_{t=0}^{n}(CI_B - CO_B)_t(1+i_0)^{-t}$$

$$= NPV_A(i_0) - NPV_B(i_0)$$

故当 $\Delta NPV_{A-B} \geq 0$ 时，必有 $NPV_A(i_0) \geq NPV_B(i_0)$。因此，在互斥型方案寿命相等时，直接用净现值指标比选最为简便。

(3) 增量内部收益率法

根据增量现金流量，用内部收益率法进行互斥方案比较时应计算增量现金流量的内部收益率，即增量内部收益率，也称差额内部收益率，用 ΔIRR 表示。在方案寿命期相等的情况下，计算增量内部收益率的公式为

$$\sum_{t=0}^{n}(\Delta CI - \Delta CO)_t(1+\Delta IRR)^{-t} = 0$$

式中　　n——方案寿命期；

ΔCI——互斥方案的增量现金流入（$CI_A - CI_B$）；

ΔCO——互斥方案的增量现金流出（$CO_A - CO_B$）；

ΔIRR——差额内部收益率。

用 ΔIRR 进行互斥方案选择的判别标准为：

①$\Delta IRR > i_0$，表明增量投资额取得收益的内部收益率超过了基准收益率，选择投资额大的方案；

②$\Delta IRR = i_0$，表明增量投资额取得收益的内部收益率与基准收益率相等，一般考虑选择投资额大的方案；

③$\Delta IRR < i_0$，表明增量投资额取得收益的内部收益率低于基准收益率，选择投资额小的方案。

【例 7-16】 根据例 7-13 中的现金流量，用增量内部收益率法进行方案的选择。

$$-3000+700(P/A,\Delta IRR_{B-A},10)=0$$

用试算法求得 $\Delta IRR_{B-A} = 19\% > i_0 = 15\%$

因此，选择 B 方案，结果与净现值法一致。

知识延伸

根据例 7-13 中的现金流量,计算得出 $IRR_A=25\%$,$IRR_B=23\%$。如果以各方案内部收益率大小作为判别标准,则 A 方案优于 B 方案,这显然是不对的,因为例 7-13、例 7-15 和例 7-16 已经证明了 B 方案是最优方案。出现这种情况的原因是,在相当多的情况下,直接按互斥型方案的内部收益率的高低选择方案并不一定能选出在基准收益率下净现值最大的方案。即 $NPV_A \geqslant NPV_B$,并不意味着必有 $\Delta IRR \geqslant i_0$ 成立。

对于这种不一致可用图 7-13 说明。虽然方案 A 的内部收益率大于 B,但在 $i_0=15\%$ 处,B 方案的净现值却大于 A 方案,差额内部收益率 $\Delta IRR_{B-A}=19\%$,表示贴现率为 19% 时,两个方案的净现值相同。因此,和净现值判据不同,用内部收益率来比较方案时,一定要用差额内部收益率,而不能直接用内部收益率的大小进行比较。

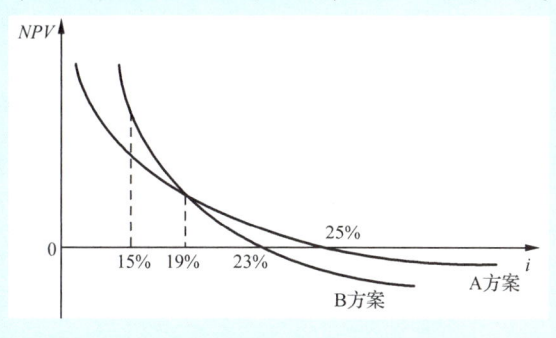

图 7-13 内部收益率大小与互斥方案比选

(4) 多个互斥方案的比较方法

当有多个互斥型方案进行比选时,除了对方案本身的绝对效果进行评价之外,各方案之间还应进行两两相互比较。N 个互斥型方案两两比较的可能性一共有 $N(N-1)/2$ 种,10 个互斥型方案就需要比较 45 次。在实际比较中,我们可以采用环比法减少比较次数。环比法即将各个方案按投资额从小到大排序,依次比较,由于应用增量分析方法选择方案,故应遵循以下原则:

①唯有较低投资额的方案被证明是合理时,较高投资额的方案才能与其比较;

②若追加投资是合理的,则应选择投资额较大的方案;反之,则应选择投资额较小的方案。

环比法评价指标可以根据不同情况选用差额净现值 ΔNPV、差额内部收益率 ΔIRR 等,环比法比选多个互斥方案的步骤如图 7-14 所示。有时,所有可供选择的方案在经济上均是不可取的,但是在各个方案的比较选择时,总能选出一个相对较优的方案,因而在这些方案中选出的相对较优方案实际上也是不可取的。为了防止此类情况的发生,我们把投资额为零的方案,也作为一种方案来考虑,即 0 方案,这样就可以避免选择一个经济上并不可行的方案作为最优方案。

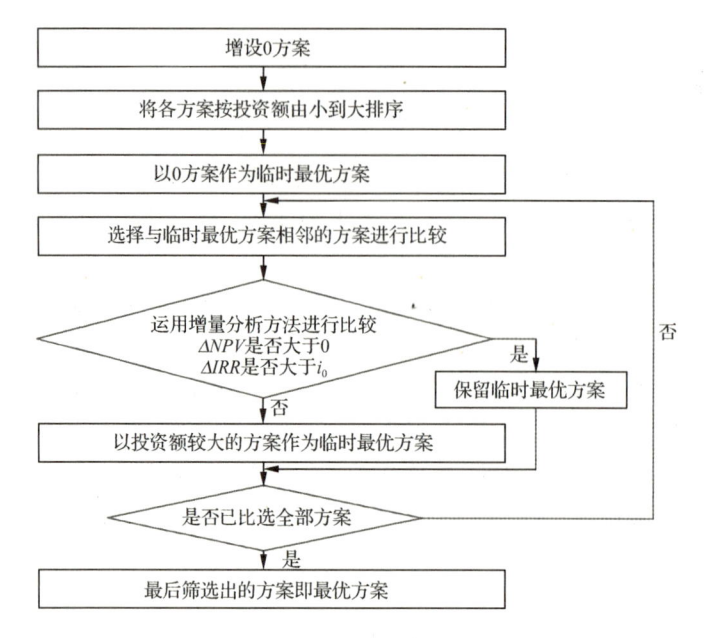

```
              ┌─────────────────────────┐
              │       增设0方案          │
              └─────────────────────────┘
                          ↓
              ┌─────────────────────────┐
              │  将各方案按投资额由小到大排序 │
              └─────────────────────────┘
                          ↓
              ┌─────────────────────────┐
              │   以0方案作为临时最优方案   │◄──────┐
              └─────────────────────────┘       │
                          ↓                      │
              ┌─────────────────────────┐       │
              │ 选择与临时最优方案相邻的方案进行比较 │      │
              └─────────────────────────┘       │
                          ↓                      │
                      ◇ 运用增量分析方法进行比较                │
                        ΔNPV是否大于0   是  →  保留临时最优方案   │否
                        ΔIRR是否大于i₀                         │
                          ↓否                                  │
              ┌─────────────────────────┐       │
              │ 以投资额较大的方案作为临时最优方案 │      │
              └─────────────────────────┘       │
                          ↓                      │
                      ◇ 是否已比选全部方案 ───────────┘
                          ↓是
              ┌─────────────────────────┐
              │   最后筛选出的方案即最优方案  │
              └─────────────────────────┘
```

图 7-14　环比法比选多个互斥方案

【例 7-17】 表 7-10 所示为三个互斥型方案，基准收益率为 10%，试选择最优方案。

表 7-10　　　　　　　　　　互斥型方案现金流量　　　　　　　　　单位：万元

年份	方案		
	A	B	C
0	−200	−400	−300
1～6	70	115	95

步骤 1：增设 0 方案，并将各方案按投资额大小进行排序，即 0、A、C、B。

步骤 2：将 A 方案与 0 方案进行比较，计算 A−0 方案增量净现值或增量内部收益率，根据图 7-15 中 A−0 方案的增量现金流量图，可知

$$\Delta NPV_{A-0}=-200+70(P/A,10\%,6)=104.9(万元)$$

由 $-200+70(P/A,\Delta IRR_{A-0},6)=0$，用试算法计算得 $\Delta IRR_{A-0}=26.4\%$

$\Delta NPV_{A-0}>0$，$\Delta IRR_{A-0}>10\%$，说明 A 方案优于 0 方案，所以 A 方案为临时最优方案。

步骤 3：以 A 方案作为临时最优方案，C 方案作为竞比方案，根据图 7-15 中 C−A 方案的增量现金流量图，可知

$$\Delta NPV_{C-A}=-100+25(P/A,10\%,6)=8.9(万元)$$

由 $-100+25(P/A,\Delta IRR_{C-A},6)=0$，用试算法计算得 $\Delta IRR_{C-A}=13.0\%$

$\Delta NPV_{C-A}>0$，$\Delta IRR_{C-A}>10\%$，说明 C 方案优于 A 方案，所以以 C 方案取代 A 方案作为临时最优方案。

步骤 4：以 C 方案作为临时最优方案，B 方案作为竞比方案，由图 7-15 中 B−C 方案的增量现金流量图，可知

$$\Delta NPV_{B-C}=-100+20(P/A,10\%,6)=-12.9(万元)$$

由 $-100+20(P/A,\Delta IRR_{B-C},6)=0$，用试算法计算得 $\Delta IRR_{B-C}=5.5\%$

$\Delta NPV_{B-C}<0, \Delta IRR_{B-C}<10\%$，说明 C 方案优于 B 方案。

步骤 5：比选停止，C 方案为最优方案。

图 7-15　增量现金流量图

2. 寿命期不等的互斥方案的比较选择

当几个互斥型方案的寿命不等时，这几个方案就不能直接比较。为了能比较，必须进行适当的处理，保证时间的可比性。保证时间的可比性有多种方法，较简便且实践中最常用的是最小公倍数法。

最小公倍数法是将被比较的方案的一个或几个重复若干次，直到各方案期限相等为止，取备选方案寿命期的最小公倍数作为共同的分析期。例如，有 A、B 两个方案，A 方案寿命 4 年，B 方案寿命 6 年，则其最小公倍数寿命为 12 年。这就要求 A 方案完全相同地重复 2 次，B 方案重复 1 次，以保证两者具备时间可比性。在计算期可比的基础上，运用净现值指标进行方案比较。

【**例 7-18**】设备 A、B 均可满足使用需求，具体数据见表 7-11。基准收益率为 10%。试选择一台经济上有利的设备。

表 7-11　　　　　　　　　　寿命不等的互斥方案

设备	投资（万元）	每年末净收益（万元）	残值（万元）	寿命（年）
A	12	3	2	6
B	20	4	3	9

A、B 设备寿命的最小公倍数寿命为 18 年。在这期间 A 设备重复更新两次，B 设备更新一次，现金流量如图 7-16 所示。

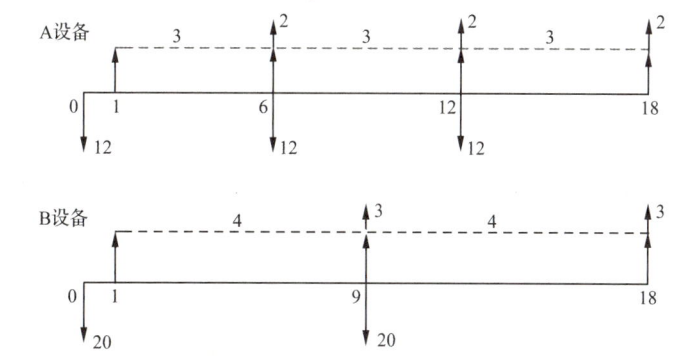

图 7-16　寿命不同的设备的最小公倍数寿命现金流量图

由图 7-16 可知，

$$NPV_A(10\%) = -12[1+(P/F,10\%,6)+(P/F,10\%,12)]+3(P/A,10\%,18)+ \\ 2[(P/F,10\%,6)+(P/F,10\%,12)+(P/F,10\%,18)] \approx 4.13(万元)$$

$$NPV_B(10\%) = -20[1+(P/F,10\%,9)] + 4(P/A,10\%,18) +$$
$$3[(P/F,10\%,9)+(P/F,10\%,18)] \approx 6.14(万元)$$

因为 $NPV_B > NPV_A > 0$，所以选择 B 设备更有利。

(二)独立型方案的经济评价

独立型方案的特点是项目方案之间具有相容性，只要条件允许，就可以选择项目群中的有利项目。这些项目可以共存，而且投资经营成本与收益都具有可加性。一般独立方案选择为无资源限制条件和资源限制条件两种情况。

1. 无资源限制条件下独立方案的选择

如果独立方案之间共享的资源(通常为资金)足够多，此时，多个方案的比选与单一方案的评价方法是相同的，即用经济效果评价标准($NPV \geq 0, P_d < P_b, IRR \geq i_0$ 等)直接判别是否接受该方案。但现实中一般不存在此情况。

2. 有资源限制条件下独立方案的选择

这里的独立方案是指方案之间虽然不存在相互排斥或相互补充的关系，但由于资源方面的约束，不可能满足所有方案投资的要求，在这种情况下用独立方案互斥化法和效率指标排序法进行项目方案的评价和选择。

(1) 独立方案互斥化法

尽管独立方案之间互不相关，但在有约束条件下，它们会成为相关方案。独立方案互斥化的基本思想是把各个独立方案进行组合，其中每一个组合方案就代表一个相互排斥的方案，这样就可以利用互斥方案的评选方案，选择最佳的方案组合。

【例 7-19】 现有 A、B、C 三个独立的项目方案，其初始投资及各年的净收入见表 7-12，投资限额为 450 万元，若 $i_0=8\%$，问如何选择方案。

表 7-12　　　　　　　　A、B、C 三种方案的有关数据

方案	投资(万元)	年净收入(万元)	寿命周期(年)
A	100	23	10
B	300	58	10
C	250	49	10

由于 3 个方案的总投资合计为 450 万元，超过了投资限额，因而不能同时选上。

独立方案互斥化法的基本步骤如下：

①列出全部互相排斥的组合方案。如果有 m 个独立方案，那么组合方案数为 2^m-1(不投资除外)。本例的互斥组合方案共有 7 个，组合结果见表 7-13。

②在所有组合方案中，除去不满足约束条件的组合 B、C 和组合 A、B、C，并按投资额大小顺序排列。

③采用净现值法、差额内部收益率法选择最佳方案组合。本例采用净现值法，净现值最大的组合方案为最佳组合方案，结果见表 7-13。

表 7-13　　　　　　　　　　用净现值法选择最佳组合方案

序号	方案组合	投资(万元)	净现值(万元)	决策
1	A	100	54.3	
2	C	250	78.8	
3	B	300	89.2	
4	A、C	350	133.1	
5	A、B	400	143.5	最佳
6	B、C	550		超出投资限额
7	A、B、C	650		超出投资限额

由表 7-13 可知,按最佳投资决策确定选择方案 B 和 C。

当方案的个数增加时,其组合数将成倍增加。所以这种方法比较适合于方案数比较小的情况。当方案数目较多时,可采用效率指标排序法。

(2)效率指标排序法

效率指标排序法是通过选取能反映投资效率的指标,用这些指标把投资方案按投资效率的高低顺序排列,在资金约束下选择最佳方案组合,使有限资金能获得最大效益。常用的排序指标有内部收益率与净现值率。

①内部收益率排序法。这是将方案按内部收益率的高低依次排序,然后按顺序选取方案。这一方法的目标是达到投资效益最大。

②净现值率排序法。这就是将各方案的净现值率按大小顺序排列,并以此次序选取方案。这一方案的目标是达到一定总投资的净现值最大。

【例 7-20】 表 7-14 列出了 7 个相互独立的投资方案,寿命期均为 8 年。基准折现率为 10%,若投资总额为 380 万元,用净现值率法进行评选。

表 7-14　　　　　　　　　　7 个投资方案有关数据及有关指标计算

方案	投资额(万元)	年净收益(万元)	净现值(万元)	净现值率	排序
A	80	24.7	51.8	65%	2
B	115	25.6	21.6	19%	5
C	65	15.5	17.7	27%	4
D	90	30.8	74.3	83%	1
E	100	26	38.7	39%	3
F	70	12.2	−4.9	−7%	7
G	40	8	2.7	7%	6

由表 7-14 可知,方案的优先顺序为 D、A、E、C、B、G,方案 F 净现值率小于零,应淘汰。当资金总额为 380 万元时,最优组合方案是 D、A、E、C、G。

值得注意的是,用内部收益率或净现值率排序来评选独立方案,并不一定能保证获得最佳组合方案。只有当各方案投资占总投资比例很小或者入选方案正好分配完总投资时才能保证获得最佳组合方案,因为没有分配的投资无法产生效益。

(三)混合型方案的经济评价

混合型方案就是在一组备选方案中,既有互斥的方案组合又有独立的方案组合。对于这种类型的投资决策问题,需要认真研究诸方案的相互关系,最终选择的不是单个方案,而是最佳的方案组合。混合型方案的评价和选择的基本程序如下:

(1)形成所有可能的组间方案独立、组内方案互斥的方案组合;
(2)以互斥型方案评价原则进行组内方案评价;
(3)在总的投资限额下,以独立型方案的评价原则选择最优的方案组合。

第四节 投资项目可行性研究

一、项目概述

"项目"这种形式自古以来就有,比如我国古代万里长城的修建、古埃及金字塔的建造等。在我国,项目也经常被称作"工程"。例如,建造三峡大坝就是一个典型的项目。美国项目管理学会将项目的概念定义为:项目是在一定资源约束下,为完成某一独特的产品、服务或任务所做的一次性努力。

通过以上定义可以看到项目所具有的一些基本特征,如独特的工作、一次性、制定的目标、资源约束、生命周期性等。从根本上说,项目就是一系列的工作,是为了达到制定的目标,而进行临时性、一次性活动的整个过程。

二、项目资金的筹措

项目资金的筹措包括资金筹集和资金运用两个方面。前者主要是筹资渠道的选择和落实,后者主要是投资使用的进度安排和计划。项目资金的筹措是项目可行性研究的一个重要内容。

(一)资金筹措的主要渠道

项目的各种资金来源总体上可以划分为股东权益资金和债务资金两类。股东权益资金包括股东直接投资、股票融资、政府投资、企业盈余资金;债务资金包括发行债券、信贷融资、租赁融资等。

1. 股东直接投资

股东直接投资包括政府授权投资机构入股资金、国内外企业入股资金、社会团体和个人入股的资金以及基金投资公司入股的资金,分别构成国家资本金、法人资本金、个人资本金和外商资本金。

2. 股票融资

对于融资项目,凡符合规定条件的,均可以通过发行股票在资本市场募集股本资金。股票融资所筹资金是股本资金,可作为其他筹资方式的基础,但股票融资的资金成本较高。

按照股东权利不同,股票分为普通股和优先股。普通股是随着企业利润变动而变动的一种股票,是股份公司资本构成中最普通、最基本的股票。优先股是相对于普通股而言的,主要指在利润分红及剩余财产分配的权利方面,优先于普通股,同时优先股收益不受公司经营业绩的影响。

3. 政府投资

政府投资主要是为了加强公益性和公共基础设施建设,保护和改善生态环境,促进欠发达地区的经济和社会发展,推进科技进步和高新技术产业。政府投资在项目评价中应根据资金投入的不同情况进行不同的处理。全部使用政府直接投资的项目,一般为非经营性项目,不需要进行融资方案分析;以资本金注入方式投入的政府投资资金,在项目评价中视为权益资金;以投资补贴、贷款贴息等方式投入的政府投资资金,在项目评价中视为现金流入,根据具体情况分别处理;以转贷方式投入的政府投资资金(统称国外贷款)在项目评价中视为债务资金。

4. 企业盈余资金

企业盈余资金的主要来源是折旧和税后未分配利润两部分。

5. 发行债券

债券是现代企业为筹集资金而发行的,承诺债权人按约定的期限还本的一种有价证券。与股票相比,债券主要有以下特点:

① 债券代表一种债权关系,企业要按照规定的日期还本付息。
② 债券具有分配上的优先权,企业一般要在分配股息和红利之前,先偿还债券的本息。
③ 债券的面值是发行企业必须归还的实际本金数额。

6. 信贷融资

国内信贷资金主要有政策性银行和商业银行等提供的贷款以及非银行金融机构的贷款。非银行金融机构主要有信托投资公司、财务公司和保险公司等。国外信贷资金的来源渠道主要有外国政府贷款、外国银行贷款、出口信贷、联合贷款和银团贷款、国际金融组织贷款等。

7. 融资租赁

融资租赁是指出租人以租赁方式将出租物租给承租人,承租人以交纳租金的方式取得租赁物的使用权,在租赁期间出租人仍保持出租物的所有权,并于租赁期满收回出租物的一种经济行为。

(二)资金成本

资金是一种资源,筹集和使用任何资金都要付出代价,资金成本就是投资者在项目实施中,为筹集和使用资金而向资金的所有者及中介人支付的代价,包括资金筹集费和资金占用费。

1. 资金成本计算的一般形式

资金成本可用绝对数表示,也可用相对数表示。为便于分析比较,资金成本一般用相对数表示,称之为资金成本率。资金成本率是指实际支付的资金占用费和筹资净额之比。其一般计算公式为

$$K = \frac{D}{P-F} \text{ 或 } K = \frac{D}{P(1-f)}$$

式中　K——资金成本率(一般通称为资金成本);

　　　P——筹集资金总额;

　　　D——资金占用费;

　　　F——筹资费;

　　　f——筹资费费率,即筹资费占筹集资金总额的比率。

2. 不同筹资方式资金成本的计算

(1)借款成本

借款成本主要是利息支出,一般筹资费用较少,可忽略不计。因为利息可列入成本,因此可少交一部分所得税。借款成本的计算公式为

$$K_e = R_e(1-T)$$

式中　K_e——借款成本;

　　　R_e——借款利率;

　　　T——所得税税率。

(2)债券成本

发行债券的代价主要是指债券利息和筹资费用。债券利息的处理与长期借款利息的处理相同,应以税后的债务成本为计算依据。债券的筹资费用一般比较高,不可在计算融资成本时省略。债券成本的计算公式为

$$K_b = \frac{R_b(1-T)}{B(1-f_b)}$$

式中　K_b——债券成本;

　　　R_b——债券每年实际利息;

　　　B——债券发行总额;

　　　f_b——债券筹资费费率。

(3)优先股成本

与负债利息的支付不同,优先股的股利不能在税前扣除,属于税后利润的分配,因而在计算优先股成本时无须经过税费的调整。优先股成本的计算公式为

$$K_p = \frac{D_p}{P_p(1-f_p)}$$

式中　K_p——优先股的资金成本率;

　　　P_p——优先股筹集资金总额;

　　　D_p——优先股年股利;

　　　f_p——优先股筹资费费率。

(4)普通股资金成本

普通股资金成本属于权益融资成本。权益资金的资金占用费是向股东分派的股利,而股利是以所得税后净利润支付的,不能抵减所得税。计算普通股资金成本,常用的方法有评价法和资本资产定价模型法。

①评价法。普通股股利一般不是固定的,是逐年增长的。如果每年以固定比率 G 增长,第一年股利为 D_c,则第二年为 $D_c(1+G)$,第三年为 $D_c(1+G)^2$……第 n 年为 $D_c(1+G)^{n-1}$。因此可把未知的普通股资金成本作为折现率,把筹资净额作为现值,利用计算现值的原理就可以推导出普通股资金成本的计算公式为

$$K_c = \frac{D_c}{P_c(1-f_c)} + G$$

式中　K_c——普通股的资金成本率；

　　　P_c——普通股筹集资金总额；

　　　D_c——普通股年股利；

　　　f_c——普通股筹资费费率；

　　　G——普通股股利年增长率。

②资本资产定价模型法。其公式为

$$K_c = R_f + \beta(R_m - R_f)$$

式中　R_f——无风险报酬率；

　　　R_m——平均风险股票必要报酬率；

　　　β——股票的风险校正系数；

　　　K_c——普通股的资金成本率。

(5)留存盈余资金成本

留存盈余是所得税税后形成的，其所有权属于股东，实际上相当于股东对公司的追加投资。股东将留存盈余留用公司，是想从中获取投资报酬，所以留存盈余也有资金成本，即股东失去的向外投资的机会成本。它与普通股成本的计算基本相同，只是不考虑筹资费用。如按评价法，计算公式为

$$K_r = \frac{D_c}{P_c} + G$$

式中　K_r——留存盈余的资金成本率；

　　　D_c——普通股年股利；

　　　P_c——普通股筹集资金总额；

　　　G——普通股股利年增长率。

3.加权平均资金成本

由于条件制约，项目不可能只从某种低成本的来源筹集资金，而是各种筹集方案的有机组合。因此，在计算各种融资方式个别资金成本的基础上，还要计算整个融资方案的加权平均融资成本，以反映项目的整个融资方案的融资成本状况。其计算公式为

$$K_w = \sum_{j=1}^{n} K_j W_j$$

式中　K_w——加权平均资金成本率；

　　　K_j——第j种融资渠道的资金成本率；

　　　W_j——第j种融资渠道筹集的资金占全部资金的比重(权数)。

(三)资金进度安排

资金进度安排也叫资金使用计划。由于资金时间价值的影响，贷款占用时间长短将影响利息支付数量。尤其是投资进度安排还要与施工组织实施进度安排相吻合，否则必然会影响项目实施的顺利进行或利息支出的增加。

知识延伸

BOT 基础设施项目融资方式

所谓 BOT,是 Build(建设)、Operate(营运)、Transfer(转让)的缩写,是私人资本参与基础设施建设,向社会提供公共服务的一种特殊的投资方式。基础设施由于其公共服务性,通常需要由政府投资运营、管理。传统上我国采取由政府直接投资并管理和由政府控制的国有企业投资运营两种投资方式。近年来随着我国投资体制的改革,在基础设施投资方面,政府开始以 BOT 方式引入非国有的其他投资人的投资。BOT 融资方式的特点是借助私人投资建设原来要由政府开发的基础设施,其一般做法是:政府部门与投资者签订投资项目的特许权协议,使投资者具有建造经营的权利。在项目特许经营期内,投资者投资建造、运营所特许的基础设施,利用项目收益偿还投资及营运支出,并获得利润。在特许期满后,投资者无偿地将基础设施移交给政府。

BOT 项目融资是利用资产(主要是基础设施)进行融资的形式,项目建成投入使用后所产生的现金流量是投资者偿还贷款和取得投资回报的唯一来源,这是 BOT 融资与一般项目融资最大的不同之处。而对于筹资者来说,采用 BOT 方式融资的优点主要有:(1)可以利用外部资金发展国家重点基础设施建设项目;(2)可以引进国外先进的生产与管理技术,提高项目的管理效率;(3)方式灵活,能产生一些衍生方式,如 BOO(建造—经营—拥有)、BLT(建造—租赁—转让)、BTO(建造—转让—经营)等。

三、可行性研究及可行性研究报告的编制

(一)可行性研究概述

1. 可行性研究及其作用

可行性研究是在投资决策之前,是投资建设程序的重要环节。它是一门运用多种学科的知识,寻求使投资项目达到最好经济效益的综合研究方法,在投资前期全面、系统地论证该项目的必要性、可能性、有效性和合理性,做出对项目可行或不可行的评价。

2. 可行性研究的工作程序

我国可行性研究一般要经历如下工作程序:

(1)项目投资者提出项目建议书和初步可行性研究报告

项目投资者必须根据国民经济发展的长远规划、经济建设的方针和技术经济政策,结合资源情况、建设布局等条件,在详细调查研究、收集资料、勘察建设地点、初步分析投资效果的基础上,提出需要进行可行性研究的项目建议书和初步可行性研究报告。

(2)进行可行性研究任务或委托有关单位进行可行性研究工作

当项目建议书经审定批准后,项目建设者即可自行进行或委托有关具有相应研究资格的设计、咨询单位进行可行性研究工作。

(3) 承担单位进行可行性研究工作

承担单位在承接研究任务后，即可按以下 6 个步骤进行：组建研究小组，制订研究计划；进行调查研究，收集有关资料；备选方案的制订和优选；对初选方案进行详细技术经济分析、评价和论证；编制可行性研究报告；编制资金筹措计划和项目实施方案。

(4) 可行性研究报告的预审与复审

编制和上报的可行性研究报告，按项目大小应在预审前 1~3 个月交预审主持单位。预审主持单位组织有关设计单位、科研机构、企业和有关专家组成评议组，对可行性研究报告进行预审并提出预审意见。

(5) 可行性研究报告的审批

目前，我国正在深化企业投资体制改革，最终建立起市场引导投资、企业自主决策、银行独立审贷、融资方式多样、中介服务规范、宏观调控有效的新型投资体制。对于企业使用政府性资金投资建设的项目，实行审批制。对于企业不使用政府性资金投资建设的项目，区别不同情况实行核准制和备案制。企业投资建设实行核准制的项目，仅需向政府提交项目申请报告，不再经过批准项目建议书、可行性研究报告和开工报告的程序。对于实行备案制的项目，除国家另有规定外，由企业按照属地原则向地方政府投资主管部门备案。

(二) 可行性研究报告的编制

1. 可行性研究报告的内容

项目可行性研究是在项目建议书被批准后，对项目进行的更为详细、深入、全面的技术和经济论证工作，并在此基础上编制可行性研究报告。通过对各种可能的技术方案的分析、测算、比较，推荐最佳方案，供决策部门做出最终决定。投资项目可行性研究报告一般包括下列 11 项内容。

(1) 项目总论

综述项目概况，包括项目的名称、承办单位、项目拟建地区和地点；承担可行性研究工作的单位和法人代表、研究工作依据；项目提出的背景、投资环境、工作范围和要求、研究工作情况、可行性研究的主要结论概要和存在的问题与建议；汇总可行性研究报告各章节中的主要技术经济指标。

(2) 项目背景和发展概况

主要应说明项目的发起过程、提出的理由、前期工作的发展过程、投资者的意向、投资的必要性等可行性研究的工作基础。具体包括国家或行业发展规划、项目发起人以及发起缘由；已进行的调查研究项目及成果、试验试制工作（项目）概况、厂址初勘和初步测量工作情况、项目建议书的编制及审批过程；从经济效益和社会效益两方面说明投资的必要性。

(3) 市场分析与建设规模

在可行性研究报告中，要详细阐述市场需求预测、价格分析，并确定建设规模。主要内容包括：调查国内外市场近期需求状况，并对未来趋势进行预测，对国内现有工厂生产能力进行估计，进行销售预测、价格分析，判断产品的市场竞争能力及进入国际市场的前景，确定拟建项目的产品方案和建设规模，提出市场营销战略与策略，对产品方案和发展方向进行技术经济论证。

(4) 建设条件与厂址选择

按建议的产品方案和规模来研究资源、原料、燃料、动力等的需求和供应的可靠性，并对可供选择的厂址做进一步的技术经济比较,确定新厂址方案。具体主要包括三个方面的内容:资源和原材料、建厂地区的选择、厂址选择。

(5) 工厂技术方案

在选定的建设地点内进行总图和交通运输的设计,进行多方案比较和选择,确定项目的构成范围、主要单项工程(车间)的组成、厂内外主体工程和公用辅助工程的方案比较论证;项目土建工程总量的估算,土建工程布置方案的选择,包括场地平整、主要建筑和构筑物与厂外工程的规划;采用技术和工艺方案的论证、技术来源、工艺路线和生产方法,主要设备选型方案和技术工艺的比较;引进技术、设备的必要性及其来源国的选择比较;设备的国外采购或与外商合作制造方案设想;必要的工艺流程。

(6) 环境保护与劳动安全

对项目建设地区的环境状况进行调查,分析拟建项目"三废"(废气、废水、废渣)的种类、成分和数量,并预测其对环境的影响,提出治理方案的选择和回收利用情况;对环境影响进行评价,提出劳动保护、安全生产、城市规划、防震、防洪、防风、文物保护等要求以及采取相应的措施方案。

案例分析

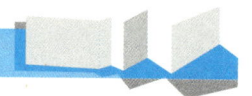

青藏铁路的特别设计

青藏铁路是我国实施西部大开发战略的一项标志性工程,是世界上海拔最高、线路最长的高原铁路,被誉为"天路"。它东起青海西宁,南至西藏拉萨,全长1 956千米,大部分线路处于高海拔地区和"无人区"。

青藏铁路在建设过程中面临着脆弱的生态、高寒缺氧的环境和多年冻土的地质构造三大世界铁路建设难题。为了保护高原湛蓝的天空、清澈的湖水、珍稀的野生动物,青藏铁路仅环保投入就达20多亿元,占工程总投资的8%,是目前我国政府环保投入最多的铁路建设项目,并在全国工程建设中首次引进环保监理,首次与地方环保部门签订环境保护责任书;首次为野生动物开辟迁徙通道,位于可可西里国家级自然保护区的清水河特大桥,就是青藏铁路专门为藏羚羊等野生动物迁徙而建设的。

(7) 企业组织和劳动定员

根据项目规模、项目组成和工艺流程,研究提出相应的企业组织机构、劳动定员总数、劳动力来源以及相应的人员培训计划。

(8) 项目实施进度安排

项目实施进度安排是指从正式确定建设项目到项目达到正常生产这段时间,包括项目实施准备、资金筹集安排、勘察设计和设备订货、施工准备、施工和生产准备、试运转直到竣工验收和交付使用等各个工作阶段的进度计划安排,并估算项目实施的费用。

(9) 投资估算与资金筹措

这是项目可行性研究内容的重要组成部分,要计算项目所需要的投资总额,分析投资的筹措方式,并制订用款计划。

(10) 财务效益、经济与社会效益评价

在建设项目的技术路线确定之后,必须对不同的方案进行财务、经济效益评价,判断项目在经济上是否可行,并经过比较选出优秀的建设方案。

(11) 可行性研究结论与建议

根据前面的研究分析,运用各项数据综合评价建设方案,从技术、经济、社会、财务等各个方面论述建设项目的可行性,推荐一个或几个可行方案供决策参考,提出项目存在的问题以及结论性意见和改进建议。

综上所述可以看出,投资项目可行性研究的基本内容可概括为三大部分。首先是市场研究,包括产品的市场调查和预测研究,这是项目成立的重要依据,其主要任务是要解决建设项目的"必要性"问题。其次是技术研究,即技术方案和建设条件研究,从资源投入、厂址、技术、设备和生产组织等问题入手,对建设项目的技术方案和建设条件进行研究。最后是效益研究,即经济效益和社会效益的分析和评价。这是决定项目投资命运的关键,是项目可行性研究的核心部分,它要解决建设项目在经济上的"合理性"问题。市场研究、技术研究和效益研究共同构成投资项目可行性研究的三大支柱。

2. 可行性研究报告的编制依据

(1) 国民经济中长期发展规划和产业政策。

(2) 项目建议书。项目建议书是工程项目投资决策前的总体设想,主要论证项目的必要性,同时初步分析项目建设的可能性,它是进行各项投资准备工作的主要依据。可行性研究确定的项目规模和标准原则上不应突破项目建议书相应的指标。

(3) 委托方的意图。可行性研究的承担单位应充分了解委托方建设项目的背景、意图、设想,认真听取委托方对市场行情、资金来源、协作单位、建设工期以及工作范围等情况的说明。

(4) 有关的基础资料。进行厂址选择、工程设计、技术经济分析需要可靠的自然、地理、气象、水文、地质、经济、社会等基础资料和数据。对于基础资料不全的,还应进行地形勘测、地质勘探、工业试验等补充工作。

(5) 有关的技术经济规范、标准、定额等指标。例如,钢铁联合企业单位生产能力投资指标、酒店单位客房投资指标等,都是进行技术经济分析的依据。

(6) 有关经济评价的基本参数和指标。例如,基准收益率、社会折现率、基准投资回收期、汇率等,这些参数和指标都是多数工程项目经济评价结果进行衡量的重要依据。

案例分析

南水北调工程的论证

南水北调是缓解中国北方水资源严重短缺局面的重大战略性工程。从1952年10月毛泽东视察黄河时首次提出南水北调的伟大设想,到1992年10月党的十四大把南水北调列入我国跨世纪骨干工程,再到2002年12月南水北调工程正式开工,历经50余年的规划设计、科学论证和反复比较,国家分别在长江上游、中游、下游规划了三个调水区,形成了南水北调工程西线、中线、东线三条调水线路。西线工程在最高一级的青藏高原上,地形上可以控制整个西北和华北,因长江上游水量有限,只能为黄河中、上游的西北地区和华北部分地区补水;中线工程从第三阶梯西侧通过,从长江中游及其支流汉江引水,可自流供水给黄、淮海平原大部分地区;东线工程位于第三阶梯东部,因地势低需抽水北送。通过三条调水线路,与长江、淮河、黄河、海河相互连接,构成我国中部地区水资源"四横三纵、南北调配、东西互济"的总体格局。

南水北调工程前期需要大量的规划、可行性研究及论证审查工作。以中线工程为例,在可行性研究阶段进行了环境影响评价、投资估算、经济分析与评价等各项可行性研究;在论证阶段提交了环境影响评价专题报告、综合经济评价专题报告等论证报告;在南水北调中线工程对环境的影响上,制定了南水北调中线工程对汉江中、下游社会经济的影响、南水北调中线工程对供水区社会经济的影响和南水北调中线工程环境风险评价等报告书。

测试题

一、选择题

1. 经营成本是项目运营期的主要现金流出,其构成和估算采用的表达式为:经营成本＝总成本费用－(　　)－摊销费－利息支出。

   A. 修理费　　　B. 工资及福利费　　　C. 折旧费　　　D. 其他费用

2. 当名义利率一定时,按半年计息时,实际利率(　　)名义利率。

   A. 等于　　　B. 小于　　　C. 大于　　　D. 不确定

3. 下列指标中,属于动态评价指标的是(　　)。

   A. 投资利润率　　　B. 内部收益率　　　C. 投资利税率　　　D. 平均报酬率

4. 某工程在建成后的10年经营期内,每年年末可获利250万元,年利率为10%,十年的总收益的现值为(　　)。

   A. 1563.5万元　　　B. 1546.1万元　　　C. 936.9万元　　　D. 15363.1万元

5. 在多方案决策中,如果各个投资方案的现金流量是独立的,其中任一方案的采用与否均不影响其他方案是否采用,则方案之间存在的关系为(　　)。

   A. 正相关　　　B. 负相关　　　C. 独立　　　D. 互斥

二、名词解释

投资　现金流　时间价值　资金等值　净现值　内部收益率　资金成本

三、简答题

1. 技术经济分析的程序是什么?
2. 项目建设投资包括哪几项?其含义是什么?
3. 项目经济评价指标包括哪些?
4. 多方案之间的相互关系可分为哪几种类型?
5. 项目资金筹措的主要渠道有哪些?

四、论述题

某技术方案的计算期为10年,经计算其内部收益率恰好等于基准折现率,问该方案的净现值和动态投资回收期各为多少？为什么？

五、计算题

1. 捷迅公司准备增建一条自动生产线以扩大生产规模，在通过对市场的调查和需求预测的基础上提出了两套资本预算方案，并对未来10年历年的净现金流量做出了详细预测，其具体数据见表7-16：（单位：万元）

表7-16　　　　　　　　　　　　　计算题1数据

年末(T)	0	1	2	3	4	5	6	7	8
方案甲净现金流量	−340	40	60	85	85	85	85	70	50
方案乙净现金流量	−450	50	75	90	90	90	90	90	80

目前类似生产线的投资回收期的基准回收期为5年，试用普通回收期法对两方案进行评价并比较择优。

2. 沃克斯公司在拟建一大型生产设施时提出了两套资本预算方案，各方案的期初投资额、使用寿命期内历年净现金流量见表7-17：（单位：万元）

表7-17　　　　　　　　　　　　　计算题2数据

年末(T)	0	1	2	3	4	5	6
方案甲净现金流量	−180	30	30	50	60	80	100
方案乙净现金流量	−255	40	60	80	90	100	100

目前沃克斯公司在筹资时的资本成本为12%，试用净现值法和获利能力指数法分别对方案进行择优对比。

3. 某投资项目期初投资1 500万元，预计每年现金流入800万元，现金流出440万元，项目预期寿命为8年，该投资项目全部使用银行贷款，年利率14%，试用内部收益率法评价该项投资项目是否可行？

4. 某公司为设立退休基金，每年年末存入银行2万元，若存款利率为10%，按复利计息，第5年年末基金总额为多少？

5. 如果某工程1年建成并投产，寿命10年，每年净收益为2万元，按10%的折现率计算，恰好能够在寿命期内把期初投资全部收回。问该工程期初所投入的资金为多少？

6. 某企业五年内每年年末投资1 000万元于某项目，贷款利率8%，若每年计息四次，问此项投资在第五年年末的本利和是多少？其现值又是多少？

7. 某企业持有国债债券，3年后到期能兑付100万元，利率以8%复利计；由于企业现时资金周转发生困难，欲用债券去银行贴现，问其能贴现的现值为多少？

8. 某公司计划从现在算起，在第8年年末从银行一次提取120万现金。若银行利率为$i=15\%$，那么从现在开始，每年年末等额存入银行一笔现金，连续存4年。试求每年年末等额存入银行多少？

9. 一位发明者转让其专利使用权，一种收益方式在今后五年里每年收到12 000元，随后，又连续7年每年收到6 000元，另一种是一次性付款。在不考虑税收的情况下，如要求年收益率为10%，他愿意以多大的价格一次性出让他的专有权？

10. 某人每半年存款1 000元，连续存4次，半年利率为10%。最后一次存款的第2年年末，他积蓄为多少？

六、综合评价

大通软件公司的某软件开发项目评价

大通软件公司是一家综合性的软件开发公司,经过市场调查发现项目管理在企业中的应用日益普及,同时经过调查分析,大量应用项目管理方法的企业迫切需要一套适合中国国情的项目管理软件,然而国内在项目管理软件方面还没有成熟的产品。大通软件公司董事会在分析这一客观背景之后,认为项目管理软件前景广阔,并决定于2003年年初开始投入500万元资金,用于开发一套商业化的项目管理软件,其目的是从产品化的角度形成自主产权的具有国际水平的项目管理高级应用软件产品Bank Office。初步的市场预测结果是,Bank Office三年后的市场占有量将达到国内项目管理软件销量的10%~15%,销售数量每年将超过1000套。结合企业开发实力及软件开发基础,Bank Office项目管理软件产品开发与产品定型时间需要半年,2003年下半年即可小批量投入市场,当年预计销量为300套,预计2004年销量为800套,以后每年销量增长300套。Bank Office软件生产与销售的固定成本为100万元/年,软件的销售价格为5000元/套,销售成本为2000元/套。

问题讨论:

1. 大通软件公司在进行投资分析时采用的标准贴现率为12%,为了计算方便,Bank Office项目管理软件产品的研制开发费用都在年末计算。根据上述条件,分析大通软件公司从2003年到2007年的现金流量情况,并将有关数据填入表7-15中。

表7-15 大通软件公司现金流量表

年度 项目	2003	2004	2005	2006	2007
投资					
销售量					
销售收入					
固定成本					
变动成本					
现金流量					
12%贴现系数	0.8929	0.7972	0.7118	0.6355	0.5674
净现值					
累计净现值					

2. 根据表中的数据计算该软件产品自投资当年起计算的动态投资回收期。如果该公司所用资金全部为银行贷款,贷款利率为8%,那么该公司通过项目收益归还银行贷款的实际投资回收期与上述计算的动态投资回收期相比会有什么差异?

3. 在项目论证中通常需要计算项目的内部收益率,请说明项目内部收益率的计算方法及其经济意义。

综合案例

十年论证做出的理性决策

纵观北京、天津、上海三大直辖市和冀鲁皖苏四省,连接环渤海和长江三角洲两大经济区的京沪高速铁路于2011年通车,北京到上海最快只需4小时48分。而从最早的可行性研究,到最后获批立项,国家发改委京沪高速铁路项目走过了超10年的曲折复杂论证过程。

这一过程中,人们对修建京沪之间更快捷交通线路的必要性并无质疑。京沪铁路连接的两座城市北京上海,不仅是全国政治、文化中心与经济中心的连接,更是环渤海和长三角两个重要经济区的连接。无论是上海向周边的辐射,还是相对成熟的长三角向环渤海经济区辐射,都需要一条能满足经济社会发展需要的高速便捷的交通路线。但现状是,京沪铁路存在着运力不足的顽疾:其以占全国铁路营运线2%的比重,承担了10.2%的全国铁路客运量和7.2%的货物周转量,运输密度是全国铁路平均运输密度的4倍。

有必要,但还要考虑可行性。京沪高铁工程总造价将超过千亿元,如此巨大的投资,当然要经过审慎的论证和决策。高速轨道交通建设技术目前有两种技术可供选择:磁悬浮轨道交通和轮轨式轨道交通。也因之,从1998年起两种技术专家就开始各抒己见:力主采用磁悬浮技术的专家,因其具有能耗小、环保、启动停车快以及安全舒适等优点;力主轮轨技术的专家认为轮轨系统(普通铁路、高速铁路及城际轨道列车等)兼容性好,相对经济,更适合我国国情。高速铁路之所以最终胜出,关键在于价格和技术转让方面的优势。磁悬浮技术确实先进,正常运营速度每小时最快能达到500公里,但造价高,上海连接浦东新区和国际机场的磁悬浮里程只有30公里,造价人民币100亿元;从技术角度看,磁悬浮技术的垄断地位使德国在知识产权的输出问题上始终不肯让步,而在轮轨技术领域,由于面对日本和法国强有力的竞争,德国的技术会做出让步。同时,根据国务院颁布的《中长期铁路网规划》确立了中国铁路网建设的蓝图,但磁悬浮制式却不兼容,不能进入现有铁路网络。京沪间总客流量的70%左右是通过铁路网由沿线进入的,所以高速铁路的运用效益会比较好。在长达十年的争论与论证中,政府没有追求所谓的轰动效应,而是坚持实事求是原则,做出理性、科学的决策。

资料来源:祝爱民,等.技术经济学.北京:机械工业出版社,2017.

问题讨论:1.你认为项目管理过程中如何才能制定出科学、合理的决策?

2.在国家战略性项目决策中技术经济分析应该发挥什么样的作用?

参 考 文 献

[1] 李东进,等. 现代企业管理. 北京:人民邮电出版社,2020
[2] 贾旭东. 现代企业管理(第 2 版). 北京:中国人民大学出版社,2020
[3] 高海晨. 现代企业管理(第 3 版). 北京:机械工业出版社,2019
[4] 王关义,等. 现代企业管理(第五版). 北京:清华大学出版社,2019
[5] 李启明. 现代企业管理(第 6 版). 北京:高等教育出版社,2019
[6] 马莹,吴红翠. 现代企业管理. 北京:中国人民大学出版社,2018
[7] 迈克尔·A.希特,等. 战略管理:概念与案例. 北京:中国人民大学出版社,2017
[8] 蓝海林. 企业战略管理(第三版). 北京:科学出版社,2019
[9] 徐飞. 战略管理(第 4 版). 北京:中国人民大学出版社,2019
[10] 金占明. 战略管理:超竞争环境下的选择. 北京:清华大学出版社,2016
[11] 耿殿明,杨建华. 生产运营管理(第 2 版). 北京:北京大学出版社,2019
[12] 姜金德. 生产与运作管理. 江苏:东南大学出版社,2018
[13] 陈荣秋等. 生产运作管理. 北京:机械工业出版社,2017
[14] 陈福军. 生产与运作管理. 北京:中国人民大学出版社,2017
[15] 郭国庆. 市场营销学通论(第 8 版). 北京:中国人民大学出版社,2020
[16] 李巍. 服务营销管理:聚焦服务价值. 北京:机械工业出版社,2019
[17] 苏朝晖. 服务营销与管理. 北京:人民邮电出版社,2019
[18] 屈冠银. 市场营销理论与实训教程(第 4 版). 北京:机械工业出版社,2019
[19] 郑锐洪. 营销渠道管理(第 3 版). 北京:机械工业出版社,2020
[20] 郑锐洪. 服务营销(第 2 版). 北京:机械工业出版社,2019
[21] 菲利普·科特勒,等. 营销管理(第 15 版). 何佳讯等译. 上海:格致出版社,2019
[22] 加里·德斯勒. 人力资源管理. 北京:中国人民大学出版社,2017
[23] 董克用,李超平. 人力资源管理概论(第 5 版). 北京:中国人民大学出版社,2019
[24] 刘昕. 人力资源管理(第 2 版). 北京:中国人民大学出版社,2019
[25] 陈维政,等. 人力资源管理(第三版). 北京:高等教育出版社,2020
[26] 林晓言. 技术经济学(第三版). 北京:北京交通大学出版社,2021
[27] 夏恩君. 技术经济学(第 3 版). 北京:中国人民大学出版社,2020
[28] 祝爱民,等. 技术经济学. 北京:机械工业出版社,2017
[29] 刘晓君,等. 技术经济学. 北京:科学出版社,2017
[30] 吴德庆,王保林,马月才. 管理经济学. 北京:中国人民大学出版社,2018
[31] 中共中央宣传部. 习近平中国特色社会主义思想学习纲要. 北京:学习出版社、人民出版社,2019

附 录 复利系数表

6%的复利系数表

年份	一次支付		等 额 系 列			
	终值系数	现值系数	年金终值系数	年金现值系数	资本回收系数	偿债基金系数
n	$F/P,i,n$	$P/F,i,n$	$F/A,i,n$	$P/A,i,n$	$A/P,i,n$	$A/F,i,n$
1	1.0600	0.9434	1.0000	1.0000	0.9434	1.0600
2	1.1236	0.8900	2.0600	0.4854	1.8334	0.5454
3	1.1910	0.8396	3.1836	0.3141	2.6730	0.3741
4	1.2625	0.7921	4.3746	0.2286	3.4651	0.2886
5	1.3382	0.7473	5.6371	0.1774	4.2124	0.2374
6	1.4185	0.7050	6.9753	0.1434	4.9173	0.2034
7	1.5036	0.6651	8.3938	0.1191	5.5824	0.1791
8	1.5938	0.6274	9.8975	0.1010	6.2098	0.1610
9	1.6895	0.5919	11.4913	0.0870	6.8017	0.1470
10	1.7908	0.5584	13.1808	0.0759	7.3601	0.1359
11	1.8983	0.5268	14.9716	0.0668	7.8869	0.1268
12	2.0122	0.4970	16.8699	0.0593	8.3838	0.1193
13	2.1329	0.4688	18.8821	0.0530	8.8527	0.1130
14	2.2609	0.4423	21.0151	0.0476	9.2950	0.1076
15	2.3966	0.4173	23.2760	0.0430	9.7122	0.1030
16	2.5404	0.3936	25.6725	0.0390	10.1059	0.0990
17	2.6928	0.3714	28.2129	0.0354	10.4773	0.0954
18	2.8543	0.3503	30.9057	0.0324	10.8276	0.0924
19	3.0256	0.3305	33.7600	0.0296	11.1581	0.0896
20	3.2071	0.3118	36.7856	0.0272	11.4699	0.0872
21	3.3996	0.2942	39.9927	0.0250	11.7641	0.0850
22	3.6035	0.2775	43.3923	0.0230	12.0416	0.0830
23	3.8197	0.2618	46.9958	0.0213	12.3034	0.0813
24	4.0489	0.2470	50.8156	0.0197	12.5504	0.0797
25	4.2919	0.2330	54.8645	0.0182	12.7834	0.0782
26	4.5494	0.2198	59.1564	0.0169	13.0032	0.0769
27	4.8223	0.2074	63.7058	0.0157	13.2105	0.0757
28	5.1117	0.1956	68.5281	0.0146	13.4062	0.0746
29	5.4184	0.1846	73.6398	0.0136	13.5907	0.0736
30	5.7435	0.1741	79.0582	0.0126	13.7648	0.0726
31	6.0881	0.1643	84.8017	0.0118	13.9291	0.0718
32	6.4534	0.1550	90.8898	0.0110	14.0840	0.0710
33	6.8406	0.1462	97.3432	0.0103	14.2302	0.0703
34	7.2510	0.1379	104.1838	0.0096	14.3681	0.0696
35	7.6861	0.1301	111.4348	0.0090	14.4982	0.0690

8%的复利系数表

年份	一次支付		等额系列			
	终值系数	现值系数	年金终值系数	年金现值系数	资本回收系数	偿债基金系数
n	$F/P,i,n$	$P/F,i,n$	$F/A,i,n$	$P/A,i,n$	$A/P,i,n$	$A/F,i,n$
1	1.0800	0.9259	1.0000	1.0000	0.9259	1.0800
2	1.1664	0.8573	2.0800	0.4808	1.7833	0.5608
3	1.2597	0.7938	3.2464	0.3080	2.5771	0.3880
4	1.3605	0.7350	4.5061	0.2219	3.3121	0.3019
5	1.4693	0.6806	5.8666	0.1705	3.9927	0.2505
6	1.5869	0.6302	7.3359	0.1363	4.6229	0.2163
7	1.7138	0.5835	8.9228	0.1121	5.2064	0.1921
8	1.8509	0.5403	10.6366	0.0940	5.7466	0.1740
9	1.9990	0.5002	12.4876	0.0801	6.2469	0.1601
10	2.1589	0.4632	14.4866	0.0690	6.7101	0.1490
11	2.3316	0.4289	16.6455	0.0601	7.1390	0.1401
12	2.5182	0.3971	18.9771	0.0527	7.5361	0.1327
13	2.7196	0.3677	21.4953	0.0465	7.9038	0.1265
14	2.9372	0.3405	24.2149	0.0413	8.2442	0.1213
15	3.1722	0.3152	27.1521	0.0368	8.5595	0.1168
16	3.4259	0.2919	30.3243	0.0330	8.8514	0.1130
17	3.7000	0.2703	33.7502	0.0296	9.1216	0.1096
18	3.9960	0.2502	37.4502	0.0267	9.3719	0.1067
19	4.3157	0.2317	41.4463	0.0241	9.6036	0.1041
20	4.6610	0.2145	45.7620	0.0219	9.8181	0.1019
21	5.0338	0.1987	50.4229	0.0198	10.0168	0.0998
22	5.4365	0.1839	55.4568	0.0180	10.2007	0.0980
23	5.8715	0.1703	60.8933	0.0164	10.3711	0.0964
24	6.3412	0.1577	66.7648	0.0150	10.5288	0.0950
25	6.8485	0.1460	73.1059	0.0137	10.6748	0.0937
26	7.3964	0.1352	79.9544	0.0125	10.8100	0.0925
27	7.9881	0.1252	87.3508	0.0114	10.9352	0.0914
28	8.6271	0.1159	95.3388	0.0105	11.0511	0.0905
29	9.3173	0.1073	103.9659	0.0096	11.1584	0.0896
30	10.0627	0.0994	113.2832	0.0088	11.2578	0.0888
31	10.8677	0.0920	123.3459	0.0081	11.3498	0.0881
32	11.7371	0.0852	134.2135	0.0075	11.4350	0.0875
33	12.6760	0.0789	145.9506	0.0069	11.5139	0.0869
34	13.6901	0.0730	158.6267	0.0063	11.5869	0.0863
35	14.7853	0.0676	172.3168	0.0058	11.6546	0.0858

10%的复利系数表

年份	一次支付		等额系列			
	终值系数	现值系数	年金终值系数	年金现值系数	资本回收系数	偿债基金系数
n	$F/P,i,n$	$P/F,i,n$	$F/A,i,n$	$P/A,i,n$	$A/P,i,n$	$A/F,i,n$
1	1.1000	0.9091	1.0000	1.0000	0.9091	1.1000
2	1.2100	0.8264	2.1000	0.4762	1.7355	0.5762
3	1.3310	0.7513	3.3100	0.3021	2.4869	0.4021
4	1.4641	0.6830	4.6410	0.2155	3.1699	0.3155
5	1.6105	0.6209	6.1051	0.1638	3.7908	0.2638
6	1.7716	0.5645	7.7156	0.1296	4.3553	0.2296
7	1.9487	0.5132	9.4872	0.1054	4.8684	0.2054
8	2.1436	0.4665	11.4359	0.0874	5.3349	0.1874
9	2.3579	0.4241	13.5795	0.0736	5.7590	0.1736
10	2.5937	0.3855	15.9374	0.0627	6.1446	0.1627
11	2.8531	0.3505	18.5312	0.0540	6.4951	0.1540
12	3.1384	0.3186	21.3843	0.0468	6.8137	0.1468
13	3.4523	0.2897	24.5227	0.0408	7.1034	0.1408
14	3.7975	0.2633	27.9750	0.0357	7.3667	0.1357
15	4.1772	0.2394	31.7725	0.0315	7.6061	0.1315
16	4.5950	0.2176	35.9497	0.0278	7.8237	0.1278
17	5.0545	0.1978	40.5447	0.0247	8.0216	0.1247
18	5.5599	0.1799	45.5992	0.0219	8.2014	0.1219
19	6.1159	0.1635	51.1591	0.0195	8.3649	0.1195
20	6.7275	0.1486	57.2750	0.0175	8.5136	0.1175
21	7.4002	0.1351	64.0025	0.0156	8.6487	0.1156
22	8.1403	0.1228	71.4027	0.0140	8.7715	0.1140
23	8.9543	0.1117	79.5430	0.0126	8.8832	0.1126
24	9.8497	0.1015	88.4973	0.0113	8.9847	0.1113
25	10.8347	0.0923	98.3471	0.0102	9.0770	0.1102
26	11.9182	0.0839	109.1818	0.0092	9.1609	0.1092
27	13.1100	0.0763	121.0999	0.0083	9.2372	0.1083
28	14.4210	0.0693	134.2099	0.0075	9.3066	0.1075
29	15.8631	0.0630	148.6309	0.0067	9.3696	0.1067
30	17.4494	0.0573	164.4940	0.0061	9.4269	0.1061
31	19.1943	0.0521	181.9434	0.0055	9.4790	0.1055
32	21.1138	0.0474	201.1378	0.0050	9.5264	0.1050
33	23.2252	0.0431	222.2515	0.0045	9.5694	0.1045
34	25.5477	0.0391	245.4767	0.0041	9.6086	0.1041
35	28.1024	0.0356	271.0244	0.0037	9.6442	0.1037

12%的复利系数表

年份	一次支付		等额系列			
	终值系数	现值系数	年金终值系数	年金现值系数	资本回收系数	偿债基金系数
n	$F/P,i,n$	$P/F,i,n$	$F/A,i,n$	$P/A,i,n$	$A/P,i,n$	$A/F,i,n$
1	1.1200	0.8929	1.0000	1.0000	0.8929	1.1200
2	1.2544	0.7972	2.1200	0.4717	1.6901	0.5917
3	1.4049	0.7118	3.3744	0.2963	2.4018	0.4163
4	1.5735	0.6355	4.7793	0.2092	3.0373	0.3292
5	1.7623	0.5674	6.3528	0.1574	3.6048	0.2774
6	1.9738	0.5066	8.1152	0.1232	4.1114	0.2432
7	2.2107	0.4523	10.0890	0.0991	4.5638	0.2191
8	2.4760	0.4039	12.2997	0.0813	4.9676	0.2013
9	2.7731	0.3606	14.7757	0.0677	5.3282	0.1877
10	3.1058	0.3220	17.5487	0.0570	5.6502	0.1770
11	3.4785	0.2875	20.6546	0.0484	5.9377	0.1684
12	3.8960	0.2567	24.1331	0.0414	6.1944	0.1614
13	4.3635	0.2292	28.0291	0.0357	6.4235	0.1557
14	4.8871	0.2046	32.3926	0.0309	6.6282	0.1509
15	5.4736	0.1827	37.2797	0.0268	6.8109	0.1468
16	6.1304	0.1631	42.7533	0.0234	6.9740	0.1434
17	6.8660	0.1456	48.8837	0.0205	7.1196	0.1405
18	7.6900	0.1300	55.7497	0.0179	7.2497	0.1379
19	8.6128	0.1161	63.4397	0.0158	7.3658	0.1358
20	9.6463	0.1037	72.0524	0.0139	7.4694	0.1339
21	10.8038	0.0926	81.6987	0.0122	7.5620	0.1322
22	12.1003	0.0826	92.5026	0.0108	7.6446	0.1308
23	13.5523	0.0738	104.6029	0.0096	7.7184	0.1296
24	15.1786	0.0659	118.1552	0.0085	7.7843	0.1285
25	17.0001	0.0588	133.3339	0.0075	7.8431	0.1275
26	19.0401	0.0525	150.3339	0.0067	7.8957	0.1267
27	21.3249	0.0469	169.3740	0.0059	7.9426	0.1259
28	23.8839	0.0419	190.6989	0.0052	7.9844	0.1252
29	26.7499	0.0374	214.5828	0.0047	8.0218	0.1247
30	29.9599	0.0334	241.3327	0.0041	8.0552	0.1241
31	33.5551	0.0298	271.2926	0.0037	8.0850	0.1237
32	37.5817	0.0266	304.8477	0.0033	8.1116	0.1233
33	42.0915	0.0238	342.4294	0.0029	8.1354	0.1229
34	47.1425	0.0212	384.5210	0.0026	8.1566	0.1226
35	52.7996	0.0189	431.6635	0.0023	8.1755	0.1223

15%的复利系数表

年份	一次支付		等额系列			
	终值系数	现值系数	年金终值系数	年金现值系数	资本回收系数	偿债基金系数
n	$F/P,i,n$	$P/F,i,n$	$F/A,i,n$	$P/A,i,n$	$A/P,i,n$	$A/F,i,n$
1	1.1500	0.8696	1.0000	1.0000	0.8696	1.1500
2	1.3225	0.7561	2.1500	0.4651	1.6257	0.6151
3	1.5209	0.6575	3.4725	0.2880	2.2832	0.4380
4	1.7490	0.5718	4.9934	0.2003	2.8550	0.3503
5	2.0114	0.4972	6.7424	0.1483	3.3522	0.2983
6	2.3131	0.4323	8.7537	0.1142	3.7845	0.2642
7	2.6600	0.3759	11.0668	0.0904	4.1604	0.2404
8	3.0590	0.3269	13.7268	0.0729	4.4873	0.2229
9	3.5179	0.2843	16.7858	0.0596	4.7716	0.2096
10	4.0456	0.2472	20.3037	0.0493	5.0188	0.1993
11	4.6524	0.2149	24.3493	0.0411	5.2337	0.1911
12	5.3503	0.1869	29.0017	0.0345	5.4206	0.1845
13	6.1528	0.1625	34.3519	0.0291	5.5831	0.1791
14	7.0757	0.1413	40.5047	0.0247	5.7245	0.1747
15	8.1371	0.1229	47.5804	0.0210	5.8474	0.1710
16	9.3576	0.1069	55.7175	0.0179	5.9542	0.1679
17	10.7613	0.0929	65.0751	0.0154	6.0472	0.1654
18	12.3755	0.0808	75.8364	0.0132	6.1280	0.1632
19	14.2318	0.0703	88.2118	0.0113	6.1982	0.1613
20	16.3665	0.0611	102.4436	0.0098	6.2593	0.1598
21	18.8215	0.0531	118.8101	0.0084	6.3125	0.1584
22	21.6447	0.0462	137.6316	0.0073	6.3587	0.1573
23	24.8915	0.0402	159.2764	0.0063	6.3988	0.1563
24	28.6252	0.0349	184.1678	0.0054	6.4338	0.1554
25	32.9190	0.0304	212.7930	0.0047	6.4641	0.1547
26	37.8568	0.0264	245.7120	0.0041	6.4906	0.1541
27	43.5353	0.0230	283.5688	0.0035	6.5135	0.1535
28	50.0656	0.0200	327.1041	0.0031	6.5335	0.1531
29	57.5755	0.0174	377.1697	0.0027	6.5509	0.1527
30	66.2118	0.0151	434.7451	0.0023	6.5660	0.1523
31	76.1435	0.0131	500.9569	0.0020	6.5791	0.1520
32	87.5651	0.0114	577.1005	0.0017	6.5905	0.1517
33	100.6998	0.0099	664.6655	0.0015	6.6005	0.1515
34	115.8048	0.0086	765.3654	0.0013	6.6091	0.1513
35	133.1755	0.0075	881.1702	0.0011	6.6166	0.1511

20%的复利系数表

年份	一次支付		等 额 系 列			
	终值系数	现值系数	年金终值系数	年金现值系数	资本回收系数	偿债基金系数
n	$F/P, i, n$	$P/F, i, n$	$F/A, i, n$	$P/A, i, n$	$A/P, i, n$	$A/F, i, n$
1	1.2000	0.8333	1.0000	1.0000	0.8333	1.2000
2	1.4400	0.6944	2.2000	0.4545	1.5278	0.6545
3	1.7280	0.5787	3.6400	0.2747	2.1065	0.4747
4	2.0736	0.4823	5.3680	0.1863	2.5887	0.3863
5	2.4883	0.4019	7.4416	0.1344	2.9906	0.3344
6	2.9860	0.3349	9.9299	0.1007	3.3255	0.3007
7	3.5832	0.2791	12.9159	0.0774	3.6046	0.2774
8	4.2998	0.2326	16.4991	0.0606	3.8372	0.2606
9	5.1598	0.1938	20.7989	0.0481	4.0310	0.2481
10	6.1917	0.1615	25.9587	0.0385	4.1925	0.2385
11	7.4301	0.1346	32.1504	0.0311	4.3271	0.2311
12	8.9161	0.1122	39.5805	0.0253	4.4392	0.2253
13	10.6993	0.0935	48.4966	0.0206	4.5327	0.2206
14	12.8392	0.0779	59.1959	0.0169	4.6106	0.2169
15	15.4070	0.0649	72.0351	0.0139	4.6755	0.2139
16	18.4884	0.0541	87.4421	0.0114	4.7296	0.2114
17	22.1861	0.0451	105.9306	0.0094	4.7746	0.2094
18	26.6233	0.0376	128.1167	0.0078	4.8122	0.2078
19	31.9480	0.0313	154.7400	0.0065	4.8435	0.2065
20	38.3376	0.0261	186.6880	0.0054	4.8696	0.2054
21	46.0051	0.0217	225.0256	0.0044	4.8913	0.2044
22	55.2061	0.0181	271.0307	0.0037	4.9094	0.2037
23	66.2474	0.0151	326.2369	0.0031	4.9245	0.2031
24	79.4968	0.0126	392.4842	0.0025	4.9371	0.2025
25	95.3962	0.0105	471.9811	0.0021	4.9476	0.2021
26	114.4755	0.0087	567.3773	0.0018	4.9563	0.2018
27	137.3706	0.0073	681.8528	0.0015	4.9636	0.2015
28	164.8447	0.0061	819.2233	0.0012	4.9697	0.2012
29	197.8136	0.0051	984.0680	0.0010	4.9747	0.2010
30	237.3763	0.0042	1181.8816	0.0008	4.9789	0.2008
31	284.8516	0.0035	1419.2579	0.0007	4.9824	0.2007
32	341.8219	0.0029	1704.1095	0.0006	4.9854	0.2006
33	410.1863	0.0024	2045.9314	0.0005	4.9878	0.2005
34	492.2235	0.0020	2456.1176	0.0004	4.9898	0.2004
35	590.6682	0.0017	2948.3411	0.0003	4.9915	0.2003